全国高等院校人力资源与社会保障管理专业“十三五”规划系列教材

薪酬福利管理

主　编　云　鹏
副主编　张华永　霍治平
丁海玲　李　琴

中国商业出版社

图书在版编目(CIP)数据

薪酬福利管理／云鹏主编. －北京：中国商业出版社，2019.2

ISBN 978－7－5044－9314－9

Ⅰ.①薪… Ⅱ.①云 Ⅲ.①企业管理－工资管理②企业管理－职工福利 Ⅳ.①F272.92

中国版本图书馆 CIP 数据核字(2016)第 026218 号

责任编辑：蔡凯

中国商业出版社出版发行

010－63180647　www.c－cbook.com

（100053　北京广安门内报国寺 1 号）

新华书店经销

涿州市荣升新创印刷有限公司印刷

*

开本：787×1092 毫米　1/16　印张：18　字数：300 千字

2019 年 2 月第 2 版　2019 年 2 月第 1 次印刷

定价：49.80 元

＊　＊　＊　＊

（如有印装质量问题可更换）

前言

薪酬福利管理是人力资源管理专业的必修课程。为了让学习者既能够理解薪酬和薪酬福利管理的基本原理,掌握具体的操作工具和方法,我们组织相关院校教学经验丰富的老师和部分专家学者,共同编写了这本《薪酬福利管理》。

本书从薪酬的基本理论入手,系统阐释了薪酬福利管理的理念、方法和实务,包括薪酬福利管理基本原理、薪酬管理与组织管理的关系、构建战略导向的薪酬管理体系、主要薪酬体系设计思路、绩效管理的未来和展望、薪酬水平调查的方法、薪酬结构决策的方法和流程、奖金体系的原理和类型、福利管理的理论与实务、不同类别人员的薪酬方案设计、薪酬的制度化等。

本书在编写过程中突出以下原则和特点:一是注重理论和实践相结合。全书按照基本原理、流程、方法和实务的顺序,不仅使学习者能够对全书有一个系统完整的认识,而且能够在学习原理的基础上强化运用能力。同时在章节安排上,每个章节都安排有案例导入和章节最后的案例分析,使学习者伴随着问题思考进行学习。二是注重内容的前沿性。针对薪酬管理领域绩效薪酬、福利管理、宽带薪酬、薪酬制度化等热点内容有针对性地选取并进行细致的介绍,注重具体薪酬方案的操作性设计。三是实践注重本土化导向。避免翻译教材案例难以让学习者有强烈的文化情境,本教材注重国内企业实践中的鲜活案例的整理和选取,使实践更贴近学习者理解的情景。本书适合高校人力资源管理及相关经济管理专业师生作为教材使用,也可作为企业管理人员的参考书。

本书共十章,由云鹏拟写大纲,张华永、霍治平、丁海玲、李琴参与编写。本书具体分工是:云鹏编写了第一章、第八章,张华永编写了第二章、第四章、第五章,霍治平编写了第六章、第九章、第十章,丁海玲和李琴共同编写了第三章、第七章以及书中部分案例。最后由云鹏总纂定稿。

在本书的编写过程中，我们参考了大量的国内外专家学者的研究成果，并从中借鉴和吸收了许多有价值的理论和观点。在此表示感谢！

由于作者的水平和所掌握的资料有限，书中尚存许多不足和缺点，恳请广大读者和专家批评指正。

编　者

2019年2月

目 录

第一章　薪酬管理总论

【引导案例】

八万员工共享发展成果

珠海格力电器股份有限公司，在企业快速发展的同时，注重让8万员工共享企业发展成果，从物质和精神两个层面激发员工的凝聚力和向心力，构建和谐的劳资关系，实现了企业与员工的双赢。

2008年国际金融危机爆发后，许多企业通过大规模裁员、减薪等缩减开支，格力电器不仅未裁一人，反而大规模加薪，逆势招进大批新员工。格力规范的用人制度，稳定的工作岗位，正是员工们的幸福之本。稳定的工作岗位，带来稳定可观的收入。《珠三角企业薪酬调查报告》显示，格力的一线工人年薪远超行业平均水平，年终奖发放标准也随公司发展而逐年提升。新年刚过，格力电器董事长董明珠就已在着手制定今年的加薪计划。"我要加工资，不能等工人要工资。一线工人工资将再涨20%。"她透露，"去年，格力工人的平均年终奖已达到1.5万元，年平均收入超过5万元。"

除了稳定可观的薪资，格力严格规范地为员工购买养老、医疗、失业、工伤、生育等保险，还提供餐补津贴、住房补贴、节日慰问金、中晚班津贴、工龄津贴、保健津贴、高温津贴、特殊工种津贴、教育费用报销等种类繁多的福利，提高员工的收入水平，提升员工的归属感，获得员工的认同感。从2005年开始，格力就出资自建员工生活区，投资2亿元的一期，建筑面积12万平方米以上，容纳员工1万多人。生活区里，除了3栋楼房是单身宿舍、夫妻过渡房外，还配有员工活动中心、足球场、篮球场、游泳池、网吧等，超市、医院、餐饮、银行、理发店等环绕其间。在其西面，步行不过10分钟，斥资4亿元建设的康乐园二期将在今年竣工，主要为20平方米左右的一人一居室，可容纳1万多人。格力的一线员工一人住一室，结婚可以住两房一厅。车队司机宋瑞峰一家三口住在其中一个二居室。"我们住的算是大户型，60平方米。空调、电视、床什么的，公司都给配齐了。一个月的房租、水电费等300多块就够了。"此外，格力有能容纳8000余名员工同时就餐的员工食堂，有10余条班车路线、上百次班车畅达全城，通勤车满载着格力员工的欢声笑语穿梭于珠海美丽繁华的街道中，将工作和生活完美"结合"。

在格力电器看来，员工幸福感的构筑并不只能仅仅凭借薪资待遇和福利的提升，更重要的是为员工搭建一个值得去追求的舞台。格力电器推行的“公平公正、公开透明、公私分明”12 字管理方针，为员工构建广阔的成长平台，提供了坚实的制度保障。就像董明珠说的那样：“我自己公平公正，员工就不会有委屈，就没有人颠倒是非打小报告，就不会伤害优秀的人才。”筛选分厂的卢锦光，由一个毫无技术的普通一线工人成长为拥有多项专利技术的公司高级技术工人，获得全国“五一”劳动奖章；郑廷勇，同样从一名普工成长起来，2009 年获得珠海首届优秀外来工称号，一家三口也因此成功入户珠海……在格力，像这样的人还有许许多多，他们通过企业提供的平台，刻苦学习，苦练技艺，成长为新一代知识型工人，改变了自己的命运。

格力电器人力资源部负责人表示，公司一直都鼓励一线员工去进修、提升，现在更是把这些班开到了公司里，员工下班吃晚饭后就可以立刻去上课。目前，格力电器正积极筹建工程技术学院，为员工提供再学习、再深造的机会，“授之以渔”。

董明珠认为：“提升员工幸福感，不仅一方面要给员工创造一个良好的生活、工作、成长环境，给员工一个安定的预期，更重要的是精神层面的东西。”这个“更重要的精神层面的东西”就是提升员工人文素养，塑造先进企业文化。格力以“实、信、廉、新、礼”为核心价值观，以“忠诚、友善、勤奋、进取”为企业精神，以“讲真话、干实事”为行为准则，让员工们具备了讲奉献、讲真话、讲实话、忠诚于企业的为人品质，也具备了“不只是作为打工者，只考虑赚钱，也考虑作为公民要为国家做贡献”的人生境界，让格力的企业文化形成了外拓内敛的务实文化和求通思变的创新文化，并紧扣以人为本的人文精神和科学发展的时代潮流。

不断提升员工的人文素养让格力受益无穷，格力从未遭遇过“用工荒”，不仅如此，格力还成为珠三角员工流失率最低的企业和人均产值最高的制造企业之一。

格力公司的薪酬管理是什么理念，包括哪些内容，为什么格力的薪酬管理很好的支持了公司的发展，员工的幸福感和满意度很高。本章将就这些问题展开我们的学习内容。

【本章学习目标】

- 理解薪酬的内涵。
- 掌握薪酬管理的基本原理。
- 掌握薪酬制度的构建原则。
- 理解有关薪酬的理论。
- 熟悉薪酬管理的发展历史脉络。
- 掌握薪酬管理的未来发展趋势。

第一节　薪酬概述

对于个人而言，薪酬是维持自身乃至家庭衣食住行的基本资金来源，是关系到家庭成员是否能够发展完善自我乃至实现人生价值的基本经济保障；对于企业而言，薪酬可以吸引、发展、激励以及留住优秀人才，它作为企业人力资源管理的重要组成部分，关系着企业是否拥有良好的人力资本系统，不断提高企业竞争力，从而达到持续稳定发展的组织目标。那么薪酬究竟是什么？它为什么具有如此大的功能效用？

一、关于薪酬的理解

（一）不同时代——不同特色

“薪酬”一词在不同的历史阶段，有着不同的定义，就英文单词来看，经历了 Wage（工资），Salary（薪水），Compensation（薪酬）的过程，每一阶段都有着时代特色，目前来看，企业使用越来越多的是 Total Rewards（总报酬）。

Wage——工资

工资，在德语中就有雇佣的含义。按照马克思的说法，“工资制度滥觞于古代，是在古代的军队中发展起来的”。在中国的古代，也有所谓“军饷”的说法。近代的工资，指的是工业革命初期，雇主根据雇员工作时间的长短，以货币形式支付给工人的劳动报酬，这一时期，雇主为了获得最大利益，尽可能的压低工人工资，数额一般刚刚能够维持劳动者个人及其家庭生存所必须的最低生活水平，以保证工人可以尽快花掉工资，继续在工厂中工作。Wage 时代的工作报酬基本上属于基本工资，一般表现为计时或者计件工资，福利仅仅占有很少比例。

1. Salary——薪水

salary 是指非体力劳动者所得到的“工资、薪水”，通常按月、按季或按年计算。在美国，人们经常把薪水和工资加以区别。薪水是指支付给那些豁免于《公平劳动标准法案》相关规定的雇员的报酬，这些雇员通常没有加班工资，往往被称作“例外者”。一般而言，管理人员和专业技术人员属于这类，他们的工作时间不以小时计算，而是以年或月计算。当然，那些符合《公平劳动法案》规定条款的领取加班工资的员工们被称为“非例外者”，他们的报酬通常以小时计算，被称作工资。一些企业，如惠普和 IBM 公司，为了建立符合企业发展要求的管理理念，培养员工的团队精神，他们把所有的基本工资都叫做薪水，而不是将员工分成薪水阶层和工资阶层。

在我国，由于过去人们都是以月为单位领取工资的，因此也就没有薪水与工资的区分。但是随着多种雇佣关系的出现，我国的薪酬制度也出现了与美国相似的划分方法。总体来看，这一时期的 Salary 表达的意思依然是基本工资，并且基本工资在总工资中所占比例也依然很重，但是比起 Wage 时代，福利水平有所提高。

2. Compensation——薪酬

Compensation 是从 1980 年开始，逐渐被人们所接受的，也是目前薪酬的主要表达方式，从字面上来看，它的意思是平衡、补偿、回报，符合劳动者付出劳动，为企业作出贡献，企业支付给劳动者报酬的这种交换关系。比起 Salary 和 Wage，Compensation 的涵盖内容已经比较广泛了，它既包括直接以现金形式支付的工资（如基本工资、绩效工资、激励工资、生活水平调整增资），也包括通过福利和服务（如养老金、医疗保险、带薪休假等）等非现金形式支付的部分。这一时期薪酬的激励性已经相当明显。

3. Total Rewards——总体报酬

2000 年，美国薪酬协会（WAW）拓宽了薪酬的内涵，提出了“总体报酬（Total Rewards）”的概念。这一概念，将薪酬拓展至“报酬”，延伸到包含企业为工作而回报的每一件事物，或者员工在雇佣关系中获得的每一件事物，将非货币形式的回报纳入到框架之中，解决了货币报酬刚性特征对企业的困扰，也适应了员工拥有越来越多样化需求的趋势。总体报酬包括Compensation（薪酬）、Bonus（红利）、Benefits（津贴）、Work - Life（工作环境）、Performance and Recognition（个人能力认可）、Development and Career Opportunities（职业发展机会）等多个方面，有内在报酬和外在报酬两部分内容。外在报酬一般就是我们所说的Compensation，内在报酬是指与工作相关的非经济报酬，是雇主利用所有可用的工具，用来吸引、激励和保留员工，它涵盖了几乎所有员工可以感知的价值。Total Rewards是进行薪酬设计的发展方向，本书采用总体报酬的概念。

（二）不同学科——不同视角

1. 经济学视角

在经济学家的著作中，对薪酬的探讨主要集中在工资方面，一般围绕着工资性质以及工资决定机制展开，对于不同形式的薪酬，经济学家们统一采用"工资"一词。关于工资的形成因素研究，最早是从亚当·斯密开始，他在著作《国民财富的性质与决定因素的研究》一书中，界定了工资的性质："工资是劳动的价格，而劳动是财富的源泉之一。"其后，许多经济学家在对国民经济增长、人口变动和工资水平之间关系的考察中，提出了最早的生存工资理论。该理论认为，从较长时期来看，工人的工资等于其最低的生活费用。也就是说工人工资只能维系基本生活水平。随后，探讨主要围绕工资决定因素进行，比较著名的理论有约翰·斯图亚特·穆勒的工资基金理论；约翰·克拉克、马歇尔的边际生产理论；均衡价格工资论；谈判工资理论；集体谈判理论；舒尔茨的人力资本模型；分享工资理论；效率工资理论等。

2. 管理学视角

就管理学视角而言，关于薪酬的问题主要是从相对微观的角度进行分析的，一般情况下是对薪酬体系的基本内容、基本构成、薪酬管理方面的技术应用一系列薪酬问题加以探讨的。乔治·米尔科维奇与杰里·纽曼在《薪酬管理》一书中，将薪酬定义为，雇员作为雇佣关系中的一方，所得到的各种货币收入以及各种具体的服务和福利之和。这里从薪酬的基本构成、基本内容做了表述，并从社会，股东、雇员和管理者四个角度对薪酬的内涵一一进行了阐述。加里·德斯勒认为，薪酬实际上指员工因为被雇佣而获得的各种形式的支付，一般包括两部分，首先是以工资、奖金、佣金和红利等形式获得的直接货币报酬；其次是以各种借鉴货币形式支付的福利，如雇主支付的保险，带薪休假等。与米尔科维奇、纽曼的观点基本相似，德斯勒是从薪酬的支付方式来表述的。管理学视角下的薪酬，实际上是从薪酬本身着手，通过薪酬管理解决薪酬激励有效性和目标的过程。

（三）不同形式——不同表达

根据薪酬的表现形式，可以将薪酬划分为货币薪酬和非货币薪酬。货币报酬是指雇主以货币形式支付给员工的报酬。一般情况下包括基本工资、奖金、各种补贴津贴等；非货币薪酬是指雇主以实物、服务或其他形式支付给员工的报酬，一般是指给员工带来的福利，包括各种保障计划、带薪休假、家庭补助等。

根据薪酬的外在形态，可以将其划分为有形薪酬和无形薪酬，有形薪酬主要是指工资、奖金、股息等直接薪酬以及保险、补助、休假等间接薪酬；无形薪酬主要是指个体从工作本身以及工作周围的环境所获得的某种生理或心理认同度，包括工作的成就感、个人发展机会等。

美国薪酬管理协会（WAW）认为，薪酬是指用以交换员工的时间、天赋、努力和成果而提供给员工的货币形式或者非货币形式的回报，它是指员工为企业工作而获得的一切成果。

二、薪酬的基本构成

薪酬是一种价格表现，所以人们常常将其与货币划等号。实际上，薪酬的表现形式是多种多样的，主要包括工资、奖金、福利、津贴与补贴股权等具体形式。支付方式除了货币形式和可间接转化为货币的其他形式之外，还包括终身雇佣的承诺（职业保障）、安全舒适的办公条件、免费的餐饮、参与决策的机会、反映个人兴趣和爱好的工作内容、学习成长的机会和条件、引人注目的头衔和荣誉、充分展示个人才华的工作平台等等。

（一）基本工资

基本工资是组织根据员工所承担的工作任务，或是员工所具备的完成工作的能力，向员工支付的较为稳定的报酬。它为员工提供基本的经济保障，属于员工的较为稳定的收入来源。一般情况下，企业是根据员工所担任的职位性质与重要程度来制定基本工资标准，也不排除有的企业是根据能力或者资历（比如工龄薪资）来确定基本工资。

员工的基本工资确定之后并不代表着一成不变，企业往往会有自己的一套调整机制，主要依据有以下几点：

1. 员工的职位发生变化。一般情况下企业会制定岗位工资，随着岗位的变化基本工资会随之调整。

2. 员工自身技术能力与素质。当员工完成某种技能培训或者获得某种职业证书时，也可能会得到加薪。工作年限的长短也会影响。

3. 市场环境的变化。随着市场内消费水平物价水平的变化，企业也会根据实际情况对基本工资稍作调整。

（二）绩效工资

绩效工资又称绩效加薪、奖励工资或与评估挂钩的工资，是以员工被聘上岗的工作岗位为主，根据岗位技术含量、责任大小、劳动强度和环境优劣确定岗级，以企业经济效益和劳动力价位确定工资总量，以员工的劳动成果为依据支付劳动报酬。是企业出于战略发展的考虑，为鼓励员工实现绩效目标而设定的薪酬奖励机制。绩效工资一般分为狭义绩效工资和广义绩效工资。狭义绩效工资是指我们通常所说的奖金，是与工作任务完成程度直接相关的一种经济性报酬，是企业根据员工按时完成或者超额完成某项任务的情况所设定的浮动薪酬，对于员工具有很强的激励性。更多的是奖励短期行为，较为灵活；广义的绩效工资是一种长效薪酬机制，与企业的长期发展目标联系在一起，在于鼓励员工努力实现跨年度或者多年度的绩效目标，能够对一个企业的组织文化起到强大的支持作用。它有助于企业强化员工个人、员工群体乃至公司全体员工的优秀绩效，从而达到节约成本、提高产量、改善质量以及增加收益等多种目的。常见的激励工资形式主要有奖金、津贴、个人特别绩效奖、团体绩效奖等。

（三）福利和服务

福利和服务是企业在基本工资和奖励性工资之外设立的，用来吸引和留住人才的一种较为灵活的薪酬制度，它并不是按照员工工作时间来计算的，一般分为法定福利和企业福利。法定福利主要是指根据国家政策规定的强制性社会保障，比如养老保险、医疗保险等。美国的401K计划，中国的城乡基本养老保险等都属于这类；企业福利是指企业根据自身经营状况所设计的诸如企业年金、带薪休假、儿童看护、家庭理财等个人以及家庭福利与服务。随着现代企业管理方式的不断深化发展，福利和服务在薪酬制度中发挥的作用越来越广泛。

三、薪酬制度的构建原则

薪酬制度决定着企业的综合竞争力。好的薪酬制度不仅满足员工的各方面需要，可以提高劳动生产率和工作满意度，对于吸引和留住人才也至关重要。那么在构建薪酬制度时，需要注意以下几点原则。

1. 公平性原则

薪酬制定的公平性原则一般包括内部公平性和外部公平性两个方面。内部公平性是指企业内部不同职位之间的薪酬对比，主要是要保证组织内员工的工作努力程度、对组织所作贡献程度要与之所获得的报酬相对等。首先，内部相同工作或能力相当的员工之间，劳动报酬要对等。其次，从时间上来看，员工目前的工作业绩与所得回报，同之前的工作业绩与所得回报相比，要显示出公平性。外部公平性主要是指薪酬的外部竞争性。主要是指本组织员工与行业内从事同种工作的员工相比，其劳动报酬是否存在差距，若差距较大，则会产生不公平感，员工则会消极怠工甚至选择跳槽。若员工工资待遇高于同行业其他公司时，员工会产生满意感，那么企业也就有利于吸引和留住优秀人才，获得较强的人力资源竞争优势。

2. 激励限度原则

激励限度原则是指企业应该根据自身经营状况、行业内基本情况进行薪酬设计。并不是薪酬越高越好，如果薪酬制定的过高，未必会起到激励作用，还很可能因为减少企业利润空间，导致企业无法正常运转。最好的薪酬制度应该是最适宜的薪酬制度。企业在进行薪酬设计时，新入职员工工资不应过高，要存在上升空间，要让其感受到薪酬是存在阶梯激励的，通过不断的进步才能获得更多的劳动报酬。当然，工资、奖金以及福利的上调要注意预测企业的经济实力，根据预测结果进行调整，以确保公司的正常利润周期。总的来说，全体员工工资总额不应高于同期企业生产经营总额，员工劳动报酬上调额度不应高于同期利润总额。激励限度原则不仅仅是对企业负责，同时也是对员工负责。

3. 战略导向原则

根据迈克尔·波特的战略理论来看，企业的基本外部战略分为三种：低成本战略、差异化战略和目标集聚战略。对于低成本战略的公司来说，获得竞争优势的关键就是在所有可能的生产节点上节约成本，一般来说，越是科技含量低的企业，人力成本所占的比例越小，除了基本工资外，奖金福利等所在的比例相对较小；对于实行差异化战略的企业，决定公司成败的往往是标新立异，所以特别薪酬制度的设定往往是吸引人才的关键，比如一些软件研发公司，公司环境之类的隐形报酬便显得尤为重要了；关于实行目标集聚战略的企业，公司的目标往往是集中在某一特定产品或者区域，所以关于薪酬的成本也主要应该集中为某一产品或者区域的员工，这样可以为企业争得特定人才。

第二节　主要薪酬理论

一、边际生产率工资理论

19 世纪末，美国经济学家约翰·贝茨·克拉克在其著作《财富的分配》一书中首次提出边际效用理论。边际生产率工资理论建立了工资与生产力之间的本质联系，他主要运用的是静态分析，假定在没有任何经济扰动的情况下，在社会的组织形式和活动方式(人口、资本、技术、组织、消费倾向等)没有变化的条件下，经济自发力量对于财富生产和分配的决定所起的作用的分析。被公认为是对长期工资水平所作的最令人满意的解释。很多学者也认为，这一理论同样适用于确定短期的工资水平。

克拉克认为，劳动和资本都有生产率，并且生产率是递减的，最后会形成边际生产率，如图，横轴 L 表示劳动力数量，纵轴表示劳动力的总产值 T，其中 C 表示工资总额，P 表示利润总额，也就是说，工资决定于劳动的边际生产力，在假定其他生产要素投入不变的条件下，随着劳动力数量的不断增加，企业利润到达一定量时开始下降，也就是说，工人的工资水平是由最后追加的工人所生产的产量所决定的。如果工人所增加的产出小于付给他的工资，雇主就不会雇佣他；反之，如果工人所增加的产出大于所付给他的工资，雇主就会增雇工人。只有在工人所增加的产出等于付给他的工资时，雇主才既不增雇也不减少所使用的工人。工资是取决于劳动的边际生产力即边际收益产量，也就是说，工资是由投入的最后一个劳动单位所产生的。

边际生产率是以劳动力市场完全竞争和劳动力自由流动为理想假设的，现实情况中市场存在诸多复杂因素，工资不一定会等于劳动力的边际生产率，并且工人的劳动生产率也是取决于多方面的，并不能简单的计算出来。所以，工资并不是决定于劳动力的边际生产率的，但是一般情况下，它是围绕着边际生产率摆动的。

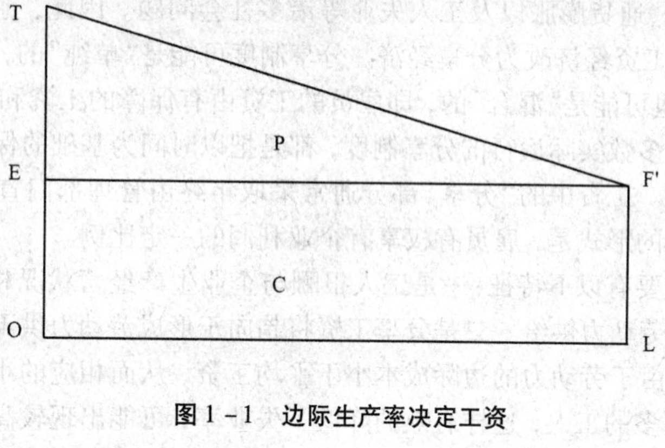

图 1－1　边际生产率决定工资

二、人力资本工资理论

人力资本理论是由 1979 年诺贝尔经济学奖得西奥多·舒尔茨提出的。他在 1960 年的美国经济学会上的演说中对该理论做了系统的阐述，并且进一步研究了人力资本形成的方式和突进，并对教育投资的收益率以及教育对经济增长的贡献做了定量研究，被称为“人力资本之父”。同样对人力资本理论做出突出贡献的还有与舒尔茨同时代以及之后的贝克尔、明塞尔等人，他们都从不同的角度对人力资本进行了论述。人力资本理论的主要内容有以下几点：

1. 相对物质资本投资而言，人力资本投资在促进经济增长方面更具驱动力；

2. 人力资本包括质和量两个方面，核心是提高人口质量，教育投资是人力资本投资的主要部分；

3. 教育水平影响个人收入以及收入差距，通过教育可以提高人的知识和技能，提高生产能力，增加个人收入，缩小员工间的收入差距；

4. 教育投资要依据市场供求规律，以人力价格的浮动为衡量符号。

三、分享工资理论

1984 年，美国经济学家马丁·韦茨曼的著作《分享经济》出版，在西方经济学界产生巨大反响，甚至有人称该理论为“自凯恩斯理论之后最卓越的经济思想”，这一理论对于解决通货膨胀、经济停滞、扩大就业和提高产量、激励工人和劳资相融都有积极的效应。

所谓分享工资，是指对企业的利润进行分享，也就是说员工的工资是与企业经济效益相关联，随经济效益水平的高低同比例增减的一种劳动报酬制度。在传统工资制度中，工人的工资并不能有效反映企业的生产经营状况，由于工资固定，劳动力成本固定，企业总是按照利润最大化原则来进行生产分配，这样做所导致的后果是：不能够灵敏快速的对市场总需求做出反应，只是根据产品数量调节产量，产品价格一般是按照成本加成方法确定的，原定成本不能变动，价格也就不能变动。因此当市场需求收缩时，企业只能减少产品产量，并不能根据市场需求调低价格，所以，企业缩小生产规模必然会伴随着大量工人失业。基于上述情况，韦茨曼将雇员的报酬制度分为工资制度和分享制度，分别对应的是资本主义经济下的工资经济和分享经济。分享工资制度是指根据企业生产经营状况来确定工人工资，这样，就可以有效缓解经济停滞、通货膨胀以及工人失业等诸多社会问题。因此，他认为必须对现行工资制度进行改革，把工资经济改为分享经济。分享制度可能是“单纯”的，即雇员的工资完全取决于企业的业绩；也可能是“混合”的，即雇员的工资由有保障的工资和利润（或收入）分享基金两部分构成。大多数实际运行的分享制度，都是把以时间为基础的保障工资和某些形式的利润分享结合起来。工资中的“分享”部分通常采取年终由管理部门宣布红利的形式反映出来。另一种不常见的形式是，雇员有权享有企业利润的一定比例。

分享工资理论主要有以下特征：一是工人报酬与企业生产经营状况相联系，有利于激励员工努力工作，提高劳动力供给。二是分享工资将趋向于形成劳动力供不应求的一种长期均衡，也就是说企业会由于劳动力的边际成本小于平均工资，从而相应的小于劳动力的边际收益产量而乐意雇佣更多的工人，这样有效的降低了失业率，可能出现较高的劳动生产率和实际工资。三是能够有效延长工人工作期限，降低工人流动性，增强企业凝聚力，进而增进企业效益。

分享工资理论着眼于微观经济，将工资制度作为提高企业生产率的一种手段，从而寻求整个宏观经济的稳定，这种从雇员报酬制度入手的理念，在西方经济学中属于首创，对西方国家的薪酬管理产生了深远影响，但是其实际应用却一直受到限制和工会抵制。

四、效率工资理论

同分享工资理论的出发点相同，效率工资也是将工资视为促进生产率提高的一种理论，20 世纪 70 年代后期，现代效率工资理论在西方经济学界诞生并流传开来，美国经济学家索罗将效率工资制度提升到理论高度。哥伦比亚大学的埃德蒙·菲尔普斯是该理论的代表人物。

所谓效率工资，简单的说就是指企业将劳动力总成本控制在最小的情况下实现利润最大化。该理论的基本观点是:工人的生产效率取决于工资率。工资的增长可以直接提高工人的生产效率，相应的就可以减少其他方面的劳动力投入，比如培训费。也就是说，单纯的降低工人工资并不能使企业增加利润，提高工资也不一定会减少企业利润。相应的，由于此种原因，生产率高的工人也应该理所应当的享受高工资，这是主流宏观理论为了解释工资刚性而提出的理论。

目前，主要存在四种效率工资理论的解释:第一种解释适用于欠发达国家的效率工资理论，认为工资影响营养。多给工人工资，工人才吃的起营养更丰富的食物，而健康的工人生产效率更高。第二种适用于发达国家的效率工资理论认为，高工资减少了劳动的流动性。工人离职的原因在于接受其他企业更好的职位，改变职业，或者迁移到其他地方等。企业向工人支付高工资，提高了工人的离职成本，可以减少离职的频率，从而减少了雇佣和培训新工人的时间和费用。第三种效率工资理论认为，劳动力的平均素质取决于它向雇员所支付的工资，如果企业降低工资，最好的雇员就会到其他企业工作，而留在企业里的是那些没有其他机会的低素质员工。第四种效率工资理论认为，高工资提高了工人的努力程度。企业不可能完全监督雇员的努力程度，而且雇员必须自我决定是否努力工作。员工可以选择努力工作，也可以选择偷懒，但是有被解雇的道德风险。企业可以通过高工资减少工人的道德风险，提高工人的努力程度，进而提高效率。①

效率工资理论开辟了工资理论的新视野，主要有以下几点：

1. 它为工资刚性、失业、工资差别提供了理论解释。效率工资理论表明，对于同样的可观察特质(如年龄、学历、工作经验等)的人，不同企业会支付不同的工资。另外，它从理论上着眼于不完全信息对称的实际市场环境，让我们发现通常被认为是保证价格灵活性、消除长期供求平衡以及长期工资差别的竞争性力量，在这里却正是造成工资刚性、失业和工资差别的直接原因。

2. 打破传统的市场均衡定义，认为市场均衡并不完全是供求相等所引起的，这种均衡状态更可能是由于企业不存在改变其行为的动力。这是因为，在较高的效率工资率上，即使存在劳动力的超额供给，企业也不会因此去降低工资给更多的工人提供工作机会。也就是说不论劳动供给等于劳动需求还是超过劳动需求，此时的工资都是均衡工资。

3. 适当的失业率可以刺激工人努力工作，有效提高劳动生产率。另外，等待在市场中的失业者一旦发现合适的工作机会，就会欣然接受，有效地活跃了劳动力市场。

---

① 李永周. 薪酬管理——理论、制度与方法[M]. 北京大学出版社. 2013. 第 38 页

五、激励理论

激励理论是现代企业管理的基础，它们基于人性假设而建立，对人力资源管理实践具有非常重要的指导意义。

(一)马斯洛需求层次理论

20世纪50年代，美国心理学家亚伯拉罕·马斯洛首次提出需求层次理论。他将人的需求从低到高分为五个层次:生理需求、安全需求、社交需求、尊重需求、自我实现需求。每一层的需求虽然存在联系，但是相互独立，只有当较低一层次的需求得到满足后，才会考虑高一层次的需求。

马斯洛需求层次理论给现代企业管理者带来启示。雇主支付给雇员的薪酬应当具有层次性。基本薪酬应当发挥保障性作用，确保员工能够满足基本生活。绩效薪酬以及福利等应当起到激励作用，对员工能力表示认可。不同员工所处的需求层次是不同的，在进行薪酬设计时，应当设法了解员工的需求处于哪一层次，设计出具有激励效用的薪酬制度。

(二)双因素理论

20世纪50－60年代，美国心理学家弗里德里克·赫茨伯格在马斯洛需求层次理论基础上提出激励/保健理论，也称双因素理论。赫茨伯格认为，只有比较高级的需求才会产生激励作用。满足比较低级的需求的因素是保健因子。他将影响员工的因素分为两类:一类因素当它们存在时可能会引起满意，当它们缺乏时不会引起不满意,这类因素称为“激励因素”;另一类因素当它们存在时个体并不会觉得满意，但它们缺失时会引起不满意，这类因素称为“保健因素”。(见图1－2)激励因素与保健因素的划分并非绝对，而是相对的，只能说某些因素是偏重于激励方面还是偏重于保健方面，甚至有些因素本身具有两种性质，运用得好会使个体产生满意感，运用得不好会产生不满意感。

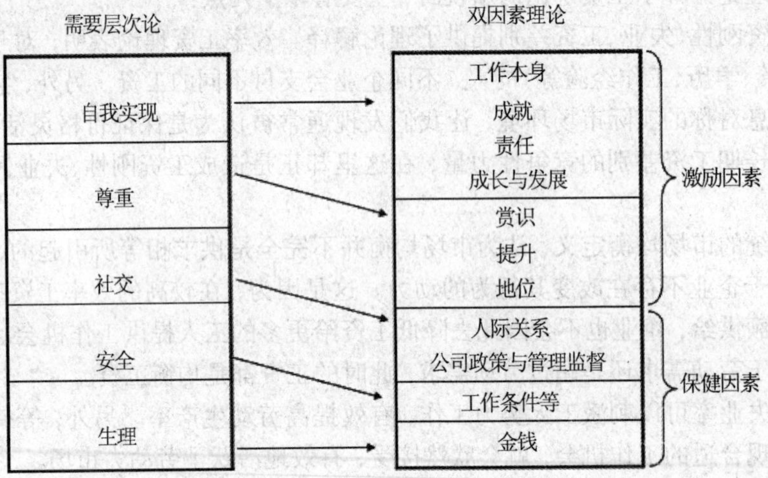

图1－2　需要层次论与双因素理论的关系

双因素理论对企业进行薪酬设计的启示是：第一，企业支付基本薪酬必须确保员工能够获得满足基本生活需要的经济来源，但这只能使员工没有不满意，并不会产生较高的激励作用。第二，薪酬管理是一个系统，对员工的激励不能仅仅依赖于薪酬，尤其是货币性报酬。第三，成功分享计划等内在薪酬是富有激励性的，因为它能够满足员工在认可、责任、成就方面的需要。

（三）公平理论

1963 年，美国心理学家亚当斯提出了公平理论。该理论认为员工个体并不是仅仅关注自己的总报酬，更重视自己投入所得比与其他员工的投入所得比之间的差距。这里的投入主要是指学历、工作经验、努力程度、完成工作的质量等，所得主要包括薪酬、奖金、晋升机会、培训机会、工作环境等。公平理论在薪酬制度中主要有三种表现形式，即外部公平、内部公平和员工个人公平。亚当斯将其称为“3E 薪酬”。其中，外部公平是指本企业的薪酬水平同本行业内其他企业的薪酬水平相比，具有竞争力；内部公平是指薪酬水平在企业内部的一致性，即在同企业内不同的工作之间、不同的技能水平之间的报酬水平应该对等；员工个人公平是指同企业内，从事同等工作的员工薪酬相一致，总体来说，就是每个员工得到的薪酬与他们各自对企业的贡献程度相互匹配。

亚当斯公平等式为：自己所得/自己投入 = 比较对象所得/比较对象的投入。等式两边相等时，就达到了公平。公平理论表明，企业在进行薪酬设计时，薪酬的相对公平性很重要，同等报酬不一定能够获得同样的激励效果，激励效果是从比较中得出的，在进行制度设计时，要综合考虑员工的投入与所得比，制定出较为合理的薪酬制度，否则会导致激励效果的下降。另外需要注意的是，在管理过程中，不仅仅要注重结果公平，过程公平同等重要，只有过程公平，结果才能令人信服。

（四）期望理论

期望理论又称作“效价 - 手段 - 期望理论”，北美著名心理学家和行为科学家维克托·弗鲁姆于 1964 年在《工作与激励》一书中提出的，这个理论可以公式表示为：激励力量 = 期望值 × 效价。激动力量指能够调动员工内部潜力、提高工作积极性的强度；期望值是根据个人的经验判断达到绩效目标的程度；效价，即个体对实现目标有多大价值的主观判断。这个公式说明：人工作的积极性能够被调动的程度时取决于期望值与效价的乘积。也就是说，一个人对目标的把握越大，估计达到目标的概率越高，激发起的动力越强烈，积极性也就越大，在领导与管理工作中，运用期望理论对于调动下属的积极性是有一定意义的。

期望理论对于薪酬管理具有很好的借鉴意义，管理者在进行薪酬设计时，设定的标准应该在员工能力范围之内，切实起到激励作用，避免出现盲目乐观高估和悲观情绪低估目标的期望值；要注意的是，当员工完成绩效目标时，要及时给予奖励，奖励的方式要让员工感到满意，并且进一步产生激励效果，加倍努力实现组织目标。

（五）强化理论

强化理论是由美国著名心理学家、哈佛大学教授斯金纳提出的。他认为，人的行为是受外部环境刺激所调节和控制的，改变刺激就能改变行为。通过有效的刺激能加强人的某种行为，因此管理者通过强化手段，能有效地激发员工的积极性。一般情况下，常用的强化手段有三种：正强化、负强化和消退强化。正强化（positive reinforcement）是指在环境中增加某种刺激，使个体的某种行为发生概率增加，有鼓励、肯定之意；负强化(negative reinforcement)是指在环境中增加某种刺激，使个体的某种行为发生概率减少直至消失，有惩罚批评之意；消退强化是指对个体某种不良行为不予理睬，采取视而不见的态度，让其感到这种行为得不到承认，逐渐终止该行为。

强化理论对于企业管理也有一定的借鉴意义。在管理实践中，正强化一般用来奖励那些组织需要的行为，从而加强这种行为；负强化就是惩罚那些与组织不相容的行为，从而削弱这种行为。正强化形式主要有奖励、给予肯定、表扬、职务晋升等形式；负强化方式包括批评、处分、降职、罚款、减薪、开除等。正强化、负强化和消退强化应用，需考虑行为的性质、行为对企业或组织的影响程度、行为者个体特征等因素慎重选择实施。三种强化手段可以单独使用，也可以根据实际需要组合起来应用。

第三节　薪酬管理概述

一、薪酬管理发展的历史脉络

一个多世纪以来，薪酬问题一直是经济和管理学界关注的重点话题。薪酬管理作为人力资源管理的重点和难点，一直活跃在众多学者专家的视线里。总的来说，随着薪酬的概念由工资、薪酬、总薪酬以及总报酬的变化，薪酬管理大致经历了四个历程。①

表1-1　薪酬管理发展脉络

阶段	主要特点	主要方法	管理核心
早期工厂制度	把工资降低到最低限度	以家族制简单的计件付酬方式为主，辅以利润分享计划和小组计件计划	培养“工业习惯”和工厂纪律，留住熟练技术工人
科学管理阶段	实行以工作标准和成本节约为主线的薪酬政策，希望用“高工资率”换取低成本	以泰罗、甘特为首的差别计件工资制度为主，利润分享制度逐步趋于完善	主要目的在于减少工人的“偷懒”行为，降低成本，通过对工作和职位价值的衡量来确定薪酬
行为科学阶段	薪酬必须适应员工的心理要求	林肯的个人刺激计划、工资权益理论等获得广泛认可	强调员工对薪酬的心理感受，以此提高工作效率
现代管理阶段	采用与业绩紧密挂钩的薪酬政策	与股票价值相联系的权利分享制度进一步成熟，对员工采用以技能、业绩为基础的柔性薪酬制度	强调解决经理人长期激励问题，重视员工的主动性、协作性和创新性

① 何燕珍．企业薪酬管理发展脉络考察[J]．外国经济与管理．2002.24(11)

(一)早期工厂制度阶段:把工资水平降低到最低限度的观点

在前工业革命时期，当时的工人习惯于家庭或农村生活，不喜欢接受工厂管理的约束，工作时间随意性大，工厂面临的最大困难在于培养“工业习惯”。当时的情形正如一个观察家所描述的那样，“一个人在四天时间里如果能挣到足够维持七天生活的钱，那么他就会把那三天作为休息日。换句话说，他就会挥霍放荡地过日子”(J. 鲍威尔，1772)。在这样背景下，重商主义经济学派的研究结果是:“收入与所提供的劳动之间的关系是负相关的，也就是说，当工资增加时，工人宁可去花掉他们的钱，等钱花光以后，需要更多的钱时再去工作(A. 雷恩)。”因此，在很长一段时间里，雇主们认为，“最饥饿的工人就是最好的工人”。他们就尽可能地降低工人的工资，让工资稳定在最低水平上，使工人刚刚能够维持生计，争取“让工人尽快把钱花完，然后不得不回到工厂工作。”但是，为了吸引熟练的技术工人，这些雇主又不得不为他们提供稳定的较高水平的工资。于是，雇主们为了在两者之间实现平衡，就采用了各种不同的物质刺激方法。

在这个时期，工厂薪酬的支付沿用了家族制简单的计件付酬办法。在那些劳动密集型的工厂里，工资激励使用得相当广泛，那里的劳动力成本在总成本中占有很大比例，劳动报酬与个人表现紧密相关。当时，也有部分企业采用团体计件计划。比如，大多数煤矿实行小组工作。由于当时衡量工人表现的标准是以历史形成的平均工时为基础，而不是以工作本身及完成任务应当花费的时间的研究为基础，因此“小组的计件计划虽然是在实践中形成的，但却大都没有效率”(皮奇和雷恩，1992)。

为了充分发挥工资的激励作用，少数管理学者提出了利润分享计划作为固定工资的补充。比如，巴比奇提出的利润分享计划包括两个方面:(1)工人的部分工资要视工厂的利润而定;(2)工人如果能提出任何改进建议，那么就应获得另外的好处，即建议奖金。除了分享利润外，工人们按照他们所承担的任务的性质获得固定工资。这样，按照利润分享计划，工人作业组合将会采取行动，淘汰那些使他们分红减少的不受欢迎的工人(A. 雷恩)。应该说，在工厂制度逐步成熟的过程中，企业主已经意识到薪酬在管理中的地位和作用。

(二)科学管理时期:围绕工作标准和成本节约展开的薪酬政策

围绕工作标准和成本节约展开的薪酬政策在科学管理时代，“以高工资提高生产力，降低产品单位成本”的思想得到了发展。当时的观点认为，最好的办法就是把劳动报酬与劳动表现联系起来。利润分红能够鼓励工人以更低的成本生产更多的产品，因为他们能分享盈利。弗雷德里克·W. 泰罗(Frederick W. Taylor)不赞同当时正在实行的利润分享计划，认为利润分享计划不能促进个人抱负的实现，因为不管人们作出的贡献大小，所有的人都参与分享利润。而且，按照时间接近的心理原则，这种制度“获得奖赏的日子太遥远”，在一年终了时分享利润并不能激励工人在每天都作出最大的成绩。1895 年，他针对工人的“偷懒”提出了差别计件工资制度，作为“部分解决劳动力问题的进一步措施”。这个计划包括三部分内容:(1)通过工时研究进行观察和分析以确定“工资率”，即工资标准;(2)差别计件工资制;(3)“把钱付给人而不是职位”。泰罗认为，如果采用差别计件工资，一旦工作标准确定下来，差别计件制就能产生两方面的作用:使达不到标准的工人只能获得很低的工资率，同时付给确实达到标准的工人以较高的报酬(W. 莱特尔，1942)。

在此基础上，甘特发明了“完成任务发给奖金”的制度，来实现泰罗所无法达到的鼓励工人相互合作的目的。根据这个制度，如果工人某一天完成了分配给他的全部工作，他每天将得到50美分的奖金。即工人如在规定时间或在少于规定时间内完成任务，他们除了可得到规定内的报酬外，还能按该时间的百分比获得另外的报酬（甘特，1916年）。此外，甘特采纳了一位同事的意见：一个工人达到标准，工长就可以得到一笔奖金；如果所有的工人都达到标准，他还会得到额外的奖金。甘特认为，给工长这种额外奖金是为了“使能力差的工人达到标准，并使工长把精力用在最需要他们帮助的那些人身上”（甘特，1916）。可以说，这是最早关于管理者薪酬激励的表述。

与此同时，利润分享计划也在得到修正和改善。1938年，约瑟夫·F·斯坎伦针对团体激励提出薪酬计划。当时，他所在的公司处于破产的边缘。斯坎伦在同钢铁工人工会职员商量以后，制定了一个工会－管理当局合作提高生产率的计划，该计划在工人节约劳动成本时给予奖金。这项计划使得公司免于破产。斯坎伦计划的核心是建议以计划和生产委员会为主体寻求节省劳动成本的方法和手段。不对提出建议的个人付给报酬，整个计划的首要原则是以团体为目标。强调的是协作与合作而不是竞争，任何一个人的建议都能使大家得到好处。在整个工厂或整个公司范围内付给报酬，鼓励工会和管理当局进行协作以降低成本和分享利润。斯坎伦计划独特之处在于：(1)对提出的建议实行团体付酬；(2)建立讨论和制定节约劳动技术的联合委员会；(3)工人分享的是节省的成本，而不是增加的利润。

可以看出；这个时期完成了从“低薪”到“高薪”刺激理念的根本转变。“最饥饿的工人就是最好的工人”的观点逐渐为“最廉价的劳动力是得到最好报酬的劳动力；正是由于得到最好报酬的劳动力去操纵机器，才保证了相对于资本投入的最多的产品”（阿特金森）的观点所替代。

当时流行的观点是：如果雇主支付低工资，产量就会下降；但是，如果工人得到了高工资，并且与机器相结合，产量就会提高。为了证实这个结论，舍恩霍夫对各国的情况进行比较以后，发现支付工资最高的国家其成本最低（J. 舍恩霍夫，1893）。当时匹兹堡制钉工人的工资收入是英国同类工人的10倍，而前者铁钉的成本却只有后者的一半。这样，“高工资、低成本”的观点便在企业中得到确立。

（三）行为科学时期：适应员工心理需求的薪酬制度

人际关系学派认为，“工作中的人同生活中其他方面的人没有多大差别。他们并不是彻底的理性生物。他们有感情。他们喜欢感受到自己重要并使自己的工作被人认为重要。当然，他们对自己工资袋颇感兴趣，但这不是他们关心的主要问题。有时候，他们更关心的是工资能确切地反映他们所做的不同工作的相对重要性”（勒特利斯贝格尔，1950）。因此，一些企业为满足个体心理需求而进行了不同的尝试。

詹姆斯·F. 林肯尝试并试验了一种以经验为基础的方法。他认为，对工作的自豪、自力更生以及其他久经考验的品德正在消失，为了恰当地解决这个问题，就要恢复个人“明智的自私自利”。激励人们的主要因素不是金钱、安全，而是对他们技能的承认。林肯计划试图使职工的能力得到最大的发挥，然后按照他们对公司成功作出的贡献发给“奖金”。结果表明，与克利夫兰地区其他制造工人的工资水平相比，林肯电气公司没有停工，也几乎没有职工离职现象，个人生产率是整个制造业平均生产率的5倍，每股的平均股息稳定上升，产品价格稳定下降，而工人的奖金保持在高水平上（F. 林肯，1951）。林肯电气公司的个人刺激计划一直得以延续执行，使企业取得了成功。这些做法在现在的美国还仍然获得很高的评价（C. 汉德林，1992）。怀延·威廉斯最先提出工资权益理论。他认为，从工人的角度看，工资是相对的，也就是说，重要的并不在于一个人所得到的绝对工资，而在于他所得到的相对工资。到20世纪60年代，埃利奥特·雅克（1961）与约翰·斯泰西·亚当斯等人（1963）的公平激励理论发展了这种观点，即工资分配的公正是社会比较的结果。他们认为，一个人对薪金的感觉至少基于两种比率：（1）所得工资相对于他人工资的比率；（2）其“投入”（即所付出努力、受教育水平、技术水平、培训、经验）相对于“产出”（薪金）的比率。因此，他们强调了薪酬调查在薪酬决策中的地位。

（四）现代管理时期：激发员工创造性的薪酬制度

20世纪八九十年代，全球经济呈现新的发展特点，随着信息技术的不断更新发展，学习能力和适应能力强的员工越来越受到企业青睐。企业为了适应市场变化、提高竞争力，开始改变之前大量雇佣长期员工的传统模式，转而开始雇佣一些能够在若干家企业工作的核心员工，新的雇佣关系所对应的必然是新的薪酬管理模式，这样一来，企业对薪酬制度的灵活性、战略性要求越来越高。

这一时期，企业纷纷在薪酬中设立绩效工资、绩效奖金以及利润分享等绩效薪酬。曾经盛行的以功劳或资历为重点的薪酬，很快转变成强调团队和个人绩效的薪酬；福利也从通用型福利计划转变成让员工有一定选择权的弹性福利计划。战略管理时期的薪酬制度和行为科学阶段是有相通之处的，都是强调给予绩效的个人浮动工资制，对流动性大的高技术员工都展开了激烈的竞争，但是这一时期企业环境更具全球挑战性，薪酬决策和从雇佣关系中能够获得的收益显得更为规范。有关雇佣、税收、社会福利的法律以及利率和国际汇率都在薪酬管理中扮演着重要的角色。虽然薪酬仍然是雇佣关系中至关重要的一个组成部分，但是薪酬管理越来越具有战略性。当今企业的薪酬和激励更多是在强调员工的主动性和创新性，而不仅仅是对员工“偷懒”行为的传统约束，薪酬决策的目的在于将经营战略和雇主所关注的有价值的员工行为联系在一起。企业普遍认为，薪酬并不是简单地对员工贡献大小的承认和回报，更应该成为公司战略目标和价值观转化的具体行动，以及支持员工实施这些行为的管理流程。①

从整个过程来看，薪酬制度经历了从工厂制度时期的单一生存工资制，到科学管理阶段的差别工资制，经过不断演变，又实现了从总薪酬到总报酬的变化，由起初的涵盖基本薪酬、浮动薪酬以及各种奖励计划在内的各种货币型薪酬，到如今的不断扩大员工福利比例，提高隐形薪酬的报酬时期。

二、薪酬管理的功能

薪酬是员工维持自身及其家庭生存发展的经济保障，是保证企业稳定发展的制度基础，代表的是企业与员工之间的一种利益交换关系，无论是对个人而言还是对企业而言，薪酬的重要性不言而喻，因此，对于薪酬的功能，我们可以从企业和个人两个角度来理解。

---

① 刘昕. 薪酬管理[M]. 中国人民大学出版社. 第四版. 2014，第17－18页

(一)薪酬管理功能:企业方面

1. 激发员工工作积极性，增进企业经营利润

薪酬与员工的工作态度、工作行为以及工作效率存在着密切的关系，企业通过制定合理的薪酬制度，可以向员工传达出一种信号，这种信号可以让员工明白什么样的工作表现才是企业所提倡的，什么样的行动才能为企业做出最大的贡献，这样便可以有效激励员工以企业绩效为导向而努力工作，最大限度地提高劳动效率，保证企业取得可观的经营绩效，增进企业经营利润。

利用薪酬来增进企业利润是薪酬管理的重要内容，如何能够利用最低的成本激励员工为企业做出最大的贡献，是企业制定薪酬制度的基本原则。

2. 吸引并保留人才，提高企业竞争力

人才是决定现代企业成败的重要因素，能够吸引住优秀的人才是保证企业在市场竞争中脱颖而出的制胜法宝，那么如何才能吸引住人才为企业服务呢？具有竞争力的薪酬制度是关键。当然，这里具有竞争力的薪酬制度并不仅仅只是提供高的经济报酬，工作环境、福利待遇、个人发展机会等均是要考虑的内容。企业在制定薪酬制度时，针对岗位特征，除了合理的货币报酬外，人文关怀的配套制度尤为重要。如果说高薪是吸引人才的第一把钥匙，工作环境、个人发展机会等隐形薪酬待遇则是留住人才的黄金屋。薪酬制度能够吸引人才，但是却不能保证其长期为公司服务，给企业造成的损失可能会更大。

企业竞争力的提高关键是靠人才的贡献，好的薪酬体系对于吸引人才、留住人才来说，无疑是最直接、见效最快的方法之一。

3. 塑造企业文化，实现战略整合

企业文化是指企业在长期生产经营过程中，逐渐成为企业员工所共同遵循的基本信念、价值标准以及行为准则。良好的企业文化有利于企业的长期发展，合理的薪酬制度有助于良好企业文化的塑造，增强员工向心力，为共同的企业目标而努力。员工的工作状态是企业经营战略成功的基石，如果组织在进行薪酬设计时，能够在尊重员工独立个性与工作特点的情况下，兼顾小组与团队的整体利益，那么这样的组织就更具凝聚力，更容易营造和谐共进的企业氛围，从而实现组织的长期战略发展目标。

如果企业的薪酬制度与企业文化之间存在冲突，那么很可能会导致整个企业文化的土崩瓦解，企业必定面临危机。良好的薪酬体系对于组织文化落地和强化，实现战略整合，保证企业长期有序运行起着至关重要的作用。

(二)薪酬管理功能:员工方面

薪酬对于员工的重要性主要体现在经济保障上。从经济学角度来看，实际上就是劳动力的价格，员工为企业作出贡献，企业以薪酬方式给员工以回报，一般情况下，薪酬制度的设计需要满足员工个人及其家庭的基本生活，这也是最早工厂时期的工资基本特征。现在，薪酬不仅仅单纯满足基本的经济保障，对于激励员工，实现员工与组织共同成长同样重要，员工自身价值的提升，最直观的就反映在他所获得的薪酬水平上。

在现代企业管理阶段，薪酬制度的设计不仅仅满足员工的基本层次需求，要想获得长远的发展，制度需满足员工的不同层次需要。

三、薪酬管理的基本内容

所谓薪酬管理，是指企业根据自身性质、组织目标、经营状况等特点，通过员工为实现组织目标做出的贡献程度，来设计和完善薪酬制度，达到吸引并留住人才，给予员工回报的一系列制度过程。在这一过程中，企业根据组织薪酬战略、薪酬形式、薪酬体系、薪酬水平以及薪酬结构做出决策。

(一)确定薪酬战略

薪酬战略根据企业的人力资源战略确定，一般需要服从于组织长期战略发展需要，主要的有以下几点：

1. 紧密联系企业经营目标，促进企业和员工共同发展；
2. 激励员工努力工作，提高劳动效率；
3. 公平薪酬制度设定，吸引并留住优秀人才。

薪酬战略是薪酬管理有效运行的基本原则和依据，在进行薪酬管理的过程中必须要做到服从组织战略和人力资源管理总体战略，这样才能保证薪酬制度的有效运行。

(二)设计薪酬形式、构建薪酬体系

采取怎样的薪酬形式，如何构建一整套合理的薪酬体系，主要取决于企业的性质、规模、员工特点以及外部环境等一系列内外部情况。

1. 企业战略决定了员工结构与规模，员工薪酬首先要服务于企业战略，不同层次的员工薪酬与战略相关程度不同，收入形式也应该不同；

2. 合理定位企业，确定薪酬成本投入政策。若需要企业组织发展，则采取扩张劳动力成本或紧缩劳动力成本政策。根据企业的自身情况选择企业合理的工资制度，是激励还是保守需要认真考虑；

3. 一般而言，薪酬制度一般分为三种类型：基于职位、基于技能或者基于能力，根据组织员工特点，应该选择适合企业的薪酬体系。

薪酬政策是企业管理者审时度势的结果，决策正确，企业薪酬机制就会充分发挥作用，运行就会畅通、高效。反之，决策失误，管理就会受到影响，引起企业管理一系列的困扰。

(三)调整薪酬结构、兼顾员工特点

薪酬结构是指针对组织内部不同职位的员工，制定不同工资率的一种制度安排。一个完整的薪酬结构模型主要包括以下三点：薪酬的等级数量；同一薪酬等级内部的薪酬变动范围；相邻两个薪酬登记之间的交叉和重叠关系。根据薪酬结构来设计薪酬的变动区间与变动比率，合理安排薪酬区间的最低、最高以及中值，根据职务或者岗位等基础指标来设计不同员工的工资率，制定每一类型员工的基本、辅助以及浮动工资比例等。

薪酬结构的设计一定要灵活，便于根据企业内外部环境的变化随时调整，制定过程要兼顾各种类型员工的特点，最大程度的给予员工激励，避免人才外流。

四、薪酬管理的未来发展趋势

自20世纪末以来，悄然兴起的新经济逐渐对现代企业人力资源管理包括薪酬管理提出了更高的要求。经济全球化在增加适应性、创新和竞争力方面，对人才管理发起了更大的挑

战。专门知识的价值被确认，并融入组织和日常管理以应付上述压力；智力资本作为独特的生产要素，取代人力资本后，现排在产业资本、金融资本之首。所有这些都给企业的薪酬管理带来根本性的变革，这主要体现在以下几个方面：

（一）福利设计更具弹性、福利项目丰富化

美国在1955－1975年的20年间里，雇员福利成本的上升速度几乎是雇员工资或者消费者物价指数上升速度的4倍。1963－1987年间，福利成本的增长速度有所减缓（是工资增长速度的2倍）。1993－1999年间，福利成本实际上稳定在每个全日制雇员14700美元的水平上。2010年的调查结果显示，对于文职人员和政府雇员而言，每小时的福利成本是9.02～13.86美元。①福利作为吸引、留住企业人才的重要举措，其增长速度不断加快，所占比例也越来越大，那么福利给员工带来的满意度是否同比例符合企业的成本投入呢？也就是说，如果福利制度设计不合理，单纯的高福利或许并不能够给企业带来应有的效果，相反，还很有可能加重企业负担，得不偿失，因此，更具弹性化的福利制度是未来企业进行薪酬设计的关注重点。

目前，企业福利呈现多样化发展，除了传统的带薪休假、食物发放、各类保险外，教育费用补偿、儿童看护、财务咨询、免费家庭游等一系列新的福利制度开始成为企业竞争的新手段，在未来的薪酬制度设计中，多样化的福利待遇越来越重要。但是需要注意的是，弹性设计和福利形式的多样化虽然成为未来趋势，而其中蕴含的规则将更加复杂，经济价值的衡量可能要日渐让位于精神价值的衡量。

（二）薪酬分配形式、支付方式从单一化走向多样化

传统的薪酬形式随着经济形式的发展也在不断变化，薪酬分配形式由货币主导型向资本主导型过渡，以股票期权为主要形式的资本分配在未来人们薪酬中的比重会不断扩大，并成为主导性分配方式。近来甚至有人提出以自然资本包括环境、生态等非货币化方式作为奖励的手段。薪酬支付方式将呈现多样化，网上考核和网上支付模式将被一部分企业所推崇。随着互联网、宽频、无线通讯技术的发展，人们的工作模式、员工的概念和企业的运作模式将发生很大的变化。工作家庭化、弹性工作制和虚拟企业将成为一种新潮，被一部分企业所追随，网上考核和网上支付将被很多企业广泛采用。

（三）薪酬设计呈现新特征，方案更具现代化

现代企业不断发展壮大，员工特征也发生变化。薪酬设计方案也不同于传统形式，出现新特点。继全面报酬、以技能和业绩衡量为基础的薪酬制度趋向成熟后，宽带薪酬被越来越多的企业使用。宽带薪酬是在20世纪90年代，伴随着企业的组织形式呈现扁平化特点出现的，它与企业流程再造等，新的管理战略与理念相匹配，主要方式是指减少薪酬等级，并且增大每一层级的薪酬浮动范围，在宽带薪酬体系设计中，员工所有时间里都是处于同一个薪酬宽带之中，但是如果能力提高，在原有的岗位上能够不断提高自己的绩效，就可以获得更高的薪酬，即使是被安排到低层次的岗位上工作，也一样有机会获得较高的报酬。宽带薪酬更加注重个人能力，有利于推进组织绩效。目前，国内的大部分企业还采用的是窄带薪酬管理模式，在以后的发展中，宽带薪酬会被越来越多的企业使用。

① 美.乔治·米尔科维奇．薪酬管理［M］．中国人民大学出版社．第11版．第305页

(四)人力成本上升，制度更具法律规范性

在全球经济一体化、知识经济的趋势下，人力资源已成为组织取得和维系竞争优势的关键要素。因此人才的竞争将在全球范围内更为激烈的展开，人力资源领域内所带来的最直接的竞争后果，就是薪酬的剧烈动荡。所有竞争对手竞相支付高于市场平均价格的薪金，导致人力资源的价格滚动攀升。与此相呼应，利润的分配格局也会产生巨大的变革，知识智有所值、人才劳有所得的呼声会越来越强烈，收益将被更广泛地分享而不是过分集中。

另外，随着社会文明程度的不断深化，劳动者权益越来越受到法律的保护，职业经理人在薪酬设计时，必须要保持对立法、司法趋势的敏感度，以保护雇主和雇员的利益，确保薪酬实践与法律保持一致，保证制度合法性。

(五)薪酬制度更具国际化，需考虑跨国文化

伴随着经济全球化、跨国公司、跨国贸易而来的薪酬制度模式——国际化薪酬开始成为企业薪酬管理的工作重点，全球化背景下的薪酬设计要受到多种因素影响，如经济方式、制度特征、雇员特点以及社会文化等。不同国家的薪酬制度是不同的，即使是高度同质性的国家，不同行业之间的薪酬制度也是不相同的，比如日本的丰田公司和东芝公司，就是两种不同的薪酬制度。

国际化薪酬的制定除了要考虑国家整体传统文化外，深入了解该国的劳动制度、法律条例同样重要，比如欧洲的工会制度，瑞典雇员中有71%是工会成员，英国为28%，意大利为33%。另外，公司所有权、金融环境等诸多因素都是要谨慎考虑的对象。国际化薪酬制度是经济全球化、贸易一体化时代的产物，是要实行国际化经营企业所要考虑的重要方面。

小结

“薪酬”一词在不同的历史阶段，有着不同的定义，经历了工资、薪水、薪酬的过程，每一阶段都代表着时代特色，目前来看，企业使用越来越多的是总报酬。薪酬的表现形式是多种多样的，主要包括工资、奖金、福利、津贴与补贴股权等具体形式，支付方式除了货币形式和可间接转化为货币的其他形式之外，还包括终身雇佣的承诺(职业保障)、安全舒适的办公条件、免费的餐饮、参与决策的机会、反映个人兴趣和爱好的工作内容、学习成长的机会和条件、引人注目的头衔和荣誉、充分展示个人才华的工作平台等等。

主要薪酬理论有边际生产率工资理论、人力资本工资理论、分享工资理论、效率工资理论、激励理论等。随着薪酬的概念由高工资、薪酬、总薪酬以及总报酬的变化，薪酬管理大致经历了四个历程。

薪酬管理，是指企业根据自身性质、组织目标、经营状况等特点，通过衡量员工为实现组织目标而做出的贡献程度，来设计和完善薪酬制度，来达到吸引人才并留住人才，给予员工回报的一系列制度过程。在这一过程中，企业根据组织薪酬战略、针对薪酬形式、薪酬体系、薪酬水平以及薪酬结构等一系列薪酬体系做出决策。薪酬管理的未来发展趋势主要体现在以下几个方面:福利设计更具弹性、福利项目丰富化;薪酬分配形式、支付方式从单一化走向多样化;薪酬设计呈现新特征，方案更具现代化;人力成本上升，制度更具法律规范性;薪酬制度更具国际化，需考虑跨国文化。

思考题

1. 薪酬的内涵是什么?
2. 如何理解总体报酬?
3. 薪酬管理包括哪些主要内容?
4. 知识经济时代薪酬管理发展方向和主要模式?

案例分析一

除了钱，员工还要什么?

有人说，导致员工离职无非有两个原因:钱，没给到位;心，委屈了。有时，即使薪水增加了，员工的业绩和工作状态也并没有得到相应提升，公司的整体氛围依旧如故，更有甚者，人均效率和团队业绩反而有所下降，是激励方式和手段出了偏差，还是领导者根本没有读懂员工的心？我们不禁要问——除了钱，员工还要什么?

在美国一家制造电话交换机的工厂，虽然养老金制度、医疗制度和福利制度等较健全，但员工的生产效率和精神状态普遍不佳。于是，美国国家研究委员会在 1924 – 1933 年组织了一系列特殊实验。当福利待遇(如工资、休息时间、午餐、工作条件等)改善时，产量并没出现持续上升;而当管理层倾听下属，人际关系相对融洽，工作气氛比较轻松时，产量却大大提升。这就是由人际关系学说的创始人埃尔顿·梅奥组织的“霍桑实验”。由此，对“经济人”的假设让位于“社会人”，人们认识到，除了对金钱等物质报酬的追求外，员工还有对安全感、归属感、人际关系等精神层面的需要，生产效率的提高取决于包括企业管理和领导层水平在内的多方面因素。道理似乎大家都懂，但一个世纪后的今天，员工薪酬问题仍然是困扰许多企业的大问题，很多员工也依然有这样那样的不满足。

安全感 VS 危机感

员工的安全感除了表现在对人身安全、工作条件等方面外的需求，还包括对晋升空间、人际关系等方面的需求。安全感的缺失很可能导致自卫、防御、逃避或叛逆等心理及行为。企业的规章制度、职业保障、福利保险能满足他们基本的安全感，但想要进一步提升业绩，就不能仅仅依赖增加工资了。微软亚太研发集团首席技术官张宏江曾经看好的一位员工提出了辞职。原来，该员工虽然认可目前的待遇，但对名片上 3 年不变的“开发工程师”耿耿于怀。张宏江为此展开调查，发现不少员工都认为成为团队、部门领导才是“职业发展前途”，很少有人认为从普通技术人员到资深架构师也是很好的职业路径。这是一个很典型的案例。除薪水外，获取更高层次的安全感还需要其他各种要素紧密配合:大到对行业发展情况、企业文化认同度的了解，小到对上司和老板的行事作风、人际交往习惯的适应，以及对自身职业发展路径的明晰、认同。“安全感”也是相对的，当外界环境、自身心态等因素变化时，它既可能转化为“不安全”，又可能转化为怠惰。这条界限是微妙的，“生于忧患死于安乐”:过度的“安全”会变为某种程度的不思进取。现代商业竞争的激烈程度，互联网时代转型与变革的浪潮，冲击着每个人的神经。无论是管理者还是普通员工，都能深深体会。“微软离破产永远只有 18 个月;华为总会有冬天，准备好棉衣比不准备好;任何强大的公司都不会给下属安全感，都要用最残忍的方式激发每个人变得强大……”促使团队每个成员居安思危，方能不断提升组织效能。回到上面张宏江的案例。他力图将员工的“不安全感”转化为组织和个人进步的机遇。“我们的办法是疏导。一是利用各种机会请总部资历丰富的开发人员和软件架构师开设培训讲座，阐释技术开发的乐趣和前景。二是引入微软的Mentor(师傅)制度。三是举办专为激发开发人员技术创新的大赛。大家可以把一个创新的想法变成可展示的方案，评审后还有机会投入市场。”

归属感VS独立感

2015年1月8日，新华都集团举办了主题为“责任和感恩同行”的20周年庆典，进行了优秀供应商表彰、优秀员工表彰、10年以上忠诚员工表彰、卓越贡献管理者表彰。当一位在新华都工作了近20年的员工形象出现在大屏幕上时，这种情感上的向心力，是金钱买不到的，也非一日之功。当员工入职后，会经历对工作内容、领导风格、人际关系、薪酬福利、经营理念、行为规范、企业文化的适应和认同过程，通过不断相互磨合，其安全感、满意度逐渐增加，最终形成对整个团队的归属感。这种归属感能持续增强员工的责任心和忠诚度，充分调动个体的积极性，最终为企业创造巨大的价值。正因为如此，企业为加强员工的归属感而各显神通也就不足为奇了。许多世界500强企业，以及平安保险、蒙牛乳业、华为等国内大企业，都不断发布员工持股计划的实施进程。大量企业在企业文化建设上花了很大功夫，金山软件董事长兼CEO求伯君曾指出:“金山一直倡导一种快乐文化、家的文化，希望员工在公司更有归属感。越是经济不景气时，我们越希望给员工更多关怀。”有的企业建立丰富的社团组织，关注员工的身心健康，增强部门之间的互动;有的设立“员工之家”，鼓励大家积极为公司出谋划策;还有的从衣食住行、养老、医疗、教育、培训等方面，组织实施了“彩虹计划”、“花朵计划”等等。然而，归属感的培养是一个长期、复杂、动态的过程。作为一种对自己所在组织的观念认同和思想依赖，归属感是个人价值关系依附于组织的一种意识倾向。企业文化的强大可以实现员工的高度组织化，增强忠诚度;但过于强大的、极端一元化的企业文化又可能衍生惰性和刚性，在某种程度上侵犯员工的个体独立性需求。在现代社会飞速发展、市场环境日新月异的情况下，特别是对于知识型员工、企业的外围智囊型人才、具有特殊才能的人才，以及独当一面的高层管理者，什么样的“归属感”才不会成为“桎梏感”？如何既顺应人本管理的价值诉求，又促进员工主体性的彰显和个性潜能的发挥？一位在一家外资企业工作十多年的资深员工这样感叹:“我不想成为企业的一个零件或是一个‘复读机’，我希望活出真正的自己，即使薪酬暂时较低，我迫切渴望有一个平台，给我独立思考、解决问题的成长机会。当然，我也希望我的生活计划不会因为加班而频频改变。”实现企业与员工个体之间融合共生的价值观契合，保持员工个体独立性与企业文化的协调发展，这个平衡点至关重要。此外，不同的激励办法，最终还要建立在公司自身健康、可持续发展的基础上。没有梧桐树，怎么吸引来凤凰呢？

成就感 VS 自我超越

拿着最高薪水的人就一定最幸福吗？调查研究显示，伴随着公司、岗位、工作内容的起伏，以及职业生涯中出现的挫折或瓶颈，收入提升引发的幸福感大不如前，员工的满意度呈现平缓甚至衰减的势头，员工流失、职业倦怠现象显著增加。这时，造成优秀员工流失的真正原因，已经不是薪水问题，而是职业生涯上升空间的大小、工作中的成就感、自我价值实现的满足感……哈佛大学的两位职业发展专家蒂莫西·巴特勒和詹姆斯·沃尔德鲁普用“深层志趣”来定义这种由情感驱动的对某种工作的激情，及其催生成功后的成就感。这种追求自我实现的高级需求，如果能被充分挖掘，就是一种有效的激励因子。“打工皇帝”唐骏表示：“我不是在为别人打工，而是在为我自己打工，为我的财富、人生和未来打工，为自己的人生创业，获得认同，获得经验，获得成就感。”当从更高的层次调动起每个人超越自我的欲望后，见证奇迹的时刻就不远了。一位医生评估一张 X 光片子，他会更加努力提高诊断的准确性，因为那是白衣天使的使命感在召唤；一位创业者会忘记时间、身兼数职，因为有成就事业的梦想在鼓舞。如果说企业应该有追求利润之上的价值观，履行社会责任的话，那么这就需要建立在每个员工自我超越的基础上。员工不仅为自己的职业理想而努力，同时也在为他人、为企业做出贡献。用顶级心理学家马丁·塞利格曼的话说，“追求有意义的生活，就是用你的全部力量和才能去效忠和服务一个超越自身的东西。”这种人生的意义感，会带来更大的幸福感，会超越暂时的疲惫、辛劳、挫折，激励人们对有意义的工作或事业产生持续的兴趣和贡献。就像攻坚克难的项目开发团队，他们有更多的烦恼、更高的压力指数、更大的焦虑感，但由于投入了一项充满激情的事业，他们的幸福感和成就感互为因果，就会创造一个个奇迹。

思考：

1. 薪酬究竟是什么？薪酬体系包括哪些内容？
2. 高薪是否能为企业带来高绩效？构建薪酬体系需要注意哪些问题？

案例分析二

JN 公司成立于 2008 年，是一家从事化工产品生产与销售于一体的新兴化工企业，为 A 上市化工企业全资子公司。公司通过引进美国和英国酸軒生产工艺技术，建成 MA、BDO、PVP 等生产装置，其主导产品国内市场主要分布华东、华北、华南地区省市，国外市场远销欧洲、北美等国，年销售额约 20 多亿元。JN 公司经过近几年发展，主导产品在国内外销售市场上占领一席之地，表现出强大竞争力和发展潜力。公司在“行业领先”发展战略指导下，以现有产品为基础，将产业链向产品上、下游延伸，整合新产品研发力量，与母公司共同打造集研发创新、咨询设计、投资指导、项目管理等为一体综合性研发科研机构，并利用优越的地域优势，承担科研机构人才战略储备和培养工作。JN 公司组织结构实行总经理负责制，总经理下设副总经理，分别负责技术、生产、行政管理。副总经理下设公司企划部、人力资源部、财务部、技术部、安全环保（质量）部、生产部共七个部门，生产部下设 MA 车间、PVP 车间、BDO 车间、公用工程四个车间。

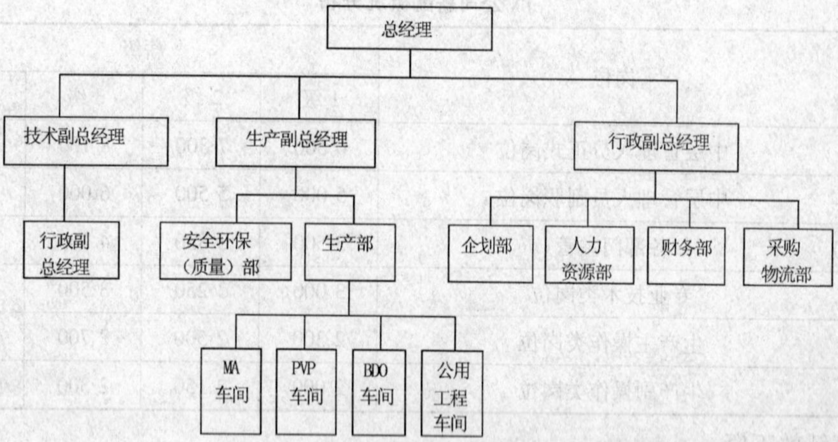

JN 公司组织结构图

一、人力资源状况

JN 公司现有员工 280 人，其中经营层领导（总经理、副总经理）4 人，中层管理人员 12 人，主管 26 人。按照岗位类别划分，JN 公司管理类人员 45 人，专业技术类人员 52 人，生产操作类人员 183 人，分别占总人数的 16%、19%、65%；在员工年龄分布上，30 岁及以下员工占总人数 68%，31－40 岁员工占 20%，41－50 岁员工占 11%，50 岁以上员工占 1%。40 岁以下员工占比超过 85%；从学历构成上观察，硕士研究生及以上学历占 5%，本科学历占 29%，大专学历占 53%，中专/高中学历占 13%。大专及以上学历达到 88%，一线生产操作类员工大多数来自专业对口大专院校、本科毕业生，专业理论基础较扎实，员工整体素质较高。

二、JN 公司薪酬管理现状

JN 公司现有薪酬体系是两年前项目建设正式投产前，在母公司人力资源部帮助下搭建而成。公司经营层领导（总经理、副总经理）的薪酬由母公司统一管理，经营层以下人员薪酬管理与发放由 JN 公司负责。目前，JN 公司员工薪酬构成主要分为四个部分：岗位工资、月度绩效工资、年终奖金、补贴与福利。在薪酬构成方面，中层管理人员岗位工资占全年收入的 70%，主管及下员工岗位工资占全年收入的 80%。

1. 岗位工资

JN 公司岗位工资分为六个薪等，每薪等划分四个薪级，具体标准见表。

根据母公司薪酬管理体系设计的岗位价值评估结果，根据经验评估每个岗位相对价值大小，将各岗位分别归入相应的薪等。新进公司员工按学历、职称、相关工作经验确定薪级。员工薪级的确定缺乏科学、量化标准，由公司领导、人力资源部、用人部门综合评价确定。基本指导原则：应届毕业生或无相关工作经验人员岗位工资定为 1－2 级，有较丰富相关工作经验、职称较高、学历较高的员工岗位工资定为 3－4 级。

JN 公司薪酬概况分布

薪等	岗位	薪级			
		1 级	2 级	3 级	4 级
A	中层管理人员正式岗位	6 500	7 300	8 100	8 900
B	中层管理人员副职岗位	5 000	5 500	6 000	6 500
C	各部门主管	3 500	3 850	4 200	4 550
D	专业技术类岗位	3 000	3 250	3 500	3 750
E	生产主操作类岗位	2 300	2 500	2 700	2 900
F	生产副操作类岗位	2 000	2 150	2 300	2 450

2. 月度绩效工资

公司根据每年薪酬总额预算，确定月度绩效工资发放比例，结合每月公司对部门的绩效考核结果，将月度绩效工资发放到部门，各部门再根据员工的月度绩效表现，分配到个人，同岗位员工月度绩效工资差距不大。

3. 年终奖金

年终奖金额度与公司年度经营目标完成情况相关，年度经营目标完成理想奖金额度就高，反之亦然。员工年终奖与管理层级关联，不同层级年终奖额度有所差异，金额从高到低依次是：中层管理人员、主管、专业技术人员、生产班组长、生产操作人员和普通管理人员，同一层级员工年终奖金额差别很小，基本属于平均化分配。

4. 补贴与福利

(1) 补贴。生产操作类倒班岗位员工享受倒班补贴，标准为每月 250 元。

(2) 福利。包括员工购买社会保险、缴纳住房公积金、免费为员工提供住宿、年度免费职业卫生体检、免费提供工作餐、逢年过节发过节费及物品等。

为了解员工对公司薪酬管理现状看法，发现企业内部存在问题，JN 公司人力资源部以问卷调查和访谈调研相结合形式开展员工薪酬满意度调查。调查问卷发放范围涵盖中层管理人员及以下员工，发放问卷 270 份，回收问卷 262 份，有效问卷 250 份，问卷回收率 97%，有效率 92.6%。

通过对调查问卷结果的分析，JN 公司员工对薪酬满意度并不高，不论是总体薪酬还是薪酬的公平性，大部分员工都呈现不满意状态。

思考：

1. JN 公司的薪酬制度究竟存在哪些问题？该如何解决？

2. 从总体报酬角度设计薪酬方案，JN 公司要做些什么？

第二章　战略性薪酬管理

【引导案例】

薪酬 心愁 新仇

所谓不患寡而患不均，这是一个历史遗留问题。健尔益销售公司成立于2002年，是菲菲集团为了整合营销渠道而新设立的销售公司，80%的员工属于销售人员，他们来自菲菲集团原有的4个分公司，基本上还拿着原来公司的工资。由于当初北方两家分公司的效益比南方两家好，北方销售人员一直拿着比业内平均水平高得多的薪水。而南方的销售人员则相反，薪水比同地区、同行业的销售人员足足要少30%左右。

2005年6月，健尔益公司发布了新的薪酬体系方案，出台了“老人老办法，新人新办法”，期望通过逐步到位的薪酬调整逐步解决这个问题，实现薪酬调整的“软着陆”。这次薪酬改革，主要针对销售部和市场部。公司将销售部和市场部的总体薪酬水平调高了10%左右。与此同时，销售人员的固定工资由原来的80%下调到70%，市场部也由原来的90%下调到80%。对于这个调整，两个部门都很不服气。因为浮动工资的发放取决于销售指标的达成，而销售指标是年初就定下来的且相当高。到了年中，突然告诉他们固定工资比例下降、浮动工资比例上涨，当然没人乐意了。况且原来工资水平有落差的问题在这次方案中也没有得到解决，大家的怨气就更重了。

公司在绩效考核体系中设置了一些关键指标，并给各个指标设定了相应权重。比如，对销售人员销售额中品类结构配比的考核权重由原来的5%提高到了10%。但是看起来，这个调整似乎还是提不起销售人员对于销售“新品”的兴趣，经过仔细核算公司的考核指标，他们自己设计了“抓大放小”的对策。这可苦了市场部推广新品的品牌经理，因为依据公司的考核体系，他们也需要对自己负责的新品销售额负责，而市场部人员对公司考核体系更是牢骚满腹。

思考：

1. 健尔益公司薪酬体系的调整是如何实现“软着陆”的？实施效果如何？
2. 如何有效解决组织薪酬管理中的“不患寡而患不均”现象？

【本章学习目标】

· 理解薪酬的相关概念，掌握组织战略的基本概念。
· 理解组织战略与薪酬管理的关系，掌握薪酬管理的内容。
· 掌握构建战略导向的薪酬管理体系的方法。

第一节　组织战略与薪酬管理的关系

薪酬的作用往往强调的是人才的吸引、保留、激励及开发，但是这些最终目的是什么呢？显然是为了帮助组织实现其战略目标以及远景规划。所以说，薪酬体系的设计及薪酬管理都必须围绕组织的战略以及远景目标来进行。

一、组织战略的内涵与作用

“战略”一词源于军事作战领域。随着生产的社会化、市场经济的发展及信息技术的推广及应用，战略思想逐步进入到组织经济领域。社会系统学派代表人物、美国经济学家巴纳德最早将战略思想引入到组织经济中来，他认为，组织是由相互之间进行协作的个人组成的一个综合系统，而经理在这个综合的系统中扮演联系中心的角色，巴纳德运用战略因素分析了组织的决策机制及有关目标的各个因素之间的影响。美国企业经营史学家钱德勒对组织战略经营这样定义：决定组织长期的基本目标，选择达到目标的办法，并且为实现这些目标而对资源进行分配。总之，这些学者的研究工作都为组织战略理论建立了基本的框架。

总体来说，组织战略就是组织在市场经济条件下，为求得生存和发展，对要实现的总体目标作出的全局性、长远性的谋划。组织战略是一个完整的体系，由组织的总体战略以及各部门的分战略构成。组织总体战略是对组织的整体发展以及相应的目标和对策进行谋划，是一种属于支配地位的战略，决定着组织的兴衰成败。

二、组织战略对薪酬管理的影响和决定

组织在设计薪酬战略以及薪酬管理制度时，要关注的六个基本问题是：

1. 薪酬支付基础

薪酬支付基础指对什么支付报酬，即对职位、对任职者的能力（技能以及知识）或是对任职者的业绩以及贡献支付报酬。

2. 薪酬支付对象

薪酬支付对象指对谁支付报酬，对哪类人员支付报酬。按职能划分，分为研发人员、生产人员、销售人员、管理人员以及外包人员等；按层级划分，分为高层管理者、中层管理者以及基层员工；按人才的价值以及重要性来划分，分为核心人才、通用人才以及辅助性人才等。

薪酬支付规模指要向多少人支付报酬。薪酬支付的规模往往根据组织的雇员数量来确定。薪酬支付水平指组织要确定支付多高水平的报酬。往往可将组织支付的报酬水平和同一职位、同等级的市场平均报酬水平来进行比较，然后作出有关薪酬水平的定位：是领先、落后或是跟随市场的平均工资水平。薪酬支付结构指在同一组织内不同职位或者不同技能薪酬水平的排列形式。它强调的是薪酬水平等级的多少、不同薪酬水平间级差的大小及决定薪酬级差的标准。

薪酬支付方式指对如何支付报酬的策略。比如是重视短期报酬或是长期报酬？是重视奖励现在或是奖励未来？组织战略影响到薪酬战略以及薪酬管理的某些基本问题。通常说来，组织战略对薪酬管理有以下影响：

(1)组织战略决定了组织员工的类型、规模以及数量结构，由此确定了报酬的支付对象以及支付规模。

组织整体的战略将对人员安排作出明确详细的规划，包括员工的类型、规模以及数量结构。例如组织在某阶段强调以研发作为战略重点，那么研发人员所占的比重就会相对较大，研发人员也将会成为报酬激励的重点。再如当组织实行多元化业务的经营策略时，新业务的拓展必然会要求配备一定数量的专业背景的员工，由此会影响报酬支付的对象以及支付规模。

(2)组织战略决定了薪酬水平与市场工资水平的关系，即组织要根据战略对报酬支付水平来进行定位。

薪酬水平的定位可以分三类：一是领先策略，即组织发放的报酬高于市场的平均工资水平；二是跟随策略(匹配策略)，指组织发放的报酬等高于市场的平均工资水平；三是滞后策略，就是组织发放的报酬低于市场的平均工资水平。通常说来，组织的支付能力、组织所处发展阶段以及组织所属的行业性质在一定的程度上决定着组织支付工资的水平。假如一个组织的支付能力较强，它往往倾向于支付较高水平的工资。组织处在初创、成长、发展以及衰退等不同发展阶段，也往往会采取不一样的薪酬水平定位。并且，因行业性质不同，组织也很可能会采取不同的薪酬定位策略。例如高科技行业中的组织大都会采取领先型或是跟随型策略，否则组织无法吸引优秀的研发人才来为其服务。

要特别强调的是，战略的性质往往也会影响到组织的薪酬水平定位。战略的性质分为保守型、平稳型以及激进型三种。假如一个组织采取了保守型的战略，它的薪酬水平定位也会较保守，可能会低于或者略低于市场的平均工资水平；若一个组织采取平稳发展的战略时，它的薪酬水平大都会定位为跟随市场的平均工资水平；而当一个组织采取了激进型的战略，即要在3-5年内从一个国内中等组织发展为世界级的组织，在这种激进战略的指导下，组织在薪酬水平的定位上通常会倾向于采取领先战略，以此来吸引更多的优秀人才，从而不断扩大组织的规模，增强组织核心竞争优势。所以，战略的性质也会对组织工资水平的策略选择带来影响。

(3)不同层级员工因承担的战略责任不同，报酬也存在差异。

战略责任是一个重要的可付酬要素(Compensable Factors)。通常来说，在组织中层级越高的人，其承担的战略责任越大，其报酬包与战略因素相挂钩的比重就会越高。例如高层领导的报酬包与战略责任挂钩的报酬比重就会相对较高，大概70%～80%的收入都与组织的战略目标实现挂钩；但基层员工的报酬包中与战略责任挂钩的报酬比例就很低或者几乎为零。

(4)组织战略会影响到组织薪酬结构的设计。

组织的经营战略能够影响并决定薪酬结构的设计，由此确保薪酬结构和组织战略保持一致，确保薪酬结构的内在公平性，推动战略有效实施。

薪酬结构的基本设计思想包括偏向平等或者偏向等级化两类。体现平等的薪酬结构往往等级较少，相邻等级间与最高薪酬、最低薪酬之间的差距较大；而体现等级化的薪酬结构往往等级较多，级差较小。

多重的薪酬等级往往要求对各个等级所做的工作做出详细的描述，明确每个人的职责。等级薪酬结构的理论基础是:频繁的职位晋升能起到好的激励作用。此种薪酬结构承认员工之间技能、责任以及对组织贡献的差别。那些重视低成本、将顾客作为中心、强调标准化以及资历的传统组织，大多重视采用等级化的薪酬结构。但在“扁平化”的薪酬等级中，每个等级界定的任务职责范围更为宽泛，所以使得员工拥有了更大的决策自主权。平等主义的薪酬结构所含的理念是:所有的员工都应该平等对待，越平等就越能够提高员工的工作满意度，促使形成组织间的工作团队，提高员工的工作绩效。

在强调创新以及市场快速响应的今天，宽带薪酬作为一种和组织扁平化、流程再造、团队导向、能力导向等管理战略相互匹配的新型薪酬结构应运而生。宽带薪酬最大特点是压缩级别，它强调在组织中运用较少的工资等级、较大的工资级差代替以前较多的工资等级，把原来十几甚至二十、三十个级别压缩为几个级别，并且把每个级别中的薪酬范围拉大，形成一个新的宽带化的薪酬结构，以此来适应当前激烈的市场竞争环境以及业务发展的需要。这一类薪酬结构大多用于重视创新与差异化战略的高新技术组织中。例如，IBM 公司在 20 世纪 90 年代前的薪酬等级共有 24 个，之后被合并成 10 个级差范围更大的等级。

(5)组织战略确定组织的核心能力以及核心人力资源，这是组织薪酬战略激励的重点。

根据组织战略以及发展需要，我们能够对组织内部各层各类的人才进行价值排序，因此确定组织的核心人力资源。依据管理学中的“二八”原理，即 20% 的人创造 80% 的价值。所以，关注 20% 的核心人才，并且通过激励使其最大限度地发挥工作积极性以及创造性，是组织薪酬体系设计关注的重点。

(6)组织战略确定组织薪酬激励的方向和重点。

不同的战略目标会带来不同的激励方向，由此决定了组织薪酬战略激励的重点。例如，某个组织在某特定时期的战略目标要做到市场份额第一，需要在某产品领域占到 30% 的市场份额，所以在这个阶段，组织会鼓励销售人员积极地去拓展市场，而此时组织对销售人员的激励将是薪酬支付的重点。另一个组织在某特定时期的战略目标是产品质量领先，那么组织将会鼓励员工努力提高产品的质量，这时组织对质检人员、生产人员的激励将是薪酬战略设计的重点。所以，组织的战略导向会影响到薪酬激励的重点。

第二节　构建战略导向的薪酬管理体系

有关战略以及薪酬管理的关系，更多的研究从两者的“一致性”(Congruence)、“适合”(Fit)、“匹配”(Match)以及“联结”(Linkage)的观点出发，认为薪酬策略的选择以及组织战略是紧密相连的，随着组织战略的变化，组织的薪酬策略与薪酬管理体系也要作出相应的调整以及改变。许多组织开始关注以战略为导向来设计组织的薪酬体系，紧密地联系薪酬管理与组织战略间的关系，构建战略导向的薪酬管理体系。

一、下面介绍几个从战略的角度思考薪酬管理的研究

其基本的假设都是组织战略直接驱动薪酬战略或者通过人力资源管理战略间接地驱动薪酬战略，从而决定薪酬管理以及薪酬体系设计的具体内容。

（一）Wen′S 战略薪酬矩阵（组织战略维度——薪酬管理维度）

通过研究，我们开发了一种战略薪酬的制定技术，如表 2 – 1 所示的 Wen′s 战略薪酬矩阵所示。其基本思想是将组织战略的决定要素归结为五个主要方面，包括行业选择、组织发展阶段、产品选择、产品定位以及竞争方式选择等；同时将决定组织薪酬管理体系设计的薪酬战略要素归纳为四个主要方面，即工资支付基础、工资水平、工资结构以及奖金支付基础等。通过考察每个组织战略维度对薪酬维度的影响，来说明组织的总体战略对薪酬管理体系设计的确定，由此来确定组织整体的薪酬策略以及薪酬管理体系。

表 2 – 1　　Wen′S 战略薪酬矩阵

	工资支付基础	工资水平	工资结构	奖金支付基础
行业选择	A11	A12	A13	A14
企业发展阶段	B11	B11	B11	B11
产品选择	——	C12	——	——
产品定位	——	D12	——	——
竞争方式选择	E11	E12	E13	E14

通过建立战略维度和薪酬维度两两对应的矩阵，根据每一组织战略维度，能够相应地确定薪酬战略以及薪酬管理的相关维度。

1.“行业选择”对应的基本薪酬战略与薪酬管理问题

行业选择主要指行业的性质。

（1）行业选择对工资支付基础产生的影响（A11）。不同的行业性质强调不同的工资支付基础。比如，高科技行业要强调员工个人能力，实施以能力为基础的工资制度会比较适合；而纺织行业较强调技能，因此技能工资就会比较适合该行业的特征。

（2）行业选择对工资水平定位带来的影响（A12）。工资水平定位有领先、跟随以及滞后三种策略。从行业的性质来看，高成长行业倾向于采用市场领先型策略，传统行业则倾向于采用滞后型或者跟随型市场工资水平的策略。

（3）行业选择对工资结构造成的影响（A13）。工资结构决定了工资差别，不同行业的工资差别也存在着不同。衡量收入差别的常用指标之一就是员工最高收入与最低收入的比例。比如，微软公司是高科技行业，其总裁史蒂夫·鲍尔默的收入和一般的软件编程人员的薪酬是天壤之别。通常说来，高科技行业的工资差别相对比传统行业的工资差别高，主要的原因在于：一是高科技行业需要鼓励高层次人员，由此它会向高级人才提供相对较高的报酬；二是它与传统行业相比来说，有更强的支付能力。这两点决定了它的收入差别会更大一些。

（4）行业选择对奖金支付基础产生的影响（A14）。不同的行业性质决定着不同行业的奖

励重点不一样。高科技行业主要奖励的是能力，并且因强调合作会更加注重团队激励；但传统行业主要奖励的是产出，突出个人对组织的贡献，比较重视对个人的激励。

组织的发展阶段分为初创期、成长期、成熟期以及衰退期。对应不同的发展阶段，其基本的薪酬策略选择也会有所不同。

(1)组织的发展阶段对工资支付基础带来的影响(B11)。不同的组织发展阶段对工资支付基础会产生不同的影响。通常而言，组织在初创期时比较强调按业绩支付报酬，以支撑组织规模的快速扩张；在高速成长时期则强调按能力支付报酬，以此来吸引更多的人才，并且重视长期激励，例如采取股票期权等风险收益计划；在岗位职责基本明确的成熟时期，组织会考虑采用按职位付酬的工资体系；在衰落期很可能会更强调短期支付，比如发放业绩奖金，来维系组织生存。

(2)组织的发展阶段对工资水平定位产生的影响(B12)。不同的组织发展阶段对应着不同的工资水平定位。组织往往在初创期以及高成长阶段倾向采用领先策略，在成熟期常常采用稍微领先或者是匹配的策略，在衰落阶段一般采用匹配甚至落后的薪酬水平策略，因为此时其支付能力是非常有限的，需要考虑对劳动力成本的控制。

(3)组织的发展阶段对工资结构产生的影响(B13)。组织不同的发展阶段对工资结构也会造成影响。组织在初创期以及成长期的工资结构会更强调报酬的激励作用，拉开收入的档次，差别相对来说要大一些；在成熟期及衰退期的工资差别相对来说要小一些，以此来确保公平以及员工队伍稳定。

(4)组织的发展阶段对奖金支付基础带来的影响(B14)。组织的发展阶段不同，奖励的重点以及奖励的量也会有所不同。组织在初创期以及高成长期比较注重奖励未来，来刺激创业和发展，通常以长期激励为主，例如采用全面参与或者有限参与的股票期权或员工持股，在组织的衰退期比较注重奖励成本控制。并且，组织在高成长时期奖励的量可能会更大一些，但在衰退阶段的奖励很少或者是几乎没有，主要是因为组织在高成长阶段有较强的支付能力，但在衰退期的支付能力则非常有限。

思考产品选择的主要战略分析工具是波士顿矩阵，它将产品分为金牛、明星、问题以及瘦狗四类。当组织构架是根据产品事业部来划分，或者组织需要鼓励新产品以及新业务拓展的特定情况下，组织的产品及业务选择会对薪酬的战略选择问题造成一定的影响。以下所指的影响及决定均为组织按产品事业部划分或是推广新产品销售时所作出的薪酬策略选择。

不同的产品类型决定了不同的工资水平定位。负责明星类产品人员的工资水平通常领先于市场平均工资水平，以此来确保明星类产品市场份额的有效增长；负责金牛类产品人员的工资水平一般都领先或者匹配市场平均工资水平，从而来保证组织从金牛类产品上能够获取足够的现金流；负责问题类产品人员的工资水平大都同市场平均工资水平保持一致或者略低，来观察是否需要进一步跟进及推广该产品；而对于负责瘦狗类产品的人员工资水平定位，通常是低于市场平均工资水平，并且作出逐步退出的考虑。

2."定位"对应的基本薪酬战略及薪酬管理问题

组织不同的战略定位能够对工资水平的定位带来一定的影响。通常来说，当组织作出了市场领先的战略定位时，其工资水平的定位也常常会领先于市场平均工资水平；当组织作出位于行业中等水平的战略定位时，其工资水平的定位也通常匹配或者落后于市场平均工资水平。

3."竞争方式选择"对应的基本薪酬战略及薪酬管理问题

例如，以波特的三种竞争战略为基本框架，说明竞争方式对薪酬战略的影响。据波特的分析，主要的竞争策略有总成本领先策略、差异化策略以及集中化经营策略。总成本领先策略强调组织保持低成本的竞争优势；差异化策略是指将公司提供的产品或者服务标新立异，形成在全产业范围内具有独特性的东西；集中化经营策略是指主攻某个特定的顾客群、某产品系列的某个细分区段或者是某个地区市场。三种策略需要的基本资源以及基本组织要求如表2－2所示。

表2－2　　三种基本竞争策略

基本竞争策略	通常需要的基本技能和资源	基本组织要求
总成本领先	持续的资本投资和良好的融资能力，工艺加工技能，对工人严格监督，所涉及的产品易于制造，低成本的分销系统	结构分明的组织和责任，以满足严格的定量目标为基础的激励，严格的成本控制，经常的、详细的控制报告
差异化	强大的生产营销能力，产品加工对创造性的鉴别能力，很强的基础研究能力，在质量或技术上领先的公司声誉，在产业中有悠久的传统，或具有从其他业务中得到的独特技能组合得到销售渠道的高度合作	在研发、产品开发和市场营销部门之间的密切协作，重视主观评价和激励而不是定量指标有轻松愉快的气氛，以吸引高技能工人、科学家和创造型人才
目标集聚	针对具体策略目标，由上述各项组合构成	针对具体策略目标，由上述各项组合构成

以波特提出的三种主要竞争方式作为例子，它们对薪酬战略的影响主要表现在：

(1)"竞争方式选择"对工资支付基础带来的影响(E11)。

采取成本领先策略的组织往往有结构分明的组织以及责任，通常会选择以职位来作为工资支付的基础，比较注重严格的工作分析及职位评价，并且以此作为标准来支付报酬；采用差异化策略的组织是以吸引高技能的工人、科学家以及创造型的人才为主，大都会倾向于以能力为工资支付的基础，向员工支付的是能力工资。

(2)"竞争方式选择"对工资水平定位产生的影响(E12)。

采取成本领先策略的组织大多都比较关注控制劳动力的成本，倾向采用匹配或者落后于市场平均工资水平的薪酬政策；采用差异化策略的组织会比较注重建立组织在行业或者市场上的独特的竞争优势，往往倾向于采用领先或者匹配于市场平均工资水平的薪酬水平政策，以此来保证吸引更多的有特殊技能的技工与知识型人才。

(3)"竞争方式选择"对工资结构的影响(E13)。

采取成本领先策略的组织，往往受支付能力的影响，不同职位之间的工资差别相对来说比较小。但采用差异化策略的组织(例如高新技术组织)，它的支付能力比较强，同时也会更关注在产品研发和市场营销部门间的团队合作，倾向采取宽带化的报酬结构，从而缩小工资的等级，拉大工资间差距。

(4)“竞争方式选择”对奖金支付基础带来的影响(E14)。

采取成本领先策略的组织，更关注并强调成本控制以及成本节省，以满足严格的定量目标作为激励的基础，常常倾向采用以成本节省作为基础的奖金计划，比如斯坎伦计划、拉克计划，并且更偏重于短期激励;但采用差异化策略的组织，往往更倾向采用以收益分享作为基础的奖金计划，期股、期权、员工持股等一系列风险收益与长期激励计划，以此来实现对高级技术工人以及创新型知识员工的吸引与保留。

(二)美国康奈尔大学斯奈尔教授(Scott A. Snell)的战略——薪酬模型

斯奈尔教授有关战略、核心能力以及人力资源战略、薪酬管理的基本逻辑思路如图2－1所示。

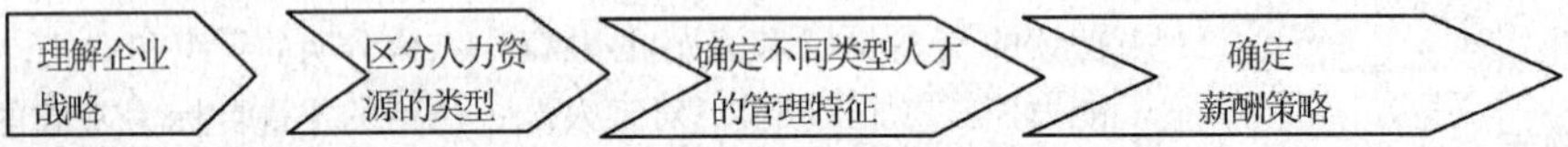

图2－1

1.理解组织战略与人力资源战略

斯奈尔教授认为组织的人力资源战略及其具体管理活动是由组织的战略直接影响与驱动的，因而，他的研究模型是从理解与认识组织战略开始的。产业变革的两大重要趋势是全球化与信息化，而这一变革恰好迫切需要组织的灵活性以及快速反应能力，强调速度、创新与保持低成本的竞争优势。在这样的变革趋势下，全新的商业模式也正在形成，基于知识的战略成为了基础，组织更加强调核心能力的培育、创新以及外部合作伙伴。

核心能力是指一系列技能(人所具有的)与技术(社会或者组织所拥有的、已物化或资本化了的，例如信息技术等)的集合，它能够使组织为客户创造特别的、与众不同的利益。判定核心能力的基本标准是有价值的、独特的(难以复制与模仿)、可扩展、深化，是通过在不断的学习中获得的。人力资源战略是指对组织的核心能力进行维系、保持、利用及开发的战略。它的本质是通过具体的人力资源管理实践活动提升组织的核心能力。人力资源管理实践包括了招聘、培训、工作设计、考核、薪酬管理等一系列的活动，使组织人力资本的存量发生一定的变化，通过整合组织内部的人力资本、社会资本以及组织资本，通过有效及系统地组织内部的学习及创新活动，使组织内的员工时刻处于知识创新的状态，能够不断将知识、技能转化或者整合到组织的产品和服务中去，形成组织中有价值的、难以复制及模仿的知识资本，最终形成组织的核心能力。

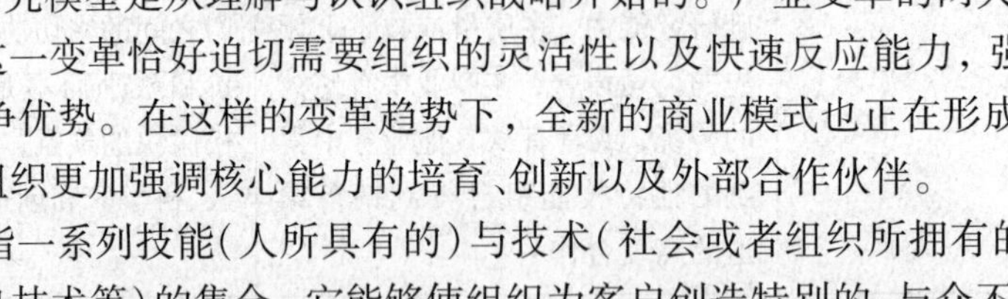

(1)对组织而言，核心人才是价值高且非常稀缺与独特的人才。核心人才是与组织的核心能力直接相关的，因此具有很高的价值;另外，因为核心人才具有公司急需的、市场上不容易获得、并且不易通过简单的学习与工作积累而有的特殊知识与技能，所以非常稀缺。例如，微软的软件开发人员、默克医药公司的医药研究人员、证券与基金公司的操盘手等。

(2)对组织而言，通用人才指的是与组织所需要的核心能力直接相关并且价值比较高的人才。但是由于这类人才拥有容易学习与获得的普通知识及技能，相对来说比较容易从市场上招聘与获取，并不具有独特性。例如组织的财务会计、销售人员等，其所需的技能相对来说比较简单，在劳动力市场上的供应量也较大，但对组织来说，他们具有较重要的价值。

(3)对组织而言，独特人才的战略价值比较低，是与组织所需的核心能力间接相关的，而他们常常拥有非常特殊的、不易习得的知识与技能，因而相对比较紧缺。例如某些组织雇佣的专业咨询师以及咨询顾问。他们能够为组织提供专业的咨询服务，对组织来说，其直接的战略价值比较低，只能够对组织的日常经营运作产生间接影响，但是他们大多具有非常独到的见解，并且具有丰富的知识与经验，所以他们具有很强的独特性，并不容易从市场上轻易获得。与此类似的人才还包括会计事务所及法律事务所的专业顾问、作家、建筑设计师、飞机制造公司的设计师等。

(4)辅助性人才在组织中的战略价值相对较低，常常只具备一般的知识与技能，较容易从市场上获取。比如生产车间流水线上的装配工、前台、门卫以及清洁工人等。

2. 区别每一类型人才的人力资源管理基本模式

针对工作的特征，每一类人才，可以采取不同的人力资源管理基本模式(如表2-3所示)。

表2-3

人才类型	工作类型	雇佣关系
核心人才	知识工作	以组织为核心
通用人才	传统工作	以职位为核心
辅助性人才	合同工作	劳动契约关系
独特人才	合作伙伴	协作关系

(1)核心人才从事的大多是知识型工作，工作的复杂程度与难度会更大。因而，组织与核心人才的雇佣关系应该强调以组织为核心，也就是围绕组织的战略重点以及发展要求来确定组织所需要的核心能力、雇佣组织所需要的核心人才。

(2)通用人才从事的往往是具有传统特征的工作，比如财务管理、人事管理等。因而组织与通用人才的雇佣关系应该以职位为核心，更加关注岗位任职者的专业特长与技能。

(3)辅助性人才从事的多数是根据合同要求明确界定其工作职责的工作。因此，组织与他们的雇佣关系是劳动契约关系。

(4)独特人才多是以一种组织合作伙伴的角色出现的，例如提供短期的咨询服务、一次性地帮组织设计产品等。所以，他们与组织是一种协作式的雇佣关系。当组织有需要的时候，便会请这类人才为组织提供一些短期的特殊服务。

3. 确定具体的人力资源管理(包括薪酬管理)技术与方法

明确每一类人才的人力资源管理基本模式后，组织会确定相应具体的人力资源管理技术与方法，其中包括了职位评价、招聘、考核、培训及薪酬战略的设计等。在这里重点分析针对不同类型人才的薪酬战略设计(如表2-4所示)。

(1)对于核心人才而言，其人力资源管理体系是以“承诺”为基础的，强调员工对组织的忠诚度，以建立稳固的心理契约。薪酬战略的设计要点：

①支付比较高的报酬，薪酬水平常常领先于市场平均工资水平，以此来确保报酬具有一定的市场竞争力，从而吸引、获取一流的核心人才为其服务。

②以知识、经验及资历为报酬支付的基础，大多采用能力工资体系。

③重视风险收益以及长期激励，例如采用期股、期权与员工持股等方式，将其报酬所得和组织的长期经营业绩挂钩，最大限度地激励并保留核心人才。

④给予核心人才比较高的特殊福利，例如住房、带薪休假、俱乐部会员卡等，这类特别的福利常常采用延期支付或者分期支付的方式，从而尽可能地激励并保留核心人才。

(2)对于通用人才来说，人力资源管理体系是以“生产率的提高”为基础的，强调最大限度地利用员工的专业技能，以提高组织的经营业绩。薪酬战略的设计要点：

①支付比较高的报酬，薪酬水平常常领先或者匹配于市场平均工资水平，从而确保报酬具有一定的市场竞争力，来吸引足够合格的专业人才为组织提供服务。

②以绩效与业绩为报酬支付的基础，大多采用业绩工资体系，例如对销售人员采用的佣金制度。

(3)对于独特人才而言，人力资源管理体系是以“保持良好的合作关系”为基础的，强调与独特人才之间的密切协作。薪酬战略的设计要点是：按合同约定，依据他们为组织提供的解决方案（知识、设计、技术解决方案等）与工作成果，支付他们相应数额的报酬。

(4)对于辅助型人才而言，人力资源管理体系往往强调建立劳动契约关系，同时要求员工服从组织的职责任务安排，薪酬战略的设计要点是：按照小时或者临时签订的合同支付报酬，例如对生产工人实施的计件工资制度、组织和清洁工之间签署的小时工服务协议等。

表2-4

人力资本类型	人力资源管理体系	薪酬战略
核心人才	基于承诺	·外部公平(高工资) ·为知识、经验、资历付薪 ·股权和额外福利
通用人才	基于生产率	·注重外部公平(市场工资率) ·为绩效付酬
独特人才	基于合作关系	·根据合同付酬、为知识付薪
辅助性人才	基于命令和服从	·按小时或临时签订的合同付薪

二、不同的薪酬战略要求有不同的薪酬制度

根据战略理论，组织的薪酬管理应该具有全局性与系统性，需要适应组织外部环境以及组织战略的变化，支持组织战略（包括经营战略与竞争战略）的实行。薪酬管理影响到组织目标与个体目标的实现及统一，加上组织将大量的资金用于薪酬及与之相关的事项中，因而，组织必须从战略的角度来看待它。首先，对最高管理层与人力资源主管来说，当他们在进行

薪酬决策、明确指导原则从而进行薪酬管理时，必须能够使这一计划从战略上适应组织目标，使之方向明确，这一点对组织而言是至关重要的；另外，在进行薪酬体系具体的设计之前，十分有必要从战略的角度展开分析与思考，这样才能够保证在组织战略的指导下，设计出来的薪酬体系适合本组织，从而利于组织的长远发展。

组织战略不同，薪酬战略不同，不存在放之四海而皆准的薪酬制度。创新型战略强调冒险，它的方式是不再过多地重视评价与衡量各种技能及职位，而是把重点放到了激励工资上，以此来鼓励员工在新的生产流程中大胆地创新，缩短从产品设计到消费者购买产品间的时间差。成本领先型战略是以效率为中心，强调少用人、多做事，它的方式是降低成本，强调提高生产率，精确地规定工作量。而以顾客为核心的战略则强调取悦顾客，根据顾客满意度给员工付酬。

三、实施战略性薪酬管理的理论意义

战略性薪酬管理实际是一整套崭新的理念。其核心是组织一系列的战略性薪酬决策。战略性指的是具有战略意义的，重点是对外部环境的适应，其战略视角着眼于帮助组织获得并保持竞争优势的竞争性选择。以资源作为基础的战略管理理论从组织的资源特性与战略要素的角度解释组织持久竞争优势的来源。组织有人力、物力、组织资源这三类资源，而能力是一系列资源经过整合的结果。并不是所有的资源以及能力都有潜力可以成为组织持久竞争优势的基础，只有当资源与能力是有价值的、独特的、稀缺的、难以模仿的时候，这种潜力才有可能变为现实。战略性薪酬体系的设计就是整合了各种有效资源，从而有助于形成组织的核心能力，而其本身也就成为了组织的一种特殊的能力，可以帮助组织获取竞争优势。我们必须清醒地认识到，尽管薪酬和薪酬管理对员工及组织都有重大的影响，但薪酬本身并不能够决定应当变革，也并不能决定应当建立什么样的价值观，更不能取代有效的领导。因而，大多数情况下，薪酬制度与薪酬政策应服从于组织的整体经营战略及与之相关的其他管理政策。作为组织赢得竞争优势的一个关键手段，薪酬及薪酬管理必须能支持组织的经营战略和组织的文化兼容，并具有对外界压力作出迅速反应的能力。

四、目前我国企业薪酬制度所存在的问题

当前，在我国国有企业改革的过程中，企业内部的收入分配制度即薪酬制度的改革是一个不变的主题。从1979年恢复奖金制度，到后来的承包制与租赁制，再到后来的岗位技能工资制、岗位工资制、谈判工资制，包括曾经红火一时的员工持股等，薪酬制度的改革一直是我国国有企业改革中一个不可回避的话题。尽管我们如此地重视薪酬设计及薪酬制度的改革，我们却发现，员工对于薪酬制度的满意度并不高。

当前，国内企业薪酬制度存在的问题主要表现为以下几个方面。

（一）薪酬水平低，组织薪酬的结构不合理

我国企业的薪酬水平很低，不仅是绝对数低，而且薪酬水平之间的差距也很小。美国薪酬设计专家爱德华·海曾经提出“职务的现状构成”概念，依据职务责任因素及智能和解决问题的能力两个因素间影响力的对比和分配，将组织中的职务分成三种类型：“上山”型，比如公司的总裁、销售部的经理等；“平路”型，比如会计、办公室的职员等；“下山”型，比如市场分析、科研开发工程师等，并且据此确定薪酬水平。但在我国企业的薪酬实践中，与上述职务

类型走向恰好相反，是“低级职位领先”型、“中级职位匹配”型与“高级职位落后”型。

(二)薪酬设计缺乏统一的指导思想与基础设计,思考是零碎的、片段的

企业在制定薪酬计划的时候，设计人员并不是先考虑薪酬方案要实现什么样的目的、指导政策是什么，而往往是一开始就陷入到具体的设计中，反复讨论薪酬的单元构成、水平差异等问题，各自持有不同的意见，但是并没有统一的指导思想以及原则。或者照搬理论上的薪酬体系，或者模仿其他组织的做法，通常较少考虑到组织自身的特点、发展目标、经济实力和市场地位等问题，更谈不上制定薪酬战略或薪酬战略与组织战略的匹配及整合了。

(三)薪酬制度系统性低

企业现行的薪酬制度，是通过若干或大或小的薪酬改革而形成的。由于在改革的过程中，不同时期会制定不同的薪酬制度，这些制度有些是为了解决眼前问题，而有些是对原有制度在新形势下所作出的局部调整，例如基本工资调高、增减福利项目等，而不是出于全盘考虑，这就很可能忽略工资、奖金以及福利等各种薪酬成分间的关联性；同时也可能不会考虑到组织的发展阶段对于薪酬制度的要求以及不同时期设计这些制度的人的不同，所以会导致薪酬制度结构设计不够系统化，各种制度强调的导向分散化或者大都强调一种导向，而并不是发挥各项制度的综合作用等。

(四)薪酬体系有碍吸收新鲜血液

薪酬体系有碍于吸收新鲜血液在国有企业中体现得尤为凸显，问题主要出在老一辈员工的观念上。他们认为组织的今天有他们的功劳，因而希望能得到与在职员工相同的待遇。一个很典型的例子是:每次组织加薪，退休的员工要求获得相同数额的工资增长，组织为了稳定并且出于控制成本的考虑，只能取消对在职员工的加薪。因此，本来薪酬水平就很难吸引外部的优秀人才，组织内部的人才因业绩好而获得的仅有的加薪机会也因老员工的加薪要求而取消，得不到激励，因而产生极大的不满，离开企业，导致优秀员工的流失。企业假若没有不断吸纳、保留优秀人才并激发其工作热情的能力，其内部的血液就得不到更新，将导致其处于竞争的劣势中，甚至无法生存。

(五)薪酬制度和组织经营战略脱钩或者错位

例如，有些公司声明它的战略之一是成为市场中的佼佼者，但是该公司却将薪水标准定位于中档水平，并且奖金只是授予出色工作业绩的高层管理人员；有些公司声明将增加股东的长期利益为它的一个战略目标，但该公司却着眼于奖励短期的经营业绩，这就容易导致高层管理人员的短视行为，可能会放弃或者忽视一些对组织长远发展而言有着决定性影响的工作(例如新市场的开拓、新技术的研发、经营创新和管理变革等)。每一个公司都希望组织能够达到利润最大化，应重视组织整体的业绩、团队合作，但是实际上却常常过分强调了员工的个人业绩考核以及激励。因而，如何处理个人与组织之间的矛盾，实现组织生存与发展甚至持续性的发展，是战略性薪酬设计的极其重要的任务。

小结

组织薪酬战略指的是组织为适应内外部环境的变化，基于人力资源视角去获取、提升并维持竞争优势，合理地运用各类资源，将组织战略转化成对员工行为以及工作结果产生积极作用的一系列薪酬策划活动。组织薪酬战略模式主要包括机械型模式、有机型模式以及混合型模式。组织薪酬战略的地位与作用主要体现在以下几个方面：表现、传达组织的文化及经营理念，内部员工行为习惯的导向系统，有利于实现组织的战略目标，提升其核心竞争力。组织薪酬战略管理的基本原则包括：系统性、专业性、信息化以及参与性。组织薪酬战略管理的基本步骤分为以下几个环节：审视内外部的环境，明确驱动组织绩效的关键因素，确定关键因素对薪酬成本与员工技能、态度和行为的要求，制定与选择薪酬战略方案，执行薪酬战略并且重新评价和调整。组织薪酬战略主要有薪酬战略目标、薪酬水平政策、薪酬结构政策、薪酬组合政策与行政管理政策等方面的内容。

组织在设计薪酬体系时，应跳出薪酬看薪酬，不仅要考虑到人才市场的整体性薪酬水平，并且不能完全被市场“牵着鼻子走”，应该是站在公司总体的发展战略角度，用与发展战略相匹配的薪酬战略强化公司在人才市场中的竞争力。

目前我国的薪酬制度确立中仍旧存在许多弊端，例如薪酬结构问题、缺乏统一的指导思想、薪酬制度系统性较低等。这些问题的存在影响到组织的正常发展以及繁荣壮大，因而有必要将薪酬管理问题提升到战略高度中来。

薪酬管理是一种职能管理活动。它必须服从于组织战略管理的需要，薪酬战略的设计应该有助于强化组织的竞争优势，有助于实现组织的宗旨。

思考题

1. 什么是战略薪酬管理？
2. 简述实施战略性薪酬的意义。
3. 战略性薪酬管理与企业不同竞争战略之间的匹配关系是怎样的？

案例分析

华为公司薪酬战略

开春三月，正是许多公司为即将进入一个新的财政年度精心制定薪酬战略的时候。同行业的薪酬行情如何？整体的薪酬市场又将面临着什么样的问题？曾经担任华为集团副总裁、人力资源总监的张建国先生对此作了具体的剖析。

1. 要让薪酬成为可知因素

制定薪酬体系首先要着眼于组织的战略发展。张建国认为，薪酬设计关键是要达到两个核心目的：一个是效率，另一个是价值，由此通过薪酬设计体系实现效率优先、兼顾公平和可持续发展。从这个意义上讲，薪酬设计将不再仅仅停留在单纯的薪酬问题，它将对提高组织的竞争力以及全体员工的士气和对公司的归属意识起着战略性意义。所以要从组织自身的价值导向和战略目标两个层面来考虑组织的薪酬架构，并在这个基础上对组织内部各类人员进行价值排序，且衡量各自的价值。对于人心涣散的组织来说，组织在薪酬设计体系上应该如何着手呢？张建国先生提出了这样一个案例。

“就拿我做的一个珠海的案例来说吧，据了解，这个公司的员工月收入都普遍比较低，但是每每到了年底，就有可能莫名其妙地得到一大笔奖金。从老板的角度来看，他的薪酬成本还是比较高的，可问题是，有些员工仍旧对薪酬有很大的抱怨，甚至有些骨干员工觉得受到不公平待遇，纷纷离开公司，另谋高就。遇到这种情况，老板很委屈：我没少花钱，怎么就留不住人呢？”

“这说明了什么？这是因为虽然组织发给员工的薪酬较高，但是员工在工作中感觉不到，年底总收入高，这在很多人眼里只是一个未知数。组织虽然支出的钱不少，但他没有充分发挥员工的自主能动性和满足员工的自我价值实现意识。在员工的眼里，年底的那份奖金是不可知的，这也就与他的个人能力或者是绩效考核方面无法关联。所以，有这样的薪酬体系的组织不但找不到好的人才，而且也留不住好的人才。”

除了要让员工感觉到劳有所得外，是否还需要树立一种薪酬的等级制度？对此，张建国谈到了这样一个情况，在一些组织中，在员工阶段，组织往往能够将现金收入等量划进他们的工资报表中，但是到了管理层人员，因为这样、那样的原因，许诺了许多，也划拨了许多，但在工资表中就是体现不出来，这往往就造成中高层出乎意料地离开。也就是说，你没有提拔他的时候，他作为员工还是兢兢业业地工作，但提拔了却反而逼着他选择离开。不是这些中高层出了问题，而是组织者或者是人力资源管理方面没有随着提拔而改变相应的管理方法。

结合在华为、联想和 TCI 等组织从事人力资源管理 10 多年的经验，张建国表示，从组织战略来讲，这种类型的组织应该有明确的薪酬理念与政策。只有在理念和政策指导下，方可制定出严格的任职资格标准和规范的职位说明书，并需要在确定的组织核心价值观层面上，对组织内部薪酬的公平性和外部竞争力进行分析，由此建立一个严密的、自上而下的行政管理系统。

2. 构建内部公平与外部竞争的薪酬体系

所谓内部公平就是要求自己所得要与公司内部作出相同贡献的人相当。公平是相对的，而不公平是绝对的。组织要关注解决的主要是内部公平，但内部公平的测量在很大程度上要依据外部比较。所以在关注内部公平的同时，也要关注外部竞争。

外部竞争主要是通过薪酬的调整与支付来进行分析。具体的评价标准是：首先看是否有助于实现组织战略，其次看能否帮助提升组织战略，最后看能否促进组织成长。在这个基础上确定了以市场、责任、行为、绩效为一体的四大要素薪酬评价体系之后，这种外部竞争力的分析才能够帮助组织来具体解剖其薪酬考核体系是否完善。

张建国认为，一般来说，报酬的评价有以下四种不同的形式：股金、工资、奖金、福利。

具体分配比例为：操作人员基本工资占月总收入 90%，奖金占 10%，无股金；专业人员基本工资占 60%，奖金占 25%，股金占 15%；中层经理基本工资占 50%，奖金占 30%，股金占 20%；高层为基本工资占 40%，奖金占 20%，股金占 40%。通过实践证明，如果合理地运用这种形式，效果会是很好的，既保证留住了高层管理人才，又激励了刚进入公司的员工，大大提高了公司人力资本。说到底，薪酬的设计就是通过构建智力资本的优势完成人力资源管理的核心任务。

3. 华为的薪酬体系模型

结合在华为集团多年做人力资源的经验，张建国具体地从华为的薪酬模型来分析组织为什么能够抑制具有“狼”的精神的“DNA”所在，首先就是华为的战略观念:在薪酬体系构建上的内部公平性和外部竞争性的辩证统一。在具体的职位评估上的完善分级，即:第一，明确公司价值导向;第二，明确职位评估原则;第三，确定职位评估方法;第四，评估职位等级。当然，确定了这些评价体系与标准之后，还要有详细、充分的调查、研究与制度，以保证论证的合理性。

“譬如在1995年的时候，华为已经有500多人，这个时候，当人力资源经理把他们的薪酬数字报给老板的时候，由于人数已经不是创业时候的那几十个人，老板不可能对每一个人的绩效都熟悉，那么，这个时候老板怎么去签字呢?（事实上，一般小组织几十个人，作为老板来讲，还可能对每一个人了解得很清楚，但对于大组织来讲这是不可能的）于是，就要求我们拿出一个薪酬方案制度来。随后，我们成立了一个薪酬设计小组，3个月内开了十几次会，每次都吵架，每次都无所得。”

“但这些吵架过后我们也得出了一个很好的结论，那就是做薪酬体系框架时，一定要把人与职位分开。这就需要我们总结的三要素评估法，即:知识能力（投入）、解决问题（做事）、应负责任（产出）。经过这样的评估后，把计算出的每个职位的分数制成职位系列表，由此得出哪些职位等级是平行的，哪些职位是重叠的，在平行职位上的就可以实行薪酬相等制度，在科研公司里就有利于消除官本位思想，有职位重叠的就合并，以便于节约成本，压缩管理层级，这将有效地解决组织的内部公平性问题。”

张建国认为，一个好的薪酬结构体系将有效地保证组织发展中的动态合理性，并促进组织的竞争力，提升员工的成就感。能否在士气上与员工的归属感上创造价值是一个好的薪酬体系评价标准。而这个体系也能随着组织的发展而成长，所以，联想集团就出现了他的“木屋理论”，而华为集团也形成了“华为人力资源大厦”。以组织远景战略目标为地基，组织文化价值观为依托（地面），以任职资格（选）、培训开发（育）、绩效考核（用）、报酬认可（留）四大支柱为支撑的选、育、用、留体系，在这个基础上才形成了风吹不散、雨打不进的以业务管理为屋顶、以双向沟通为经纬的人力资源管理大厦。

思考:

组织应该制定什么样的薪酬战略?组织制定薪酬战略的依据是什么?好的薪酬战略有什么作用?

第三章　基本工资管理

【引导案例】

金融行业的酸甜苦辣

金融行业的高薪已经成为市场的共识。根据智联招聘近两年发布的薪酬调查报告显示，2009年和2010年，金融行业都以平均薪酬20余万元占据薪酬榜单的首位。上市银行的年报也验证了这一数据。在股份制商业银行中，浦发银行以35.37万元再次摘取银行员工平均薪酬第一名(该行上一年就以36万元的平均薪酬居于首位)。虽然浦发银行夺得平均薪酬第一，但是其他股份银行平均薪酬也没低多少，第二名华夏银行达到35.35万元，第三名民生银行也有34.25万元。

某大型银行经过股份制改造以后在2006年设计出了一套包括职位管理、薪酬管理等在内的人力资源管理新体系，该体系引入了市场化整体奖酬理念，实行“以职定岗，以岗定薪，以绩定奖”的薪酬管理模式。“以职定岗”是从银行组织目标出发，针对现代企业组织架构的基本元素——岗位进行全局规划和统一规范，把流程和职责作为岗位切分主要依据，即以职责作为岗位设计的基础，归并工作任务性质类似的岗位，宽幅要设置等级，每一岗位的设置同时考虑企业和员工发展的需要，便于组织管理与员工发展。“以岗定薪”是指按照员工所属岗位来确定固定薪酬(月度)，级别越高，固定薪酬越高，增幅也越大。固定薪酬又分为两部分:一为基础工作，作为员工基本生活保障及加班费的基础;二为绩效工资，与员工当月岗位目标任务完成情况挂钩考核。“以绩定奖”是指目标变动奖金(年度)与绩效考核挂钩，是固定薪酬的一定倍数，一般不低于员工全年固定薪酬总额的50%，职级越高，变动奖金比例越高。这是从战略出发层层分解的绩效，各级员工可以通过优秀的绩效获得高于“目标”的变动奖金。同时，引入整体奖酬理念，奖金总额与所在机构的年度财务结果挂钩，而全体员工实行绩效结果强制排序，前5%绩效优异员工现金总收入是绩效不佳员工现金总收入的1.4~2倍，是绩效中等员工现金总收入的1.1~1.3倍。

【本章学习目标】

· 理解基于职位的薪酬体系。
· 理解基于技能的薪酬体系。
· 理解基于能力的薪酬体系。
· 熟悉设计薪酬的基本思路。
· 掌握基于职位、技能和能力的薪酬体系的基本概念、优缺点及主要使用范围。
· 掌握基于职位、基于技能和基于能力的薪酬体系设计的基本技巧和操作要点。

第一节　基于职位的薪酬体系

一、职位薪酬体系的基本内容

职位薪酬体系是根据每个职位的相对价值来确定薪酬等级，通过市场薪酬水平调查来确定每个等级的薪酬幅度的薪资制度。这种薪酬体系的基本思路是，不同的职位有不同的相对价值，相对价值越高的职位对企业的贡献就越大，因而就应该获得较高的报酬，反之亦然。实行职位薪酬体系的企业要求，职位说明书清楚明晰、组织环境稳定、工作对象比较固定。设计职位薪酬体系的关键在于科学合理地确定能够反映职位相对价值因素、指标和权重，并对每个职位所包含的价值进行客观评价。

可见职位薪酬体系以职位评价为基础。这种薪酬体系的优点非常明显：不仅容易实现同岗同薪，突出公平性，也便于按职位进行系统管理，管理成本较低。当然，这种职位薪酬体系也为员工的发展规划出一条清晰的路线，从一定意义上来讲，也有助于员工的发展。但是，这种过于清晰的、单一化的晋升路线也恰恰忽略了员工个人职业生涯的发展。特别是那些技术类的员工，一旦到达一定的岗位，就再也没有上升的空间了。这种薪酬体系的不足还表现为另外两个方面：1）职位薪酬体系直接与岗位挂钩，忽略同一岗位中存在的绩效差异，可能会打击许多员工的工作热情和积极性；2）职位薪酬体系属于高稳定薪酬模式，这种模式虽然可使员工获得比较强的安全感，但也缺乏对员工有效的激励，还在一定程度上加剧了组织的灵活性和弹性的现象。

二、职位薪酬体系的操作流程

职位薪酬与组织结构、职位设置、岗位特征密切相连，实质上是一种等级薪酬。职位薪酬体系首先要对每个职位所要求的知识、技能以及职责等因素的价值进行评估，根据评估系统结果将职位分成不同的薪酬等级，每个薪酬等级包含若干个综合价值相近的职位，在经过市场薪酬调查来确定适合本企业的薪酬水平，按职位的权重对应不同的薪酬等级，从而形成一个个“薪酬金字塔”。这种薪酬体系的设计要以企业战略为导向，以符合国家法律规定为底线要求，力求在形式上体现内部公平性和外部公平性、在效果上体现对外的竞争性和对内的激励性。一般而言，职位薪酬体系的设计包括以下九个步骤。

（一）环境分析

环境分析就是要通过调查分析，了解企业所处的内外环境的现状及发展趋势，是薪酬设计的前提和基础。环境分析是一项复杂的工作，不仅包括经济社会生活水平、国家政治法律、产业政策、劳动力供给、失业率等因素构成的外部环境，还包括企业的性质、规模、发展阶段、企业文化、组织结构、工作特征、员工素质等因素构成的内部环境。而且，每一种环境因素又处于一个动态的发展过程，这就要求我们不仅要清楚这些环境因素的现实状况，还要根据各自变化的规律对其未来的情况作出准确的预测。重要是因为环境分析是职位薪酬体系设计的首要步骤，它为后面几个步骤提供了重要的基础性材料，所以，环境分析的质量直接影响到薪酬策略的选择、工作分析以及职位评价等重要过程的工作质量。一个好的薪酬体系必须表现出与环境之间的动态适应性，所以，薪酬环境分析关系到企业薪酬目标的实现。尤其对于那些处在创业期的企业，能否准确地分析和预测环境，不仅关系到能否吸引和留住人才，更决定着企业的发展命运。

（二）市场薪酬调查

市场薪酬调查的主要作用是保证组织职位薪酬水平和结构的外部合理性、公平性，保证吸引和留住能够促进企业长期发展足够优秀员工在企业任职，至少不会让企业核心员工过多的流失。市场薪酬调查程序一般包括界定相关劳动力市场、规划调查范围和对象、确定调查内容和方法、组织实施调查、分析调查数据、运用调查结果等步骤。

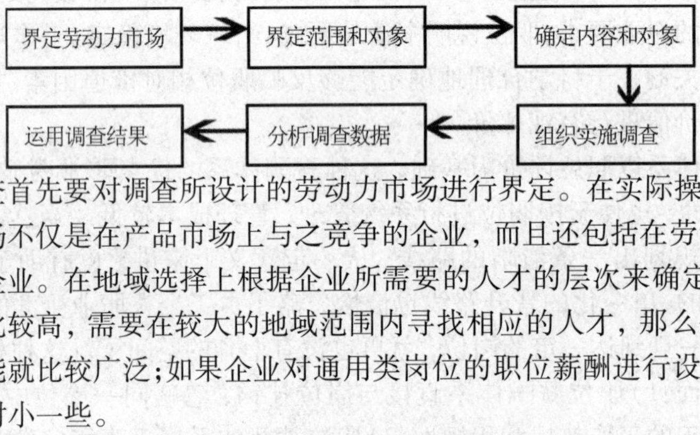

市场薪酬调查首先要对调查所设计的劳动力市场进行界定。在实际操作中，一般企业所调查的劳动力市场不仅是在产品市场上与之竞争的企业，而且还包括在劳动力市场上和企业存在竞争关系的企业。在地域选择上根据企业所需要的人才的层次来确定范围：如果企业对人员的素质要求比较高，需要在较大的地域范围内寻找相应的人才，那么企业的薪酬调查的市场地域范围可能就比较广泛；如果企业对通用类岗位的职位薪酬进行设计，那么调查的地域范围就可能相对小一些。

市场薪酬调查的第二步是划定调查范围和对象。进入调查范围的企业一般应该包含以下三个方面的特征：其一是调查企业和组织处于同一行业，在产品市场和劳动力市场上存在竞争关系；其二是被调查企业的薪酬制度比较完善，人力资源管理较为规范和完善；其三是被调查企业的职位与组织的职位结构和工作性质相似或接近，具有可能性，职位内容较为稳定，为大多数员工所熟悉。

第三步是确定调查内容和方法。企业薪酬调查主要搜集的数据包括：被调查企业的基本情况，如企业的财务状况、企业的规模、企业结构等；有关基准职位薪酬制度的信息资料，如工作类别、职位描述、任职资格以及员工实际薪酬等。企业薪酬调查可以采用正式的调查方法，也可以采用非正式的调查方法。正式的调查方法包括组织制定的薪酬调查问卷、向薪酬调查机构购买数据等，非正式的薪酬调查方法包括电话调查和互联网调查等。

在确定调查方法之后，就进入了第四步正式调查阶段。在这个阶段，组织要编制调查计划，配备人、财、物力，实际开展薪酬调查，采集所需的资料数据。

第五步是分析调查数据。薪酬调查的时效性较强，要分析与基准职位是否匹配，是否需要调整，分析计算最高、最低和平均工资率，分析数据的频率、离中趋势、百分比等，最终的分析结果要形成市场薪酬分布图。

最后是运用调查结果。对企业来说，市场薪酬调查的结果可以公平地反映和掌握市场薪酬行情，作为职位评价的依据。组织在进行职位评价过程中，基准职位报酬要素的点值和货币价值之间的换算依据大都来源于市场薪酬调查数据，或者是组织根据需要在市场薪酬调查数据的基础上作出一些调整。市场薪酬调查结果的运用保证了企业职位薪酬的外部公平性和竞争性。

（三）工作分析

1. 基本定义

任务：任务是指为达到组织的某一特定目标所进行的一系列的动作（包括体力和脑力两方面）的集合，如扫地、打开水、车螺丝、制定企业年度生产经营目标等。任务有两个显著的特点：一是不可细分，二是有用。不可细分指任务是组成工作的最小元素。从动作研究的角度讲，每一个任务还可细分为一系列的动素，动作研究专家（又称为方法研究专家）正是通过研究动作以消除动作中的冗余部分、研究最佳动素组合以制定最优方法来提高组织的工作效率。比如扫地可以细分为找扫帚、抓扫帚、挥扫帚等动素，但这些细分所得的动素显然不是工作分析所要关注的，所以从这个角度讲，任务是不可细分的。有用是指任务一旦被正确地履行，就能对组织产生一定的效用，推动组织向前发展。扫地这项任务对组织的作用是显而易见的。

岗位：岗位是一个人履行的任务、义务与职责的集合。

职位：职位就是一组有着同样任务与职责的相似岗位的集合。以清洁工为例，清洁工要承担的任务有扫地、打开水、抹桌子、整理会议室等。如果一个组织上述工作量很大，需要6个人才能完成的话，那么我们就说该组织有6个清洁工的岗位，这6个岗位合在一起，就是我们所要研究的职位。职位有三大特征：一是每一个职位都是战略性任务和运作性任务的组合；二是职位在组织中层级越高，战略性任务在职位中所占的分量就会越大，而运作性工作任务在职位中所占的分量就会越小；三是职位的任职资格要求会随着岗位在组织中层级的提高而提高。

职位簇：职位簇就是组织中相似职位的集合。如大学教师就是一个职位簇，它是助理讲师、讲师、副教授、教授等岗位的集合。

职位：职位就是不同组织中相似职位的统称，如教师作为一个职业就是小学教师、中学教师、大学教师等的统称。

职位分析或工作分析：职位分析指的是了解、获取与工作有关的信息并以一种格式把这种信息描述出来，从而使其他人能了解这种工作的过程。它所要回答的主要是这样两方面问题：

（1）该职位应该做什么？怎么做？为什么要做？

（2）什么样的人来做这职位最适合？

也就是说，组织通过职位分析可以得到两个结果：职位描述。职位描述是对经过职位分析所得到的关于某一特定工作的职责与任务的一种书面记录。它所阐明的是一种工作或某个职位的职责范围及其内容。职位描述并不列举每一种工作的细节。相反，它只提供关于一种工作的基本职能及其职责的总体脉络。

职位规范。职位规范是对适合从事该工作的人的特征所进行的描述。职位规范又被称为任职资格，它主要阐明适合从事某一工作或岗位的人所应当具备的受教育程度、技术水平、工作经验和身体状况等条件。

2. 工作分析的指导思想

工作分析的主要目的是通过系统的分析，将组织中的任务进行组合，使之形成工作。那么在工作分析的过程中，我们应当遵循哪些指导思想，才能使任务的组合是最优的组合呢？在工作分析的实践中，要做到这一点，我们认为应该从以下10个方面着手。

1）基于战略原则

在工作分析的过程中，特别是在归并职责和任务到一个职位、确定资格和考虑考核要素的过程中，一定要基于组织的整体战略。从企业的战略出发，我们很容易得出什么职责对企业的意义大，什么样的要素技能对于组织是否稀缺等。根据上述推论，我们在进行工作分析的过程中，就能抓住问题的主要矛盾，否则，我们很容易在“茫茫大海”迷失方向，只见树木，不见森林。

2）系统性原则

一个组织在运行的过程中，必然会有大量的任务和职责需要员工去履行，而在这些众多的职责和任务中，必定会有一些任务有内在的系统性。我们做工作分析的目的（或者说要使工作分析对组织是有意义的、高效的），就是通过工作分析，去寻找任务和职责者的内在的关系，并将其自然地归入了一个有内在联系的系统之中而形成职位。

3）专业化原则

这一原则和系统性原则是不可分开的，将其单列出来，目的就是要强调专业分工。从连续性和系统性的角度讲，我们完全可以让一个员工完成从下料、加工、装配等一系列工作，但是这样做显然就没有发挥专业分工的优势，从而使生产效率大大降低，所以我们必须进行分工，让下料的就专门下料，加工的就专门加工，装配的专门装配。这样分工后的工作效率的提高程度往往令我们吃惊，这当中并没有什么魔法，只是利用了专业分工而已。

4）在工作分析中，我们不可能准确地预见和囊括组织未来的任务，但是对于组织现有的任务和职责，则一定要将其归并到适当的职位中，也就是说，有事就要有人做，不能遗漏，特别是对于组织重要的任务和职责更是如此。

5）能力原则解决的是在工作分析的过程中，如何确定一个职位承担的任务和职责的数量。也就是说一个职位到底应当承担多少任务？从成本的角度讲，当然希望一个职位的任务越来越多，但是这里有一个限度，就是要让在这个职位上太轻，太轻不利于提高组织的运营效率；也不能太重，是因为如果一个人经过努力还完不成任务，其结果要么是有些没有功夫去做，要么是一个员工成天在职位上疲于奔命，产生严重的挫折感，导致没有人去做，而这显然对组织都是相当不利的。

6）职责对等原则

对某一个职位，如果我们要履行相应的责任，就应该赋予其相应的履行职责的权利，反之亦然。

7）给予现实的原则

在进行工作分析时，经常会产生理想与现实的矛盾。同一职位如果从理想与现实的角度进行分析会得出大相径庭的结果。

8)效率改进原则

基于现实，并不是我们对现有的不合理的因素无动于衷，相反，我们根据理想模式的要求，按照组织能够承担的力度，有计划、有步骤地推进变革过程，提高组织的运作效率。

9)这条原则主要涵盖两个方面，一是工作分析的成果即工作说明书和任职资格书地描述本身要明确，不能含糊其辞;二是工作分析对于工作的界定，如工作任务、工作责任、工作权限、考核要素与相关联工作间的关系等要明确。

10)激励性原则

按照体验经济的说法，如果工作本身能给员工提供愉悦的体验，使员工不因为要谋生而被迫工作，而是因为要感受工作中的愉悦的体验而工作，那么员工的工作积极性和工作绩效必然会提高。所以在将任务归并到职位的过程中，应当遵循激励性原则。

(四)职位评价

职位评价就是通过工作分析，在获取相关职位信息的基础上，对不同职位工作的难易程度、职权大小、任职资格的高低、工作环境的优劣、创新价值的多少等进行比较，确定其相对价值的过程。在薪酬体系设计中，职位评价可使特定职位的相对价值得以公示，为薪酬等级的划分建立基础，体现薪酬分配的公平性原则。另外，通过职位评价可以明确不同岗位的等级、所属系统以及各个岗位之间的联系，确定各个岗位的地位和作用，形成组织职位结构。常用的职位评价的方法有排序法、归类法、因数比较法、计点法、海氏评估法等。

1. 排序法

排序法是根据各种职位的相对价值或它们对组织的相对贡献来由高到低地进行排列。排序法是最简单、最快捷、最容易被员工理解的方法。然而，它会出现许多问题，解决方法既麻烦，又昂贵。

有两种常用的排序方法:交替排序法和配对比较法。根据心理学的观点，人们比较容易发现极端的情况，而不容易发现中间的情况。于是，人们利用这种原理提出了交替排序法来克服简单排序的缺点。具体做法是:评价者从所有职位中确定出最有价值和最没有价值的职位，然后再从剩下的职位中选出最有价值和最没有价值的职位，以此类推，直至所有的职位都已排列在内。配对比较法是评价者将每个职位与其他职位进行逐一比较，并将每次比较中的优胜者选出。最后，根据每一职位净胜次数多少进行排序。

职位排序中所使用的标准或因素定义不明，是排序法本身存在的弊端。如果没有明确定义，那么评价本身就会成为主观的看法和判断，而且这种看法和判断很难用与职位相关的、令人信服的术语来解释和证实。

此外，排序法要求评价者对所有职位都非常了解，随着组织规模的不断扩大，这将是不可能的。一些组织为克服这一困难，它们试图通过先在单一部门内部排列各职位，最后对结果加以汇总，以达到这一目的。

另外，排序法要求特别是配对比较法需要进行比较的次数一般都比较多，这会把本来很简单的任务变的十分困难。所以，虽然排序法看似很简单、快速、费用低，但它带来的新问题却往往需要费用很高的方法加以解决。

2. 归类法

归类法的操作原理是将被评价的职位放入事先确定好的不同的职位等级中，类似于将图书放到带有图书标签的书架的做法。归类法首先要求组织规划好职位等级，一般而言，企业的规模越大，职位类型越多，所需要的职位等级也就越多。相对官僚型的组织结构而言，扁平化的组织结构职位等级少。在确定好组织的职位等级后就与为每一个职位等级编写的等级对号入座即可，但是这种评价方法同样存在缺点。最大的困难来自职位等级的编写：如果职位等级的范围过大，那么容易将一些工作性质差异较大的职位纳入该职位等级中；职位等级的范围较小，则一些工作性质相似的职位可能被分离开来，造成评价结果的失真。

3. 计点法

计点法是相对较为复杂的职位评价方法，同时也是使用最为广泛、较为成熟的一种职位评价方法。使用计点法首先要求提炼职位的报酬要素，然后对报酬要素进行细化，为每个报酬要素设计权重，每个报酬要素下面又分为不同的等级，每个等级对应不同的点值。在报酬要素上，一方面要充分考虑组织的经营战略导向以及工作对组织目标和战略的贡献方式；另一方面也要考虑报酬要素的通用性，即该报酬要素是否涵盖大多数职位都共有的、较为重要的内容。在实际中最为常见的报酬要素包括责任、技能、努力以及工作环境等。在选取报酬要素之后，组织要对每一种报酬要素的层次加以界定。报酬要素等级的数量取决于所有被评价职位对该报酬要素需求的强度和差异程度。差异程度越大，报酬要素的等级也就越多。在对报酬要素等级定义之后，还要对每类报酬要素在职位评价中所占的权重进行分配，这是因为每种报酬要素对组织的贡献程度是不同的。不同的权重分配方案将使得评价结果存在较大的差异。组织在对报酬要素权重设计时通常考虑组织战略与文化、竞争对手的分配方案等因素。在确定报酬要素的等级、权重之后，组织就可以进行职位评价了，通过加权每种报酬要素的得分最终得到该职位的量化的评价结果，并以此建立组织的职位等级结构。与排序法和归类法相比，计点法更加客观精准，评价结果也容易被员工所接受，但是这种方法同样也存在设计成本高、对评价者的培训要求较高等缺点。

4. 因素比较法

与前三种方法相比，要素比较法自问世后就很少有人研究，也从未得到过广泛的应用。根据我们研究，要素比较法的操作要点是：

1）进行职位分析，理解职位的主要工作职责、工作环境、劳动强度及其对任职者的资格要求等内容。

2）确定报酬要素。要素比较法通常选用心理要求、身体要求、技术要求、工作职责和工作条件作为报酬要素。当然不同的组织可根据需要进行不同的取舍。

3）根据报酬要素对待评价的职位进行排序。

4）根据报酬要素确定每个职位的工资率，得出如表所示的评估结果。

关键职位的比较要素如下表所示。

职位名称	现行工资率	技术知识	工作复杂性	工作责任
A	$ 22.00/小时	7.80	5.50	8.70
B	$ 16.50/小时	6.60	4.95	4.95
C	$ 13.00/小时	5.85	4.55	2.60

排序法、归类法、点数法和比较法的提出时间及其相互之间的关系如下表所示。

	将职位视为一个整体	考虑职位中的报酬因素
将职位与报酬量表比较	Classification 归类法 1909 年提出	Point method 点数法 1924 年提出
将职位与职位进行比较	Ranking method 排序法 1920s 早期	Factor comparison method 要素比较法 1926 年提出

5. 海氏职位评价系统

海氏评估法（the hay guide chart - profile method）是由美国薪酬专家爱德华 · N. 海（Edward N. Hay）和戴尔 · 博维斯（Dale Purves）于 1951 年研发出来的职位评价方法，是因素比较法和计点法的结合，也是当前国际上使用较广泛、较为流行的方法，又称海氏三要素评估法。海氏三要素是知识技能等综合素质要素、问题解决能力要素和责任要素，主要通过这三个维度对职位的价值进行评价，得出每个职位的评估分。

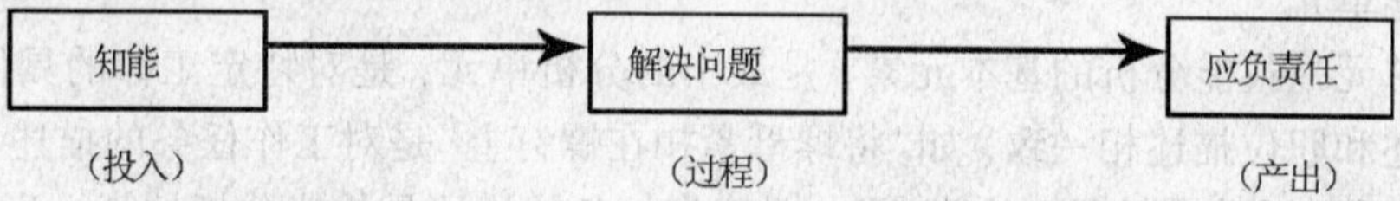

海氏职位评价系统实质上是一种评分法，是将付酬因素进一步抽象为具有普遍实用性的三大因素，即技能水平、解决问题能力和职务责任，相应设计了三套标尺性评价量表，最后将所有分值加以综合，算出各个工作职位的相对价值。海氏评价系统认为，各种工作职位虽然千差万别、各不相同，但总有共性，也就是说，任何工作职位都存在某种具有普遍适用性的因素，将之归结为三，即技能水平、解决问题能力和职务责任，相应设计了三套标尺性评价量表，最后将所得份制加以综合，算出各个工作职位的相对价值。在他看来，职位存在的理由在于它承担了一定的责任，即职位的“产出”。有产出，则必然要有投入。这就要求职位的任职者具有相应的知识和技能。具备一定“知能”的员工通过什么方式来获得产出呢？是通过在岗位中解决所面对的问题，即投入“知能”通过“解决问题”这一生产过程，来获得最终的产出“应负责任”。

第二节　技能薪酬体系

一、技能薪酬体系

技能薪酬就是以员工所掌握的与职位相关的知识和技术的深度与广度的不同为依据来确定薪酬等级和薪酬水平的制度。要适用技能薪酬体系，企业必须首先建立一套技术水平评估标准。员工薪酬随着技能等级的变化而变化。技能薪酬本质上是一种激励薪酬，能够刺激员工不断提高知识、技能的深度和广度，最终有利于组织绩效的提高。随着员工知识、技能的深化和扩展，其工作面也变得开阔，每人都能成为多面手，岗位调动比较容易。但是，盲目地参加培训和学习深造又会增加人力资源提升的成本，也容易造成人才、知识的浪费。

技能薪酬体系的设计程序如同职位薪酬体系的设计过程，只不过它是以技能分析、评估对象，结果是得出对应不同薪酬水平的技能等级。其流程如图所示。

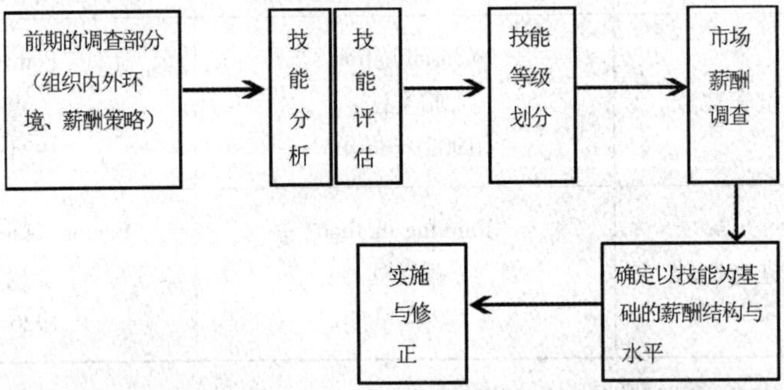

技能分析是对日常工作所需技能信息进行收集和分析；技能评估就是获得不同技能相对价值的过程。技能评估以技能分析为基础，因此技能分析的内容决定着技能评估的合理性、真实性，决定着技能薪酬体系运作的有效性。对技能的分析要能体现不同薪酬等级所要求具备的技能的种类、数量、质量。技能分析的基本内容包括技能单元、技能模块和技能种类。

1. 技能单元

技能单元是技能分析的基本元素，是最小的分析单元，是对特定工作的具体说明。技能单元的描述和职位描述相一致，如“将螺母紧扣在螺钉上”是对工作任务的描述，其技能描述就是“具备适用扳手拧紧螺钉的能力”。对工作任务的描述是技能分析的第一步。

2. 技能模块

技能模块（skill blocks）或者知识模块（knowledge blocks），是指从事某个具体工作任务需要的技术或者知识。技能模块区分的本质是对技能单元进行分组，如“拧螺钉”是一种技能，它可能划分到“维修机器”这一技能模块中。技能模块是技能薪酬设计的基础，是区别于职位薪酬的显著特征。技能模块的形式决定了技能薪酬的不同类型，包括技能等级模块和技能组合模块两种。

3. 技能种类

技能种类反映了一个工作群所有活动或者一个过程中各步骤的有关技能模块的集合，本质上是对技能模块进行的分组。多种技能模块组成的一个技能种类。

在技能薪酬设计中，企业通常首先划分技能种类，在技能种类的基础上对该技能种类所有的工作任务进行详尽的描述，然后根据不同种类所要建立的技能结构形式设计不同的技能模块。

设计以技能为基础的薪酬结构与水平时应注意横向与纵向两方面的问题：即有关员工知识广度和深度的问题。广度反映了员工获得的知识和技能与工作岗位需求的关联性；深度则反映了知识或技能等级对应的不同的奖励等级。通常，出于易操作的考虑，常采用企业对员工完成的业务培训和员工自身的与业务相关的资格证书作为奖励对象。技能工资的设计可按照下面公式计算：

$$W = B + r \times Ki$$

式中，W 是指技能总工资

B 是指基础工资

$r \times K$ 是指职位技能工资（r 表示员工所获得的知识技能与工作岗位的关联系数，K 表示技能工资等级的值）

i 是指技能工资等级

二、技能工资设计

技能工资往往与企业的培训计划一起实施，因为具体技能的获得一般都要通过各种方式的培训和鉴定来确认。因此，实践中两者同时结合起来应用。例如，只有某一等级的课程学完了，员工才有可能进入下一个薪资模块中。知识工资的设计方法和思路与技能工资本质上是一样的。在很多的文献和实证研究中，这两者的概念往往不被区分，在实践中通常也被企业作为同一种计划方案来使用。在介绍具体的设计方案之前，我们先了解一下技能工资的形式。

根据克罗斯（Cross，1992）的分类，技能工资制薪酬系统的形式可以分为扩展式技能薪酬系统（extension skill – based pay system）、阶梯式技能薪酬系统（ladder skill – based pay system）及矩阵式技能工资薪酬系统（matrix skill – based pay system）三种。扩展式技能工资系统使用以现行职位为主，再加以扩展的薪资系统。具体来说，就是基于现行职务等级结构（可能是三或四个等级），将各职务等级转换成几个技能模组，当员工能够完成每一技能模组时便增加薪资，这种薪资系统适合在公司的某些阶段或过渡时期短时间内使用。阶梯式技能工资系统是一种以技能和知识阶梯为基础的薪资系统。这一薪资系统基于两个关键因素：一是一组为员工熟知而且定义完整的职务；二是一组由连接各关键职务的培训模块组成的阶梯。这一薪酬系统又分为两种类型：扩展式的阶梯系统（extended ladder system）和整合式的阶梯系统（integrated ladder system）。扩展式的阶梯系统具有一组连接各主要职务的明确培训步骤，并制定每一培训步骤的薪资；整合式的阶梯系统是将阶梯围绕或整合在一个关键职务中，并决定每一个等级的薪资。以上两种阶梯式技能工资系统都隐含着这样的条件，即在每一个等级的工作中，需要成功地完成一连串的培训模块使员工能胜任其工作。至于矩阵式技能工资系统，是公司为涵盖范围广且功能复杂的工作而建立的薪资系统。矩阵式技能工资系统为员工提供具有明确方向（如水平、垂直或对角）的职业生涯规划，允许个人寻求自己的定位，这种薪酬系统比阶梯式技能工资系统少见。

探讨技能工资形式的关键点有两个：一是形成某特定技能工资形式的决定性因素，也就是在何种情况下采用何种技能工资形式比较合适；二是不同技能工资形式会产生何种结果。目前文献对这方面的研究比较欠缺，许多文献虽有涉猎值得参考（例如 Bunning，1992），但对这一问题仍需要深入研究。

在现有的关于技能工资的研究中，技能工资程序的研究非常广泛。技能工资程序主要是指技能工资形成与执行的过程。莱德福（Ledford，1991）针对食品、电信及竣工三家公司所作的个案研究，列出了整个公司薪酬制度的改变过程，从组织背景、设计过程、计划运作到结果讨论，非常详细。接下来我们将从一般性能工资设计和微观角度的技能公司设计程序来分别予以介绍。

舒斯特和津海姆（Schuster & Zingheim，1992）将技能工资设计从战略的角度分为以下步骤：1）确定具体计划和期望的结果，在此基础上调查发展技能工资的可能性。2）参与过程。如果在规划技能工资制度的早期便开始，那么参与过程将对技能工资制度的成功执行有所帮助。3)设计。使员工技能得到确认，建立监督及评估机制加以控制，使持续的评估成为被期望和接受的一部分。4)监督及评估。当技能工资实现员工参与时，评估为组织提供了保持弹性及改变问题的解决方法等机会。

约翰逊(Johnson, 1993)从建立制度的观点出发，认为技能工资的建立应按照下述步骤进行:建立制度实施小组、设计实施小组原则及定义各种重要名词、实施小组与各工作团队的经理会谈并进行商讨、实施小组与各工作团队的经理及员工会谈、开发小组成立、实施小组人员与开发小组人员会谈、开发小组进行小组回应、技能工资制度实施、审核小组对员工技能进行确认及对技能工资制度定期审核。

基里捷斯(krajci, 1990)在其研究中介绍了技能工资制度的具体实施步骤。该设计方法尤其适用于想从职位薪酬体系转为技能薪酬体系的企业。其设计方法有如下十个步骤。第一，分析和描述工作。在建立技能工资制度之初，工作评价制度及每个职位的最新工作说明是发展工作族群的首要工作。工作说明应针对要点简单明了，并让员工及主管们加以确认，最好能对其工作给予权重。第二，评价所有工作。由经理人员组成一个小组。组内成员必须能对各种作业程序具有相当的知识，且受到部门内各阶层的员工相当的尊敬，能代表该部门的各个单位对所有工作进行个人评估，并使评估内容朝着取得组内完全一致的方向前进。第三，开发薪资结构。在评价完所有工作后，接着开发及实行一种具有市场竞争性的薪资结构。一些工作的数量或类型将被删减。建立该薪资结构的基本目标是加以分析工作，组成一个符合逻辑并且可以运作的工作族(job family)。这些工作的组合不论是对员工或主管，都应该具有意义。第五，组成任务。利用先前经过认证的工作说明，确认所有工作族的共同组成元素及单一的特殊工作，为每一个工作族或工作群体建立更主要的工作说明。第六，确定相对权重。由评价委员会制定相对权重。这和前面的第二步骤无关，主要是发展一个依次序排列的等级，并赋予每一个工作族或工作群体相对权重，这是相对于全体的薪资结构。对于单一性的工作，主要说明给予相对权重，以便建立起技能工资对每一工作族群或者说工作说明群体的薪资等级。第七，决定工作技能。这一步骤要求每一位主管都能评估员工表现在工作说明中的每一项任务的能力。当员工获得某一制定点数的薪资时，表示他可以用高于最低品质的标准快速完成该项任务，当员工不能达成这项要求时便需要接受培训。第八，建立矩阵。设立一个工作职责、相对权重点数及员工义务、现行薪资的矩阵。填入每一工作职责的点数价值，并反映每位员工所拥有的技术水平。此点数表示该员工的技能水平及应有的工作职责。第九，建立薪资范围。确定每位成员最小的核心技能，建立最小薪资范围的点值，并针对每一工作族群建立有效的培训方法，使新员工也能快速达到被公司接受的水平。最大的技能点值以点值总数为界定，再将此点值转换成薪资，一般只是让员工的技能点值介于最低与最高之间，必要时可将点值的上下限适当调整。第十，确定实用性。测试将技能点值转换成薪资的实用性，比较实行的薪资等级与每位员工的实际薪资，可通过软件帮助分析和决策。最后为推广实施计划。

在设计技能工资制度时值得注意的一点是，因为技能薪资计划的职业途径多元，需要培训和进行技能评估，比职位薪资计划更为复杂，因此有必要和员工进行更广泛的沟通交流。对此，莱德福(ledford, 1990)也认为，在技能工资设计过程中，直线主管、人力资源部门的专业人员及员工参与都是设计过程中的关键，也可以组成设计小组进行规划。高层经营者的支持直接关系到技能工资制度的成败。

第三节　基于能力的薪酬体系

一、能力的概念

能力是什么？能力能带来什么？人们对于这一模糊的概念往往迷惑不清。正如对于职位评价一样，存在着很多不同的看法。那么，能力是一种可以学习和培养的技能，还是较难学的包括态度和动机的品质呢？能力是注重于一个组织持续经营所需要的最低要求，还是注重于优秀的业绩呢？能力是组织的特征，还是员工的特征？遗憾的是，目前对于这些问题的回答都是不确定的，因而没有一个统一的界定。人们不存在共识，这意味着能力可以是许多方面的东西。与能力有关的词汇我们可以想到很多，如 capability，skill，capacity，ability，competency，talent，knowledge 等，这些概念之间既有不同之处，各有侧重，又有相通之处，有时候会被混用。传统的技能(skill)相对而言是一个比较容易界定的范畴，通常用于从事体力劳动的员工，即蓝领工人，如生产涡轮风机的工人的一套技术，但是这些技能不能代表能力的全部内容。目前适用最多关于能力更为广义的概念是 competency，有时候也被译为素质。这一概念最早由哈佛大学心理学家麦克莱兰(David McClelland)于 20 世纪 70 年代初期首先引入并进行管理操作。尽管对于能力的定义至今没有形成统一的说法，但是目前国际上比较认可且较为全面的关于能力定义模式主要有下面两种:素质冰山模型和洋葱模型。

美国学者莱尔．M．斯潘塞和塞尼．M．斯潘塞博士(Lyle M. Spencer，Jr & Signe M. Spencer)于 1993 年从人员特征的角度提出了著名的“素质冰山模型”。所谓“冰山模型”，就是将人员个体素质的不同表现方式划分为表面的“冰山以上部分”和深藏的“冰山以下部分”。其中，“冰山以上部分”包括基本知识、基本技能，是外在表现，是容易了解与测量的部分，这部分是对人基础素质的要求，但它不能把表现优异者与表现平平者区别开来，这一部分也称为基准性素质(threshold competence)。相对而言，这种素质比较容易通过培训来改变和发展。换言之，知识和技能可以通过针对性的培训习得。而“冰山以下部分”包括社会角色、自我形象、特质和动机，是人内在的难以测量的部分。它们不太容易通过外界的影响而得到改变，但却对人员的行为与表现起着关键性的作用。这部分成为鉴别性素质(Differentiating Competence)。它是区分绩效优异者与平平者的关键因素，职位越高，鉴别性素质的作用比例就越大。相对于知识和技能而言，这部分素质很难通过后天的培训得以形成。

总之，根据斯潘塞等人对素质冰山模型的定义，能力是一个人的知识、技能及相关特质的综合，是一个有层次的结构，并且能够驱动人的行为，产生相应的绩效结果。

洋葱模型与此类似，不过是把冰山模型中的由上而下的顺序变成由外而内的顺序。

二、胜任力工资设计

能力薪酬和技能薪酬一样，与职位联系不大，都是以人为基础的薪酬。相比较而言，能力薪酬更加抽象。通常能力薪酬中所指的“能力”，是员工所具备的能取得某种特定绩效或者有利于绩效取得的行为的能力，多指一种胜任力，是一个员工所具有的知识、技能、意识、性格和动机的综合体现。

在市场竞争日益激烈的当今社会，越来越多的企业追求新的战略来提高员工的绩效和发展。其中，有一些公司引进基于胜任力（或者说素质）的人力资源项目，同时有些还采取了基于这种胜任力体系的薪酬支付系统。基于胜任力的薪酬体系一直以来受到很多的批判，但是也说明它一直处在探讨和研究的热点领域。支持者声称胜任力薪酬体系能够带来精确的可测量的高效益，而反对者则认为能力薪酬体系“不公平、无效、带来歧视性的后果”。

为何对于胜任力工资计划会有如此大的争议呢？其中很重要的一个原因就是这种薪酬体系尚处于不成熟期。尽管很多的公司已经将胜任力模型作为绩效管理、招聘、培训和开发系统中的很重要的一部分，但是很少有公司能够正式地将胜任力模型与薪酬决策机制清晰明确地联系起来。美国薪酬协会1996年的调查显示，在胜任力模型的应用中，薪酬模块的应用是最不常用也是最新的。将胜任力模型应用到薪酬体系中的成功案例并不多。

在关于胜任力工资计划的争议中，最多的还是关于各种不同方案的效果。在已经实施的这些方案中，它们的不一致性太多，导致在企业统一实施非常困难。主要的不一致性在于：对胜任力或素质的具体定义不一致；对接素质和薪酬的方法不一样；涉及涵盖的员工人数不一样；能力薪酬执行的程度、连接素质和薪酬的目标不一样。尽管基于胜任力工资计划的效果不能被精准地认定，但是不可否认的是，它在激励和培训组织最迫切需要的能力素质以及行为上具有不可比拟的优势。它只有在成功顺利地执行时才能发挥最大的作用。

三、对基于能力的薪酬体系的简单评价

（一）产生背景

为了了解这种支付方式的优点，我们有必要联系它产生的背景。一系列因素导致了基本能力的薪酬体系的产生，也正是这些因素，使它受到越来越多的公司的重视。这些因素可归纳为如下三点。

1. 市场竞争方式的变化

知识经济时代是人才的竞争。基于职位的薪酬体系蕴含的逻辑产生于20世纪上半叶以泰勒为代表的科学管理思想。从战略角度看，泰勒的管理思想和管理方法是与大规模生产相适应的，它使企业赢得竞争优势的方式发生了重大变化。但是随着世界经济一体化趋势的加强、市场竞争的加剧及高素质人才的供不应求，各公司发现它们的成功比以前任何时候都更加依赖于员工。许多世界著名的公司已经意识到，要成为世界一流的公司，就要拥有世界一流的员工。而这正是许多企业采用基于能力的薪酬体系的源动力。在美国和欧洲进行的一项调查表明，与能力有关的薪酬机制正在发达国家受到越来越多的关注。在参加调查的700多家美国公司中，有16%的公司已经采用了这种报酬体系，同时，78%的公司表示将考虑采用该机制。在欧洲，大约有20%的公司采用了这种办法，并且一半以上的企业将其作为薪酬机制改革的首选方案。

2. 组织结构的变化

信息技术的迅猛发展使组织结构扁平化成为可能。一方面，网络状分布的组织团队代替了固定的工作部门或职位，出现了跨职能、跨部门的团队。另一方面，网络使主要承担上下之间信息沟通的中间管理层失去应有的作用而遭到精简。结果，企业中的较高职位减少了，这使得传统的升迁机会大大减少。在这种情况下，员工已不再把追求高级管理职位作为职业发展的主要目标，他们需要的是较大的自主权和工作弹性。

扁平式组织结构强调员工参与，鼓励员工扩大自己的工作内容，注重提高员工技能的通用性和灵活性，借以重新构造组织的边界。他们必须懂得更多、想得更多，必须不断地学习、改革，还要有参与和合作精神。所有这些，都要求基于能力的薪酬体系与之相匹配。

3. 管理理念发生了变化

在一个多世纪的发展过程中，企业经营经历了从生产导向到市场导向的演进过程，目前正进入人力资源导向时代。企业管理者必须以一种新的全球思维方式重新思考企业人力资源的角色与价值，建立新的模式和流程来培育企业的核心能力，从而获得竞争优势。将能力与薪酬挂钩，用报酬引导和刺激员工不断学习，是企业不断提升自身核心能力的重要方法。

(二)优劣分析

1. 优点

基于能力的薪酬结构具有以下优点。如：减少企业推进组织变革和流程重组的阻力，提高企业的灵活性和适应性；鼓励员工对自身的发展负责，使员工对自己的工作生涯有更多的控制力；能使员工承担更多、更广泛的责任，而不仅仅是职位说明书中涉及的责任；容易向员工阐述薪酬与能力、职位之间的关系，使员工有动力去提高其能力。

2. 缺点

在日益以知识和服务为基础的经济中，为能力付酬，对有能力的人支付更多的钱，似乎是显而易见的且合理的行为。而且一个确实日益增加的趋势是把能力和薪酬挂钩。然而在决定采用基于能力的薪酬体系以前，我们也应当清楚地看到它的不足：

(1)基于能力的薪酬体系通常需要周期性更新能力评估体系，重新鉴定员工的技能。

(2)增加企业的人工成本。位于洛杉矶的劳动力有效性中心(the center for workforce effectiveness in los angeles)在50个美国公司所进行的研究发现，在40%的案例中，与能力挂钩的薪酬体系已经失败，原因主要是由于成本的影响：采用基于能力的薪酬体系后，工资成本平均来说上升了15%，而培训成本上升超过25%。英格兰的康明斯(CUMMINS)发动机公司因为这个原因在车间取消了能力薪酬制度，而用团队绩效奖金取而代之。

3. 只要挑战

实施基于能力的薪酬的主要挑战在于：

(1)能力的认证问题

确定员工的能力等级是能力工资实施的核心问题。但是企业根据自身的情况，建立自己的能力评价体系存在着很大困难。这个过程至少包括三个方面的内容：一是能力评估机构，二是能力评价的要素，三是能力评价的等级。这个过程是很复杂的。能力评价机构可由企业自身的专业人员和外部聘请的专家共同组成能力评价委员会。评价要素的确定则要结合企业的实际情况，突出本企业的特点，保证这些要素与企业的业务相关。而评价的等级不宜过多也不宜过少。过多的等级对能力的区分度不够，过少对员工的激励性又不够。一般来说能力等级设定为4－6个比较合适。

(2)能力的利用问题

能力工资面临的一个最大现实问题是，如何有效地利用员工所掌握的知识和技能。因为知识、技能和业绩之间并没有必然的因果关系。因此企业在推行能力工资时，必须解决好这个问题，否则就会造成劳动成本的大量增加而企业得到的回报却很少。解决这一问题，一是企业必须结合自身的实际需要确定能力评价要素。二是及时对员工的工作进行重新设计。随着所掌握的知识和技能的增加，重新设计担任的工作，如让其工作丰富化和扩大化等等。三是用业绩考核来调整员工的收入，能力工资知识基本工资，此外还有一部分报酬是基于业绩的。

(3)能力的培训问题

实行能力工资后，企业对培训的需求必然会增大，企业在培训方面投入的成本也会随之增加。解决这一问题，可以让企业和员工共同承担培训费用。

(4)能力评价体系的更新问题

企业要不断更新和丰富能力评价的要素、能力评价的要求，并对员工的能力等级定期进行重新评价。这种做法，一方面可以保证能力评价体系适应企业发展的需要，另一方面也可以促使员工持续不断地进行学习。

(5)与职位和绩效有机结合的问题

大多数企业在进行薪酬决策时，除了会考虑员工的能力外，仍然还需要考虑职位数量和内容、目标完成情况等因素。所以及时使用基于能力的薪酬体系，也不要 100% 地基于能力——基于能力的薪酬体系并不是要完全取代或代替传统的基于职位和基于绩效的薪酬设计，而是要与它们融合，并针对不同的企业和不同的环境而有所侧重。

基于能力的薪酬体系将被越来越多的公司所接受。许多公司意识到，对员工的能力给予直接的、有形的报酬是公司战略得以顺利实施的关键因素。然而，给予能力的薪酬体系并非适用于任何企业，它的实施需要一个相当坦诚公开的评价过程，需要一种摆脱已失效的传统薪酬体系的勇气，更需要管理者以满腔的热诚控制变革对员工带来的影响。只有对这一切准备充分的公司才能在新体系下形成自己的核心竞争力。

小结

薪酬是组织向员工支付的劳动报酬。组织通过不同的薪酬水平、薪酬结构和薪酬内容等激励员工。薪酬设计包括制定薪酬设计的程序计划和薪酬制度策略、工作岗位评价、薪酬市场调查以及确定薪酬水平、薪酬结构、薪酬等级、薪酬制度等内容。本章以问题为导向介绍了薪酬支付的三种方式:基于能力、基于职位、基于技能。分别讲了它们是什么、如何测定、如何与薪酬联结以及各自的优缺点。激励性的薪酬设计实践形式多样，有岗位薪酬制度和绩效薪酬制，有针对于个人的薪酬制度和面向团队的薪酬制度，更有面向组织全体的薪酬设计。本章内容可能并非全面，但是希望能为读者提供一些思考方向及框架。

思考题

1. 薪酬分配的基础是什么?
2. 薪酬体系的类型与模式有哪些?
3. 基于技能薪酬结构的优点、缺点和挑战是什么?
4. 思考各种薪酬结构的使用范围。

案例分析：

技能工资制到底离我们有多远

GZ是一家有60多年历史的大型国有制造企业，主营业务为工程机械产品制造，人员规模在2000余人，主要面对华北和西北市场。由于中国工程机械市场在2001年爆发性增长，企业销售规模增长迅速，在2002－2005年，销售收入从16亿元增长到30亿元左右，成为行业内领先品牌。然而，在风光的销售业绩的背后，是企业内部的管理问题，其中最突出的就是薪酬问题。该企业目前有几种资制度适用于不同类型的岗位。比如说：职位部门采用的是岗位工资制度：月固定工资＋月绩效工资，每月发放的工资中有20%左右和个人绩效考核结果挂钩；技术部门采用的工资结构是：基本工资＋岗位工资＋项目奖金；车间工人采用的是计时工资制度，即档案工资＋计件/计时奖金。

随着企业发展，高学历、高素质的员工越来越多，企业对产品研发、市场销售人员的技能要求越来越高。人力资源部部长开始思考关于技能工资制度的问题，希望通过技能工资体系来提升员工个人技能的主动性，推动学习型组织的建立。因此，人力资源部组织所有部门负责人召开了一个薪酬改革的研讨会议，希望听听大家的意见。

人力资源部部长认为目前这个行业的竞争越来越激烈，知识和技能作为一种生产中日益重要的投入要素，将对企业越来越重要。如何激励知识技能型员工，使其能够发挥更大的作用，一个很有效的方法就是在薪资管理中推行技能工资制度。因此，他建议准备以薪酬体系作为突破点，打算建立以技能为核心的薪酬体系替代原来的岗位工资体系和计时计件工资体系。研发部经理认为由于知识产品本身就难以量化和测量，导致了知识工作者在实践中的报酬决定因素也往往难以比较和测量。公司目前的激励机制并没有真正鼓励创新活动，也没有激励到那些真正有想法、有能力、肯贡献的员工，他比较赞成采用技能工资制度。

经营发展部部长认为这个工作难度较大。比如说，在操作技能工资制时，怎么能确定这个岗位需要哪些技能？如何判定某个员工是几级能力？这个能力值多少钱呢？判定的标准又是什么？如果员工能力强，但在绩效里面没有反映出来，就说明能力对企业没有作用，企业为什么要激励员工呢？财务总监比较关注薪酬体系改革是否会引起公司人力资源成本增长问题。公司原来用的岗位工资制度还是比较利于薪酬总额控制的，如果用了技能工资制度，是否会导致企业薪酬成本和其他人力资源成本大幅度上升？

生产副总比较关心技能工资是否适合所有的岗位，还是只适用于技术人员。如果所有岗位都采用技能工资制度，技术人员、车间工人、职能部门人员的知识和技能等级体系、技能怎么评定？如果是只有技术人员采用技能工资制度，那么这种技能工资制度又怎么和其他岗位的工资体系，比如说和职能人员的岗位绩效工资制度进行对接？怎么让他们的薪酬具有可比性？

常务副总认为如果所有员工都采用技能工资制度，是不是就等于薪酬政策向年轻、高素质、高学历的员工倾斜？但是，老员工的经验丰富，对企业内部熟悉，对企业忠诚，也为企业做出了大量的历史贡献，这些是年轻员工比不上的。如果采用技能工资制度，会不会打击老同志的工作积极性？还有就是如何让培训系统跟上薪酬制度？技能工资制可以解决员工学习方向和学习动力的问题，但是如果没有给员工创造学习的机会，那么这个体系建设就是枉然。

思考题：

1. 技能工资制度是只适合技术研发人员，还是职能部门、车间生产人员、市场销售人员、中高层管理人员都适用？如果所有岗位都用技能工资制度，如何建立不同类型岗位之间的可比性？

2. 如何确定技能评价因素？如何确定每个技能因素的薪酬水平？

3. 如何对员工进行技能测评？如何确定其个人的技能级别？

第四章 薪酬水平决策

【引导案例】

S公司的薪酬调查

S公司是一家知名IT公司，它将自身定位于专门从事信息技术与信息服务的专业系统集成公司，为提高其薪酬制度的市场竞争力以吸引更多的优秀人才，并保留公司的核心人才，该公司特别聘请某一人力资源管理咨询公司承担其薪酬体系设计的咨询项目。

为了确保薪酬水平的外部竞争性，咨询公司将S公司的薪酬置于外部市场环境中进行比较分析，尤其是与S公司在同一人才市场上的竞争对手的薪酬状况进行比较，由此发现公司的问题所在，找出差距，从而调整企业的薪酬水平，乃至薪酬战略。咨询公司通过对搜集到资料的整理与分析，出了许多薪酬水平比较关系，如市场水平上不同职务岗位间的薪酬水平比较、不同学历人员的年平均薪酬水平比较、不同城市的计算机行业从业人员薪酬水平比较等，这些薪酬水平比较关系对公司未来薪酬战略制定及薪酬调整都具有很重要的参考价值。

例如，图5-1即为调查所得成果之一，图中详细地列出了市场水平上不同职务或岗位的年薪水平，根据图中的统计结果，IT、通信类工程师这一职位的平均年薪为46502.88元，可见目前人才市场上，IT、通信类工程师是相对稀缺的人力资源，因此薪酬比较高，那么S公司作为一个将自身定位于专门从事信息技术与信息服务的专业系统集成公司，为吸引人才，在薪酬体系设计时就应该使技术骨干员工的薪酬水平具有市场竞争力。

那么咨询公司是如何收集这些统计数据的？它收集关于哪些方面的具体信息？最终的统计结果是怎么得来的？对于最终的统计结果它又是如何分析与利用的呢？要解决这方面问题，薪酬调查将是最好的途径。通过本章学习，你将会对上述问题有一个逐渐清晰的答案。

薪酬设计的公平包括内部公平、外部公平和个人公平。外部公平主要体现在薪酬水平是否具有外部竞争性。那么，如何知道组织的薪酬是否有外部竞争性呢？薪酬调查可以告诉我们答案。本章将对薪酬调查的概念、作用以及其操作流程做详细的阐述。

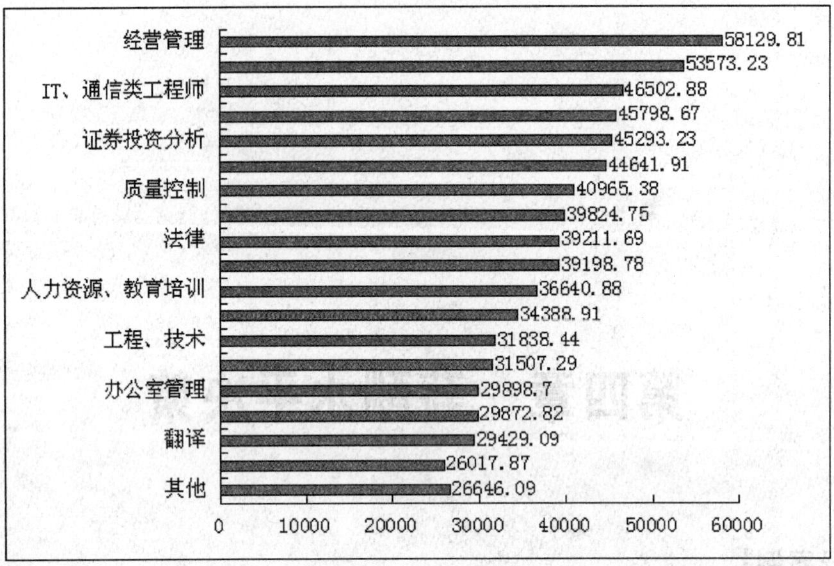

【本章学习目标】

- 理解企业进行薪酬水平决策和执行过程中受到的影响因素。
- 理解薪酬水平策略。
- 理解薪酬水平决策的影响因素。
- 了解薪酬调查的意义和作用。
- 掌握薪酬调查结果的应用以及所需注意的关键点和难点。

第一节　薪酬水平决策类型

一、薪酬水平决策的概念

薪酬水平是指组织之间的薪酬关系，是组织相对于其竞争对手的薪酬高低程度。一个企业支付的薪酬水平高低是该企业在劳动力市场上获取劳动力能力强弱的反映，即该企业在劳动力市场上竞争力的大小。在薪酬水平理论中，通常使用薪酬的外部竞争力这个概念来描述企业的薪酬水平高低以及其在劳动力市场上的竞争力的大小。随着薪酬理论的不断发展，薪酬的外部竞争力含义更为丰富，我们应摒弃那种将平均薪酬水平高,代表薪酬的外部竞争力强的观念。薪酬外部竞争力的比较基础，更多是要放在不同组织类似职位(职位族)之间，这样比较才有实际意义。

企业的薪酬水平要根据企业的发展战略、市场薪酬、薪酬策略和企业自身的经济承受能力等多方面综合确定，并在今后定期进行一次同行业的薪酬水平调查，最好选择本地区和自己有竞争关系的企业作为调查对象。

二、薪酬水平决策与外部竞争性

外部竞争性是指企业薪酬水平所表现出来的对外竞争能力。企业的薪酬水平决策本身就是为本企业选择具有外部竞争性的薪酬水平策略，企业通过薪酬调查，来确定比竞争对手或市场的平均薪酬水平较高、较低、相同或者混合型的薪酬定位，以此来支持薪酬战略的实施。企业进行薪酬水平决策受竞争对手或市场平均薪酬水平、企业的薪酬策略、经济效益、物价波动及工会的政策等因素的影响。薪酬水平决策目的在于：提升企业竞争力，塑造更完美的企业形象；吸引、保留、激励员工；控制劳动力的成本，提升经济效益。

竞争性的薪酬水平并不是简单地表现为企业整体平均薪酬水平具有优势，而且要着重考虑企业内部薪酬结构、薪酬等级、薪酬差距等因素，考虑薪酬构成是否具有多样性以及吸引力、权重不同的岗位之间的薪酬差距是否合理等方面。事实表明，薪酬内部的差异不合理比薪酬水平的高低更能导致员工的跳槽，原因就在于员工卓越工作的相对价值得不到更大程度上的体现，因此使员工的工作积极性受挫。

薪酬水平的外部竞争性会影响到薪酬水平决策目标的实现，但薪酬水平决策本身也受劳动力市场的行情、企业的战略、行业竞争、企业的经济效益等因素的影响。

三、薪酬水平决策在薪酬管理中的作用

薪酬水平决策在薪酬管理中有十分重要的作用，可以从下面几个方面来理解薪酬水平及其外部竞争性。

（一）吸纳并保留员工

薪酬水平在企业中吸引和保留员工方面的重要性显而易见。一方面，科学的薪酬水平能使企业从外部劳动力市场得到源源不断的劳动力，为企业补充新鲜的血液；另一方面，科学合理的薪酬水平能够保持企业内部劳动市场的正常运行，使内部的员工按照工作阶梯不断晋升，从而保持企业员工的稳定性。

（二）激励员工

科学的薪酬水平会激励员工努力工作。我们可以将员工努力的动力划分为两个方面：首先是追求提高薪酬，其次是保住原有的高薪酬。如果在企业内部，不同岗位或者不同工种之间制定合理的工资差距，对于低工资员工来说是一种鞭策，因为高水平的薪酬对他们有极大的诱惑力；而对于原来工资水平较高的员工来说，可以有效防止他们的机会主义行动，通过自我激励努力工作，由此便降低了企业的监督管理成本。

（三）控制劳动力成本

薪酬水平高低和企业的总成本支出密切相关，尤其是对于某些工资成本在总成本所占比重比较大的企业，控制薪酬的成本尤为重要。在条件一定的情况下，薪酬水平越高，企业的劳动力成本就越高；与竞争对手相比，生产和提供同样服务的相对成本越高，企业产品和服务的定价也越高。若产品或服务对消费者差别不大，或虽然有一定差别但对消费者显得不太重要时，消费者自然会去选择较为便宜的一些产品。所以高薪酬就增加了企业的成本，削弱了企业的市场竞争力。随着卖方市场向买方市场的转变，消费者对产品的价格更加敏感，这样的经济环境下，控制劳动力的成本对企业来说就显得尤为重要了。

(四)塑造企业形象

薪酬水平对企业形象的树立很重要。它不仅体现了企业在特定劳动力市场中的相应定位，而且也显示出了企业的支付能力及其对于人力资源的态度。支付较高薪酬的企业不仅有利于在劳动力市场上树立其良好的形象，而且也有利于企业在产品市场上的竞争。因为，企业的薪酬支付能力可以增加消费者对企业及提供的产品与服务的信心，由此在消费者心目中造成一种产品差异，起到了鼓励消费者的作用。并且，在大多数的市场经济国家，政府在最低薪酬水平等方面都作了明文的规定。为了确保企业自身经营的规范性和合法性，企业在确定薪酬水平的时候对这些规定是不能忽视的;一旦在这些方面出现问题，企业形象就会受到一定的损害，在劳动力和产品市场上会产生极其严重的不良影响。

四、薪酬水平决策的类型

企业在确定薪酬水平时，会受到外部劳动力市场和产品市场的双重压力。但是在劳动力市场所规定的薪酬低限与产品市场所规定的薪酬高限之间仍存在一些选择的余地，这个选择余地的大小，取决于企业所面临的特定竞争环境。当存在较大选择余地的情况时，企业需要作出的重要战略决策就是:到底将薪酬水平定位在高于市场平均薪酬水平之上，还是将薪酬水平定在与市场平均薪酬水平持平或稍微低一些的水平上。企业在作出薪酬水平的外部竞争性决策时可以有领先、追随、滞后、混合等多种选择，但究竟选择何种策略，与企业自身的发展战略和薪酬观念是有关的。

1. 领先型薪酬策略

所谓领先型薪酬策略，是企业所支付的薪酬高于市场平均水平。采用领先型薪酬策略的企业常具有以下特征:规模较大、投资回报率较高、薪酬成本在本企业经营总成本中所占的比例相对较低、产品市场上的竞争者较少。首先，大型的企业或投资回报率较高的企业之所以能向员工提供较高的薪酬，一方面在于它们有更多的资金与相应的实力，不会因为员工薪酬水平高而造成资金的周转不灵;另一方面，此种做法能有效提高组织吸引和保留高质量员工的能力，而且还可以利用较高的薪酬水平补偿工作本身所具有的不利特征，如工作压力大、工作条件差等。其次，薪酬成本在本企业总成本中占的比例低时，薪酬支出实际上是企业成本支出中一个相对不太重要的项目。这种情况下，企业可能会通过提供较高水平的薪酬来减少各种相关的劳动问题的出现，由此可以把更多的精力投入到比薪酬成本更为重要或者更有价值的事情中去。最后，产品市场上的竞争者少，意味着企业面临的产品或者服务需求曲线是弹性较小甚至是无弹性的。也就是说，这种企业支付较高的薪酬水平是可行的。

在实践中，惠普、摩托罗拉等大型的跨国企业都采用了领先型薪酬的做法。在我国，许多企业也逐渐向这方面发展，较早采用这种薪酬领先型策略之一的企业是深圳的民营企业华为公司。该公司是以电话程控交换机及其相关产品的研发、生产和营销为支柱的民营企业，在发展初期及之后的一段时间内，就已经明确地提出了让在本公司工作的员工拿到与在外企甚至国外工作的同类员工等值的收入。实践证明，高薪政策帮助该公司获得了大量的创造性人才，从而为该公司在产品市场上与同类外资企业抗衡起到了尤为重要的作用。

采用领先型薪酬策略的企业期望从自己的高成本支出中获得相应程度的效益。较高薪酬水平的可能收益包括以下几个方面:

(1)较高水平的薪酬能够很快为企业吸引大批的可供选择的求职者。因此，高薪一方面有利于企业在短时间内获得大量所需要的人才，解决紧急人才需求；另一方面，可以使企业提高招募标准，由此来提高所能够招募和雇佣的员工的质量。

(2)高薪能够减少企业在员工甄选方面的支出费用。因为求职者通常都清楚，较高的薪酬往往意味着企业对员工的能力有相对较高的要求，或是未来较大的工作压力，所以那些低素质的、达不到任职者资格要求的求职者往往会通过自我选择，从而避免选择这种支付较高薪酬的企业。这样，企业在甄选方面所需花费的人力物力财力就可以相对减少。

(3)较高的薪酬水平会提高员工离职的机会成本，有利于改进员工的工作绩效(努力工作以防止被解雇)，从而来降低员工的离职率及减少对员工的工作过程进行监督而产生的费用。

(4)较高的薪酬水平使企业不必跟随市场水平经常为员工加薪加酬，节省了薪酬管理的成本。

(5)较高的薪酬水平有助于减少因薪酬问题引起的劳动纠纷，同时也有利于塑造企业形象，提高企业的知名度。

2. 跟随型薪酬策略

跟随型薪酬策略，可也被称为市场匹配政策，就是根据市场的平均水平来确定企业薪酬定位的一种常用做法。事实上，这也是一种较为普遍的薪酬策略，大多数企业都在执行这种策略。

实行这种薪酬策略的企业往往既希望自己的薪酬成本与产品竞争对手的成本保持大体一致，不至于在产品市场上陷入不利的地位，同时也希望自己能够具有一定程度上的员工吸引力和保留能力，从而不会在劳动力市场上输给竞争对手。采用这种薪酬策略的企业的风险可能是最小的，它能够吸引足够的员工为其工作，只不过在吸引优秀求职者方面缺乏相应的优势。

一般来说，在竞争性的劳动力市场中，实施市场追随型政策的企业由于没有自身独特的优势，它们在招聘员工时会参加大型的招聘会，通过多花时间、广泛的搜寻、精挑细选的方式来招募优秀的员工。而且，采用这种薪酬政策的企业要随时注意根据市场情况的变化来调整其薪酬水平，与市场薪酬水平保持一致性。然而，这种调整在很多情况下是存在滞后性的，企业很可能会在一些优秀的员工已离职后才发现自己的薪酬水平落后于市场。因此，采用力图确保自身薪酬水平接近于市场平均薪酬水平做法的企业应该注意开展相关的薪酬调查工作，由此来确切掌握市场薪酬水平的高低。

3. 滞后型薪酬策略

滞后型薪酬策略指企业提供的薪酬水平低于竞争对手的薪酬水平的一种做法。采用滞后型薪酬策略的企业的规模往往相对较小，多数处于竞争性的产品市场，边际利润率相对比较低，成本承受能力较弱。大多属于中小型的企业，受产品市场上较低利润率的限制，没有能力为员工提供较高水平的薪酬，是企业实行滞后型薪酬策略的一个主要原因。当然，也有时候滞后型薪酬策略的实施者并不是真的没有支付的能力，而是没有支付的意愿。

显然，滞后型的薪酬策略对于企业吸引高质量的员工来说是特别不利的，并且在实施这种政策的企业中，员工的流失率也相对比较高。这是因为，较低的工资水平在短时期内可能会因为由于信息的不对称或信息流动的速度较慢等原因而不为员工所知晓，但在长时间后，员工迟早会掌握这些信息。当员工存在获取收入的紧急性需要，可能会临时地接受一些比市场水平略低的薪酬，可一旦这种需要没那么迫切，他们就会试图去寻找更为有利可图的就业单位。或许滞后型薪酬策略会影响到企业吸引和保留潜在员工的能力，但如果这种做法能够保证员工在未来获取更高的收入，员工的责任感就会因此提高，团队精神也会由此增强，从而使企业的劳动生产率得到提高。比如美国的安达信咨询公司告诉员工，企业提供的初始薪酬虽然比竞争对手的低，但是保证在 2 ~4 年内业绩突出的员工的收入将会超过竞争对手。安达信公司这种做法显然是冒着不能招收到高素质员工的危险的，但是事实证明，该公司未来的高收入承诺吸引了大量的优秀求职者。滞后型的薪酬策略对招聘和激励员工的影响不是很明确。实行这种策略的企业往往具有其他方面的优势，如理想的工作环境、有挑战性的工作、比较融洽的同事关系等。

4. 混合型薪酬策略

混合型薪酬政策，是企业在确定薪酬水平时，根据职位类型或者员工的类型来制定不同的薪酬水平政策。如有些企业针对不同的职位族使用不同的薪酬决策:对核心的职位采取市场领袖型的薪酬策略，在其他职位族中实行市场追随型或滞后型的基本薪酬策略。总之，对企业里的关键人员如高级管理人员、技术人员，提供相对高于市场水平的薪酬，而对普通员工实行跟随型薪酬策略，对在劳动力市场上随时可以找到替代的工作者提供低于市场价格的薪酬。另外，某些公司在不同的薪酬构成部分之间实行不同的薪酬政策，如在总薪酬的市场价值方面处于高于市场的竞争性地位，在基本薪酬方面处于稍低一点的滞后地位，而在激励性薪酬方面则处于比平均水平高出很多的领先地位。举例来说，某公司可能会制定这样一项新的薪酬方案，员工基本薪酬水平较市场上的平均薪酬水平低 3%，如果员工所在部门的经营利润超过某一目标，他们就有机会得到最高相当于一个月工资的奖金。这样，尽管这家公司的基本薪酬水平比市场水平低，但在经营的工作绩效较好的情况下，考虑到奖金的增加，该公司的薪酬水平实际上还是稍微领先于市场的。这种安排的目的在于鼓励员工注意企业的经营效益，并且激励员工提高工作生产率。此外，它还向本企业潜在的求职者发出了一个信号，即企业希望员工能够将工作完成得更好，并能够承担一定的风险。

混合政策最大的优点是有灵活性和针对性，对劳动力市场上的稀缺人才及企业希望能够长期保留的关键职位的人采取薪酬领先政策;对劳动力市场上的富余劳动力及鼓励流动的低级职位上的员工采取市场跟随政策甚至滞后政策；这样既有助于保持企业在劳动力市场上的竞争力，而且有助于合理控制企业新产品成本的开支。同时，通过对企业薪酬构成中的不同组成部分采取了不同的市场定位策略，还有助于企业传递自己的价值观并达成自己的经营目标。

第二节 薪酬水平决策的影响因素

供企业可以选择的薪酬水平决策有四种类型，那么，对于一个企业来说，到底应该选择哪一种类型的薪酬水平呢？影响企业进行薪酬水平决策的因素有哪些？这些因素包括了企业外部的因素、企业内部的因素以及个人因素。下面我们将对企业薪酬水平决策产生影响的几个因素进行分析。这些影响因素包括:劳动力市场、企业所处的行业类型、企业自身的特征等。

一、劳动力市场对薪酬水平的影响

1. 劳动力市场

所谓的劳动力市场，实际上指的是配置劳动力且协调就业及雇佣决策的市场。劳动力市场研究的内容是劳动力资源的配置规律，目的是为了提高劳动力资源的配置以及使用效率。在具有竞争性的劳动力市场上，劳动力的价格是企业在劳动力市场上争夺劳动力资源的主要手段之一。反过来，劳动力市场上的薪酬水平也会影响到企业自身的薪酬水平，是对企业的薪酬水平以及企业薪酬的外部竞争性产生一定影响的一个极其重要的因素。

劳动力市场具有一定程度上的特殊性：第一，劳动力是无法储存的。若今天不被购买，其价值是不会累积到明天的。因为单纯从理论上来说，在劳动力质量不变的情况下，劳动者的唯一资源就是他的时间，而这种时间如果不被利用，便是无法储存下来的。第二，劳动力无时无刻不在变化，它会随着劳动者工作能力的变化而发生变化。第三，劳动力供给者和劳动力是无法分离的，劳动力供给者能在工作过程中控制自己提供的劳动力服务的数量以及质量。这种情况下，劳动力市场上的供求双方就劳动力的买卖所达成的契约也就是劳动合同实际上便是一种不完善的供求契约，同时劳动力价格也是一种不完善的价格。劳动力的购买者会遇到这样的困境：劳动力服务的实际成本是由单位产出成本决定的，因此无法事先定价；而对于劳动力的出售者而言，要求的是必须事先定价。所以购买者也就必须在实际的讨价还价之前就确定出一个价格。这种价格取决的是购买者对劳动力服务的数量以及质量价值所进行的一种估算，这种估算的准确性可从以后单位产品的成本中推算出来。劳动力的出售者在决定接受某种价格的时候也同样面临着困难。因为他们最多也只能知道某特定职位的现行工资率是多少，对企业所能够提供的如工作的设计、工作的条件、上下级的关系、工作之间的联系、人力资源政策、实践等其他方面，往往都不很清楚。

劳动力市场运行的机制：

(1)劳动力需求。企业的功能或存在的意义就在于将各种生产要素(其中主要的是劳动力与资本)结合起来，生产、提供消费者需要的产品与服务。企业的总产出及所使用的资本与劳动力组合方式，取决于产品需求的数量、某价格水平下可利用的资本与劳动力的数量、可获得的技术选择等多种因素。研究劳动力需求的目的便在于解释企业劳动力需求是如何受到上述一个或者多个因素的影响而发生变化的。

有关劳动力需求的理论一般着重于解释企业在不同的价位上对劳动力的需求程度，而最为广泛接受的一个理论为："边际生产率理论"。根据该理论，因为企业对劳动力的需求是从消费者对产品或者服务的需求中派生出来的，所以劳动力需求是关于劳动力的价格以及质量的一个函数。在短期的劳动力需求决定中，最重要的两个概念就是边际成本和边际收益(或者边际收益产品)。劳动力的边际收益，指在其他情况保持一定的情况下，增加一个单位的人力资源投入而能够产生的收益增加量。在产品市场以及劳动力市场属于完全竞争市场的情况下，劳动力的边际收益就等同于边际劳动力带来的产出增加量乘以产品价格，而劳动力的边际成本则等同于劳动力的市场平均工资率。企业雇佣的最后一个劳动力的边际收益等同于为雇佣这名劳动力所支付的薪酬水平，此时，企业的利润将达到最大。若雇佣一名员工的边际收益大于边际成本时，企业就应继续增加员工的雇佣；当再雇佣一名员工的边际成本高出雇佣这位员工能够带来的边际收益时，企业此时就不应该继续增加雇佣了。换句话说，企业劳动力的需求原则就是:雇佣的边际成本等同于边际收益。

具体到薪酬管理的实际工作中，企业在运用该模型确定应该雇佣的员工数量时，需要做到两件事情:一是，要确定出劳动力市场的薪酬水平;二是确定每一个潜在的新员工可能产生的边际收益。换句话说，企业只有明确了员工的边际成本以及边际收益，才能够确定出自己究竟需雇佣多少员工。而现实并非仅仅是理论中所假设的那样简单，首先是市场薪酬水平的确定，因为劳动力市场上的供给方与需求方之间的竞争程度不能够确定，劳动力也不可能是完全同样的，同时也并不是所有的企业都是利润最大化的追求者，所以，对于市场薪酬水平的把握是很难进行精确的。更加困难的是对员工边际收益的预测:管理者不可能会确切地知道一个尚未进入企业的员工的边际收益究竟会是多少。这种困难主要表现在以下两个方面:一是对每位员工所生产的产品与服务进行定价是特别困难的，因为许多产品与服务是拥有各种不同能力的劳动者经过共同的努力才能够生产出来的，在劳动力并不同质的情况下，想确定某个员工在中间所创造出来的具体价值是相当困难的。二是创造价值的除劳动力外，还有资本以及其他的生产要素，想要分离出在生产过程中共同创造了某些价值的其他生产要素(如资本与原材料)所产生的价值是很困难的。

正因为存在对边际产品与边际收益直接衡量的困难，所以企业经常使用其他的一些要素来反映员工给企业创造的边际效益。如报酬要素、职位评价、技能与能力评价等内容，反映出企业对某种工作或者能力所能够为企业带来的价值进行的评价，是对员工的边际收益进行评价的一种近似的替代。但利用报酬要素对技能、能力水平进行评价，是从投入的角度而确定边际价值，却不是从产品的角度确定的边际价值。除此之外，限定某个等级职位的最高薪酬水平及采取绩效加薪等做法，实际也是企业力图对于员工为企业所创造的边际收益进行的另一方面的评价的尝试做法。企业可能从来没有从理论的高度去把握自身的薪酬决策，实际上他们很清楚的知道，某一个等级的员工能够获得的最高薪酬水平不能够高于它的边际收益，员工薪酬水平的增长也不可能会超过其生产率的增长。

劳动力的需求包括长期的劳动力需求与短期的劳动力需求。通常的情况下，市场工资率的变化对长期劳动力需求的变化所带来的影响往往是比对短期劳动力需求所带来的影响要更大。这是由于在短期中，企业只能够通过调整劳动力这种生产要素的数量来实现自身的利润最大化;但是在长期中，企业能够通过同时调整劳动力以及资本的使用量来实现自己追求利润的目的。

(2)劳动力供给。劳动力供给是指特定的人口群体能够承担的工作总量。一般来说，整个社会中的劳动力供给受到以下四方面因素的影响。

第一，劳动力参与率。劳动力参与率是衡量愿意在家庭之外工作的人口规模的一个重要而又确切的统计指标。具体到微观层面上，劳动力参与率的大小主要取决于单个家庭所做出的劳动供给决策。其影响因素主要包括:家庭经济的状况、年龄、性别、受教育的程度等。以受教育程度为例，研究显示，在其他条件等同的情况下，特定的劳动力群体受教育程度越高，他们的劳动力参与率一般来说也会相应的提高。

第二，人们愿意提供的工作时数。在具体的实践中，尽管工作时间的安排大都是由企业来制定，但由于市场上目前存在着越来越多的工时制度安排，并且许多企业实行了弹性工作制，所以，劳动者实际上能够通过选择企业或者职业来表达自己对工作时间的偏好。劳动经济学理论指出，工作决策实质上是一种时间利用方式的选择。简单的说，劳动者针对工作时间作出的决策可看作是其在工作与闲暇之间进行选择的结果。很显然，闲暇所能够产生的效用以及有酬工作所能够带来的薪酬对于劳动者来说都是有一定价值的，而市场工资率的变化会对劳动者带来两种效应，即替代效应(假如收入不变的情况下，工资率增加，闲暇的价格提高，劳动者的闲暇需求会减少，所以提高工作动机)和收入效应(假如收入增加的情况下，工资不变，劳动者愿意工作的时间将会有所减少)。工资率的上升或者下降对劳动者的劳动力供给小时数所产生的最终的影响，是取决于到底哪种效应更大。通常情况下，当工资率的绝对水平相对较低时，工资率上升的替代效应会大于收入效应;但当工资率水平已经达到某种相对较高的程度时，收入效应远大于替代效应的可能性就会增加。

第三，员工受过的教育训练及其技能水平。上述两个因素决定了一国经济中的劳动力供给数量。但劳动力供给不仅仅有数量的问题，而且有质量的问题。质量要求比数量要求更加重要，决定一国劳动力质量的最为重要的因素是劳动力队伍受过的教育及接受过的训练，即劳动力队伍的人力资本投资状况。在劳动经济学中，人力资本投资理论分析了人力资本投资的各种形式(包括经验的积累、接受的正规教育、在职培训、健康投资、居住地的迁移等等)对劳动力队伍的质量所带来的影响，同时也比较深入细致地分析了劳动者以及其家庭的教育投资决策及企业的培训投资决策。研究结果显示，想要毕生都能够呆在劳动力队伍里的劳动者在进行教育投资的时候会有相对比较强的动机;同时，受过在职培训的员工通常情况下能够工作更长的时间;在人力资本这方面进行过大额的投资之后，员工的退休时间一般也会相应的滞后等。

第四，员工在工作过程中付出的努力水平。劳动力的数量以及质量都是静态的存量，这种存量怎样转变为流量，也就是劳动者在实际工作过程中是否能将其拥有的知识以及技能充分的发挥出来，转变为生产率，还要取决于企业的总体制度的安排。其中包括员工和工作之间是否匹配，绩效管理制度完善与否及薪酬水平、薪酬制度是否比较合理等，而这些实际也正是企业中人力资源管理工作的核心问题。

(3)对劳动力市场理论的补充与修正。劳动力市场的作用并不能完全保证同种的劳动力只有一个既定的市场价格，不能确保所有的劳动力供给或者需求都能够获得满足。所以，仅仅依靠简单的劳动力市场模型是无法解释现实生活中的具体问题的，因此很有必要在基本的劳动力市场模型的基础之上做进一步的深入研究。在这里，我们简要地介绍几种对劳动力市场理论有修正以及补充意义的理论。

第一，补偿性工资差别理论(compensating differentials)。补偿性工资差别，是指在知识技能水平方面没有本质上差异的劳动者，因为其从事工作的工作条件与社会环境优劣的不同而导致的薪酬水平之间的差异。换句话说，假如两种不同的工作要求从业者具有的技能水平没有太大的差异，其他方面的差异也不是很大，只是因为工作本身的条件以及社会环境对从业者产生不利的影响，因此企业必须支付相对较高的薪酬水平才能吸引到适合本企业工作的劳动者;也就是说，这种较高水平的薪酬实质上也是对员工接受工作环境以及条件相对较差的工作而给予的一种补偿。

第二，效率工资理论(efficiency wage theory)。效率工资是指企业所支付的薪酬高于市场通行工资率时的薪酬水平。效率工资战略也被称为高工资战略，而薪酬领先战略显然是效率工资理论最忠实的执行者。效率工资适用于多种情形，例如，当企业观察、监督员工的工作绩效有困难时，可以通过提供高于市场平均水平的薪酬来激励员工尽其最大的努力工作，这是因为当员工在企业中获得的薪酬高于他在其他的企业中可能会获得的薪酬时，为保住目前的工作，他们就会积极、努力地工作。而事实上，当企业的某种技术或者结构高度依赖于高技术员工的时候，它极大可能会对后者支付出水平较高的薪酬。总而言之，高于市场水平的薪酬是可以通过吸引技术含量高并且不愿意离开企业的员工而改善企业整体的绩效。

第三，保留工资理论（reservation wage theory）。所谓的保留工资，是从劳动力供给方的决策中延伸发展出来的概念。假如市场工资率还没有达到处于劳动力队伍之外的人对其边际闲暇小时价值的判断，那么会有人宁愿选择不工作也不想去接受水平达不到自己最低要求的薪酬，即“保留”自己的劳动力。因为不同的人对于自己失去一小时闲暇时间价值的判断标准是不一样的，换言之，由于不同的人对闲暇和收入的偏好不相同，即使是两个客观条件几乎完全相同的劳动者，他们的保留工资水平也可能不相同。一个人过去的收入水平、受教育的程度、技能水平的高低、家庭生活的状况及社会经济形势等多种因素都会影响到员工的保留工资水平。例如，丈夫收入相对较高的妇女可能比丈夫收入较低的同等条件下的妇女有更高的保留工资水平；再如，经济不景气的时候，许多人的保留工资都会下降；而在经济增长速度较快的时候，很多人的保留工资很有可能会上升。

第四，市场搜寻理论（job search theory）。简单的劳动力市场模型假定劳动力供给者与劳动力需求者之间的相互搜寻活动和交易达成活动都是一蹴而就的，既不需要很多的时间，也不需要花费很大的代价，只要双方在工作条件与薪酬待遇等方面有一定的匹配性，交易就会在瞬间顺利完成。而在现实中，即使劳动力供给方所要求的条件与劳动力需求方能够提供的条件非常地接近，两者也很有可能因为信息的不对称而导致理想中的劳动力交易无法完成。正因为如此，在劳动力市场上才会出现所谓的摩擦性失业，也就是在劳动力市场均衡状态下仍然会出现的失业状况。因此，工作搜寻理论所需要关注的也正是劳动力市场上雇佣双方之间的相互寻觅、相互匹配的过程。

第五，信号模型理论（signaling theory）。信号模型是指针对劳动力市场上的不对称信息所作的一种补充说明。信息不对称的情况下，劳动力供求双方都会努力向对方发送某些信号，从而使得对方能从自己所发出的信号中得到更多有利的信息，从而强化对方对自己的认识。能帮助企业以及员工实现信息交换的信号系统包括对员工进行的人力资本投资（培训、学历、经验）；企业的薪酬水平策略（领先型薪酬策略、跟随型薪酬策略、滞后型薪酬策略、混合型薪酬策略）及薪酬组合（基本薪酬、可变薪酬以及福利之间的选择）等。站在劳动者的角度，受过较多的培训、取得较高的学历、有较多相关工作经验的求职者本身的条件实质上就是向潜在的雇主发送出一种信号，这种信号能够传达给企业自己在未来的工作中极有可能达成较高的绩效，因此值得企业为自己提供一个较高的职位或相对较高水平的薪酬。站在企业的角度上来考虑，企业也在运用各种途径向潜在的员工发送这样的信号，例如，企业可能会故意把薪酬政策作为本企业战略的一个组成部分进行设计，此种设计意图是向当前的及潜在的员工发出信号，告诉他们企业所期待的行为表现以及价值观。如果某企业提供的基本薪酬低于市场的水平，而他们所提供的奖金与培训机会却相对比较多；另外一家企业乐于支付市场薪酬水平，却不提供与绩效挂钩的薪酬，那这两种薪酬政策所传递出的信号就是不同的，能够吸引到的员工类型也会存在着很大的差异。再例如，提供较大员工持股份额的企业所吸引的求职者大多都是看重了长期利益、希望以合作者的身份加入到企业当中去；而那些提供高额的绩效薪酬、对福利以及长期所得都不太关心的企业所吸引的员工关注的是现期收益以及短期收入。

2. 劳动力市场对薪酬水平的影响

从上面的分析我们知道，劳动力价格是企业与劳动力双方判断劳动力市场的供需状况、竞争程度的主要指标。对企业而言，劳动力市场的相关信息对于其制定合理的薪酬水平至关重要。劳动力市场对于企业薪酬水平产生的影响可归纳为以下几个方面：

(1)劳动力市场的供求关系。一般来说，劳动力价格是随着劳动力供求关系的变化而变化的。劳动力供求关系失衡的时候，劳动力的价格就会偏离其价值：供大于求时，劳动力价格会出现下降；供小于求时，劳动力价格会出现上升。企业在进行薪酬水平决策的时候，必须首先要了解劳动力市场的供求关系。

(2)现行的工资率。国家对于部分企业尤其是一些国有企业，明确规定了相关的工资率。这些工资率水平并不是劳动力市场自发形成的，而是国家强加给劳动力市场的，企业制定本单位的薪酬水平必须以不违背这一规定为前提条件。

(3)劳动力价格水平。通常来说，劳动力价格高的地区，薪酬水平也会较高；劳动力价格低的地区，薪酬水平也相对较低。这是由于经济的不平衡发展而产生的。不平衡发展理论的核心思想就是拉开差距，发展分先后。我国目前执行的模式正是这种不平衡的发展模式，不同地区所处的经济发展阶段不一样就会拉开劳动力的价格差距，因此就形成了不同地区有不同的劳动力价格。企业的薪酬水平决策必须充分考虑当地的劳动力价格平均水平。

二、行业因素对薪酬水平的影响

企业能够支付的薪酬水平会受到企业所在行业的影响，而行业特征对薪酬水平最主要的影响因素，是不同的行业所具有不同的技术经济特点。通常情况下，在规模比较大、人均占有资本投资比例较高的行业(如软件开发、生物医药、遗传工程、电信技术等)中，人均薪酬水平是比较高的。主要有三个方面原因：1) 越是资本密集型的产业，对投资的要求往往就越高，这就会对新企业的进入形成一种限制，易于造成卖方垄断的结构；2)高资本投入的行业通常要求从业者本人要具有较高的水平；3)资本与劳动力的比例较高则意味着劳动报酬在企业总成本的支出中所占的比例较小，资本的利润相对较高，从而就有能力支付较高的薪酬。反过来，那些对资本投资要求较低、新企业比较容易进入以及以竞争性市场结构为特征的行业，它的人工成本占总成本的比例比较高，因此薪酬水平也较低，比如服装加工业、纺织品类生产行业、皮革制品类生产行业等。

大多数企业都是同时存在于劳动力市场、资本市场与产品市场中。产品市场上的变化会通过市场传输机制从而影响到劳动力市场，对企业薪酬的外部竞争性产生一定的影响。一般情况下，劳动力市场因素能够确定出企业所支付的薪酬水平的最低水平，而产品市场则确定了企业可能支付的薪酬水平的最高水平。产品市场上的竞争程度与企业产品的市场需求水平会影响到企业的实际支付能力。

1. 产品市场上的竞争程度

企业所在的产品市场的结构常常被划分为完全竞争、垄断竞争、寡头和垄断四种不同的类型。完全竞争的市场以及垄断的市场是两种较极端的市场结构，一般在现实中比较少见。出现最多的是垄断竞争性的市场结构，也就是本企业的产品与其他企业的产品有一定程度上的差异，具有一定的垄断性；与其他企业的产品存在一定程度上的可替代性，又具有一定的竞争性。处于完全竞争或者接近完全竞争市场上的企业基本没有能力提高自己产品的价格，否则就会面临着销售量迅速下降的情况;而在产品市场上处于垄断地位或者接近垄断的企业在一定程度的范围内是能够随心所欲地确定产品价格的。

产品市场的竞争程度对薪酬水平的影响是至关重要的。假如企业在产品市场上处于垄断地位，便能获得超出市场平均利润水平的垄断利润，利润的增加就为企业在劳动力市场的薪酬决策方面提供了强有力的保障，一旦垄断地位丧失，企业将会不能因为薪酬水平较高所带来的成本负担通过较高的价值转嫁到消费者身上，当企业处于完全竞争或者类似完全竞争的环境中时，企业所支付的薪酬水平通常情况下和市场平均水平更为接近。

2. 企业产品的市场需求水平

如果企业可以利用的技术、资本与劳动力供给均保持不变，若产品市场对于某产品或者服务的需求增加，那无论价格如何，企业都能出售更多的产品或者劳务。为了能够实现自身对利润最大化的追求，企业自然会相对应地提高自身的产量水平，规模(或产出)效应在给定的薪酬水平下将增加对劳动力的需求量(只要资本与劳动的相对价格不会变，就不存在替代效应)，这必将会带来企业支付实力的增强以及员工薪酬水平的相应提高。

在竞争性的市场上，产品市场对某企业产品的需求增加可能会是由种种原因导致的。比如，企业通过广告宣传或是其他手段来宣传本企业产品,服务和竞争对手所提供的同类产品的差异性，从而塑造消费者对本企业的产品或者服务的偏好;又比如，尽管市场上存在多家同类产品的竞争者，但这种产品本身属于一种畅销品或是一种新型的产品，它的市场容量足够大。这样的情况下，一方面产品生产者之间存在着竞争;另外一方面，大家又一起共同做大了市场，共同从市场的培育中获得了利润。

三、企业特征对薪酬水平的影响

产品市场与劳动力市场的状况为企业薪酬水平的确定提供了一个基本的可行性空间，但企业特征，如企业规模、所处的行业、经营战略及所在的地理位置等，会直接影响到企业的支付能力。

1. 企业财务状况

员工的薪酬和企业的财务状况有着非常直接的联系。若企业的财务状况比较好，那么员工的薪酬水平会比较高且相对稳定;若企业薪酬超过了本企业的承受能力，则会造成企业的严重亏损、停业或者破产。

2. 企业经营状况

企业的经营状况直接决定了员工的薪酬水平。经营得越好的企业，它的薪酬水平就会比较稳定,企业还能够适当地提高薪酬水平，使其有较大的增幅。但是那些经营业绩比较差的企业，它的薪酬水平不会稳定，且企业在迫不得已的时候还可能降低薪酬水平。

3. 企业的发展阶段

通常来讲，企业的生命周期分为四个阶段:导入期、成长期、成熟期以及衰退期。处于不同阶段的企业，它的赢利水平以及赢利能力与企业愿景是不相同的，这就必然会导致薪酬水平决策的不同。

4. 薪酬政策

薪酬政策是企业分配机制直接的表现形式，薪酬政策会直接影响到企业利润的积累与薪酬分配的关系。一些企业注重高利润的积累，而有的企业则注重二者之间的平衡，这都会导致企业薪酬水平的差异。

5. 企业文化

企业文化是企业整体价值观的反映。企业文化的不同，会导致企业观念与制度的不同，这些决定了企业的薪酬模型、分配机制的不一样，它们间接地影响到企业的薪酬水平。

6. 人才价值观

人才价值观的不同会直接地导致薪酬水平的差异。若企业将员工看成是为自己创造价值的不可缺少的某种生产要素，那它通常不会主动去提高员工的薪酬待遇；但假如企业将员工看成是自己真正的合作伙伴，在企业经营状况比较好的时候，企业就会主动在承受能力范围之内，适当地提高员工的薪酬待遇，以此来体现共享企业经营成果的思想。

第三节　薪酬调查

一、薪酬调查及其目的

薪酬调查指企业通过收集信息来判断其他的企业支付的薪酬状况这样一个系统的过程。通过这种调查能向实施调查的企业提供一些市场上相关的企业（包括自己的竞争对手）向员工支付的薪酬水平以及薪酬结构等方面的信息。实施薪酬调查的企业能够根据调查结果来确定自身当前的薪酬水平相对于竞争对手而言在既定的劳动力市场中的位置，从而可根据企业的战略定位来调整自身企业的薪酬水平以及薪酬结构。

对大多数企业来说，特定职位（一般指基准职位）的薪酬水平基本是在直接或者间接进行薪酬调查的基础上来进一步确定的。薪酬调查同时还能够增加企业对竞争对手信息的掌握，有利于企业适时调整自己的薪酬战略。换言之，企业通常都会想要通过薪酬调查实现以下几个目的。

（一）调整薪酬水平

薪酬水平调整的依据可能会是生活成本的变动、员工绩效的改善、企业经营状况和支付能力的变化等，也可能是感到竞争对手的薪酬水平发生了变化因此需要调整自身企业的薪酬水平。在后者的情况下，企业特别需要通过薪酬调查来了解竞争对手的薪酬变化状况。

（二）调整薪酬关系

对于企业内部的不同职位间的薪酬差距，企业主要是通过内部的职位评价来加以确定的。而根据企业内部的职位评价所得到的职位等级序列和从企业外部得到的职位薪酬水平序列之间很有可能存在不一致的情况。怎样在这两种不同的序列之间进行一定的平衡就是一个极大的问题。目前，很多企业利用薪酬调查评价自身所做的职位评价的有效性。如果企业是根据职位评价的结果将某两种不同的职位放入同一个薪酬等级，但是市场调查结果却表明这些职位之间存在着比较明显的薪酬差距，则企业就会对内部的职位评价过程重新进行更新与检查，或是单独设立一个新的薪酬等级。

另外，随着某些企业逐渐从以工作(即职位)为基础的薪酬体系转到以人为基础的薪酬体系，企业就更依赖市场薪酬的调查来确定其自身的薪酬水平并且确保自身的外部竞争性了。

(三)估计竞争对手的劳动力成本

对于很多在产品市场上竞争压力较大的企业，例如零售业、汽车或者特殊钢产品制造业来说，其劳动成本是决定自身竞争优势的一个重要的因素。所以，这类企业都会特别关注竞争对手的劳动力成本的开支状况。利用薪酬调查的数据来分析其薪酬开支以及企业成本的变化状况是一个有效的途径。

(四)了解其他企业薪酬管理实践的最新发展和变化趋势

薪酬调查要了解的数据并不是仅限于基本薪酬这样一种比较简单的信息，它还包括了奖金、福利、长期激励等信息，甚至还包括了其他企业的员工流动率、加薪频率等。所以，企业能够借此来了解一些新型的薪酬管理实践在企业中的流行状况，帮助企业来判断自身是否有必要顺应潮流来实施新的薪酬管理。

二、薪酬调查的内容

薪酬调查的内容，即调查项目的选择是薪酬市场调查最为关键的环节，是一项技术性特别强的工作。在调查项目选择上，确定调查目的以及科学的调查方法是必要的前提。与此同时，必须要本着精选的原则，选择出最为基础、最为直接的项目进行调查。通过一些基础资料的统计，分析出更多的信息。通常来说，对企业比较有价值的薪酬信息主要包括以下几方面。

(一)组织与工作信息

1. 组织信息。一般包括财务信息结构以及组织性质等。

2. 工作信息。一般包括基准岗位的职位描述者的个人特征以及薪酬支付的状况等。

(二)全面薪酬体系信息

调查的时候薪酬所有的基本形式都应该包括在内，并准确地评估竞争对手的薪酬状况。

1. 基本薪酬信息。它是薪酬市场进行调查的重点，企业要全面掌握所选定组织的基本薪酬支付、变动的情况，不同职位等级之间的薪酬差距及同一等级内薪酬的幅度等信息。

2. 可变薪酬信息。调查目标组织在短期激励、长期激励及奖金等薪酬形式方面的支付水平，尤其是货币薪酬的水平。

3. 福利薪酬信息。调查目标组织的福利项目构成内容、福利方案的设计与实行、福利计划的改革以及对员工激励的功能等。

(三)薪酬战略信息

1. 目标组织的薪酬战略目标，究竟是要控制其成本，还是激励或者吸引员工。

2. 目标组织的薪酬策略类型，是侧重于薪酬水平策略，还是侧重于薪酬组合策略、薪酬结构策略或者薪酬管理策略等。

3. 目标组织的其他管理政策，其中包括轮班、加班、试用期、毕业生的起薪等。

(四)薪酬体系的其他信息

1. 薪酬要素组合，包括基本薪酬和浮动薪酬的比例、货币薪酬和福利薪酬的比例以及绩效薪酬的设计等。

2. 薪酬管理方式，有薪酬支付时间、内部薪酬信息的保密度、与员工的沟通形式、员工的反馈渠道以及员工的满意度调查状况等。

3. 薪酬等级结构，有企业岗位以及职位等级结构的设计、薪酬等级差以及最高等级和最低等级差等。

三、薪酬调查的渠道

企业可根据自身的需要展开薪酬调查；也可聘请专业的咨询公司为本企业进行专业的薪酬调查；还可直接购买薪酬调查机构（比如咨询公司或网站等）的薪酬数据库或者调查报告。至于究竟选择什么样的调查渠道，要在调查的成本与效果之间进行权衡以及折中考虑。现在我国因为缺乏行业协会以及企业之间心理契约的支持，企业通常难以组织自己的薪酬调查；并且，自己进行调查也面临着高成本的问题。所以，聘请专业的咨询公司，站在相对中立的立场上来实施薪酬调查，从而实现各个企业间薪酬数据的共享，能够大幅度地提高薪酬调查中获得的信息的真实性与准确性。对于并没有足够的预算来聘请专业机构为自身进行专业调查的企业而言，购买公开销售的薪酬调查报告会是一个不错的选择。只是企业将会面临着报告中的数据难与自身企业的薪酬实践以及职位特点相匹配的问题，所以要对报告中所提供的数据进行有选择地使用；企业也可根据几个不同的薪酬调查报告提供的信息来进行综合最终作出决策。

四、薪酬调查的实施步骤

薪酬调查的实施过程常常分为以下三个阶段，即准备阶段、实施阶段以及结果分析阶段。其主要工作可以分为六个步骤。

（一）根据要审查已有的薪酬调查数据，确定调查的必要性以及实施方式

1. 审查已有的薪酬调查数据，确定企业是否需要做薪酬调查

已有的薪酬调查数据包括政府相关部门发布的劳动力市场价值的资料、已经出版的权威机构所编纂的统计资料、企业已经收集或者通过其他途径获得的薪酬调查数据等。然后对这些资料以及数据进行审查和评价，看是否能够加以合理地利用以此来满足企业的需要。

2. 确定如何进行薪酬调查

确定由企业自身做薪酬调查，还是聘请一个专业咨询公司或者是购买专业机构所提供的调查报告，这就需要分析这项调查究竟需要什么样的专业技术以及公关技巧，是否有这方面技能的人才来规划并且完成这项调查，输入、整理以及分析数据所需的计算机软件与硬件是否具备、每种调查方式需要的费用具体是多少等问题。若企业自身条件不具备，可以利用外部专门的机构或者其他地方提供的调查报告。

（二）选择准备调查的职位以及层次

1. 明确要调查的职位类别

明确需要调查哪些具体的职位，是某一些类型的职位还是所有类型的职位。首先，分析薪酬支付问题是少数职位或者某类职位的问题还是所有的各类职位的问题；其次，在此基础上还要分析究竟哪些职位是典型职位（基准职位）或者是关键的职位。

2. 进行恰当的职位配比

为确保职位配比的准确性，在确定了被调查的职位以后，要对被调查的职位进行明确清晰的层级划分，并且要对调查的职位进行明确清楚的描述。这一点是很有必要的，因为即使是同样的职位名称，它的工作内容也很可能会有很大的差别，有时候对任职者的任职资格要求也会有很大的差别，特别是国内的职位体系比较混乱。

所以，划分好职位层级且进行准确的职位描述，有助于将调查企业的职位层级和调查对象的职位层级进行较好的配比。职位描述的内容包括职位名称、目的、主要职责、任职资格等。进行职位描述对调查企业来说，能够进一步地明确其所调查职位的含义，能够进一步明确比照的对象，以便来准确填答薪酬调查问卷。

（三）确定劳动力市场的范围，确定作为调查对象的目标企业以及数量

1. 界定调查所面向的相关劳动力市场的范围

相关劳动力市场指具体工作潜在的或有资格的候选人市场；是企业招聘人才的市场；也是企业与竞争对手争夺人才的市场。按劳动力市场的覆盖范围分，劳动力市场可分为地方性、地区性、全国性以及国际性劳动力市场。

对于不同类型岗位上的员工来说，有的来自地区性劳动力市场，有的则来自国际性劳动力市场，特别是企业的高层人员有时甚至需要在全球范围内进行招聘。通常说来，对于较低层级的职位，或专长的普通工种岗位，比如文员、半技术性人员等，薪酬调查就在企业所在地进行即可。但是企业所需要的高新技术人才、高级管理类等人才，因为其学历要求较高、流动性较大，因此需要扩大其调查范围，进行地区性或者全国性的薪酬调查。

2. 明确作为调查对象的目标企业以及数量

在明确调查范围的基础上，要进一步分析企业是从哪些特定的劳动力市场上雇佣到员工的、哪些企业具有充分的所需要调查的特定职位等。所以，可从既定的市场中来确定调查的目标企业。对调查企业来说，没有任何一个企业会是所有职位的竞争者，有的企业可能是管理职位的主要竞争者，而有些企业则可能会是销售领域的竞争者。这也就意味着为了获得不同种类职位的薪酬数据与信息，必须对不同的企业进行调查。

目标企业的数量则取决于调查的目的、职位配比的难易度及对调查详细程度的要求等。

（四）选择所要收集的资料

相关资料的收集通常主要是通过问卷调查法以及面谈法来进行的。

1. 关于企业的资料

包括所需要调查企业的名称、企业地址、企业规模、员工人数、营业额、销售额、企业的注册资本、经营范围等。这些资料可以通过当地的工商、税务等部门，曾经或者正在企业中工作的员工等渠道获得，获取较为方便。

2. 关于薪酬的资料

这类的资料包括以下几种：

1）基本薪酬及其结构，包括被调查职位的平均基本薪酬、被调查职位的薪酬浮动范围；

2）年度奖金以及其他年度现金支付，年度奖金以及其他年度现金支付的平均额、占该职位基本薪酬的百分比等；

3）股票期权或者影子股票计划等长期性的激励计划；

3）各种补充福利的计划；

5）薪酬政策等方面的信息。

3. 关于员工和岗位的资料

关于员工以及岗位的资料包括工作的类别、员工类别、员工实际薪酬、最近的提薪等。

（五）设计薪酬调查问卷并且实施调查

1. 薪酬调查问卷设计

一份薪酬调查问卷是否全面且完整关系到薪酬调查工作的成败。所以，调查问卷首先要在内容上全面且详尽。问卷调查法是收集调查数据最为常用的方法，调查问卷的内容应包括：

1）企业自身的有关信息，例如企业的名称、企业地址、企业所在的行业、企业规模等；

2）有关职位以及任职者的信息，例如职位的类别、职位名称、任职者的教育程度、相关工作年限等；

3）员工薪酬方面的信息，例如薪酬、奖金、津贴、员工的福利、其他收入等，有关调薪幅度以及措施的规定、工作时间与假期的规定等。

薪酬市场调查问卷要涵盖上述有关的内容，有时候还需要作更为详细的划分。比如，员工福利包含了养老金、医疗卫生、住房基金、休假制度、交通、膳食服务等多项内容，而且福利常常不以现金的形式发放给员工，员工通常很难回答。所以，对于福利一般情况下都以单项福利标准作为所要调查的内容。

另外，在每一份问卷的末尾都要有一些开放性的问题，让被访者说出自己对本企业、同行竞争对手之间薪酬水平的看法或者建议，从而使问卷有更高的参考价值。

2. 寄发且收集调查问卷

薪酬涉及到企业的机密，员工甚至包括人资经理也不一定会全部知道企业的薪酬，并且为了避免不必要的麻烦，在发问卷的时候需要做好与被调查企业负责人之间的沟通工作。可采用合作调查的方式，将被调查者纳入到合作的队伍中，同时给被调查者分摊一定的调查费用。调查结束后，被调查者可以获得专项调查报告。另外，还能向被调查者提供一些优惠的综合性调查报告，优惠率可以根据调查规模来进行确定。这两种合作方式都需要与企业签订正式的合作协议，并且约定保密条款，为企业提供的薪酬资料做严格的保密。

为确定问卷发放的及时性以及有效性，应该采取直接发放的方式。首先是直接向企业的负责人寄发，规模较大的企业可以向其人力资源部经理寄发，这样能够保证回收率；另外能够上门发放问卷的最好采用直接上门发送的形式，不能直接上门发放的采用特快专递、传真以及电子邮件的方式，这样可以保证问卷回收的及时性。并且，要在被访的单位或者个人填答的过程中给予相关的解释与指导，以便获得较为准确的第一手资料。当对某一个涉及员工人数比较多但薪酬水平又存在比较大差异的职位，在开展薪酬调查工作时就需要了解不同薪酬水平员工的薪酬资料，要对低、中、高不同层级薪酬水平的员工进行问卷调查，从而全面了解该职位的薪酬水平，防止以偏概全。

当然，在市场薪酬调查过程中，除了问卷调查法外，还有其他的多种方式可以选择，例如电话访谈法、实地访谈法、集体访谈法以及网络调查法等。在这些调查方式中，问卷调查法最有效，当然也存在着不足，特别是确保岗位的可比性以及薪酬数据的质量方面。由于在薪酬调查过程中，确保岗位的可比性是数据收集时最为重要的一个问题，实地访谈法与电话访谈法能使双方更容易针对某些特殊问题或者企业之间相应的岗位的比较进行足够充分的双向沟通，以便提高数据的质量以及有效性。对于那些在本地区范围内进行的、规模相对较小的薪酬调查，集体访谈法更为有效。网络调查法作为一种新兴的调查方式，由于其保密性较强而大幅度地提高了调查结果的可靠性与准确性，所以正受到越来越多企业的青睐。

简而言之，在目前的薪酬市场调查中，问卷调查法更受欢迎，其他的方式要根据企业的实际情况而有选择地进行采用。

（六）调查数据的处理及分析

1. 调查数据的核对与检查

调查问卷收回来以后，要立刻进行资料的整理。调查者首先需要做的是对每份问卷的内容进行逐项的分析，以此来核查数据的真实性。比如，调查者要核查企业提供的薪酬浮动范围和其报告的职位的实际薪酬水平之间是否存在着不一致现象。若某一职位的基本薪酬数据远远超过其应界于的薪酬范围，则要注意核实该职位与基准职位之间的匹配性，注意观察某一个职位所承担的职责比其基准职位描述中的内容更多或是更少。对于找出的疑点，要尽快与接受调查的企业联系、咨询并核对数据。如果经过核实，职位匹配性的问题的确存在，那么就要根据实际职位与基准职位之间的匹配度，调整薪酬调查的数据。

此外，应该及时对所收集到的信息进行2～3次筛选，以免遗漏错误。还应该借助于专业的数据库软件进行统计整理，以便减少误差。

2. 调查数据的统计分析

调查数据工作的核查任务完成后，最后一道工作程序即数据的统计分析。薪酬数据的统计分析方法通常包括了频度分析、中心趋势分析、离散程度的分析和回归分析等。

频度分析：是一种最简单且最直观的方法，即将调查获得的与每一个岗位相对应的薪酬数据从大到小排列，然后观察落入每一个薪酬范围内的企业数目。数量越多，则表示越接近于目前的市场薪酬水平。分析整理出的结果能够用频数表来表明，也可以用直方图来表明。

中心趋势分析：它可以进一步的细分为算术平均数（包括简单平均数以及加权平均数）与中值两种数据分析方法。简单平均数（非加权平均数）是一种最常见的分析方法。它并不考虑在不一样的企业中从事某一种职位工作的员工人数之间的差异，对全部企业的薪酬数据都是赋予一样的权重，然后把与特定职位对应的全部数据简单地加起来，除以参与调查企业的数量，由此来求出平均值。当调查者所获得的数据资料并不能全面地代表整个行业或者是竞争对手的情况时，采用这种简单平均数的分析法是最好的。

加权平均数分析方法中，不同企业的薪酬数据会被赋予不同的权重，权重的大小是取决于每一个企业中在同一种职位上工作的员工人数的。也就是说，企业中从事某一种职位工作的人越多，那么该公司的薪酬数据对该职位的最终平均薪酬数据的影响也会越大。这种状况下，规模不一样的企业实际支付的薪酬状况会对最后的调查结果产生不一样的影响。

简单平均数法相对来说比较简单，但是容易受极端值的影响，所以在相加之前要先除去极端值，来提高调查结果的精确度；采用加权平均数法相对来说更科学，它综合考虑了不同企业对于薪酬水平的影响程度，所以得出的数据更接近劳动力市场的真实状况。

中值法，是指将收集到的职位薪酬数据进行降幂或者升幂排列，再取位于中间位置上的薪酬水平数值。采用这种分析方法的最大好处是能够排除掉极端高或者极端低的薪酬数据对平均数造成的影响。只是，这种调查数据的分析法得出的数值要比用算术平均数得出的数值更有代表性，但是也相当粗略，只能够显示出当前市场平均薪酬水平的大致状况。

离散程度分析主要有两种，标准差分析以及四分位、百分位分析。

标准差分析指的是每一个工资数值和平均数之间差别的平均值，即观察值比平均值大或者小多少。采用标准差分析法能够检验出各种分布值和平均值之间的差距大小，但在薪酬调查数据的分析中并不经常用到。和它相比起来，四分位分析以及百分位分析在薪酬调查的数据分析中更为经常用到。

百分位分析是将某职位所有的薪酬调查数据从低到高排序，并采用百分位来代表特定企业的薪酬水平在所有薪酬调查数据中的相对位置。对于薪酬水平处在某一个百分位的企业来说，该百分位反映出会有百分之几的企业薪酬水平是低于该企业薪酬水平的。百分位分析在企业薪酬水平战略定位中是最为常用的，因为它能够直接揭示本企业的薪酬水平在劳动力市场中的地位。

四分位分析与百分位分析法类似，只是在进行四分位分析时，将某个职位所有的薪酬调查数据按从低到高排序，划分成四个组（百分位是划分成 10 个组），每个组中包括的企业数分别是调查企业总数的 1/4（百分位是 1/10），处在第二个小组（百分位是第 5 组）中的最后一个数据是所有数据的中值，用它能够近似地代表当前市场的平均薪酬水平。

回归分析：回归分析能够用来测试两个或者多个变量间的相互关系（变量间相关系数越接近 1，那么变量间相关性越强），用其中一个变量的值来预测出另一个变量的值。

3. 调查报告的撰写

资料分析工作完成后，要根据企业的实际需要做出相关分析报告。薪酬调查报告分综合性分析报告与专项分析报告两种。综合性分析报告要包含薪酬调查地区中不同性质、规模和行业领域的企业，对企业的薪酬调查数据进行综合地分析以及统计处理，全面地反映被调查地区企业的薪酬现状；专项分析报告要针对企业需要从参与到薪酬调查的企业中选取相应数量、相对有可比性的企业的数据进行分析处理，从而获得针对性与指导性更强的专项薪酬报告，然后将报告呈给企业高层领导，作为本企业制定起薪点、调整目前薪酬水平以及薪酬体系时的参考。这两种报告对企业制定自身的薪酬策略来说，都具有相当重要的参考价值。

当前，较专业的薪酬调查机构提供的薪酬调查报告通常由以下几部分组成：

1）整个社会的宏观经济形式回顾，常常会报告上年度 GDP 增长率等数值，以此来确定本次薪酬调查的宏观经济背景；

2）参与企业的情况，汇报参与此次薪酬调查的企业的一些基本信息，比如企业的规模、员工的学历、年龄、工作年限以及性别等因素的分布情况；

3）被调查企业的人力资源管理的现状，比如行业的离职率、离职的原因、薪酬调整时间等；

4）各职能部门中不同薪酬类型的回归比较，纵观企业对不同职能部门薪酬的倾斜状况；

5）职位薪酬水平的分析，汇报每一个职位的样本量，并且提供每个职位在各个薪酬项目上详细、具体的数据分析结果，它是薪酬报告中的核心内容，能够直接用于进行企业的薪酬对比；

6）其他的信息，比如专有的名词解释、专业的工具（职位等级评估工具与调研结果查询工具）简介等。

小结

薪酬调查是一个搜集并且判断有关其他雇主薪酬支付情况的系统过程。通过薪酬调查，组织能够充分了解外部薪酬水平的变化，来及时调整企业内部的薪酬水平，帮助企业估算出竞争对手的劳动力成本，同时依据竞争对手所支付的薪酬形式适时调整组织的薪酬组合。根据薪酬调查，可以为建立薪酬结构并且确立薪点单价提供一些信息，借助薪酬调查的结果分析和组织薪酬相关的人事问题。

薪酬调查是一个非常完整、严密的过程，调查的步骤依次是：选择调查对象、明确所需调查的标杆职位、确定所需信息的种类、选择恰当的调查方式、整理分析调查数据，最终对薪酬调查结果进行实际应用，从而为企业薪酬体系、制度的设计、调整以及薪酬战略的制定提供决策信息。

基本上所有的工资薪酬方面的专家都会直接或者间接地应用薪酬调查的结果。薪酬调查可委托咨询公司来完成，也可由公司自己完成。

需要注意的是，由于涨工资、工资水平以及福利的决定都是以薪酬调查为基础来进行的，且调查的数据是相当重要的。不太准确的数据会造成的支付成本上升，或薪酬过低导致企业的市场目标不能实现，使企业不能够吸引、激励并且留住有价值的雇员。欠准确的调查以及对于调查结果不正确的解释，很可能会引起劳动力成本的过高，或产生有损于企业目标的雇员行为，这两者都会妨碍到薪酬战略目标的实现。因此，准确的数据信息及正确的分析方法是薪酬调查成功的基石。

思考题

1. 什么是薪酬水平决策？
2. 薪酬水平决策的影响因素有哪些？
3. 什么是薪酬调查？薪酬调查的步骤有哪些？

案例分析一

薪酬调查结果的应用——薪酬调整市场分析报告

北京首华建设经营有限公司（以下简称首华），其前身是北京房管一建经营有限责任公司。公司始建于1953年，公司的经营管理范围涉及覆盖多个领域，其中包括：物业管理、建安施工、建筑设计、古建施工、房地产综合开发等。在公司半个多世纪的发展进程中，历经三次企业重大变革，公司经营规模不断扩大，企业实力不断增强。薪酬变革便是首华企业变革的关键一环。如果说薪酬变革是企业变革中的重要引擎，那么首华通过外聘人力资源管理专家开展薪酬调查，进而根据调查结果对企业内部进行薪酬调整便是这个引擎必不可少的马达。

2003年，首华便邀请某外聘人力资源管理专家课题组为其开展了薪酬调查与调整。着眼于首华的长远战略目标，考虑到行业特征，外聘专家这次针对首华的薪酬调整主要集中在直接薪酬的内容上，包括基础工资、岗位工资、绩效工资、津贴/补贴、福利等五部分，同时也关注股权等长期激励。在调整狭义薪酬的基础上，也会重视非货币薪酬的内容，例如构建友好的工作环境，提供挑战性的工作，培育和谐的工作氛围，营造独特的企业文化等。

以下便是专家课题组在薪酬调查的基础上分析整理出来的《薪酬调整市场分析报告》。

一、薪酬调查基础

在查阅大量理论的基础上，课题组运用了全国、北京市的市场数据，选择了建筑业、物业管理等行业的市场薪酬水平、市场岗位工资水平，对比首华的薪酬结构、薪酬水平等作了详尽的分析。同时需要说明的是：

(1)本报告分析的公司数据，均是不包含待岗人员的数据；

(2)课题组选取了不同职类的50个标杆岗位进行统计分析，并测算了部分类别的所有数据；

(3)访谈了多位操作人员，且与一些中高层管理人员反复沟通，获取并确认了一手数据；

(4)所选取的市场数据，是基于产业价值链的数据，包括建筑业、物业管理行业的市场数据进行的比较和分析。

二、薪酬调查分析

课题组以专业化的视角，分地区、分行业、分类别地查阅了大量的关于薪酬的文献资料，获得了相关行业、特定岗位的薪酬数据，并结合企业的历史和现实的数据，对其进行了分类分项统计、横向纵向比较分析，使课题组对公司目前的薪酬结构与薪酬构成比例及薪酬水平有了更深刻的认识，从而为课题组设计切实可行的薪酬调整方案奠定了坚实的基础。

首先课题组认真研读了公司的资料，深入分析了公司的职位(岗位)分布，引入国内通行的职位分类技术，遵循职位分类原则建立职位分类系统，并结合首华公司的职种多、管理复杂的现状，将公司的职位划分为高层、中层、专业类、操作类(详细过程请见第三部分)，所有的岗位都可以合理地进入四大类别，以下所有的分析均基于这四大职类来进行。

职员表

高层	董事长、总经理、副总经理、经理助理
中层	特级分公司经理、部长、以及分公司经理、特级分公司副经理、副总工程师、二级分公司经理、一级分公司副经理、三级分公司经理、二级分公司主任工程师、二级分公司技术负责人、综合部门主管
专业	六级职员、五级职员、四级职员、三级职员、二级职员、一级职员
操作	技师、高级工、中级工、初级工

从上表中，可以看到按照相关行业的理想比例，各职类固定薪酬的比例都偏低，变动薪酬比例偏高，尤其中高层和专业类的比例偏差较多。这一结构分析结果证明首华薪酬结构需要进行调整，最好能够分职类提高固定工资部分的比例或者降低变动工资的水平，结合对公司实际情况的考察，课题组初步选择分职类提高固定工资的方法。

标杆职位薪酬结构情况表

部分标杆职位	基本工资占总收入的比例	半年全年兑现占总收入的比例
总经理/董事长	33.23%	66.77%
总经济师	34.05%	65.95%
行政管理部部长	54.30%	45.70%
财务部部长	48.14%	51.85%
主管 A	76.80%	23.20%
主管 B	72.29%	27.71%
财务	58.62%	41.38%
会计员	69.58%	30.42%
供暖一处操作人员	90.91%	9.09%
物业管理处操作人员	98.17%	1.83%

课题组发现，两位标杆类的主管，其固定工资与变动工资的比例不仅高于中高层，甚至高于一般专业人员。在了解一定的情况之后，发现该问题的原因在于:主管的固定工资一般都较高，但是由于公司近一年来，在半年全年兑现上，主管所获得的兑现与一般职员相同，导致了主管的固定工资/变动工资过高。因此课题组有理由认为需要对主管类的薪酬结构进行调整，例如用绩效考核与薪酬挂钩的手段，以区分主管与一般职员。同时，工种之间的差距较大。因此课题组认为在落实薪酬调整方案时不仅要分类，对于某些特殊情况更要分到岗位和工种。

从标杆岗位差距看薪酬结构：

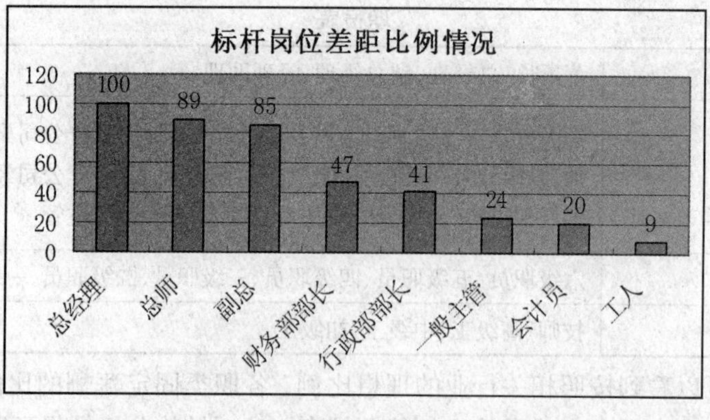

首华薪酬现状与市场的比较：

1. 首华总体薪酬水平与市场同行业的比较

课题组对首华近两年来的工资数据进行分析整理，得到了首华在岗人员平均工资水平，该平均工资的公式为：

$$薪酬水平 = \frac{(非待岗人员总工资 + 半年兑现总数 + 全年兑现总数 + 特殊奖励)}{非待岗人员总数}$$

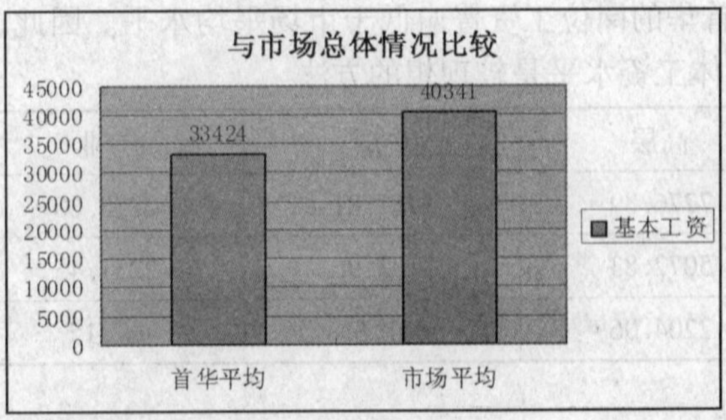

薪酬比率(公司平均薪酬/市场平均薪酬=薪酬比率)为0.83<1，略低于市场平均水平，这意味着首华的总体薪酬低于相关行业水平，不利于首华公司吸引、保留和激励员工，更不利于首华在北京物业管理、建筑施工等相关行业的竞争，因此课题组建议首华公司增加员工薪酬。

2.从固定工资看薪酬差距

从以上分析中可以看出，首华的所有类别的固定工资均低于市场的平均固定工资水平。尤其以高层的差距最大。固定工资由历史工资、企业工资、岗位工资等组成，其中历史工资和企业工资等数额小，而且变动幅度小，直观地反映了提高固定工资水平的必要性，也证明了公司领导作出薪酬调整决策的正确性。

三、首华薪酬调整的建议

基于以上分层分类、横向纵向的分析，课题组进一步明确了本次薪酬调整的思路：

(一)提高岗位工资水平

根据以上的分析，课题组认为首华薪酬结构不合理，对于高层，变动部分过高，不利于高层稳定地发挥自己的能力和作用；对于中层，略微调整即可，但要特别调整主管的薪酬结构；对于专业类和操作类，都应分实际岗位进行调整。

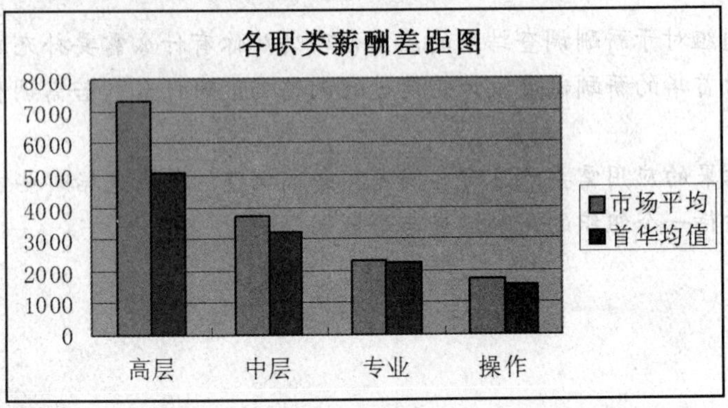

提高总体工资水平的方法多种多样，但从薪酬结构(基础工资+岗位工资+绩效工资+奖金+津贴/补贴+福利)来看，基本工资、津贴/补贴和福利是基本保持不变的，而绩效工资要依据员工的个人绩效以及所在部门的整体绩效；奖金则要根据首华各分公司、各部门的总体效益情况而定。因此，课题组认为提高首华总体工资水平，关键在于提高岗位工资水平。

同时，课题组也发现，首华的岗位工资普遍低于市场平均水平。因此，课题组认为通过提高岗位工资水平来提高总体工资水平是较理想的方法。

	高层	中层	专业	操作
市场平均	7276.89	3751.81	2298.60	1706.33
首华均值	5072.83	3183.96	2231.45	1509.77
	2204.06	567.85	67.15	196.56

（二）改善薪酬结构

课题组认为要改变各职类的薪酬比例，可以通过提高固定工资水平，或者减少变动工资水平来实现。鉴于首华本身的总体收入已经低于市场平均水平，因此认为提高固定工资水平是一个最好的手段。固定工资中最大的比例就是岗位工资，因此课题组认为提高固定工资最有效的手段即提高岗位工资。

（三）结构调整的资金来源

由上述两点，课题组和公司商讨后，认为新的岗位工资由原有岗位工资和部分半年兑现组成。因此对于高层、中层、专业类，目的在于使现有基本工资与市场接近，并且通过一定时限的晋级调档，最终使这三类的薪酬与市场保持一致、甚至高于市场水平，这个部分的调整可以通过将半年兑现的一部分明确转入岗位工资来实现。对于操作类，由于大多数员工半年兑现几乎没有，而且平均工资水平没有达到市场水平，也未拉开不同工种间、不同职级间的差距，不能体现市场的供需关系，因此本次公司将以市场近年来的供需要求为标准，特别拨出资金，调整了操作类员工工资水平，使每一工种的收入与市场保持相当或者略低的水平。

思考：

1. 分析课题组提供的《薪酬调整市场分析报告》，你认为专业课题组是如何运用薪酬调查结果的？

2. 你认为课题组对于薪酬调查结果的应用合理吗？你有什么需要补充的？

3. 你认为当时首华的薪酬制度设计需要进行调整吗？为什么？若需调整，应该对哪些方面进行调整？

4. 薪酬调查结果的应用需要注意哪些问题？薪酬调整的要点包括哪些方面？

5. 你是如何看待一个组织的薪酬调查与薪酬调整的？

案例分析二

IBM 公司:薪酬管理的“秘密”

国际商用机器公司(IBM)是一家拥有520亿美元资产,34万名职工的著名跨国企业。长期位居世界500强企业前列。很长时间以来,它一直是世界上最大的计算机制造公司。IBM公司之所以能够长期雄居世界顶级企业之林而不衰,与其有效的人力资源管理和开发工作是密不可分的。薪酬管理是IBM人力资源管理的重要支柱。IBM的领导层认为,公司的薪酬制度对于公司的竞争优势具有重要影响,不合理的薪酬会使员工对公司感到失望,消极影响人们的态度和行为,直接或间接地降低士气、生产率和企业绩效。因此,必须建立完整、科学的薪酬体系,必须积极有效地实施薪酬管理。历经长期的实践检验和修正,IBM公司的薪酬管理形成了以下实用做法和经验。

1. IBM的薪酬应等于或高于一流的企业

IBM公司认为,所谓一流公司,就应付给职工一流的薪酬。职工也会为身为一流公司的职工而自豪,并转化为热爱公司的精神和对工作充满热情。

为了确保比其他公司拥有更多的优秀人才,IBM在确定工资标准时,首先就某些项目对其他企业进行调查。确切掌握同行业其他公司尤其是一流企业的标准,并注意使本公司薪酬定位在同行业经常保持领先的地位。

IBM选择定期调查对象时,主要考虑以下几点:应是工资标准、卫生福利都优越的一流企业;应与IBM从事相同工作的人员的待遇进行比较;应当选择具有技术、制造、营业、服务部门的企业;应是有发展前途的企业。

为了与各公司交换这些极密的资料,根据君子协定,绝对不能公开各公司的名字。

然而,IBM所说的“必须高于其他公司的薪资”,归根结底是要“取得高于其他公司的工作成绩”。在提薪时,根据当年营业额、利润等计算出定期提薪额,由人事部门提出“每人的平均值”。因此,要提高提薪资额,就必须相应地提高工作成绩。

2. IBM的工资应当与职务的重要性、工作的难度等相称

IBM根据各个部门的不同情况,根据工作的难度、复杂性、重要性。将职务价值分为五个系列(按职务价值由高到低,在此分别以H,I,J,K,L代表各系列职务),在五个系列中分别规定了工资最高额与最低额。不同系列职务的工资额有所交叉,如,L系列工资的最高额相当于K系列的中间偏上,而又比J系列的最低工资额稍高。

L系列属于最单纯部类的工作,而K,J,I,H则是困难和复杂程度依次递增的工作,其职务价值也越来越高。领取L系列工资的人做简单工作,如果只对本职工作感兴趣,那么他可以从L系列最低额慢慢上升,但只限到L系列的最高额。领取L系列工资的许多职工,当他们的工资超过K系列最低额的水准时,就提出“请让我做再难一点的工作吧!”,向K系列挑战,因为K系列最高额比I系列最高额高得多。

同理,各部门的管理人员也会对照工资限度,建议员工“以后你该搞搞难度稍大的工作。是否会好一些?”从而引导职工不断向价值更高的工作挑战。

3. IBM的工资应当充分反映员工每年的业绩

从历史看,IBM公司65%~75%的职工每年都能超额完成任务,只有5%~10%的人不

能完成定额。那些没有完成任务的人中只有少数人真正遇到麻烦，大多数人都能在下一年完成任务，并且干得不错。取得如此佳绩的诀窍之一是IBM把员工工资与其每年的工作绩效密切联系在一起。

IBM员工每年的业绩情况是由考评确定的。通常由直属上级负责对员工工作情况进行评定，上一级领导则作总的调整。每位员工都有进行年度总结和与上级面对面讨论总结的权利。上级在评定个人年度工作业绩时往往与做类似工作的其他员工的工作相比较而定。评价大体上分10~20个项目进行，这些项目客观上都是可以取得一致的。

对于行政、宣传、人事、总务等非生产技术部门员工的难以量化工作的考核，IBM创造了一些办法。设法把感觉换算成数字。革除了以往凭主观印象评价这些部门工作业绩的做法。以宣传工作为例，他们把考核期内在报刊杂志上刊载的关于IBM的报道加以搜集整理，把有利报道与不利报道进行比较，以便作为衡量一定时期宣传工作的尺度。

年度评价工作全部结束，就在每个部门乃至全公司进行平衡，分成几个等级。例如，A等的职工是大幅度定期晋升者，B等是既无功也无过者，C等是需要努力的，D等则是因生病或其他原因达不到标准的，再分别进行工资调整。

4. IBM的报酬体系应当平衡而完备

除了在工资制度上进行精心设计和准确管理外，IBM建立了"IBM会员资格"、IBM部门奖、IBM发明成就奖、IBM合理化建议奖以及丰富多彩的非正式奖励等为代表的奖励制度，对于员工们为公司所作出的能够或无法用货币价值衡量的贡献和创新，给予了相应奖金、物质或精神奖励，激励了员工的工作积极性和创新精神。

此外，IBM公司还精心构造了与工资制度相配套、相协调、相补充的福利和服务体系，在员工假期、健康保险、好的工作场所和工作条件、工作的价值和挑战性、晋升和发展的机会、尊重和认可个人社会保障成就等各个方面进行了制度化设计和管理，从而建立了一个涵盖经济性报酬和非经济性报酬，包容企业的工资、奖金、津贴、福利、服务、工作环境等多种内容在内的完整而平衡的"一揽子"报酬体系，为企业员工提供不断的外在激励和内在激励之源，为企业节约成本，留住人才、提高形象做出了贡献。

5. IBM公司的薪酬制度改革

多年以前，IBM公司一度从本行业的主导地位逐渐转入危机时期，成本居高不下，利用新技术步伐缓慢，与客户和市场之间的关系变得越来越疏远。直到20世纪90年代后期，在其领导者劳·格斯特纳所领导的变革之后，IBM才再度以十分成功的大公司面目出现。无可否认的是，IBM公司的薪酬制度改革及其对员工行为所产生的影响，是该公司重新崛起的重要因素之一。

IBM公司改革前的薪酬制度有以下明显的特点：更为强调薪酬的内部公平性，薪酬的外部竞争性则处于较次要地位；薪酬系统官僚主义化，共包含5000多种职位和24个薪资等级，管理人员在下属薪酬分配上的自主权限小；员工工资收入的大部分来源于基本工资，而与利润、绩效等风险因素联系的收入部分很少。

改革后的IBM薪酬制度则对上述特点进行了根本性的改变：IBM薪酬制度是受市场驱动，非常注重外部竞争性；减少等级层次，削弱官僚主义，薪酬系统只保留1200种职位和10个变动范围更大的薪资等级；权力分散，赋予管理人员根据下属的个人工作绩效支付不同工资的权力；削减奖励性工资增长预算，加大对风险工资项目(把员工工资与企业绩效目标联系起来的工资项目)的资金投入;最后，IBM 公司还采取了许多大公司的做法，通过削减雇员数量来降低成本。

思考:

1. IBM 的薪酬分配体现了什么样的分配定律、原则和公平观？它们是如何被体现的？

2. IBM 采取了什么样的薪酬战略和薪酬水平策略？为什么要采取这些战略和策略？

3. IBM 的薪酬体系、薪酬形式、薪酬水平、工资结构以及薪酬计发各自有何特点？发挥着什么效用？

4. IBM 的薪酬制度改革体现了哪些权变因素的影响？反映了什么样的管理思想？

5. IBM 薪酬管理对你所在企业(或组织)有哪些可资借鉴的经验和做法？你对改进和完善组织薪酬管理有何思考和建议？

第五章 薪酬结构决策

【引导案例】

小企业销售人员的薪酬设计

公司的分配制度改革正悄然进行着,“大锅饭”原则已经被个人竞争力制度所替代。特别在销售部门,员工的收入水平受其个人的工作表现和工作绩效影响。但是为什么人员的频繁跳槽现象依然不减呢?很显然,普通的人力资源薪酬设计并不能完全有效地激发销售人员的工作热情,公司需要一种激励员工挑战自我的行之有效的薪酬模式。大明科技是一家有30余人的小公司,从事办公自动化用品销售,公司原有业务销售人员15人。和其他一些公司一样,大明科技也采用了基本工资加业务提成的薪酬模式,老板对员工挺和善,员工之间也能够和睦相处,但令人费解的是跳槽现象却时有发生。很多本来销售业绩做得很好的销售人员说走就走了,公司人员的频繁流动使得销售业绩下滑;另外有些销售人员还在其他公司兼职,身在曹营,心思吴蜀,原本三天办完的事现在要五天,老板为此愁眉不展。大明公司的销售人员能力和背景参差不齐,和众多的公司一样这里也存在20/80现象,20%的销售人员的业绩占到公司销售部门业务总额的80%,而跳槽的却正是这20%的销售主力。症结究竟在哪里呢?是分配制度不合理,不能激发员工的工作热情,还是另有原因?

为找出原因,公司老板不得已对部分已跳槽的销售人员进行了走访,发现了两个细节,但同时也是很致命的细节。第一,他们觉得基本工资不平等。大明公司和其他公司一样,也过于重视销售人员对学历的要求,而且根据招聘的销售人员的学历不同,将基本工资依据学历做了等级设计。大致如下:

(1)刚步出校门,学习市场营销专业的大专起点销售人员,基本月薪900元;(2)有相关工作经验,非市场营销专业的大专学历的销售人员,基本月薪800元;(3)有一定工作经验,中专起点的销售人员,基本月薪600元。

从上面我们不难看出,有一定工作经验的中专学历的销售人员基本月薪,比刚步出校门的营销专业销售人员低300元。由于大明公司所在的城市办公自动化产品销售公司众多,市场竞争激烈,导致盈利水平低下,一桩十几万元的单子,利润仅有2 000~3 000元,所以按照大明公司现行的业务提成标准,销售主力的提成比新手只多500~600元。由于有等级底薪制的存在，这样一算销售主力的月收入仅比新手多出300元左右，而他们的业务量却比新手要大得多才能保持这一收入水准。第二，大明公司没有很好的产品组合，给他们获得更多更好的合同带来了障碍。办公自动化设备有着严格的代理制度，像大明这样的小公司是很难拿到产品代理权的，只能成为其他代理商的分销商；一旦用户要的品种较多时，销售人员就无能为力了，只有通过兼职来弥补这一缺陷，否则自己的业务量很难保证，收入也自然受到影响。但是一匹马拉两辆车何其辛苦，销售人员又非三头六臂，哪有闲暇顾及家庭和其他事务，只好跳槽去那些产品组合比较多的公司。很显然，这就是销售人员频繁跳槽的内因所在。

大明公司在薪酬设计上的模仿使自己走进了误区，销售人员的基本月薪有了层次感，军心难以稳定。营销专业刚大学毕业的资历浅者比有工作经验的中专学历销售人员高出300元，但大家所从事的工作内容并无二致。提成比例却没有等级设计，做1000元销售额和做10万元是一样的提成比例，这样一来，换了任何人心里也都可能产生不平衡，更不要说指望员工忠诚于公司了。

很多小企业的业主由于经营水平有限，在企业管理中很少有自己的想法，总是一股脑儿照抄一些大公司的模式，就连分配模式也不例外。可他们所观察到的，只是大公司一些层面的做法，而这些并不是他们所需要照搬的。其实规模小，结构灵活，通过更有效的薪酬分配来激励销售人员才是小企业的优势所在。例如，温州的小企业，业主们注重的是销售人员的业绩，却不是很在意他是否有大学文凭；同样，销售人员的收入也由他完成销售任务的比例来确定，而且销售人员可以选择自己擅长的产品和区域来跑市场，这样获得提成和奖金才会成为现实。

思考：

请问小企业销售人员的薪酬应该如何设计？

【本章学习目标】

· 了解薪酬结构的内涵与相关概念。
· 掌握薪酬结构的基本内容。
· 明确薪酬结构的构成与作用。
· 掌握薪酬结构的调整与优化。

第一节　薪酬结构概述

一、薪酬结构有关范畴

（一）薪酬结构内涵

薪酬结构（compensation structure），有广义与狭义之分。狭义的薪酬结构通常指在同一组织内，不同职位或者不同技能之间的薪酬水平的排列方式或者对比关系，其中包括不同层次工作间报酬差异的相对值以及不同层次工作间报酬差异的绝对水平；而广义的薪酬结构还包括了不同薪酬形式间的比例关系，例如基本薪酬、可变薪酬和福利薪酬间的比例关系等，将这种关系常被称为薪酬组合(compensation mix)。

薪酬结构主要反映的是职位与员工之间基本薪酬的对比关系，尽管其他的薪酬形式比如可变薪酬、福利薪酬的内容同样具有等级结构的形态，但是没有基本薪酬那么典型。薪酬结构强调的是组织内部职位或者技能薪酬等级的数量、不同职位或者技能等级间的薪酬差距及确定这种差距的标准。

二、薪酬结构的铺设

(一)薪酬结构导向

对组织而言，薪酬结构是一项尤为重要的管理工具，它对员工的工作行为及态度都有着重要的影响。若薪酬结构不合理，员工可能就没有积极性能够长期为该组织服务，从而会影响到他们参加技术培训的意愿，也很有可能使他们不愿意服从组织上对他们做的新的工作安排。不合理的薪酬结构对组织整体的竞争力具有极其严重的危害。组织要设计薪酬结构，首先必须解决的问题是根据什么来建立薪酬结构，而这便是薪酬结构的导向问题。关于薪酬结构的导向，通常我们用到的有工作导向、技能导向以及市场导向。

1. 工作导向的薪酬结构

工作导向的薪酬结构指依据员工从事的工作来确定薪酬结构，它是将工作评价作为基础，着重强调工作方面的特征。所谓工作评价指的是根据每种工作中所包括的技能要素、努力程度、岗位职责以及工作环境等因素来确定各种工作间的相对价值。其目的是通过对工作进行系统、理性的评价，帮助我们确定工作结构，从而由工作结构确定薪酬结构。

工作评价包括评价工作的任务与责任、完成工作所需的技能和各种工作对组织目标实现的相对贡献的大小。工作评价与工作分析间存在着密切的联系。进行工作分析所获得的信息是工作评价的重要基础，在工作分析中，我们可以对工作进行整体、系统的研究，从而对工作性质做出评价，最终做出工作描述。工作描述中的信息可以使我们对工作的复杂程度、工作难度、责任以及价值做出适当的评价，由此确定这些工作之间的相对价值，并且识别、确定以及权衡对于每种不同的工作应给予补偿的因素。

尽管不同的组织在进行工作评价时采用的标准不尽相同，但不管使用什么样的标准，最终总要得到一个工作结构。在这里需要指出，人力资源管理中所讲的工作结构实际上指的是由一系列的工作中的不同级别所构成的体系。因为在组织中大都存在着多个工作系列，所以，不同的工作系列需要用不同的方法与不同的评价标准来进行对待。当我们把薪酬标准中的各种水平以及工作结构的每种水平结合在一起时，便得到了工作导向的薪酬结构。

2. 技能导向的薪酬结构

技能导向的薪酬结构，指的是依据员工掌握的技能来确定薪酬结构。技能导向的薪酬结构有以下两种表现形式：一是以知识为基础，二是以多重技能为基础。前者是根据员工掌握的完成工作所需的知识深度来决定薪酬，而后者是根据员工所能胜任的工作的种类数，也就是员工技能广度来决定薪酬。

以知识作为基础的方法在薪酬结构确定中的作用方式能够通过教师职业来进行说明：两个教员可能正承担相同的工作，比如为同一专业的同一年级学生讲授相同的内容，但他们中一个有本科文凭，另一个则有硕士文凭。那么，在接受教育过程中所花费的不同时间就意味着他们有不同的知识深度。因为具有较高文凭的教员，工作的效果可能会更好，并且可以承担更高层次要求的教学工作，具有更大程度上的灵活性，所以，拥有硕士文凭的教员的薪酬应该高于仅有本科文凭的教员。

以多重技能作为基础的广度方法确定薪酬结构的时候，员工掌握的技能种类越多，其应得到的报酬也随之越多。换句话说，员工想提高自己的薪酬水平，就必须学习新的知识，而这些正是组织工作所需要的。

例如组织某一类别的工作包括 7 种任务，将这些任务按照从简单到复杂的顺序排列为 A、B、C、D、E、F、G。能完成 A、B、C 三种任务的技能是组织对员工的最低要求，我们可以将能胜任这三种任务的技能合并为技能Ⅰ，将能胜任 A 到 E 五种任务的技能合并为技能Ⅱ，将能胜任这 7 种任务的技能合并为技能Ⅲ。因此，我们就能按照掌握技能的情况将员工划分成三个等级。掌握了技能Ⅱ的员工能够胜任 5 种任务，而掌握了技能Ⅲ的员工能够胜任 7 种任务，并且还要承担员工的工作委派以及团队监督的工作。

因此可以看出，在以多重技能为基础的薪酬决定体系中，每一个员工的薪酬标准都是按他已掌握的技能的最高层次水平来决定的，通过这种方式，在制度上鼓励员工努力学习承担多重任务的技能，员工便会有积极性参加培训并且自觉提高业务水平。技能导向的薪酬结构是从技能分析开始的。技能分析实际上是对一个系统的工作所需的知识以及技能方面的信息进行采集收取完成的过程。在技能分析过程中，首先要确定“技能块”与技能水平。“技能块”指的是完成工作所需的小同类型的技能的集合，其作用与工作分析中的补偿因素是相似的。技能块应具备以下三个特征：第一技能块必须是从所要完成的工作中提炼出来的；第二技能块的目的是要提高员工队伍整体的高度灵活性；第三技能块必须能被组织的利益相关人理解与接受。

在每一技能块内部，又能够划分为不同的等级，这便是技能水平。技能导向的薪酬结构的其中一种做法是把某一职位所需的所有技能列举出来，同时在此基础上设计出三种技能块，包括基础技能块、限制性技能块与自由技能块。基础技能块是组织对此类职位员工的最低要求，不计算分数。在限制性技能块中，每一种技能都有对应的一个分数，员工已掌握的限制性技能块中所有技能分数的加总便是员工在限制性技能块上的水平。自由技能块的项目也不计算分数，直接按照种类计算。由此，组织就可以将职位划分成若干个级别，各级别除了要求掌握的全部基础技能之外，还需要确定相应的按分数计算的限制性技能块的水平和按照种类计算的自由技能块的水平。最终得到的结果应该是：随着技能级别水平的提高，限制性技能块的最低要求分数是不断上升的；自由技能块的最低要求种类也在随之不断上升。不同的技能水平级别对应不同的薪酬水平。技能导向的薪酬结构确定方法的优点是：组织在员工调配方面具有很大的灵活性；可以塑造一支精干的员工队伍，能够最大限度地避免人浮于事，这在组织业务不稳定时期具有重要的意义；有利于提高组织的生产效率、提高产品的质量、提高员工出勤率、提高员工满意度并且增加组织的营业额等。但是，技能导向的薪酬结构确定方法也存在一定的缺陷。员工的薪酬水平是由其掌握的技能水平决定的，因此，员工将会积极要求参加技术培训来尽快达到最高级别的薪酬水平。如果所有员工的薪酬水平都处在上限，组织的人工成本势必会过高。由此，组织的产品价格水平也将会因此在市场上失去竞争力。而解决这种问题的策略是，将员工的起薪水平确定在稍微低于竞争对手的水平上，或适当控制员工技能水平提高的速度。总而言之，技能导向的薪酬结构体系发挥作用的前提是其较高的平均薪酬水平应该能够被规模较小的劳动力数量或较高的劳动生产率消化与吸收。

工作导向的薪酬结构确定方法和技能导向的薪酬结构确定方法间的区别可用表 5 -1 说明。

表 5 -1　　不同导向薪酬结构的比较

	工作导向	技能导向
薪酬结构	以承担工作为基础	以员工掌握的技能为基础
工作价值决定	以整个工作的价值为依据	以技能块的价值为依据
管理者的重点	工作对应薪酬，员工与工作匹配	员工对应薪酬，员工与技能相连
员工的重点	追求工作晋升以获得更高报酬	追求更多技能以获得更高报酬
必要的步骤	评估工作内容，估值工作	评估技能，估值技能
绩效评估	业绩考核评定	能力测试
薪酬增长	以年资、业绩考核结构和实际产出为依据	以技能测试中表现出来的技能提高为依据
工作变动效果	薪酬随着工作变动	薪酬保持不变
培训的作用	是工作需要而不是员工意愿	是增强工作适应性个增加报酬的基础
员工晋升	需要工作空缺	不需要空缺，只要通过能力测试
优点	薪酬以完成的工作的价值为基础	调配弹性，减少员工数量
局限性	潜在的人事官僚主义，缺乏弹性	潜在的人事官僚主义，需要成本控制

资料来源：根据 George T. Mikovich and John W. Boudreau, Hu - man Resource Management, Richard D. Irwin, 1994, P. 572 和 Randall S. schuler/Vandra L. Huber, Personal and Human Resource Management, West Publishing Company, 1993, p. 385 有关资料整理。

3. 市场导向的薪酬结构

市场导向的薪酬结构指依据市场上本组织竞争对手的薪酬水平来决定本组织的薪酬结构。具体做法是，先对本组织内的工作岗位根据组织目标实现贡献的大小进行一定排序，其次对市场上与本组织有竞争关系的组织的薪酬情况进行调查。很明显，在本组织的所有工作岗位中，有很大部分将会与其他组织的工作岗位相同，但也有一部分不同的工作岗位。确定本组织的薪酬结构时，要先按照这些竞争组织和本组织相同工作岗位的薪酬水平来确定这些可比较的工作岗位的薪酬水平，然后参照这些可以比较的岗位的薪酬水平再确定那些不可比较的工作岗位的薪酬水平。如表 5 -2 所示。

表 5－2　　　　薪酬结构决定的市场法

	本组织	组织 I	组织 II	组织 III	组织 IV	外部平均水平
薪酬水平		A				
	工作 A		A	A	A	A
		B			B	B
	工作 B		B	B		
	工作 C		C			
		C				
				C	C	
	工作 D					C
		D	D	D	D	D

资料来源：George T. Milkovich and Jerry M. Newman，Compema－ tion，4thediton，Homewood，IL.：Richard D. Irwin. Inc.，1993，P. 145.

市场导向的薪酬结构的确定方法实质上是以外部劳动力市场上的薪酬关系来确定本组织内的薪酬结构，它强调组织人工成本的外部竞争力，并不是组织内部各工作之间在对组织目标贡献上的相对关系。换句话说，市场导向的薪酬结构确定方法就是让竞争者来确定组织内的薪酬结构，因而就会有可能使本组织的薪酬结构丧失内部一致性。

三、薪酬结构的基本内容

薪酬结构的设计通常都是薪酬内部一致性和外部竞争性间平衡的结果。薪酬结构包括以下两个维度。

1. 横向结构维度

横向结构维度指的是在某个员工的薪酬总额中不同薪酬形式的组合以及组合中各要素所占的比例关系。薪酬形式的组合包括：

（1）薪酬类别间的组合，例如基本薪酬、可变薪酬以及间接薪酬的组合；

（2）各类别薪酬内部要素的组合以及比例，例如基本薪酬内部的职务薪酬、能力薪酬与技能薪酬的组合以及比例，可变薪酬中的短期可变薪酬与长期可变薪酬的组合及比例等。

2. 纵向结构维度

纵向结构维度指的是同一组织内不同职位或者不同技能薪酬水平的对比关系。即组织中各种工作岗位、职位间或者不同技能等级间薪酬水平的比例关系，包括不同层次工作间报酬差异的相对比值与不同层次工作间报酬差异的绝对水平。完整的薪酬纵向结构包括：薪酬的等级数量、同一个薪酬等级内薪酬变动的范围（最高值、中间值以及最低值）、相邻两个薪酬等级间的交叉与重叠关系。

薪酬结构设计的基本原则：

1. 战略原则

薪酬结构设计的战略原则，指的是组织的薪酬结构设计与组织发展战略进行有机结合，使组织的薪酬结构或者薪酬计划能够成为实现组织发展战略的一个重要杠杆。所以，在进行薪酬设计的时候，一方面要时刻关注组织的战略需求变化，通过薪酬设计反映出组织的战略，反映组织提倡什么、鼓励什么、支持什么；另一方面需要把组织的战略转化成对员工的期望与要求，然后把对员工的期望与要求转化成对员工的薪酬激励，并将其体现在组织的薪酬结构设计中。

2. 公平原则

公平性指的是薪酬等级的确立应该符合组织的实际情况，等级数量应该与组织内部的工作或者技能岗位相符，每一个员工获得与其对组织贡献成相应比例的报酬。想要实现薪酬公平，薪酬结构设计的结果与过程都必须要公正。结果的公正注重保持组织内员工薪酬实际差异的合理性。所以，薪酬结构设计应该以从事职位需要的技能作为基础。

过程应该强调薪酬结构设计与管理的民主和科学，所以应该使员工参与到决定薪酬结构的过程中来。若薪酬结构适用所有的员工，员工参与到薪酬结构制定过程中，制定了对薪酬不满的申诉程序、使用准确的数据，则薪酬过程可以视为公正。一定不能忽视过程公正的重要性，过程公正是结果公正的必备条件。当薪酬结构设计做到了过程公正以及结果公正时，可以认为该设计具有公平性。具有公平性的薪酬结构设计能够提升员工对组织的忠诚度并且最终有利于实现组织的战略目标。

3. 激励原则

激励性，是指薪酬结构的设计以及调整，应该使处在每一个等级的工作人员，因为等级内的薪酬变动或者上升到更高等级的薪酬档次而由此产生努力工作的愿望。所以，每一薪酬等级的中位值和相邻等级的中位值间要有适当的差距，以此来体现出不同等级的不同贡献；并且，薪酬变动范围和薪酬变动比率的设计以及调整，应该能够反映同一等级内员工的努力情况以及工作实际的变化，同时兼顾到相邻等级之间的薪酬差别。

4. 竞争原则

高薪对于优秀人才来说具有不可替代的吸引力，因而组织在市场上提供较高的薪酬水平，必定会增加组织对人才的吸引。但组织的薪酬标准在市场上应处于什么样的位置，要视组织的财力、人才的可获得程度等具体的情况而定。比如，高级管理人员与专业技术骨干，当前在我国仍属于稀缺资源，而反映在薪酬方面，这两类资源不仅仅有较高的货币性要求，而且具有较多的非货币性以及其他方面的要求。所以，在进行薪酬设计的时候，要充分考虑这类人力资源对薪酬设计的独特要求。

5. 合法原则

薪酬结构的设计要符合国家法律、法规及政策的规定。国家立法通过有关劳动工资的法律、法规，是规范社会的分配行为、调整薪酬关系、实现社会福利目标的法律准绳，任何组织决定薪酬结构以及薪酬水平时都必须要遵守。政府制定的宏观经济政策，对组织的薪酬结构设计同样有引导与制约的作用。

6. 可操作性原则

可操作性，指的是薪酬结构应尽量简明、准确、可量化，便于考核与调整。若薪酬结构设计得过于复杂，导致组织的某些员工不能够理解，就会对薪酬结构的公平性以及可靠性产生怀疑；并且，薪酬结构的设计若不便于量化，就将会增加薪酬给付的主观因素，很有可能对公平性造成一定的破坏。

四、薪酬结构的构成

通常来说，薪酬结构的构成要素有：薪酬等级、薪酬区间以及相邻两个薪酬等级间的交叉和重叠关系。薪酬结构的模型如图 5－1 所示。图中横轴表示薪酬等级，竖轴表示薪酬区间，矩形图与矩形图间的连线处表示相邻两个薪酬等级间的交叉和重叠关系。

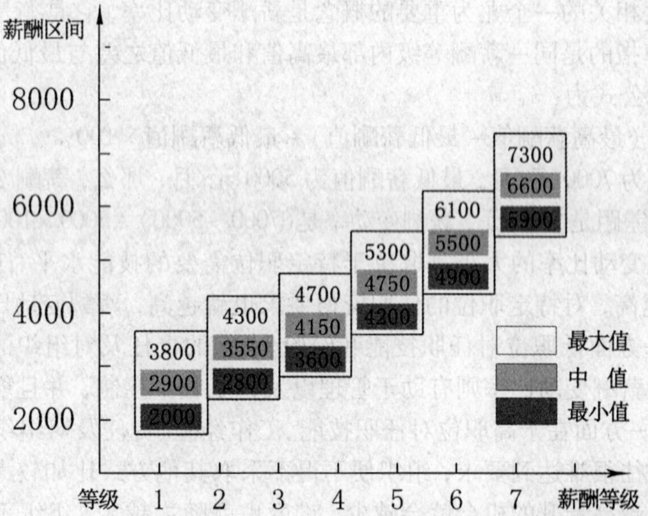

图 5－1 薪酬结构模型

1. 薪酬等级

薪酬等级指的是在同一个组织中，薪酬标准由于职位或技能等级的不同而形成的一种序列关系或者梯次结构形式。在薪酬管理实践中，各类组织的薪酬等级数目差异通常较大，组织的薪酬结构应该由多少等级构成主要取决于组织的规模、组织性质、组织结构以及工作的复杂程度，其数量多少并没有绝对的标准。

薪酬等级的划分由“等”的划分与“级”的划分构成，在薪酬体系中，“等”的划分有可能会多达二十层；“级”的划分一般大都在 7～10 级之间，比“等”的划分数目相对要少得多。在薪酬管理实践中可能会是一等一级，也会是一等多级。但是宽带薪酬结构大多适用于扁平化组织，其组织层级相对来说比较少，因此其“等”的划分数目往往在 4～15 等之间。同时，薪酬等级的划分除与上述因素有关外，组织中的各个岗位或者技术职称设置的复杂程度都会影响到“等”的划分数目。

2. 薪酬等级宽度及相关概念

(1)薪酬等级宽度

薪酬等级宽度实质上就是在同一薪酬等级中，薪酬最高值和最低值间形成的薪酬变动范围，也就是薪酬区间、薪酬等级幅度等。它实质上是指在同一薪酬等级内允许变化的最大的幅度。

确定薪酬等级宽度通常有两种做法：一是根据不同的薪酬等级来确定不同的薪酬宽度，即将薪酬宽度差别化，并不设定具体的数值；二是根据经验数据确定，但是这种以经验进行确定的各个级差的等级宽度变化还是会有一定的规律性。

通常来说，在等级工资制度下，以经验来确定的薪酬等级宽度的设置可分为：生产后勤类薪酬等级宽度为15%～25%；中级管理类薪酬等级宽度可为25%～40%；高级管理类的薪酬等级宽度可为40%～60%。但是在宽带薪酬结构中，薪酬等级宽度往往要高于等级工资制度下薪酬等级宽度的2～5倍。

(2)薪酬变动比率

与薪酬结构高度相关的一个尤为重要的概念是薪酬变动比率，它是衡量薪酬区间的一个指标。薪酬变动比率指的是同一薪酬等级内部最高值和最低值之差与最低值的比率，也称为区间变动比率，计算公式为：

薪酬变动比率=(最高薪酬值-最低薪酬值)÷最低薪酬值×100%

假如最高薪酬值为7000元/月，最低薪酬值为5000元/月，那么，薪酬变动范围是5000～7000元，变动的绝对差距是2000元，薪酬变动率是(7000-5000)÷5000×100%=40%。

一般而言，薪酬变动比率的大小是取决于特定职位需要的技能水平、任职资格等各种综合因素。薪酬等级越高，对特定职位的任职资格要求也就越高，薪酬变动比率也就会随之而增加。原因在于，一方面低职位对任职技能和经验、承担的责任及对组织的价值贡献等要求较低，相对较稳定的薪酬变动比率则有助于管理以及人工成本控制，并且能为低职位员工提供更多发展空间；另一方面在于高职位对任职技能、工作经验、责任及对组织的价值贡献等要求相对较高，员工往往很难达到要求，组织便不得不采取其他方式比如较大的薪酬变动来认可其进步，并且职位越高晋升的机会就会越少，难度也就随之越大，组织不得不根据资历或者绩效标准在一定的薪酬区间内提高其薪酬水平来实现激励。表5-3列举了一些职位的薪酬变动比率的差异。

表5-3　　不同职位对薪酬变动比率的影响

主要职位类型	薪酬变动比率
非豁免员工：生产工人、维修员、交易员	10%～30%
非豁免员工：办公室文员、技术文员、专家助理	25%～40%
豁免员工：一线管理人员、行政管理人员、专业人员	40%～60%
豁免员工：中高层管理人员、专家	50%～100%

资料来源：Richard I. Henderson. Compensation Management in a Knowledge-Based World. Prentice Hall, 2000, p. 342.

从表5-3可看出，薪酬变动比率随着职位任职资格的提升而逐级升高，薪酬变动比率在40%～60%间的是对任职资格有较高要求的一线管理人员、行政管理人员以及专业人员；薪酬变动比率在50%～100%之间的是对任职资格要求更高的中高层管理人员以及专家。

(3)薪酬区间中值

薪酬区间中值，也称薪酬范围中值、薪酬变动范围的中值或者薪酬等级中值，它往往代表该等级职位在外部劳动力市场的平均薪酬水平。薪酬区间中值是薪酬结构管理中一个尤为关键的因素，是因为在薪酬结构的设计中，既要考虑到每个职位等级本身的价值，又必须要考虑到任职者的个人素质等因素。通常的处理原则为，通过职位对应的薪酬等级的中值点对职位的价值进行确定，任职者的个人能力的价值则体现在每个等级内的薪阶之中，这样便形成了以“级”来体现职位的价值、以“阶”来体现个人价值的薪酬结构。薪酬区间中值对想要晋“级”或者晋“阶”的员工的要求不论是在职位还是在职位胜任力上都是很高的。

与薪酬区间中值相关联的一个概念是“相对比率”（compa - ratio），也称之为比较比率，这一概念一般用来表示某个员工实际获得的基本薪酬和相应薪酬区间中值间的比例关系。具体来说，就是某个任职者的基本薪酬在特定等级中处于哪个台阶上。

（4）薪酬区间渗透度

薪酬区间渗透度是在对同一薪酬区间内的员工薪酬水平进行分析时所使用的概念，通常用它来计算员工的实际基本薪酬和区间的实际跨度（即最高值与最低值之差）的关系。其计算方法为：

薪酬区间渗透度 =（实际所得基本薪酬 - 区间最低值）÷（区间最高值 - 区间最低值）×100%

假定某员工的基本薪酬是 7000 元，区间最高值是 10000 元，区间最低值是 5500 元，那么薪酬区间渗透度是：

薪酬区间渗透度 =（7000 - 5500）÷（10000 - 5500）×100% = 33.3%

薪酬区间渗透度实质上反映了某一特定员工在其所在的薪酬区间中所处的地位，即反映了员工薪酬水平的高低，它能有效衡量员工的薪酬水平。

3. 相邻薪酬等级的交叉和重叠

（1）相邻薪酬等级的交叉和重叠

在薪酬结构中，相邻的两个薪酬等级之间常常会出现交叉和重叠，如图 5 - 2 所示：

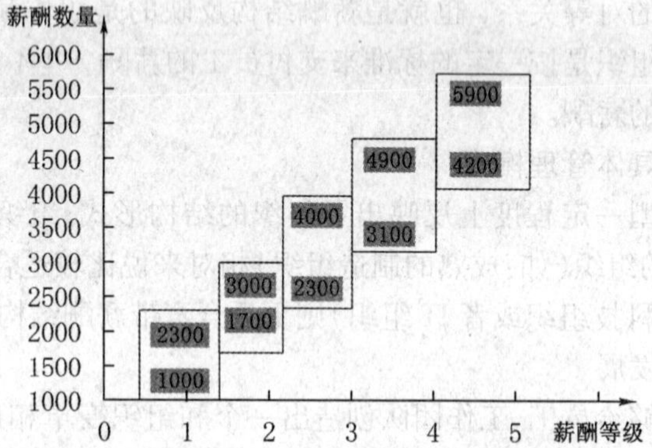

图 5 - 2　薪酬变动区间

从图 5 - 2 中可以看出，相邻的两个薪酬等级之间都有一定程度上的交叉和重叠，例如第 1 薪酬等级和第 2 薪酬等级间的交叉和重叠为 1700 - 2300 之间，第 2 薪酬等级和第 3 薪酬等级之间的交叉和重叠为 2300 - 3000 之间。

（2）薪酬等级级差

薪酬等级级差，也叫级差，包括中点级差与中值级差，指的是相邻两个薪酬等级中值间的差距大小。

假如最高薪酬等级的中值与最低薪酬等级的中值一定并且不变，若各薪酬等级中值之间的级差越大，薪酬结构中的等级数量就越少，反之则越多。假如薪酬等级的区间中值级差越大，同一薪酬区间变动比率越小，那么薪酬区间的重叠区域就越小，而反之则越大。

组织依据自身需要可设计有交叉重叠的薪酬区间（如图5－2所示），也能够设计无交叉重叠的薪酬区间。无交叉重叠的薪酬区间又可根据自身需要设计成衔接式的（指上一个薪酬等级的薪酬区间下限和下一个薪酬等级的区间上限在同一条水平线上）与非衔接式的（指上一个薪酬等级的薪酬区间下限高于下一个薪酬等级的区间上限）。

在薪酬结构管理的实践当中，组织的薪酬结构设计一般都会采用有交叉重叠的薪酬区间，从图5－2中可以观察到，除最高薪酬等级区间的最高值与最低薪酬等级区间的最低值外，其余的各相邻薪酬等级的最高值与最低值之间都有部分的交叉。这影响到薪酬等级内部的区间变动比率以及薪酬等级级差。

五、薪酬结构的作用

薪酬结构不仅仅是薪酬管理的一个重要组成部分，而且也是组织薪酬体系的关键组成部分，它有其他制度体系所不可替代的作用。

1. 对管理者显著的激励作用

当前已经有很多研究表明薪酬结构比薪酬水平有更为有效的激励效果。比如，Jensen 和 Murphy（1990）认为支付给管理者多少报酬并不是最关键的，重要的是管理者的薪酬是由什么构成的。Mehran 提出证据显示，激励管理者的是薪酬形式而并不是薪酬水平。于是可以看出，薪酬结构形式相对于薪酬水平来说有更加有效的激励效果。

2. 薪酬支付的客观标准

不论是以职位为导向决定的薪酬结构，还是以技能为导向决定的薪酬结构，都表明了价值差异与薪酬差异之间的对等关系，也就是薪酬结构反映的是职位和员工自身价值的大小，从另外一个角度体现出组织是按一定的标准来支付员工的薪酬，并不是以管理者自身的主观喜好作为导向支付员工的薪酬。

3. 展现组织结构和具体管理模式

薪酬结构的确定类型一定程度上反映出了组织的结构形式、组织文化、组织经营管理模式，比如，劳动密集型的组织（如：成熟的制造组织）相对来说比较适合严格的等级薪酬结构，知识密集型组织（如：高科技组织或者 IT 组织）则更适合宽带薪酬结构。

4. 促进组织变革与发展

合理的薪酬结构能够给员工、工作团队创造出一个和组织变革相适应的内部环境氛围与外部环境氛围，由此能够有效地推动组织变革及发展，使组织发展更为灵活，对市场以及客户的反应更加迅速有效。

5. 增值作用

薪酬是一个组织购买劳动力的成本，它可以为组织带来大于其成本的预期收益，并且合理的薪酬结构有很强的激励作用，能够激发员工的工作积极性、主动创造性，使其自觉积极地参与到培训学习中来提高自身的综合素质和能力，由此提高组织的整体绩效。

六、薪酬结构的调整

内部一致性与外部竞争性是确定薪酬结构的两个重要依据，组织必须同时兼顾到两者，否则就会容易引发一系列的问题。假如组织仅仅重在强调内部一致性而忽略外部竞争性，虽然能够让组织内部的员工相对满意，但是会造成组织在外部人才竞争方面优势不明显，不但不能够吸引并保留高素质的员工，还容易导致人工成本上升。假如组织重视外部竞争性而忽略内部一致性，虽能够使组织吸引并保留高素质的人才，但是比较容易导致组织内员工的不满意，这样不仅会影响员工的积极性、主动性、创造性以及忠诚度而导致各职位间的轮换受阻，并且很可能会造成员工的大量流失。

如何才能够平衡内部一致性与外部竞争性，迄今为止并没有找到一个相对完美的解决方式。通常来讲，组织在确定自身薪酬结构的时候，首先需要考虑组织自身的发展战略，这关系到组织是否在激烈的市场竞争中立足。其次需要考虑的是组织目前的发展阶段，依据组织的实际情况确定是按传统的岗位或者技能来设计薪酬结构还是依据市场导向来设计有外部竞争性的薪酬结构。当然，并不是不能够在内部一致性和外部竞争性的矛盾中找到一个平衡点，当前较流行的一种新型薪酬管理方式——薪酬宽带，强调重视团队精神以及市场导向的组织，使一些新型组织较好地平衡了内部一致性与外部竞争性之间的关系。

不管运用市场定价或是运用以岗位或者技能定价的薪酬结构，内部和外部平衡都仅是一个判断问题，是一个从薪酬制度战略的高度与目标做出判断的问题。组织必须围绕自身整体发展战略设计出适合组织需要的、相对较灵活的薪酬制度以及薪酬结构。对一般的劳动力设计以岗位或者技能定价的薪酬结构，对于高素质人才可以设计市场定价的方式或者运用谈判工资的方式吸引并保留核心人力资本。

七、薪酬结构的优化

组织的薪酬制度有滞后性。刚开始依据组织的实际现状设计的薪酬结构符合组织自身战略发展的需要，使组织获得了极好的绩效，但是随着组织外部环境或者组织条件的变化，造成薪酬结构存续的基础发生了一定的变化，组织不得不根据新情况设计出恰当的薪酬结构，否则原来的薪酬结构不仅不能够促进组织的发展，更有可能会阻碍组织战略的实现和发展，因此组织需要对原先的薪酬结构进行适时的优化。在发展过程中，组织会灵活运用多种方式对薪酬结构进行调整来适应组织战略发展的需要。对薪酬结构的调整，通常从两个角度来进行：或者是从薪酬等级结构入手，或者是从重组各个薪酬要素的角度入手。

从薪酬等级结构入手的调整方法有两种：一是增加或者减少薪酬等级；二是调整不同等级中人员规模以及薪酬比例。第一种方式通常是增加或者减少薪酬等级的数目，增加一般是将岗位细化，这样有利于组织支付岗位职位薪酬；减少是使薪酬等级的梯次“矮化”。第二种方式一般是在薪酬等级结构不变的前提下，把人员规模以及薪酬的比例重新分配来适应组织发展的需要。

从重组各个薪酬要素的角度入手的调整方法一般有两种方式：一是薪酬水平固定，重新分配固定薪酬以及浮动薪酬间的比例；二是在薪酬水平变动的前提下，增加固定薪酬或者浮动薪酬的比例。

不管运用哪种方式调整薪酬结构，实际上都是对薪酬结构的一种动态优化，是以全新的薪酬结构战略替代并改进旧的薪酬结构战略的一个更新过程。

第二节　薪酬结构建立的方法和流程

一、薪酬结构的制订策略

(一)确定薪酬结构应遵循的原则

内部一致性。内部一致性指的是组织内不同工作、不同技能和不同能力间薪酬的关系需要达到公平公正的原则，也就是保证薪酬的内部公平性。

(二)薪酬结构的相关概念

完整的薪酬结构包括以下内容：

一是薪酬的等级数量；二是同一个薪酬等级内的薪酬变动范围(最高值、中值以及最低值)；三是相邻薪酬等级间的交叉和重叠关系。

薪酬变动范围或者薪酬区间，实质上指的是某一个薪酬等级允许薪酬能够变动的一个最大幅度。薪酬变动范围是在同一个薪酬等级内部，最低薪酬水平与最高薪酬水平间的绝对差距。薪酬变动比率则往往指同一薪酬等级内部的最高值与最低值之差和最低值间的比率。偶尔，为了方便使用，也会计算以中值为基础的薪酬变动比率。一般来说，薪酬变动比率的大小是由特定职位需要的技能水平等整体因素决定的。其所需要的技能水平相对较低的职位所在的薪酬等级变动比率可能会小一些，所需要的技能水平相对比较高的职位所在的薪酬等级的变动比率则会大一些。

同一个组织中，相邻的薪酬等级间的薪酬区间能够设计成有交叉重叠的，也能够设计成无交叉重叠的。有交叉重叠的指的是除最高薪酬等级的区间最高值与最低薪酬等级的区间最低值外。剩余的各相邻薪酬等级的最高值与最低值间通常会有一段交叉与重叠区域。无交叉重叠的设计可分为衔接式的(上一薪酬等级的薪酬区间下限和下一个薪酬等级的区间上限在同一个水平上)与非衔接式的(上一个薪酬等级的薪酬区间下限要高于下一个薪酬等级的区间上限)。在实践中，通常情况下，组织往往倾向于将薪酬结构设计为有交叉重叠的，特别是对于中层以下的职位。

二、传统薪酬结构的主要弊端

传统的薪酬制度往往是以封闭性、单一性的等级结构为特征，这一特征和等级制的组织结构是相对应的。传统薪酬结构的弊端是没有将外部环境的变迁以及员工在组织中的贡献问题考虑在内，这种薪酬体制有以下两大缺陷：

1. 缺乏弹性(No－flexible)

导致薪酬结构刚性的原因有很多，主要是有两个．一方面是在薪酬等级结构设计中，大都以岗位等级作为基础，对于内部一致性的考虑往往多于对外部竞争性的考虑；另一个方面按固定的模式运用同样的薪酬结构，通常不能体现出组织的特性，也被称为一种“万能”模式(One size fits all)。而这种万能的薪酬结构往往缺乏弹性，无法及时适应外部环境的变迁。

2. 缺乏感应(Unresponsive)

传统的薪酬结构设计来源于组织岗位以及岗位等级结构。员工被固化在某一工作岗位上，于是就按岗位职责进行工作并获得报酬；员工报酬和绩效间的联系通常不是直接的，需要通过其他的管理环节才能够反映出来，比如晋升、业绩考核等。所以，传统的薪酬结构仅仅是一个具有单功能的内部等级结构，并不是一个由多种要素构成的开放的薪酬管理系统。

三、薪酬结构的设计

以要素计点法举例。薪酬结构的设计往往包括以下六个步骤：

1. 职位排序。把通过计点法所获得的被评价职位的点值状况进行收集整理，依据职位评价点数对职位排序。此步骤的目的是从整体上观察通过计点法所获得的被评价职位的点值状况，是否有较为明显的出入点值。

2. 职位分组。按职位点数对职位进行初步的分组。我们通过对职位评价点数的观察能够看出，尽管不同的职位得到的评价点数不同，但某些职位的评价点数和另一些是相当接近的。所以，我们能够初步进行判断，点数较为接近的职位应该属于同一个级别。

3. 确定等级数量以及点数变动范围。依据职位的评价点数来进行等级划分。认真考虑究竟应划分多少职位等级，同时确定每一职位等级的最低点数与最高点数。最后划定的等级数量会取决于组织中职位的数量和职位间的差异大小。

4. 将职位等级划分、职位评价点数以及市场薪酬调查所得数据相结合。假如我们通过外部薪酬调查获得了相应职位的市场薪酬水平，我们就能够得到和被评价职位有关的两种数据，一是点数值，二是薪酬水平数值。依据这两种数据，我们能够制作市场薪资水平和职位评价点数的关系表。(如表 5－4)

5. 计算职位薪酬水平。用最小二乘法对点数值以及薪酬水平数值两列数据来进行拟合，能够得到体现不同职位等级的薪酬趋势的一条直线。假设直线的趋势方程是 $Y = a + bX$，X 是职位评价点数，Y 代表市场薪酬水平数。依据表 5－4 的资料，运用回归分析法解出直线趋势方程 $Y = 0.0098X - 0.606$，然后将职位的点数代入 X，于是便可求得相应的 Y，也就是经过处理后的各职位薪酬水平。

6. 调整。考察薪酬区间中值和市场水平的比较比率，然后对问题职位的区间中值进行一定的调整。通过上述步骤得到每一个职位等级的薪酬中值后，还需要对薪酬区间中值以及外部市场薪酬数据间的比率(比较比率)进行一定分析，由此来发现可能存在问题的特定职位等级的薪酬定位。通常来说，比较比率减 100% 后结果在 10% 内都是能够接受的，这就表明该职位等级的薪资内部一致性与外部竞争性是相对协调的。结果超过 10% 的职位，组织应该考虑适当予以调整。

表 5－4　　　　职位评价点数与市场薪资水平

顺序	职位名称	点数	市场薪资水平(元)
1	出纳	140	1530
2	离退休事务主办	210	1800
3	无	－	－
4	行政事务主办	260	2030
5	工会财务主管	335	2300
6	总经理秘书 行政事务主管 报销会计	345 355355	2300 2430 2560
7	招聘主管	405	2920
8	会计主管	425	3160
9	项目经理	470	3600
10	无	－	－
11	总经办主任 财务部经理 市场部经理	545 550 565	4900 5300 5700

资料来源：刘昕：《薪酬管理》(第二版)．中国人民大学出版社 2007 年版，第 261－262 页。

7. 构建薪酬结构。考虑到各个职位等级内部价值差异和相应的外部市场薪酬水平的状况后，确定各薪酬区间的变动比率，于是就可以建立起一个新的薪酬结构。

鼓励员工做出有利于实现组织目标的行为与培育员工间的公平感，是内部薪酬结构有效性的两大标志。战略性薪酬决策之一是与保持外部灵活性相比，薪酬结构应该做多大的程度上的调整来实现其内部一致性。当然，这并不是说要在排斥外部灵活性的条件下实现薪酬结构的内部一致性。准确来说，战略性决策的关键在于保持薪酬结构内部一致性和外部灵活性间的最佳平衡，也只有这种薪酬结构才有利于组织实现其目标。内部一致性和外部灵活性缺一不可。

四、薪酬结构的设计方法

(一)工作评价法

工作评价法包括基准职位定价法与设定工资调整法两种。

1. 基准职位定价法，是利用市场薪酬调查得到基准职位的市场薪酬水平，并且通过对基准职位的工作评价结果来建立薪酬政策线，从而确定薪酬结构。该方法可以很好地兼顾薪酬的外部竞争性与内部一致性，这种方法在较规范的、和市场相关性较强的组织薪酬结构中应用的较为广泛。

2. 设定工资调整法，指的是组织根据经营情况，自己设定基准职位的薪酬标准，然后根据工作评价结果设计出薪酬结构。通常，组织设定薪酬水平的典型做法是：先设定最高和最低两端的薪酬水平，以此为标杆，设定其他职位的薪酬水平。这种薪酬结构的设计往往较重视内部一致性，忽略了外部竞争性，通常比较适合与劳动力市场接轨程度较低的组织。

（二）非工作评价法

非工作评价法包括直接定价法和当前工资调整法两种。

1. 直接定价法。组织职位的薪酬完全是由外部市场决定，依据外部市场各个职位的薪酬水平直接建立组织内的薪酬结构。这是一种市场导向型的市场结构设计方法，体现出外部竞争性，但是忽略了内部一致性，该方法通常比较适合市场驱动型的组织，其雇员的获取以及薪酬水平的确定是直接与市场相挂钩的。

2. 当前工资调整法。是在当前工资的基础上对原有组织薪酬结构进行一定的调整或者再设计。薪酬结构调整的实质是对员工利益的再分配，这种调整将会服从于组织内部管理的需要。

第三节　宽带薪酬设计

一、宽带薪酬

（一）宽带薪酬与传统薪酬

薪酬结构一般会涉及传统薪酬与宽带薪酬两个概念。传统薪酬结构以职位为基础，其特征是有许多层级，薪等与薪级相对较小。宽带薪酬与传统薪酬的不同之处反映在薪等数量、薪等高度以及重叠三个方面，也就是宽带薪酬整个薪酬体系分的薪等相对来说较少，一般只有4－8个薪等，但是传统的薪酬体系往往有10－40个薪等；宽带薪酬的薪酬体系中每一薪等的薪酬区间是较大的，波动区间一般可以达到3－4倍，但是传统薪酬结构通常只有10%－120%；在薪等重叠这一方面，宽带薪酬的不同薪等之间重叠较大，相当一部分比例的员工虽处于较低薪等，但是仍比高薪等中的较低薪级收入高出一部分，能够起到鼓励员工的职业发展并不一定是要通过级别的晋升的作用，传统的薪酬结构重叠较小，若级别不能晋升，收入提高就很难。

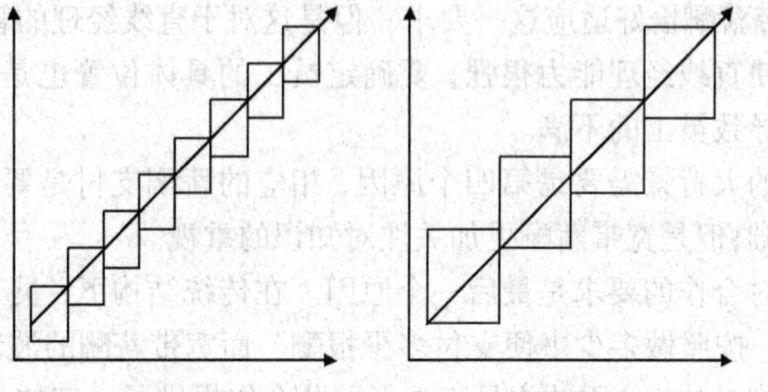

图5－3　宽带薪酬与传统薪酬的区别

宽带薪酬定义的其中一个要点是薪等数量变少，波动幅度变大；另外一个要点是宽带薪酬的两种形式：第一种是以职位评价为基础的宽带结构；第二种是以职业生涯路径为基础的宽带结构。

以职位评价为基础的宽带结构实质上是传统结构的一种，仅仅是把分数隔断了，变得更宽了一点。比如，可以将原来的销售助理分为1－10个不同的等级，每一等级处在不同的薪等位置上，每个薪等的薪级都很扁。但是宽带薪酬是在同一个薪等中将这10个等级的助理进行分配，由此薪级的高度被拉长。

以职业生涯为基础的宽带结构基本不需要职位评价，而是直接用职业阶梯作为宽带薪酬支付的基础，例如，大学教师的工资序列就是一种典型的以职业生涯为基础的薪酬，通常在大学教师的工资序列中包括了助教、讲师、副教授以及教授这四个等级，但是在这四个阶梯中并没有涉及到职位评价。

所以宽带薪酬是依据工作角色以及能力要求，将职位划分为几个简单的层级，由此来满足组织有弹性地管理员工的发展、绩效以及薪酬的一种薪酬结构。宽带薪酬无需对每一职位都进行系统全面的评价，往往是进行简单的分类，把职位分为几个层级，在薪酬结构中的几个等的基础上重新划分成少数几个跨度范围比以往更大的等，也就是把4－5个传统的等合并成只有一个上下限的等。

(二)宽带薪酬产生的背景

宽带薪酬产生的首要原因是组织结构的变迁。最近几十年，组织构架一直朝着组织扁平化的方向发展，而恰恰扁平化的组织构架需要扁平化的薪酬，这是薪酬结构从传统变化到宽带的尤为重要的原因。

薪酬的灵活性问题也是其中的一个原因。薪酬结构通常注重组织对外部变化的反应敏捷度，比如，在传统的薪酬结构中，因为薪等较多，组织作出反应很可能需要很长时间。但是宽带薪酬体现了薪酬变化的灵活性，并且提高了对外部市场环境的反应速度。

对基层经理授权的强调是第三个原因，也就是强调基层经理的自主管理理念以及管理趋势。传统结构下的薪酬管理主要是集中在人力资源部，宽带薪酬里面，波动区间往往在1－4倍，这意味着假如最低薪酬是每年10万元，同样的等里面，最高薪酬则是年薪40万元。同一等级中薪酬的差别在很大的程度上依赖于基层经理。所以，在目前越来越强调基层经理作用的时代，运用宽带薪酬恰好适应这一要求。但是这对于直线经理的管理能力以及公正性都有很高的要求。即使直线经理能力很强，要确定员工的具体位置也是一项特别困难的事情，稍有处理不当便会导致员工的不满。

知识经济时代的大背景需要是第四个原因，相应的薪酬支付是要以个人的能力为基础，并不是以职位为基础；但是宽带薪酬更加关注对知识的重视。

宽带薪酬符合对合作的要求是最后一个原因。在传统结构下，员工之间很难合作，每个人的工作边界有限，按照做多少事便支付多少报酬。而宽带薪酬的波动区间较大，大家不会在意自己的分内工作是什么，因此为员工选择团队合作提供了一定的动机。

(三)宽带薪酬的优势与劣势

宽带薪酬具有五大优势：(1)可以及时适应外部变化迅速的环境，有较大的弹性。无需升迁便能够解决薪酬的变动问题，相对来说较灵活。(2)有助于减少层级而且加强授权。(3)

能够降低横向调动的阻碍，由此可以鼓励多种技能的发展。(4)对于突出人才可以给予更大的奖励幅度以及上升空间。(5)宽带薪酬重视与外部市场的连接，能够根据市场的信息及时进行调整。

宽带薪酬在创造组织效益方面能够节约管理费用、降低员工的流失率、提高员工对于薪资的满意度以及提高组织的整体绩效等。

使用宽带薪酬的组织应该注意:(1)以职位作为基础的宽带薪酬要有一个强大的绩效管理体系，由此来确保个人的贡献能够得到恰当的回报，而且需要人力资源以及一线经理具备较强的能力可以解释出市场数据与岗位价值，促使一线经理和员工间保持持续良好的沟通。(2)以职业生涯为基础的宽带薪酬减少了晋升机会，其支付的薪酬水平往往变得高于目标值，容易引起工资膨胀，很少体现内部公平并且内部矛盾增加等。与此同时，需要较强的市场阐释以及沟通技巧，需要有强大的绩效管理体系。

详细来说，首先，宽带薪酬最大的问题是太过于灵活，谁在哪个位置上直接涉及到了内部公平性的问题，所以往往很难确定个人的位置。另外，对授权的要求相对比较高。很多大的事情都是组织规定的，具体在什么样的位置上是由基层经理完成的。很多组织的授权体系常常不配套，其权力的赋予大都是滞后的。第三个是成本的控制问题。第四个是晋升的规则问题。第五是市场问题。宽带薪酬底部与高线往往是根据市场水平来决定的，但是人的水平通常跟市场水平之间没关系。1－4 倍的差距是市场决定的，但 1－4 倍之间的人则是由主管经理确定的。宽带薪酬吸引人的能力与留住人、激励人的能力都存在一定的问题，有可能是上下水平都是市场水平，但是中间的却是主观决定的。

二、宽带薪酬的定义、特征及目的

“宽带薪酬设计”，指的是在组织内部用小部分跨度比较大的工资范围代替原有数量比较多的工资级别的跨度范围，把原来几十个薪酬等级压缩为几个级别，取消原先狭窄的工资级别导致的工作之间比较明显的等级差别。但是同时也把每一薪酬级别对应的薪酬浮动范围变大，由此形成一种全新的薪酬管理系统以及具体的操作流程。

和传统的等级薪酬模式相比较而言，宽带薪酬模式有以下几个特点。

1. 打破了传统薪酬结构维护的等级观念，降低并减少了工作间的等级差别，有助于组织提高自身效率并创造学习型的组织文化，而且有利于保持组织结构的灵活性并及时适应外部环境的变化。但是在传统等级薪酬制度下，组织的设计强调效率，决策由经理决定，信息在组织内自上而下传播。来自基层的信息往往通过层层汇报，到负责处理信息的部门那里需要多层审核，组织内部往往容易出现相互扯皮的官僚作风。

2. 引导员工重视个人综合能力的提升。传统等级薪酬结构造成员工的薪酬增长通常依赖于个人晋升并不是能力的提高，即使员工的能力达到较高的水平层次，但在组织中若没有出现空缺职位，员工依旧不能得到较高的薪酬。

3. 有助于职位轮换，培育新组织的跨职能成长与开发。传统的等级薪酬结构中，员工薪酬水平和所担任的职位严格挂钩。尽管同一个职位级别的变动不能造成薪酬水平上的变化，但这种变化往往使员工不得不去学习新的东西由此增加了工作难度，辛苦程度更高，所以，员工不愿接受职位的同级轮换。但是在宽带薪酬制度中，因为薪酬的高低由能力来决定并不是由职位来决定，因此员工愿意通过相关的职务轮换提高自身能力，从而来获得更大的报酬。

4. 有助于提升组织核心竞争优势以及组织整体绩效。宽带薪酬体系中，上级对下级的薪酬有更多的决策权，由此增强了组织灵活性与创新性，有助于提高自身适应外部变化的环境的能力。并且，宽带薪酬模式不只将薪酬变化和员工的能力与绩效表现挂钩，而且向员工传递了一种以绩效与能力为导向的组织文化，从而来引导员工之间的合作以及知识共享，培育积极的团队绩效文化，由此大大提升了组织凝聚力和核心竞争力。

以宽带为基础的薪酬制度，通过和任职资格体系相结合，其目的有以下几个方面：

(1)削减了管理类职位层次组织的重新设计，减少小规模的或是无边界的组织。

(2)注重横向流动，通过流动弱化了薪酬调整，有助于较少有晋升机会的扁平化组织的管理。

(3)通过创建平等、团队、知识共享以及以绩效、能力为导向的组织文化氛围，提升组织的核心竞争优势与适应能力，从而有效地提升组织的整体绩效。

三、宽带薪酬的功能

1. 支持扁平型组织结构

20 世纪 90 年代以来，为适应竞争日趋激烈以及灵活多变的外部环境，很多大型的组织、跨国集团兴起了一场以扁平型组织代替官僚型组织的运动，旨在通过压缩组织层级促使组织变得更为灵活，反应更灵敏，上下沟通更顺畅。比如，通用电气的前董事长韦尔奇把通用电气的 25 层组织结构简化成 5 层。组织结构层级减少，便不需要很多的薪酬等级，并且，扁平化的组织结构有灵活的薪酬制度，可以根据市场的变化状况及时做出反应与调整。宽带薪酬的最大特点便是减少了薪酬等级，增加了薪酬体系的灵活性以及弹性，更突出外部市场的引导作用，使组织结构变得更有效率，提高了组织结构对外部竞争的适应能力。

2. 有助于增长员工个人技能、提高自身能力及自身职业生涯的发展

在宽带薪酬结构设计体系下，尽管是在同一薪酬宽带内，组织为员工提供的薪酬变动范围也很有可能会比其在原来的薪酬等级中获得的薪酬范围要大，于是，员工就不需要为了薪酬的增长去计较职位晋升等方面的问题，只要注重发展组织需要的技能便能够获得相应的报酬。当员工个人技能获得了增长、能力得到了提高，其自身也便更具竞争力和价值，于是促进了其自身职业生涯的发展。

3. 有利于职位的轮换

传统的组织结构中，因为不是晋升到更高级别的职位上，员工的薪酬并不会得到大幅度提升，并且由于岗位的更换增加了其工作难度，所以很有可能导致工作绩效的降低从而影响到员工的绩效考评。于是，员工往往都不愿接受这种同级变换。但是在宽带薪酬中，实质上是加大了工资中的技能含量。这样的情况下，员工会很愿意以此提升自身能力，并且最终提高自己的薪酬水平。于是，在对员工进行横向或者向下调动时所遇到的阻力也就小了很多。除此之外，组织能够因此减少过去因为员工职位的细小变动而不得不做的大量行政工作，例如职务称呼变动、薪酬调整、更新系统、调整社会保险投保基数以及档案的更新等。

4. 有利于推动良好的工作绩效，提升组织的核心竞争优势

宽带薪酬结构能够更加灵活地对员工进行激励。在宽带结构体系下，由于上级对有突出业绩的员工拥有较大的加薪影响力，所以可以及时为能力强、业绩好的员工提供一定的奖励。

此外，如上面在宽带薪酬的特征方面所述，宽带薪酬结构可以帮助组织培育积极的企业文化，而这对于组织绩效以及核心竞争力的提升无疑是非常关键的一种形式。

5. 有助于管理人员以及人力资源专业人员工作重心的战略性调整

实施宽带薪酬结构设计，尽管是在同一薪酬宽带中，薪酬区间的最高值与最低值间的变动比率最少也有100%，所以给员工薪酬水平的界定留下了很大的空间。此种情况下，部门经理在薪酬决策方面拥有更多的权力及责任，能够对下属的薪酬定位提出更多建议。这样不只体现出了人力资源管理的思想，有助于促进直线部门的经理人员承担起自身人力资源管理职责；而且也有助于人力资源专业人员从一些价值不高的事务工作中脱身，扮演好直线部门的战略伙伴以及咨询顾问的角色；更关键的是，人力资源专业人员能够更多地关注对组织更加有战略价值的其他高级管理活动。

6. 有助于薪酬变动的市场化

宽带薪酬结构以市场为导向，使员工从注重内部公平转为更注重个人发展以及在外部劳动力市场上的价值。在宽带型的薪酬结构体系下，薪酬水平是以市场薪酬调查的数据以及组织的薪酬定位为基础来决定的，所以，薪酬水平的定期审查和调整使组织更能够把握其在市场上的竞争力；而且，有助于组织做好薪酬成本的控制工作。例如，市场上某类人才的市场薪酬水平大幅度上升时，组织可以尽最大努力做出最快的调整，只要提高这类人员的起薪，并不用去调整整个组织的薪酬级别以及结构就可以了，并且也不至于对组织内部的公平性造成太大影响。

四、宽带薪酬的局陷

1. 对绩效考核水平的要求更高

因为宽带薪酬的评估大都是根据员工对组织的贡献大小，所以对这种贡献大小的绩效评估便成为了组织管理的一个重要方面。即使宽带薪酬能够节省在职位评价上面花费的时间与成本，但对人的评价花费的时间以及精力却增加了。绩效评估的准确性受很多因素的影响，比如员工不能控制的人为因素造成的绩效不稳定性；绩效指标体系设计的不合理性；人际关系和个人好恶对绩效考核的主观影响性；在群体作业中，个人努力程度和群体绩效的关系模糊，一些员工容易有“搭便车”的现象等。假如绩效管理工作做不到位，员工工资浮动比较大，容易给员工的心理带来极强的不稳定感，因此对组织缺少归属感。并且，若绩效管理工作不到位，造成员工薪酬水平下跌，但是员工自认为工作很卖力，那么会使其对管理的公正性、公平性以及合理性产生怀疑等不健康的情绪，很容易导致组织内部人际关系的紧张。所以，组织必须建立一套健全的绩效考核制度，包括明确可行的操作程序、切实有效的审查系统以及通畅便利的员工申述和反馈渠道。

2. 加大员工晋升难度

宽带薪酬对职级的压缩造成同一个级别的员工数量增加，但高级职位减少。对于想要获得晋升激励的员工来说，晋升便会变得更为困难。员工很长时间可能只会在一个职级里移动，并不会晋升到另一个职级。这会是一件使许多员工感到沮丧的事。因为职级的上升对员工而言并不只是一个加薪的问题，更是个人价值提升的重要表现，运用宽带薪酬后只有薪酬的变化但没有晋升，晋升产生的激励作用便得不到有效的利用。

3. 宽带薪酬适用范围有限

宽带薪酬在新的"无边界"组织以及重视专业化程度、多职能工作、跨部门流程和技能工种的团队型组织中起着特别的作用。由于这种组织需要保持一定的生产效率并通过变革来保持竞争力，它们更需要有综合性的方法，把薪酬和新技能的掌握、能力的提升、更加宽泛角色的承担以及最终的绩效结合在一起，并且还要有助于员工的发展与多种职业轨道的开发，宽带薪酬的思路恰好与此类组织的需求相互吻合。除此之外，运用宽带薪酬模式还需要具备一些其他条件，比如技术以及管理等智力因素，支付能力和团队协作型的组织文化，相对健全的人力资源管理体系等。但是对于和上述组织有区别的许多组织而言，宽带薪酬的思路并不一定适合，例如，宽带薪酬并不适应劳动密集型的组织。

4. 薪酬预测以及人工成本控制的难度变大

宽带可以使分配薪酬的方式发生变化，但是却不能改变分配的数量。管理者们往往认为更为平坦的组织结构与薪酬分配结构能够降低成本，而事实却是相反的。宽带薪酬结构中，薪酬成本上升的速度要比传统薪酬结构快。这是由于宽带薪酬体系拓宽了部门主管决定员工薪酬的自由度，但是他们则通常站在部门利益与员工关系的角度上给员工增加薪酬。并且，员工的职位轮换、岗前培训机会变多，都意味着将会扩大组织在这方面的支出，尽管从长远来看这会有助于组织发展。除此之外，浮动范围的扩大导致薪酬更富于弹性以及灵活性，薪酬的额度变化不定，预测值的误差也随之扩大，很容易使原有的薪酬计划和成本控制失去效用。

基于上述的阐述，为了解决宽带薪酬的不足之处，学者们提出了第二代宽带薪酬体系的概念。因为第一代宽带薪酬结构容易和市场脱节，并且存在着内部公平性与市场膨胀的问题，容易导致使用宽带薪酬的组织慢慢失去竞争力。许多组织为此感到困扰，但是几乎没有组织会选择变回传统的薪酬结构。

解决宽带薪酬和市场脱节主要有两个方法:第一，为每一职位制定一个价格。例如，会计是一个职位，工程师又是一个职位，大家都在宽带里面，但是要为每一职位或岗位制定相对应的价格。第二，一个岗位不仅仅有一个价格，将每个岗位和市场挂钩。

在第一代宽带薪酬中，员工的表现以及所获报酬直接依赖于基层经理的判断，每个岗位会渐渐脱离市场价值;在第二代宽带薪酬结构下，要先大概估算每一个岗位的市场价值，或确定每一个岗位市场价值的最低区间。每一个岗位不只能够纵向波动，而且能够横向波动，比如，每一个岗位可有不同的运行年数的要求。总而言之，第二代宽带薪酬的解决方法是将宽带里的职位与市场价值相结合，原先是由基层经理来确定某一个职位的员工薪酬，现在则要看其在市场上的价值，所以基层经理的作用相对于之前来说有所降低，但是基层经理还同时具有调节职位横向波动的作用。所以，第二代宽带薪酬体系是将职位体系与职业生涯的薪酬体系相结合的一种新型薪酬体系。

五、宽带薪酬设计模型

基于宽带的薪酬体系设计模型如图 5－4 所示。

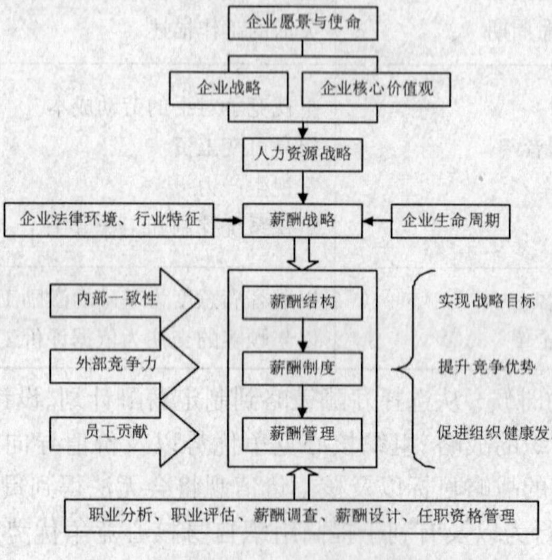

图 5－4 基于宽带的薪酬体系设计模型

六、宽带薪酬设计流程

1. 依据组织战略与核心价值观确定组织的人力资源战略

组织战略目标的实现不仅是人力资源管理体系的根本目标，而且是组织薪酬管理体系的根本目标，不然，人力资源管理便永远停留在了传统的人事管理阶段，并不能成为组织的战略伙伴。组织通过建立一定的人力资源战略把组织的战略、组织核心竞争优势以及核心价值观转化成可测量的行动计划与指标，并且借助激励性的薪酬体系强化员工的绩效行为，提升组织的战略实施能力，有利于促进组织战略目标的实现。人力资源管理体系不只是一套对员工贡献进行评价并且给予肯定激励的方案，而更应该是把组织战略以及组织文化转化成具体行动，并且支持员工实施行动的管理流程。

2. 依据组织的人力资源战略、外部法律环境、行业竞争动态以及组织的发展特点制定适合自身需要的薪酬战略。

若薪酬战略的一个基本前提是将薪酬体系与组织的经营战略结合起来，不同的经营战略则会具体化为不一样的薪酬战略以及方案。表 5－5 为依据不一样的组织战略所设计的薪酬战略和制度。

表 5－5　　不同的组织战略设计的薪酬战略和制度

经营战略	薪酬制度
创新者 提高产品的复杂性 缩短产品生命周期	奖励对产品创新和生产过程的改革 薪酬以市场为基础 灵活的工作描述
成本控制者 注重效率	重视竞争对手的劳动成本 提高可变工资 重视生产力 重视系统控制和工作分工
关注顾客 提高顾客希望	以顾客满意度为基础的激励工资 以与顾客的交往为依据评价工作和技能

进行薪酬体系设计的时候，从选择薪酬策略到制定薪酬计划、设计薪酬方案、发放薪酬以及沟通，都应该体现出组织的战略、组织核心竞争优势以及价值导向对人力资源特别是对激励机制的要求，不然组织的战略目标以及核心价值观将会无法得到贯彻落实。对于符合组织的战略、组织价值趋向的行为以及有利于提高组织自身核心竞争优势的行为在薪酬上给予倾斜，由此来强化员工的绩效行为。

组织的薪酬体系一方面要体现出组织战略与核心价值观对人力资源激励机制的要求，另一方面又不能脱离组织所在行业的特点以及组织的生命周期。

首先，组织所在行业的特点主要体现的是组织所在行业的技术特点与竞争状态。技术指的是用来将组织的投入转变成组织产出的工具、技能与行动。组织的技术水平往往具有两种形态：制造与服务，这两种形态对于组织薪酬体系的要求是不一样的。比如，IBM 向服务型组织转型之前薪酬的等级是 24 级，转型之后的薪酬等级是五级。组织竞争对手所提供的薪酬状况在很大的程度上影响着组织选择的薪酬模式及组织结构。

另外，组织如同生命体一样，需要经历出生、成长、成熟以及死亡等不同的生命阶段。处在不同生命阶段的组织有不同的特征，所以需要不同的薪酬体系适应其战略条件。用表 5－6 联想集团的薪酬模式的变化作为举例来说明这个问题。

表 5－6　　联想集团的薪酬模式的变化

发展阶段	特点	薪酬模式
发展初期	完全倚重于个人的能力开展业务，希望借此迅速扩大规模	低保障高激励阶段
组织发展到一定规模	逐渐产生品牌拉力，此时不仅看眼前的销量，同时注重基础工作的质量，以保障持续稳定发展	保障与激励并重阶段
规模大、稳定发展的成熟组织	品牌拉力大，专业化分工更细，更强调团队内的协作	高保障低激励的成熟阶段

3. 依据组织的结构特点和工作性质选择适合采用宽带技术的职务或者层级系列

在传统的金字塔型组织结构、重视个人贡献的文化氛围中，通常运用等级制的薪酬模式，随着组织的等级趋于平坦，注重团队协作而并不是个人贡献，在组织中运用较少的工资范围跨度、很大的工资类别来替换以往较多的工资级别。这样的情况下，宽带薪酬模式随之产生，由此减少了工作间的等级差别。工作的性质对于薪酬模式的选择来说具有重要的影响力。比如，与工作较独立、环境较轻松的工作相比较来说，若工作技术要求与工作性质需要较强的协作及团队精神，平等型的宽带薪酬模式更加有助于提高员工的工作满意度以及工作绩效。

4. 采用宽带技术建立并且完善组织的薪酬体系

第一，确定宽带数量。首先组织应该确定使用多少工资带，这些工资带间往往有一个分界点。每一个工资带对员工的技能要求是不一样的。通用电气零售商学院财务服务组织使用五个宽带，替代了24个级别，并且对每一个宽带的目标、能力以及培训作了明确要求，在此方面以宽带I为例子进行说明(见表5－7)。

表5－7　　工资带I

目标	开发有效的管理工作任务和成功的作为团队成员所需的自我管理/人际沟通和技术技巧 拓展其他职能领域和其所需的业务知识面、以及广泛了解客户的知识
主要能力	工作的计划/组织和执行能力 有效地开发合作者/顾客和客户关系的能力 能有效地成为团队成员 通过创新观念增加价值
建议的培训和教育	优质服务/100%满意 礼貌待客/回电 技术和程序培训以及法律培训 数字技术/人体工程学 RFS系统培训 人际沟通技巧 不同文化意识培训 团队意识和技术构建

第二，个人绩效奖励的种类。依据工作性质的特点以及不同层级员工需要的多样性建立不同的薪酬结构，由此来有效激励不同层级员工的积极性以及工作主动性。

第三，确定宽带内的薪酬浮动范围。依据薪酬调查的数据和职位评价结果确定每一宽带的浮动范围和级差，在每个工资带中，每个职能部门依据市场薪酬状况及职位评价结果来确定不同的薪酬等级以及薪酬水平。

第四，宽带内横向之间的职位轮换。同一个工资带中薪酬的增加和不同等级薪酬增加类似，在同一个工资带中，鼓励不同职能部门之间的员工进行跨部门流动来增强适应性，提升多方位思考问题的能力。所以，职业的变化更加有可能的是跨职能部门，但从低宽带流向高宽带的则很少。

第五，做好任职资格和工资评级工作。宽带有很多的优点，但是因为经理在决定员工工资时有很大自由度，使用人力成本便有可能大幅上升。美国联邦政府的有限经验显示，在宽带结构下，薪酬成本上升的速度往往比传统工资结构快。为有效地控制人力资源成本，抑制宽带薪酬模式的不足之处，建立基于宽带薪酬体系的同时，还应该构建相应的任职资格体系，从而来明确工资评级标准和办法，营造一个以绩效与能力为导向的组织文化氛围。

七、实施宽带薪酬的条件

(一)积极参与型管理风格

各部门经理在人力资源管理方面需要具备足够的成熟度，能够与人力资源部门一起作出重要的决策。宽带薪酬制度的一个关键特点就是经理将有更多的空间参与到员工的相关薪酬决策中。若没有一个相当成熟的管理队伍，那么，在实行薪酬制度的管理过程中就会出现困难。比如，部门经理不能对员工进行客观的评价，导致内部不平衡；部门经理对员工的发展不够重视等。此外，若每个部门都是以自我为中心，并不认同宽带薪酬制度，那么，人力资源部门就难以发挥其“顾问”的角色，只是为了内部的平衡，更多地来充当“警察”的角色。假如是这样的话，宽带薪酬制度也就很难发挥其原有的作用了。

(二)树立宽带薪酬理念

组织只有形成了宽带薪酬管理理念，产生管理上的认同，才能够让这样的一种理念深入人心。若不重视员工的工作表现，必将会导致“平均主义”现象，在这样的文化背景下，员工表现的优劣差别并不能够被公平地进行区别对待，那么，宽带薪酬制度所提供的“宽带”就失去了意义。

(三)注重沟通

引入宽带制度要让管理层与员工及时全面地沟通，使员工可以清晰地理解组织的报酬决定因素和组织的发展策略，由此来激励员工重视个人和组织发展的一致性，并且努力让员工看到自己在组织中的发展前途。

(四)要为员工的发展配备工具

宽带薪酬制度为员工的发展和其自身的个人职业生涯提供了更大弹性。组织应该配备能够使员工发挥积极性的工具，让员工能不断获取新技能，使他们对自身在组织中的职业发展有更加清晰的认识，帮他们充分利用宽带薪酬制度提供的空间，这样组织才能够不断地获取更有竞争力的整体员工队伍。

(五)拥有高素质的薪酬管理人员队伍

实施宽带薪酬制度需要人力资源部门的薪酬管理人员和各部门之间进行更为密切的合作，他们在和部门经理一起协商为新职位进行定级、了解市场信息及协助制定薪酬计划等方面，必须秉着能提供优质服务的态度和以专业顾问的角色去为部门服务。所以，引入宽带薪酬制度要求组织从整体策略上及组织文化、管理队伍的素质和人力资源部门的专业化等方面进行考虑和配套，否则的话，将会很难真正将宽带薪酬制度所具有的优势发挥出来。

八、宽带薪酬结构设计中的几个关键决策

(一)薪酬宽带数量的确定

一个组织的薪酬结构究竟设计几个宽带较为合适，当前还没有统一的标准。组织通常是设计4~8个薪酬宽带;一些组织设计10~15个宽带;还有一部分组织甚至仅仅设计2个宽带薪酬，一个是给管理人员用的，另外一个是给技术人员用。薪酬宽带数量的决策还应当根据组织中可以带来附加价值的不同员工的贡献等级究竟应该有多少较为合适。宽带间的分界线通常是在一些重要的“分水岭”处，也就是在工作或者技能以及能力要求存在较大的差异的地方，例如可将某组织的薪酬宽带划分为助理级(初进组织者)、专业级(有经验的以及知识丰富的团队成员)、专业主管级(团队或者项目监督者)、专业指导级或者教练级等。

(二)宽带的定价

薪酬宽带的设计中，有可能会出现在每个宽带中都包括财务、采购、软件开发以及工程、市场营销等各类工作，然而，在不同的宽带中要求的技能或者能力层次会存在一定程度上的差异，并且还会在同一个宽带内的不同职能工作间存在薪酬水平差异的问题。所以，在薪酬宽带设计中存在的一个挑战就是，怎样向处于同一个宽带之中但职能各不相同的员工来支付薪酬。可行的做法是，将市场薪酬水平以及薪酬变动区间作为参照，在存在外部市场差异的情况下，对同一个宽带中的不同职能或者职位族的薪酬进行分别定价。

(三)将员工放入薪酬宽带中的特定位置

薪酬宽带设计工作完成后，组织应该解决的一个关键问题是怎么样将员工放入到薪酬宽带中的不同位置上，针对这个问题，组织往往采取三种方法。对于希望着重强调绩效的组织而言，可能会依据员工个人的绩效表现来将员工在薪酬宽带中定位，这相对来说是一种比较好的做法。注重新技能获取的组织，有可能会严格根据员工的新技能获取情况确定他们在薪酬宽带中的位置，而员工是否具备了组织所需要的这些新技能，是由接受过培训与否、是否取得资格证书决定。先确定某一个明确的市场薪酬水平，其次在同一个薪酬宽带内部，对低于该市场薪酬水平的部分，采用依据员工的工作知识以及绩效定位的方式，在高于该市场薪酬水平之上的部分，则是依据员工的关键能力开发状况从而来确定他们在薪酬宽带中的位置。

(四)跨级别的薪酬调整及宽带内部的薪酬调整

在实施宽带薪酬的情况下，员工通常是在同一级别的宽带内部之间流动，而并不是在不同的薪酬宽带间流动。这样的情况就相对比较简单一些，这是因为在薪酬宽带内部的薪酬变动和同一薪酬区间内的薪酬变动的原理从基本上来看是相同的。但是，在某些时候，组织也同样需要处理员工在不同等级的薪酬间的流动问题。此问题的关键是怎样确定员工的薪酬变动标准。作为一种强度能力与业绩而非僵化的职位等级结构的薪酬结构设计，宽带薪酬是最注重员工个人的能力提高以及业绩表现的。即组织必须建立对员工的技能评价体系及绩效管理体系，通过这种体系才能够确定客观、公平的员工薪酬变动依据，而事实上，这也是组织实施宽带薪酬的一个前提条件。

小结

薪酬结构指的是员工的薪酬构成项目及各自所占的比例。它所强调的是职位或技能等级的数量、不同职位或技能等级间的薪酬差距及用来确定这种差距的标准是什么。

薪酬结构的设计有七个步骤:第一步，观察被评价职位的点值状况，并依据点值对相应的职位进行排序;第二步，按职位点数对职位进行初步分组;第三步，依据职位的评价点数确定职位等级的数量以及点数变动范围;第四步，将职位等级划分、职位评价点数和市场薪酬调查数据相结合;第五步，计算职位薪酬水平;第六步，考察薪酬区间中值和市场水平的比较比率，对问题职位的区间中值进行一定的调整;第七步，依据确定的各职位等级或者薪酬等级的区间中值建立薪酬结构。

为克服传统薪酬体系的缺陷，宽带薪酬作为一种全新的薪酬管理模式应运而生。宽带薪酬，实质上是一种新型的薪酬结构设计方式，是对传统的带有大量等级层次的垂直型薪酬结构的改进与替代。

与传统的薪酬结构相比，宽带薪酬有以下几方面的特征与作用:(1)宽带型薪酬结构支持扁平型组织结构;(2)宽带型薪酬结构能够引导员工重视个人技能的增长与能力的提高;(3)宽带型薪酬结构有助于职位轮换以及培育组织跨职能成长与开发;(4)宽带型薪酬结构能够密切配合人力资源市场上的供求变化;(5)宽带型薪酬结构有助于部门经理更多参与到员工的薪酬决策中;(6)宽带型薪酬结构有助于提升组织整体绩效以及员工的工作绩效。

实施宽带薪酬的条件有:积极参与型的管理风格、树立宽带薪酬理念、注重沟通、为员工的发展配备工具、有一支高素质的薪酬管理人员队伍。

宽带薪酬结构设计中的几个关键决策如下:薪酬宽带数量的确定、宽带的定价、将员工放入薪酬宽带中的特定位置、跨级别的薪酬调整及宽带内部的薪酬调整。

思考题

1. 薪酬结构的内涵是什么?
2. 薪酬结构的作用是什么?
3. 传统薪酬结构的主要弊端有哪些?
4. 宽带薪酬的功能有哪些?

案例分析：

华尔街薪酬规则：薪酬结构的两难取舍

2009 年，美国国际集团（AIG）“奖金门”事件的深层原因在于华尔街的薪酬规则。在华尔街的薪酬体制中，高层的薪酬结构包括基本工资、分红、股票奖励、期权以及其他补助。在华尔街，股票奖励与期权价值取决于公司的股价。因此，资本市场并不欢迎保守谨慎型的金融公司，人们都成为“高风险偏好者”，利益驱使高层团队倾向于采取激进的市场策略，投入高风险高收益的产品领域。这种低工资、高奖励的薪酬机制为华尔街精英实现梦想提供了机会，也酝酿着巨大的风险。受 AIG“奖金门”事件影响，降低奖金、加强薪酬成为美国政府与国会的共识，但这种做法也引起不少人的担忧。他们认为，改变华尔街薪酬体系的做法，不仅无法消除华尔街人才流失的威胁，还有可能产生一些更坏的结果，如推高固定成本、降低问责标准等。事实上，华尔街一些银行开始尝试用上调基本工资的做法应对政府的限薪令。Steven Hall&Partners 的梅耶（Pearl Meyer）估计，在可预见的未来，华尔街公司的薪酬占公司收入的比例将突破 60%，显著高于过去几年约 50% 的水平。据国外媒体报道，2010 年，华尔街金融机构员工的薪水和福利总额将同比增长约 4%，将增至约 1 440 亿美元的水平，有望连续第 2 年创下历史新高。

思考：

增加基本工资，降低奖金比例，固然会抑制高管的冒险冲动，但这不但会增加工资支出比例，而且难以留住贡献率最高的员工。请思考在工资、奖金、股权激励之间如何有效平衡？

第六章　绩效奖励计划

【引导案例】

深圳恒波集团薪酬制度改革案例

深圳市恒波商业连锁股份有限公司是一家以经营和维护移动通信终端产品为主的专业连锁手机推广机构。公司经营模式为连锁经营，门店遍布在广东、湖南、湖北、重庆、江西等地。门店集中在广东深圳，目前在深圳各区域拥有上百家零售连锁营业网点。

作为一家区域性手机连锁零售企业，公司注重品牌建设，凭借多年来持续优质的服务，恒波已经成为全国最大、厂家授权最多的手机零售及售后服务连锁企业之一，并与手机生产厂家、移动运营商建立了密切的合作关系：恒波是诺基亚中国核心战略合作伙伴；是诺基亚、索尼爱立信、联想、夏新等国内外知名品牌最大的直接供货对象之一；是摩托罗拉、索尼爱立信、三星、LG、飞利浦中国核心零售合作伙伴；是中国移动集团广东有限责任公司紧密型战略合作伙伴。

恒波始终坚持“崇尚品质、追求卓越”的理念，以“一切为顾客服务”的宗旨为消费者提供“始终好品质”的服务体验，赢得了良好的口碑和信任，同时也获得了政府及行业的认可，先后被评为“全国诚信建设示范单位”、“深圳市民满意的手机零售商”、“中国优秀企业”、“质量诚信示范企业”、“质量服务星级企业”、“2005 年通讯服务行业（五星）星级服务示范单位”、“深圳知名品牌”、“最能代表25 年深圳形象深圳名片”、“中国服务业企业500 强”、“国际品质服务诚信 AAA 企业”、“深圳 100 家最具竞争力品牌产品”、“2006 年度最具影响力的手机零售卖场”、“中国移动通信 2006 年度优秀合作商”、“零售十年优秀品牌连锁店”、“广东省商业服务业改革开放 30 周年杰出贡献奖”、“深圳市百强企业”、“2008 年度诺基亚金牌直供客户”、“中国移动深圳分公司 2008 年度杰出合作商”、“广东省著名商标”等荣誉。公司秉承“连锁经营，专业专注，深度渗透，区域为王”的总体战略，贯彻“立足深圳，重点发展广东市场，逐步渗透华南市场，进而面向全国市场”的发展规划，大力发展手机连锁零售业务，目标是把恒波股份建设成为国内一流的标准化、规范化、流程化、精细化的手机连锁零售企业，为客户创造价值，为社会创造财富。然而，随着公司业务的不断发展和企业影响力的提升，管理和后台支撑对一线市场的影响作用也越来越明显，后台支撑和管理人员的数量也急剧增加。为了激励员工，公司对市场一线的员工实行的是底薪加提成这种典型的销售型薪酬支付制度。但后台和管理人员与一线员工不同，他们的能力和业绩不能直接体现在当前的销售额上，而公司又还没有一个适用于后台不同部门的薪酬决定机制，薪酬方面的问题已经成为管理层亟须解决的问题，这些问题具体表现在：

第一，过去由于后台和管理类员工数量比较少，公司负责人对他们都很了解，因此负责人就直接决定了他们的薪酬，一人一策、一事一策的现象屡见不鲜，工资的安排具有很强的随意性。而由于存在某一项目、某一环节、某一结点上的人才匮乏和急需，所以在很多时候提出和给付的薪酬大多也是应急性的，这使得不同的人在同一群体之中产生了薪酬磨擦。这渐渐导致企业内部的管理无序和效率丧失。

第二，随着企业的不断发展，后台和管理部门越来越完善，岗位也变得多种多样，不同岗位之间工作性质不同，在这种情况下后台和管理人员单一的薪酬结构模式，使得很多员工失去激情，产生强烈的对薪酬的刚性(无弹性)追求和欲望，从为自己干变为为老板干，保职求位而淡化职责变成很多人的理念。同时，对工资的攀比心态，引发出企业员工之间的矛盾，减少和消耗了团队的合作精神，往往变成团队难以合作的导火线。

第三，更为大家诟病的另一个问题就是没有系统的薪酬发展通道，薪酬发展模糊无序。公司给个别或一些员工的奖励或加薪，基本上都是凭老板的主管判断和好恶，多少不一定，方法也不太讲究。这不但背离了公平公正公开的原则，也是造成公司内耗的重要原因。

第四，薪酬与考核结果和晋升缺乏联系，薪酬调整没有明确依据，因此干多干少一个样、干好干坏一个样，“大锅饭”思想在后台和管理人员中不断蔓延。真正有能力和愿意做事的员工也得不到应有的激励和肯定。在这种情况下，公司花费长时间培养的人才流失情况很严重。

第五，不同层次和不同岗位员工的工资水平等级较少，在工资体系中与员工绩效或企业效益挂钩的项目较少，导致员工之间的工资差距较小甚至员工的工资基本没有起伏的现象。而同时，资历、能力差别很大的员工薪酬相差无几的现象也不少见。

第六，员工的各种工资性项目的核算缺乏明确的依据和科学的办法，员工无法通过薪酬制度来了解自己的大致收入。而提薪或奖金发放的模糊化，使得员工很难判断在报酬与绩效之间是否存在着联系。

在这种情况下，为解决薪酬问题，让薪酬成为推动公司业务发展的驱动力量，吸纳、留住、开发、激励人才，促进公司在手机零售行业中智力资本优势的构建，公司建立了一套符合公司实际、富有竞争力的薪资报酬体系。

通过薪酬制度，公司明确了薪酬设计的理念，明确了企业薪酬分配的倾向，鼓励什么、限制什么。恒波公司薪酬的设计与运作基于以下理念：(1)恒波全体员工。即结成利益共同体和命运共同体。(2)公司提倡能力主义和团队协作，从根本上抛弃价值分配中的攀比、职务本位和平均主义。(3)公司坚持效率优先，兼顾公平，鼓励员工在为公司成长与发展作贡献的同时，享受薪酬和其他待遇上的好处。

在薪酬理念的指导下，公司确定了按劳分配原则，根据员工素质、工作能力、工作业绩以及职责、风险承担，确定员工的收入，形成了后台和管理人员的薪酬结构：员工月收入总额=职能工资+月度奖金+津贴+社会保险。

公司新的薪酬制度，还有以下特点：

第一，以职能等级工资构成公司薪酬制度的主体框架，建立等级薪酬提升次梯，增强薪酬的激励作用。内容有：在纵向上，所有职位按资格能力的高低，分出不同的层欠，恒波公司所有职位可划分为12个职等；在横向上则按职位的性质，分出不同内容的资格能力。

第二，薪酬制度与人事考核制度紧密挂钩，以促进考核评价、晋升与自我开发的制度性目标的实现。

月度奖金是指公司将员工收入的一定比例与考核结果挂钩的一种工资形式。月度奖金的多少随部门和员工个人考核结果的好坏波动。个人月度奖金=个人月度奖金基数×考核分配系数（不同的绩效考核成绩有对应的考核分配系数）。

绩效考核等级	A	B	C	D
考核分配系数(p1)	1.1	1.05	1	0.9

第三，员工的薪酬不是被动取得的，而是动态的、激励的和双赢的，薪酬制度要保持适当的弹性，从而为公司的成长壮大和员工的发展提供长久的激励机制。把业绩考核作为改造薪酬体系的主要突破口，工资调整每半年一次，工资调整与同期人事考核结果直接挂钩，即考核档次直接决定任职资格等级及工资的提高或降低。职能工资的薪酬额随着员工职等、职级的变化而变化。

第四，根据企业内外环境的变化及时调整和优化薪酬系统，公司薪酬总额由销售额、毛利额和成本耗费额共同决定，公司在事业发展良好阶段，员工的人均年收入应高于区域和行业相应水平。反之则可根据事业发展需要，启用自动降薪机制，以避免过度裁员与人才流失，确保公司渡过难关。

第五，薪酬水平充分拉开差距，以利于形成与稳定核心层、中坚层和骨干层队伍。薪资报酬要向关键职位、核心人才倾斜。部分员工为企业做出了重要贡献，成为公司重要的技术研发人员或管理人员，而又没有办法通过升迁来提高他们的待遇，这种情况就需要对他们的薪酬在相应的职等或职级范围内进行调整。

各职类任职资格等级的划分必须分出等级下限和上限，即职能等级区间。下限是其任职资格能力的起跑点，上限是其任职资格能力的终极目标。职能等级区间，可由公司管理委员会根据公司不同时期战略重点的变化，对战略价值上升的职类的职能等级区间做出相应的调整。职能工资数额在职等和职级之间保持着一定的等差和级差。等差和级差可由公司管理委员会根据不同时期公司的人事政策及工资政策的变化做出调整。

思考：

1. 深圳恒波集团的薪酬制度合理吗？若不合理，怎样建立一套激励约束机制？
2. 你认为深圳恒波集团目前的报酬制度主要存在哪些问题？
3. 如果深圳恒波集团的薪酬制度改革工作交给你来做，你将如何设计？

【本章学习目标】

· 理解薪酬激励奖励计划的原理。

· 理解薪酬激励奖励计划的构成类别。

·掌握个人奖励计划的类别。
·掌握群体奖励计划的适用条件与类别。
·掌握薪酬奖励计划的实施要领。
·能够灵活掌握激励奖励的原理及激励奖励方法。

第一节 绩效奖励的原理

激励奖励使人始终维持在一种兴奋状态中。将“激励奖励”这一概念用于薪酬管理，就是通常所说的调动人的积极性的问题。关于如何调动人的积极性的激励奖励问题一直是薪酬管理的核心内容和研究热点之一。哈佛大学的威廉·詹姆斯研究发现，按计时工资获得报酬的员工，一般只要发挥能力的20% -30%，即可保证不被解雇。如果受到充分的激励，则员工的能力可发挥出80% -90%，这说明，管理中采取激励措施，使员工的工作效率提高了60%。从管理者的角度来看，激励的目的应该是引导员工高效能地工作，努力完成企业的目标。

激励奖励是绩效薪酬的一个关键部分，只有充分了解激励奖励的原理才能更好的找到调动员工积极性的切入点。人的工作绩效，不仅取决于他的能力大小，而且取决于激励奖励的水平，即积极性的高低。激励奖励的水平越高，达到目标的努力程度和满意感也越强，所取得的工作效能也越高。反之，激励奖励水平低，缺乏完成组织目标的动机，工作效率也就越低。本节着重介绍激励奖励的原理，希望同学们通过本章的学习了解激励奖励的原理，能够灵活运用到以后的绩效薪酬管理的学习和工作中去。

从人的行为模式到人类行为规律，我们可以看到:人的行为都是在某种动机的驱动下，为了达到某个目标的活动。外在刺激、内在动机、目标吸引力正是构成人类行为动力系统的三种重要因素。根据国内外许多人力资源管理学者对激励的研究，将工作激励的理论划分为内容型激励理论和过程型激励理论。内容型激励理论主要从内在动力角度，集中分析个体的多种需要，认为管理者的任务是创设一种积极满足各种个体需要的工作环境。内容型激励理论可以帮助解释出现的各种工作态度、行为和绩效的原因，并认为奖励的价值在于满足所激发的需求。过程型激励理论主要从外部因素角度，围绕人的激励过程及其对工作行为的决定性影响，注重解释需要、奖励和行为之间的关系和相互作用问题。

一、内容型激励理论

内容型激励理论基本上是围绕着如何满足员工的需要进而调动其工作积极性开展研究，也称为需要理论，这方面比较成型的理论主要有马斯洛的需要层次理论、赫茨伯格的双因素理论、阿尔德弗的ERG理论和麦克利兰的成就需要理论。需要是行为的动力，是人积极性的源泉。因此，调动人的积极性首先要满足人的需要。满足需要就要研究人有哪些需要，各种需要之间有怎样的关系，如何处理好各种需要间的关系。为此，国外有许多有影响、值得我们借鉴的研究成果，指导着我们的管理活动。

(一)马斯洛需求层次理论

美国人本主义心理学家马斯洛认为，人的行为是受到内心的欲望推动的，内心需要的满足是行为的目的。他认为，人的需要是从较低级的生理需要到较高级的社会性需要的有序排列。当一种较低水平的需要得到满足以后，就会出现较高层次的需要。人的需要由低到高依次为：

(1)生理需要。包括饮食、栖身、性和其他身体需要。这是人类需求中的起始点，也是为了生存所不可缺少的最基本的需要。在许多需要缺乏的情况下，食物需要特别强烈。

(2)安全需要。指使身体免受生理和心理伤害的需要。这是人类生存的需要，包括身心健康、人身安全、职业稳定、收入有保障、财产保险、医疗保险、老年的生活保证等。

(3)归属与爱的需要。这是人作为社会人所具有的社会需要，包括情感、归属、被接纳和友谊等需要。希望与别人保持关系，进行社交，获得友谊和爱，希望归属于某个群体或被群体接纳的欲望。

(4)尊重需要。指人对尊严、荣辱、名誉、地位、权力等的需要。是人的高层次的精神需要。尊重的需要包括自尊，如自尊心、自主权、成就感等需要；也包括他尊，如地位、名誉、被人认同、受重视等需要。这种需要使人充满信心，体会到自己的生命价值。

(5)自我实现的需要。这是一种追求充分发挥个人的潜能和才能，对社会做出自己觉得有意义、有价值的贡献，实现自己的理想和抱负的需要。包括个人成长、个人潜能挖掘、个人理想实现的需要。自我实现需要是人类追求的最高理想境界，自我实现的人是处于社会顶峰的人物。

按对个体的重要程度，马斯洛的五个需要的等级排列图示如图6－1所示。

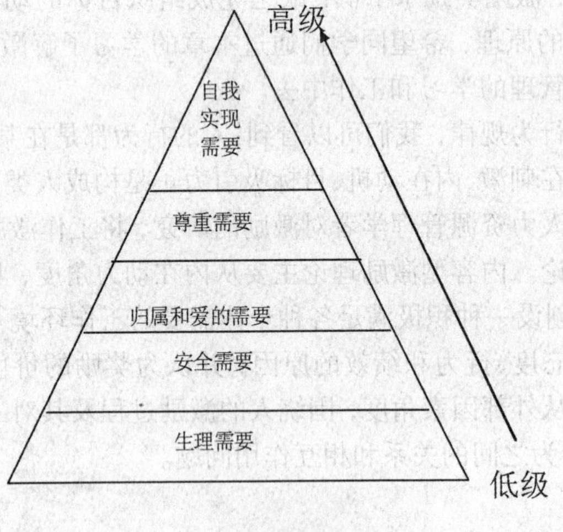

图6－1

马斯洛认为，人的需要是一个由低到高逐次发生的过程。个人的需要在短暂的某个时间内是可以得到满足的，但从长远来看，人类的需要是不可能完全得到满足的。“人心不足蛇吞象”，说的就是需要是不断升级、永不满足的。对于每一个人来说，不同层次的需要可以同时并存，这些需要不是“有”或“没有”的问题，而是哪个需要占主导地位的问题。

需要层次理论中各种需要之间的关系：五种需要又可分三个级次，其中生理需要和安全需要属于低层次需要；归属与爱的需要、尊重的需要属于中级层次的需要。自我实现的需要属于高层次的需要。其区分标准主要是能否以外部满足条件存在为依据。一般来说，低一级的需要通过外部条件就可以得到满足；而高一级的需要主要是通过内部因素才能满足，并且是无止境的。各层次需要虽然呈现递进关系，但各层次的需要又相互依赖和重叠，高一层次需要得到发展后，低一层次的需要仍然存在，只是对人行为的影响力大大减弱。人的需要层次结构与一个国家的经济发展水平、科学技术水平、文化和人民受教育程度直接相关。在不发达国家，生理需要和安全需要占主导的人数比重大，而高级需要占主导的人数较小；在发达国家，则正好相反。同时，他也指出，在一个国家的不同发展时期，人的需要层次会随着生产力水平的变化而变化，一般表现为由低级向高级发展。生产力发展水平低下时，人们对金钱、物质的需求更加迫切；生产力发展水平提高时，人们更加注重高层次需要的满足。

需要层次理论自问世以来，一直有很大的争议，人的需要层次并不是一个绝对的从低到高的满足过程。受客观条件的限制，人的需要层次满足有很大的差异性；自我实现需要不是每个人都能达到的。尽管马斯洛的需要层次理论存在这样或那样的缺点，但它揭示了人类行为的动力结构，为我们预测和掌握人的行为规律提供了科学的根据。因此，它为我国的管理工作，尤其是人力资源的管理工作提供了好的借鉴作用。同时，由于需要层次理论本身的缺陷，在实际应用时要对具体的情况灵活对待。不能简单地根据需要层次理论的层级顺序来激励员工，而应该把员工的需要引向更高的内在需求方面，产生持久的激励作用。因此，这一理论对企业管理乃至国家制定方针政策均具有较大指导作用。

（二）弗雷德里克·赫茨伯格"双因素"理论

"双因素"理论是由美国心理学家弗雷德里克·赫茨伯格提出的。其全称为"激励因素——保健因素理论"。20 世纪 50 年代后期，赫茨伯格在匹兹堡心理研究所与其同事们对该地区一些企业进行一次调查，要求受访人回答"什么时候你对工作不满意"、"原因是什么"等问题，并说出引起他们不满的事件及先后顺序。调查发现，引起人们不满意和满意的因素是不同的，不满意因素多半是由他们的工作环境引起的，而满意因素一般是由工作本身引起的。赫茨伯格经过研究，把影响人们工作行为动机的各种因素分为两类，一类叫保健因素，另一类叫激励因素。

双因素理论认为引起人们工作动机的因素主要有两个：一是保健因素；二是激励因素。只有激励因素才能够给人们带来满意感，而保健因素只能消除人们的不满，但不会带来满意感。其理论根据是：第一，不是所有的需要得到满足就能激励起人们的积极性，只有那些被称为激励因素的需要得到满足才能调动人们的积极性；第二，不具备保健因素时将引起强烈的不满，但具备时并不一定会调动强烈的积极性；第三，激励因素是以工作为核心的，主要是在职工进行工作时发生的。

保健因素是指造成员工不满的因素。保健因素不能得到满足，则易使员工产生不满情绪、消极怠工，甚至引起罢工等对抗行为；但在保健因素得到一定程度改善以后，无论再如何进行改善和努力往往也很难使员工感到满意，因此也就很难由此激发员工的工作积极性，所以就保健因素来说："不满意"的对立面应该是"没有不满意"。

激励因素是指能让员工感到满意的因素。由于激励因素的改善而使员工感到满意的结果，能够极大地激发员工工作的热情，提高劳动生产效率；但激励因素即使管理层不给予其满意满足，往往也不会因此使员工感到不满意，所以就激励因素来说："满意"的对立面应该是"没有满意"。

满足保健因素需要，只能起维持积极性的作用，而没有激励人的作用。如果保健因素类需要得不到满足，往往会使员工产生不满情绪，消极怠工，甚至引起对抗行为。有效持久地调动职工的积极性，就要注重人们激励因素方面需要的满足，使之做出最好的成绩。这两类因素如表 6－1 所示。

表 6－1

保健因素	激励因素	保健因素	激励因素
金钱	工作本身	工作环境	责任
监督	赏识	政策与行动	成就
地位	进步	人际关系	
安全	成就可能性		

赫茨伯格在提出保健因素与激励因素理论的基础上，进一步提出了关于满意与不满意的新观点。传统的观点把满意与不满意看成是一个矛盾体。满意的对立面是不满意，消除了不满意因素，员工就会满意。但是，赫茨伯格在统计资料中发现，“满意”的对立面是“没有满意”，“不满意”的对立面是“没有不满意”，消除工作中的不满意因素并不必然带来满意。

赫茨伯格注意到，激励因素和保健因素都有若干重叠现象，如赏识属于激励因素，基本上起积极作用。但当没有受到赏识时，又可能起消极作用。工资是保健因素，但有时也能产生使员工满意的结果。

赫茨伯格的双因素理论同马斯洛的需要层次理论有相似之处。保健因素相当于马斯洛提出的生理需要、安全需要、感情需要等较低级的需要；激励因素则相当于受人尊敬的需要、自我实现的需要等较高级的需要。当然，他们的具体分析和解释是不同的。但是，这两种理论都没有把“个人需要的满足”同“完成组织目标”这两点联系起来。

（三）克雷顿·奥尔德的 ERG 理论

美国耶鲁大学的克雷顿·奥尔德弗（Clayton. Alderfer）在马斯洛提出的需要层次理论的基础上，进行了更接近实际经验的研究，提出了一种新的人本主义需要理论。奥尔德弗认为，人们共存在 3 种核心的需要，即生存（Existence）的需要、相互关系（Relatedness）的需要和成长发展（Growth）的需要，因而这一理论被称为 ERG 理论。

（1）生存需要。指维持生存的物质条件的需要。例如，吃饭、喝水以及蔽身等，该需要类似马斯洛的生理需要与某些安全需要。

（2）相互关系需要。指在工作环境中维持与他人之间重要人际关系的需要。对个体而言，此种需要的满足依赖于分享与他人之间的情感和相互关怀的过程。这与马斯洛提出的归属与爱的需要、尊重的需要等社会需要相关。

（3）成长需要。指个人努力创造的需要或个人在工作中成长的所有需要。这是个人发展的内部需要。成长需要的满足，不仅要求个体充分认识自己，自尊自信，充分发挥自己的能力，而且还需要集体为个人创设发展新能力的机会。如图 6－2 所示。

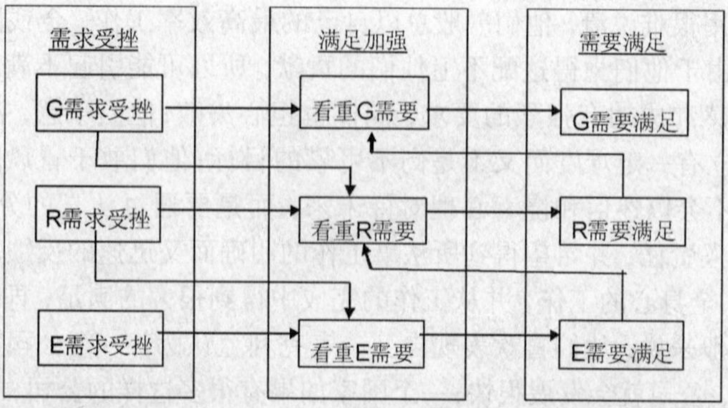

图 6－2

与马斯洛的需要层次理论不同的是，奥尔德弗的“ERG”理论还表明了：人在同一时间可能有不止一种需要起作用；如果较高层次需要的满足受到抑制的话，那么人们对较低层次的需要的渴望会变得更加强烈。马斯洛的需要层次是一种刚性的阶梯式上升结构，即认为较低层次的需要必须在较高层次的需要满足之前得到充分的满足，二者具有不可逆性。而相反的是，“ERG”理论并不认为各类需要层次是刚性结构，比如说，即使一个人的生存和相互关系需要尚未得到完全满足，他仍然可以为成长发展的需要工作，而且这 3 种需要可以同时起作用。

此外，“ERG”理论还提出了一种叫做“受挫—回归”的思想。马斯洛认为当一个人的某一层次需要尚未得到满足时，他可能会停留在这一需要层次上，直到获得满足为止。相反地，“ERG”理论则认为，当一个人在某一更高等级的需要层次受挫时，那么作为替代，他的某一较低层次的需要可能会有所增加。例如，如果一个人社会交往需要得不到满足，可能会增强他对得到更多金钱或更好的工作条件的愿望。与马斯洛需要层次理论相类似的是，“ERG”理论认为较低层次的需要满足之后，会引发出对更高层次需要的愿望。不同于需要层次理论的是，“ERG”理论认为多种需要可以同时作为激励因素而起作用，并且当满足较高层次需要的企图受挫时，会导致人们向较低层次需要的回归。因此，管理措施应该随着人的需要结构的变化而做出相应的改变，并根据每个人不同的需要制定出相应的管理策略。

(四)麦克利兰的成就动机理论

成就动机理论是美国哈佛大学教授戴维·麦克利兰(David·C·McClelland)通过对人的需求和动机进行研究，于 20 世纪 50 年代在一系列文章中提出的。麦克利兰把人的高层次需求归纳为对成就、权力和亲和的需求。他对这三种需求，特别是成就需求做了深入的研究。

成就需求是争取成功希望做得最好的需求。麦克利兰认为，具有强烈的成就需求的人渴望将事情做得更为完美，提高工作效率，获得更大的成功。他们追求的是在争取成功的过程中克服困难、解决难题、努力奋斗的乐趣，以及成功之后的个人的成就感。他们并不看重成功所带来的物质奖励。个体的成就需求与他们所处的经济、文化、社会、政府的发展程度有关，社会风气也制约着人们的成就需求。麦克利兰指出，金钱刺激对高成就需求者的影响很复杂。一方面，高成就需求者往往对自己的贡献评价甚高，自抬身价。他们有自信心，因为他们了解自己的长处，也了解自己的短处，所以在选择特定工作时有信心。如果他们工作出色而薪酬很低，他们是不会在这个组织呆很长时间的。另一方面，金钱刺激究竟能够对提高他们的绩效起多大作用很难说清，他们一般总以自己的最高效率工作，金钱固然是成就和能力的鲜明标志，但是由于他们觉得这配不上他们的贡献，所以可能引起不满。具有成就需求的人，对工作的胜任感和成功有强烈的要求，同样也担心失败;他们乐意，甚至热衷于接受挑战，往往为自己树立有一定难度而又不是高不可攀的目标;他们敢于冒风险，又能以现实的态度对待冒险，绝不会以迷信和侥幸心理对待未来，而是要通过认真的分析和估计;他们愿意承担工作中的个人责任，并希望得到所从事工作的明确而又迅速的反馈。这类人一般不常休息，喜欢长时间、全身心的工作，并从工作的完成中得到很大的满足，即使真正出现失败也不会过分沮丧。一般来说，他们喜欢表现自己。麦克利兰认为，一个公司如果有很多具有成就需求的人，那么，公司就会发展很快;一个国家如果有很多这样的公司，整个国家的经济发展速度就会高于世界平均水平。但是，在不同国家、不同文化背景下，成就需求的特征和表现也就不尽相同，对此，麦克利兰未作充分表述。

权力需求是影响或控制他人且不受他人控制的需求。权力需求是指影响和控制别人的一种愿望或驱动力。不同人对权力的渴望程度也有所不同。权力需求较高的人对影响和控制别人表现出很大的兴趣，喜欢对别人"发号施令"，注重争取地位和影响力。他们常常表现出喜欢争辩、健谈、直率和头脑冷静;善于提出问题和要求;喜欢教训别人、并乐于演讲。他们喜欢具有竞争性和能体现较高地位的场合或情境，他们也会追求出色的成绩，但他们这样做并不像高成就需求的人那样是为了个人的成就感，而是为了获得地位和权力或与自己已具有的权力和地位相称。权力需求是管理成功的基本要素之一。

麦克利兰还将组织中管理者的权力分为两种:一是个人权力。追求个人权力的人表现出来的特征是围绕个人需求行使权力，在工作中需要及时地反馈和倾向于自己亲自操作。麦克利兰认为一个管理者若把他的权力形式建立在个人需求的基础上，则不利于他人来续位。二是职位性权力。职位性权力要求管理者与组织共同发展，自觉地接受约束，从体验行使权力的过程中得到一种满足。

亲和需求是建立友好亲密的人际关系的需求。亲和需求就是寻求被他人喜爱和接纳的一种愿望。高亲和动机的人更倾向于与他人进行交往，至少是为他人着想，这种交往会给他带来愉快。高亲和需求者渴望亲和，喜欢合作而不是竞争的工作环境，希望彼此之间的沟通与理解，他们对环境中的人际关系更为敏感。有时，亲和需求也表现为对失去某些亲密关系的恐惧和对人际冲突的回避。亲和需求是保持社会交往和人际关系和谐的重要条件。

麦克利兰的亲和需求与马斯洛的感情上的需求、奥尔德弗的关系需求基本相同。麦克利兰指出，注重亲和需求的管理者容易因为讲究交情和义气而违背或不重视管理工作原则，从而会导致组织效率下降。

(五)过程型激励理论

过程型激励理论着重对行为目标的选择，即对动机的形成过程进行研究，主要包括弗罗姆的期望理论、亚当斯的公平理论和洛克的目标设置理论。强化理论属于调整型激励理论，着重对达到激励的目的，即调整和转化人的行为进行研究。从人类的行为动力系统分析可知，行为除受到内在动机的激发而产生外，也会因目标的吸引力作用而发生。期望理论就是从目标吸引力角度探讨调动人的积极性问题的。期望理论认为，人的积极性是建立在人对未来目标期望基础上的，个体的行为取决于对行为结果引起的满足感的期望。因此这种理论侧重于未来，它认为激励的出发点不在于是否有需要，而在于个体通过认知评价的过程进行判断，看行为的结果是否满足需要，即取决于结果是否有效价。如果有效价才能激励人去行动，若无效价则不能激励人采取行动。这一理论的主要代表人物有弗罗姆、波特和劳勒等。

（六）弗罗姆期望理论

弗罗姆期望理论是最有影响的激励过程理论之一。1964 年他在《工作与激励》一书中提出的期望理论认为：人们之所以采取某种行为，是因为他觉得采取这种行为可以有把握达到某种结果，并且这种结果对他有足够的价值，满足某种需求。

弗鲁姆认为，人总是渴求满足一定的需要并设法达到一定的目标。这个目标在尚未实现时，表现为一种期望，这时目标反过来对个人的动机又是一种激发的力量，而这个激发力量的大小，取决于目标价值（效价）和期望概率（期望值）的乘积。用公式表示就是：

$$M = \sum V \times E$$

M 表示激发力量，是指调动一个人的积极性，激发人内部潜力的强度。

V 表示目标价值（效价），这是一个心理学概念，是指达到目标对于满足他个人需要的价值。同一目标，由于各个人所处的环境不同，需求不同，其需要的目标价值也就不同。同一个目标对每一个人可能有三种效价：正、零、负。效价越高，激励力量就越大。某一客体如金钱、地位、汽车等，如果个体不喜欢、不愿意获取，目标效价就低，对人的行为的拉动力量就小。举个简单的例子，幼儿对糖果的目标效价就要大于对金钱的目标效价。

E 是期望值，是人们根据过去经验判断自己达到某种目标的可能性是大还是小，即能够达到目标的概率。目标价值大小直接反映人的需要动机强弱，期望概率反映人实现需要和动机的信心强弱。如果个体相信通过努力肯定会取得优秀成绩，期望值就高。

这个公式说明：假如一个人把某种目标的价值看得很大，估计能实现的概率也很高，那么这个目标激发动机的力量越强烈。该理论的优点是能够找到影响人们工作动力的因素，即效价和期望值，为有效激励提供理论支持。

但是它也有不足之处：第一，该理论建立的前提条件是需要有一个科学、合理、有效的绩效评估机制，只有在这样的绩效评估体制下，才能产生有效的激励作用。第二，完成一项工作可以得到多项满足。第三，每种满足对于被激励者的重要程度不同，由此可见，一个人做某项工作努力程度的大小取决于目标实现的可能性，而且还取决于实现目标对其满足程度的各个方面及其重要性。用公式表示为：$M = E \times \sum VrIs$ 其中：M 表示努力程度；E 表示目标实现的可能性；Vr 表示实现目标的各种可能满足，r = 1, 2, …, n；Is 表示实现目标的各种可能满足相对重要程度，s = 1, , 2, …, m，且 $\sum IS = 1$，如下图所示：

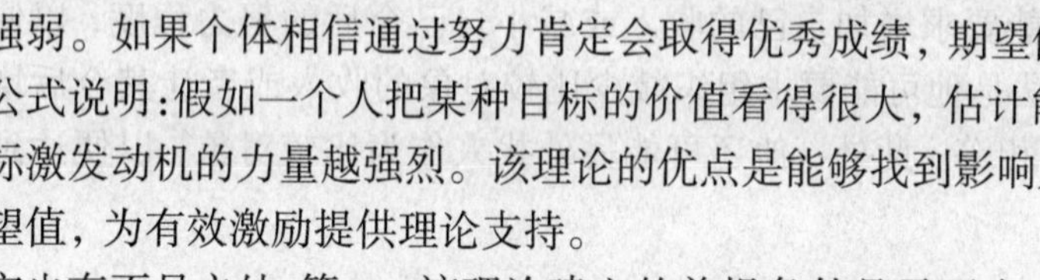

通过上述分析，期望拓展理论告诉人们在工作中愿意付出努力程度的大小与对此项工作的绩效评估机制有关，并取决于其满足程度和目标实现的可能性两种因素。实现目标对其满足程度又可以分为不同的方面，而这些方面相对重要程度是不一样的。

(七)亚当斯的公平理论

公平理论又称社会比较理论，由美国心理学家约翰·斯塔希·亚当斯(John Stacey Adams)于1965年提出。该理论是研究人的动机和知觉关系的一种激励理论，认为员工的激励程度来源于对自己和参照对象报酬和投入的比例的主观比较感觉，这个理论主要探讨报酬分配的合理性、公平性及其对员工行为积极性的影响。

1. 公平是一种主观认知和评价

公平感是人类的一种基本心理需要。人不仅有保持生理平衡的需要，也有保持心理平衡的需要。对报酬待遇的认知失调，将影响到心理平衡，使人产生不公平感和心理紧张；对报酬和待遇感到满意，就会使人获得公平感，对工作充满积极性。即一个人要将自己获得的“报偿”(包括金钱、工作安排以及获得的赏识等)与自己的“投入”(包括教育程度、所作努力、用于工作的时间、精力和其他无形损耗等)的比值与组织内其他人作社会比较，只有相等时他才认为公平。如下式所示：

$$OP/IP = OC/IC$$

其中，OP表示自己对所获报酬的感觉；

OC表示自己对他人所获报酬的感觉；

IP表示自己对个人所作投入的感觉；

IC表示自己对他人所作投入的感觉。

当上式为不等式时，可能出现以下两种情况：

(1) $OP / IP < OC/IC$

在这种情况下，他可能要求增加自己的收入或减小自己今后的努力程度，以便使左方增大，趋于相等；第二种办法是他可能要求组织减少比较对象的收入或者让其今后增大努力程度以便使右方减小，趋于相等。此外，他还可能另外找人作为比较对象，以便达到心理上的平衡。

(2) $OP/IP > OC/IC$

在这种情况下，他可能要求减少自己的报酬或在开始时自动多做些工作，但久而久之，他会重新估计自己的技术和工作情况，终于他觉得确实应当得到那么高的待遇，于是产量便又会回到过去的水平了。

2. 人们通过投入与产出比来评价是否公平

自己目前投入的努力与目前所获得报偿的比值，同自己过去投入的努力与过去所获报偿的比值进行比较，只有相等时他才认为公平。如下式所示：

$OP/IP = OH/IH$

其中，OP表示对自己报酬的感觉；

IP表示对自己投入的感觉；

OH表示自己对过去所获报酬的感觉；

IH表示自己对个人过去投入的感觉。

当上式为不等式时，人也会有不公平的感觉，这可能导致工作积极性下降。当出现这种情况时，人不会因此产生不公平的感觉，但也不会感觉自己多拿了报偿从而主动多做些工作。调查和实验的结果表明，不公平感的产生绝大多数是由于经过比较认为自己目前的报酬过低而产生的；但在少数情况下也会由于经过比较认为自己的报酬过高而产生。

(1) OP/IP < OH/IH

当出现这种情况时，人也会有不公平的感觉，这可能导致工作积极性下降。

(2)OP/IP > OH/IH

当出现这种情况时，人不会因此产生不公平的感觉，但也不会觉得自己多拿了报偿，从而主动多做些工作。

调查和试验的结果表明，不公平感的产生，绝大多数是由于经过比较认为自己报酬过低而产生的；但在少数情况下，也会由于经过比较认为自己的报酬过高而产生。

3. 不公平感激发的行为反应

当人们感到对自己不公平时，就可能采取一系列的行为：若自己的报酬高于比较对象，则可能采取减少报酬或增加投入的行动，以消除心理上的不平衡。一般而言，采取减少报酬的情况少，而多采取提高质量或产量，以更加努力的工作来消除心理上不平衡感的方式。但在自己的报酬低于比较对象的情况下，则可能采取要求增加报酬和减少投入的行动，以消除不公平感。如首先要求增加收入，达到与比较对象相当的水平；在自己的报酬得不到提高的情况下，会设法改变别人的报酬，使之与自己的报酬相当；在以上都做不到的情况下，则提出离职要求，另找报酬较高的工作；也有些人改变比较对象，通过自我调适，达到自我安慰。

(八)洛克的目标设置理论

美国心理学家洛克(E. A. Locke)于 1967 年最先提出了“目标设置理论”(Goal Setting Theory)，他认为目标本身就具有激励作用，目标能把人的需要转变为动机，使人们的行为朝着一定的方向努力，并将自己的行为结果与既定的理论意义进行比较，及时进行调整和修正，从而能实现目标。该理论认为，设置达到目标是一种强有力的激励，是完成工作的最直接的动机，也是提高激励水平的重要过程。外来的刺激如奖励、工作反馈、监督的压力等，都是通过目标来影响动机的。目标导致努力，努力创造工作绩效，绩效增强自尊心和责任心，从而产生更高的目标。

洛克等从实验中还发现，从激励的效果来说，有目标比没有目标好，有具体的目标比空泛的、号召性的目标好，有能被执行者接受而又有适当难度的目标比唾手可得的目标好。有学者还认为，遇到难度很高、复杂的目标，可以把它划分为若干阶段性目标，通常称为“小步子”。通过“小步子”的逐一完成，最后达到总目标，这是完成艰巨目标的有效方法。

1. 目标设置理论的主要内容

(1)目标要有一定难度，但又要在能力所及的范围之内。

(2)目标要具体明确(例如，对于写一篇文章来说，完成 70% 要比仅仅试着做做要好得多)。

(3)必须全力以赴，努力达成目标。如果将你的目标告诉一两个亲近的朋友，那么，就会有助于你坚守诺言。

(4)短期或中期目标要比长期目标可能更有效。比如，下一星期学完某一章节，可能比两年内拿一个学位的目标好很多。

(5)要有定期反馈，或者说，需要了解自己向着预定目标前进了多少。

(6)应当对目标达成给予奖励，用它作为将来设定更高目标的基础。

(7)在实现目标的过程中，对任何失败的原因都要抱现实的态度。人们有将失败归因于外部因素(如运气不好)，而不是内部因素(如没有努力工作)的倾向。只有诚实对待自己，将来成功的机会才能显著提高。

美国马里兰大学管理学兼心理学教授洛克(E. A. Locke)和休斯在研究中发现，外来的刺激(如奖励、工作反馈、监督的压力)都是通过目标来影响动机的。目标能引导活动指向与目标有关的行为，使人们根据难度的大小来调整努力的程度，并影响行为的持久性。于是，在一系列科学研究的基础上，自洛克 1967 年提出目标设定理论，30 年来的研究有力地证明了从目标设定的观点来研究激励是有效的。在这个领域已经取得了很多有意义的成果，这些理论成果已应用到实际管理工作中，给实际工作带来了很大帮助。但是，在目标设定理论中还存在很多问题需要进一步的研究。

(1)目标设定与内部动机之间的关系。一般认为，设定掌握目标(Mastery Goal)比绩效目标(Performance Goal)更能激起内部动机，但这个过程也受到很多其他中介因素的影响，如被试的成就动机的高低等等。

(2)目标设定与满意感的关系。如前所述，目标设定与满意感之间呈现一种复杂的关系。困难目标比容易目标激起更高的绩效，但它却可能导致更低的满意感。

(3)一般认为反馈可以促进绩效的提高，但不同的反馈方式对绩效的作用也不一样。因此需要研究清楚如何进行反馈是最有效的。

(4)另外还需要进一步研究的有:目标冲突对绩效效果的影响;当目标困难，任务复杂时，影响选择策略的因素。

以上激励理论是各个学派站在自己研究的角度，对激励做出的定义。各个学派虽然角度不同、研究的方法不同，但是都自成体系。当然其学说各有利弊，我们在学习的过程中不能片面的说某家理论的优劣。在实际的工作中要取百家之所长，为我所用。理论是为解决实际问题的,所以我们不能拘泥于理论而不能自拔。

第二节　绩效奖励计划的类型

了解和掌握激励理论不太困难，但将其应用于管理实践就不简单了。在实际的人力资源管理工作中，激励理论可应用于管理的各个职能、各个环节、各种场合。激励既要重视物质激励，又要重视精神激励;既要考虑激励对象的多样化，又要考虑激励方法的多样化。有调查表明，美国企业的平均寿命为 23 年，日本 13 年，中国 4 - 5 年。相比之下，中国企业寿命较短。因此，有人形容中国企业具有“流星效应”。造成这种现象的一个重要原因是企业特别是国有企业的激励制度不完善。

在企业管理激励中，薪酬激励是其中很关键的一个环节。当前我国企业经营者薪酬的一个突出问题是薪酬水平偏低，这已在很大程度上影响了他们积极性的发挥。企业应建立起科学有效的经营者薪酬激励制度，使经营者的收入与贡献对等，报酬与责任、风险相一致，激励他们为企业的发展而努力工作。所以本节着重介绍激励奖励计划的类型。

一、个人绩效奖励计划

个人绩效奖励计划是根据员工个人的工作绩效提供奖励的计划，企业使用的个人绩效薪酬的形式是多种多样的，可分为针对生产人员的奖励计划和针对管理人员的绩效奖励计划。

由于绩效奖励计划是根据某些事先确定好的客观的绩效标准来支付的绩效薪酬计划，因此，所有的奖励计划都有一个共同的特点，即找到一个可以用来与之进行比较，从而确定奖励金额的既定绩效标准。在个人奖励计划中，这一标准就是员工个人的绩效可以与之进行对比的个人绩效基准。

(一)实施个人绩效奖励计划必须具备的条件

个人努力和个人绩效之间存在直接联系。员工个人的工作任务完成不取决于其他人的绩效，即其他员工的工作状况不会对被个人奖励计划覆盖的员工的绩效产生影响，员工本人对自己的工作进度和工作完成情况有充分的控制力，个人的努力和个人的绩效之间存在直接的和明确的联系。此外，组织对于员工个人的绩效还必须能够准确地加以衡量，如果无法衡量和评价个人的绩效，则个人奖励计划就失去了其存在的基础。

组织经营环境必须稳定。企业所处的经营环境以及所采用的生产方法以及资本－劳动力要素组合必须是相对稳定的，因为个人绩效奖励计划要求必须事先制定一个相对稳定的个人绩效标准，如果企业经营环境或者是技术条件、生产方式等不断发生变化，员工个人的绩效标准必然要随之发生改变，这样就会破坏个人绩效奖励计划原有的奖励方式，影响员工对于奖励计划的看法，甚至影响员工对于企业的看法。

有较好的人力资源管理基础。由于个人奖励计划大多是诱导生产效率提高为出发点的，因此它实际上会鼓励员工在同一岗位上长期工作，提高工作的熟练性，这样，企业就必须在整体的人力资源管理制度上强调员工个人的专业性，强调员工个人的优良绩效，比如为员工提供专业化的培训，为员工设计单一的职业发展通道等等。此外由于个人奖励计划的基础是个人的绩效，因此，企业还必须有科学、合理的绩效评价系统以及明确稳定的绩效标准，同时还要确保企业的管理人员在绩效评价的过程中能够保持公平和公正。

(二)个人绩效奖励计划的种类

1. 针对生产人员的奖励计划

(1)直接计件工资计划。这是运用最为广泛的一种奖励计划，薪酬直接根据产出水平而发生变化。先确定在一定时间内应当生产出的标准生产数量，然后以单位产出数量确定单位时间工资效率，最后根据实际产出水平算出实际应得薪酬。显然，在这种计划下，产出水平高于平均水平者得到的薪酬也较高。

(2)标准工时计划。所谓标准工时计划，是指首先确定正常技术水平的工人完成某种工作任务所需要的时间，然后再确定完成这种工作任务的标准工资率。即使一个人因技术熟练以少于标准的时间完成了工作，他依然可以获得标准工资率。

(3)差额计件工资计划。直接计件工资制的另外一种变体是差额计件工资制，或者是泰勒制。这种工资制度是内科学管理理论的创始人泰勒最先提出的，其主要内容是使用两种不同的计件工资率：一种适用于那些产量低于或等于预定标准的员工；而另一种则适用于产量高于预定标准的那些员工。

传统的差额计件工资计划主要包括泰勒计件工资计划和莫里克(Merrick)计件工资计划两种。在泰勒的计件工资计划中一共有两种计件工资率(0.5 美元/件和 0.7 美元/件)，而在莫里克计件工资计划中，则将计件工资率划分为三个等级：完成标准任务 100% 以上的(0.7 美元/件)；完成标准任务 83% －100% 的(0.6 美元/件)以及完成标准任务 83% 以下的(0.5

美元/件)。

(4)与标准工时相联系的可变计件工资计划。这类计件工资计划主要包括以下三种:

第一种是海尔塞计件工资计划,其内容是,企业通过时间研究确定完成某项任务的标准工作时间,如果员工以低于标准工时的时间完成工作,从而因节约时间而产生的收益,则这种通过成本节约而产生的收益在企业和员工之间以对半的形式分享。

第二种是罗曼计件工资计划,从企业和员工分享因节约标准工作时间所产生的收益这一点上来看,它与海尔塞计划是类似的。所不同的是,随着所节约的时间增加,员工所能够分享的收益所占的比例是上升的。如果完成一项任务的标准时间是 10 个小时,某人 7 个小时完成工作,则此人得到 30% 的成本节约奖;若他能在 6 个小时内完成,则可得 40% 的成本节约奖。

第三种是甘特计件工资计划,它的主要做法是,在确定标准工时的时候,有意将它定在工人需要付出较大的努力才能达到的水平上。不能在标准时间内完成工作的人将会得到一个有保证的工资率。但是对于那些能够在标准时间内或者是少于标准工时的时间内完成工作的员工,计件工资率则在标准工资率的 120% 这一较高水平上。因此,一旦达到或者超过标准工时的要求(工时更短),员工的收入增长会比产量的增长要快。

2. 针对管理人员的绩效奖励计划

管理人员的绩效奖励计划是指当其所管辖的部门(或职能单位)达到或超过预定的有关销售、利润、生产或其他方面的目标时,对经理个人进行奖励所运用的奖励方式。管理人员绩效奖励的指标较为复杂,既包括一些量化的指标,也包括一些难以量化但确实可作为衡量部门或团队整体绩效的标准。如基层管理人员奖励计划可以随下属的奖金收入而定或者根据生产量的增加量、节约的生产成本费用、废品率、安全率等确定。而对高层经理人员的奖励计划往往采用一些长期的、与股权相关的激励计划,如股票期权和期股。

(1)股票期权是买卖双方按事先约定的价格,在特定的时间内买进或卖出一定数量的某种股票的权利。经理人股票期权是公司赠予经理人在未来才能实现的一种不确定收入。经理人收益的多少与企业的资产质量紧密相关。股票期权的赠予时机一般为高层管理人员受聘、升职、业绩评定阶段,共授予数量根据要达到的目标决定期权的数量。

股权份数 = 期权薪酬的价格/(期权行使价格 ×5 年平均利润增长率)

股票期权行使所需股票来源于公司发行新股票或通过留存股票账户回购股票。

(2)期股是企业出资者同经营者协商确定的在任期内由经营者按既定价格获取适当比例的本企业股份,在兑现之前,只有分红等部分权利,股票将在中长期兑现的一种方式。期股的设计和实施要点包括确定期股激励的适用范围、对象和主体;期股股份的形成方式及获取方式;期股的红利和期股变现兑现;终止服务的处理;期股购买价格等内容。

(3)期股与股票期权的区别。

购买时间不同:期股是当期(签约时或任期初始)的购买行为,股票权益在未来兑现;而期权则是未来的购头行为,购头之时即是权益兑现之日,可以“即买即卖”。

获取方式不同:期股既可以出资购买得到,也可以通过赠予、奖励等方式获得;而期权在行权时必须通过出资购买才能获得。

约束机制不同:经营者被授予期股后,个人已支付一定数量的资金,但在到期前只有分红权,没有转让权和变现权,因此期股既有激励作用,又有约束作用。如前所说,是一把双刃剑；而期权则是获得一种购买股票的权利，如果行权时股价不跌，经营者可以放弃行权，个人利益不受任何损失，因此期权只有激励作用，而没有约束作用。

适用范围不同：期股适用于所有企业，期权只适用于上市公司。

二、群体绩效奖励计划

（一）收益分享计划

顾名思义，在收益分享计划中。员工分享的是组织所获得的收益、收益分享计划也是一种奖励计划，它鼓励大多数或者全体员工通过共同努力而节约成本。并且乐于分享这些由于成本行约而带来的收益。而我们后面要介绍的利润分享计划中，员工分享的是公司的利润。然而，在利润分享计划中．员工常常感到他们的行为对公司的利润很小。能够对公司的利润产生影响的更多的是公司高管层的决策。而在收益分享计划中，考核的内容通常是其一群体或者某一车间的绩效水平。而这类绩效指标员工认为他们是可以控制的，并且还能实实在在地计算出通过努力所能节约下来的成本。因此，收益分享计划比利润分享计划对普通员工的激励效果更好。二者的区别还在于，在收益分享计划中报酬支付的频率比利润分享计划更加频繁。而且是当期就发。从某种意义上来说，收益分享计划兼有利润分享计划和个人奖励计划的优点：一方面，与利润分享计划一样，收益分享计划也鼓励员工去努力实现比在个人奖励计划下范围更大一些的目标；另一方面，收益分享计划能够像个人奖励计划那样让员工进行及时的奖励，而在利润分享计划中，奖励常常是延期发放：正因为如此，越来越多的公司开始尝试引进各种不同形式的收益分享计划。我们见到最多的收益计享计划有以下三种形式：

1. 斯坎伦计划

斯坎伦汁划的提出者约瑟夫·新坎伦当初提出该计划的目的是希望通过这一计划来推广他的合作管理哲学。斯坎伦计划最大的特点在于强调员工的参与台作，激励员工通过实现个人目标而达成群休目标。确保个人目标与组织目标的协调一致、那么在斯坎伦汁划下，员工如何才能获得奖励呢？与其他奖励计划类似，员工只要达到或者超过预定的绩效标准，就能获得相应的奖励。斯坎伦计划规定：如果工厂的劳动力成本与产品销售额的比率（斯坎伦比率）低于某一既定的标准。员工就能和组织一同分享节约下来的成本。其中，产品销售额包括销售收人和库存商品价值。斯坎伦计划就是使用劳动力成本和产品销售额这两个数字来决定员工的奖励报酬。

为了能更好地理解斯坎伦计划的原理。我们用一个例子来进行说明，假定某公司2008年度的产品销售额额5000万元、劳动力成本（工资总额）为2000万元。那么该公司2008年度的斯坎伦比率40%〔2000/5000）。受金融风暴的影响，如果2009年该公司销售公司售额只有2500万元，那么按照预定的斯坎伦比率，该公司的预期工资总额应为1000万元。假如该公司最后实际的工资总额只有800万元，那么公司会节省下来200万元在组织与员工之间进行共享。如果按照通常的做法，那么员工能够分享所节约成本的75%（150万元），组织则分享余下的50万元。150万元会在当期全部分配给员工吗？在实践中，常见的做法是预留25%（37.5万元）作为储备金。在“收成不好的”年份，即当实际的工资总额超过预期的工资总额时，可把这25%拿比来分享给员工．以避免出现“负奖金”的情形。

斯坎伦计划既可以用于企业，也可以用于某个部门，比较适用的部门是生产部门和销售部门，特别是成本控制领先的行业，公司所有员工，从经理到工人，从主管人员到办事人员都参与提出节约成本、改进生产和管理的方法，而员工随着参与决策程度的提高，抱怨情绪也相应减少，对组织的忠诚度和满意度也不断提高。

2. 拉克计划

拉克计划是由艾伦·W·拉克于1933年提出的，其基本原理类似于斯坎伦计划，都强调鼓励员工的合作与参与，只是在计算奖金支付基准时采用了更为复杂的公式。拉克计划使用一个增加值公式(Value - added Formula)来计算生产力，以拉克比率作为奖金发放的基准，其计算公式为：

$$拉克比率=\frac{增加值}{计划参与人的的雇佣总成本(薪金、工资、工资税和边缘薪酬)}$$

公式中的增加值是产品销售价值和产品原材料的购买价值之间的差额，即增加值 = 净销售额 - 原料成本、购买供给和服务的成本

增加值与计划参与人的人工成本之比值就是拉克比率，它实际上是以拉克比率作为衡量生产力水平的奖金支付基准，其分配计算公式与斯坎伦计划大致相同。

拉克计划与斯坎伦计划的关键不同在于拉克计划更关注多方面的成本节省，斯坎伦计划则只关注人工成本的节省；另外，拉克比率越大说明公司的绩效水平越好，相反，斯坎伦比率越小说明人工成本越得到了节省，对公司越有利。此外，两者都需要通过一些专门的委员会进行实施，这些委员会在组织这些奖金计划实施的同时也负责培养和营造这些计划背后所提倡的合作和氛围。

3. 提高分享计划

提高分享计划是由米歇尔·费恩于1973年发明的。该计划是根据劳动时间来衡量生产力水平，而不是像以上介绍的两种计划那样以节约的成本来作为分配的收益。这一计划的目的是要激励员工用尽可能少的时间生产出尽可能多的产品，因此它更适用于激励生产性的员工团队。它的支付周期较之以上的计划要短一些，一般是按周支付。

提高分享计划的奖金是铜鼓劳动时间比率公式(Labor Hour Ratio Formula)来进行计算的。它首先要求通过一些对工作的历史资料分析，或者相关研究确定某种生产力标准，一般可以是生产单位的标准小时数，实际劳动时间与这个标准工时数的比率就是所谓的劳动时间比率，通过这个比率来作为奖金支付的基准，任何犹豫少于预定标准时间完成工作所带来的收益将在员工中共享。

此外，需要注意的是提高分享计划具有所谓"有回购规定"(Buy - back Provision)的特点。它规定了该计划下奖金发放的最好限额，一旦生产力提高所产生的奖金量超粗了这个限额，那么超出的部分就由公司储存起来，如果这种超限额的储存积累的多了，就说明生产力水平已经获得了普遍的提高，公司此时可以考虑调整原来的绩效标准。

上述三种计划的特点整理比较如表4 - 14所示。

表4－14　斯坎伦、拉克与提高收益分享计划的主要特点比较

特征	斯坎伦计划	拉克计划	提高收益分享计划
目标	提高劳动力	提高生产力	提高生产力
节约关注	劳动力成本	劳动力成本	实际生产时间
计划内涵	提倡合作与参与	提倡合作与参与	提倡高效率、迅速
员工参与方式	部门和审查委员会	部门和审查委员会	无
奖金支付周期	按月	按月	按周

（二）成功分享计划

1. 成功分享计划的内涵及其特征

成功分享计划又被称为目标分享计划，它的主要内容是运用平衡记分卡方法来为某个经营单位制定目标，然后对超越目标的情况进行衡量，并根据衡量结果来对经营单位提供绩效奖励的一种做法。这里的经营单位既可以是整个组织，也可以是组织内部的一个事业部、一个部门. 还可以是某个员工群体，无论如何，成功分享计划的报酬支付基础是经营单位的实际工作绩效与预定绩效目标之间的比较－－也就是既定绩效目标的达成情况或者绩效改善的程度。此外，成功分享计划所涉及的目标可能包括在财务绩效、质量和客户满意度、学习与成长以及流程等各种绩效方面的改善，并且在成功分享计划中，每一项绩效目标都是相互独立的，经营单位每超越一项绩效目标，就会单独获得一份奖励，经营单位所获得的总奖励金额等于其在每一项绩效目标上所获得者的奖励总和。

成功分享计划成功的关键在于为每个经营单位确定一整套的公平的目标，这种目标要求经营单位通过努力去超越它们自己在上一绩效周期（通常是一年）内所达成的某些绩效目标。由于成功分享计划所关注的是经营单位的绩效改善程度，因此，它并不一定反映这一经营单位本身的盈利状况－尽管盈利性永远都是确定经营目标时的一个首要因素。对于成功分享计划来说，另外一个很重要的因素就是要让员工们理解他们是如何对组织经营目标的达成产生影响的。达到这一目的的途径之一是让所有的员工都参与到目标的制定过程中来:因此，成功分享计划什往会将一个经营单位中的所有员丁都纳入到该计划兴中束，从而获得全体闭队成员对于绩效日标的－种承诺。

2. 成功分享计划设计过程中的几个关键决策

（1）参与资格。决定谁有资格参与成功分中计划，主要取决于两个关键性的因素;一是企业现有的各种薪酬计划（比如福利计划、股票所有权计划）的资格要求是怎样界定的，二足组织是否能够有效地管理这种成功分享计划。具体的决策问题包括是全体正式员工参与还是说非正式员工也可以参与，对于刚刚人职的新员工和即将退休的老员工如何处理，等等。不过，正如我们已经提到过的. 在通常情况下，组织中所有的员工都有资格参与这种计划。当然，如果组织还为管理人员设计了其他一些激励计划，那么，还要注意这两种计划之间的协调性。

（2）支付形式。在成功分享计划中最为常见的报酬支付形式是按照员工劳动报酬的一个百分比来确定分享基金的额度，不过，在具体计算的时候，企业往往会将有些报酬内容从作为分享依据的员工劳动报酬总额中加以扣除，比如非工作时间报酬以及其他一些奖金，同时又会将加班工资等一些报酬内容算进来。此外，有些企业的成功分享计划还实行了将非现金

奖励与现金性奖励结合起来的做法，有些企业则为员工提供利用成功分享计划所分配的收入购买公司股票的计划，还有的企业将分享基金转化为员工的养老金。

(3)支付频率。成功分享计划的报酬周期应当与自然的经营周期紧密配合。由于正常的经营周期通常都是一年，因此，典剧的成功分享计划是一种年度计划，不过，也可以设计成以半年或季度为周期的。但是成功分享计划所确定的绩效周期不能太短，这是因为，成功分享计划的目的是向那些长期的可持续性结果支付报酬，一次性的、短期的结果对于成功分享计划来说并不重要，对于这样一些短期的绩效改善，绩效认可、一次性奖金等其他一些奖励计划会比成功分享计划能够更为有效地提供激励。同时，过短的绩效周期和过于频繁的奖金支讨还会产生以下几个方面的不利结果：其一，在整个企业的经营过程中，季节之间出现变化是很常见的，因此，如果企业根据季节来设计经营计划，不仅会增加制定目标的工作量，而且最终的绩效衡量可能也会变得不那么精确。其二，企业需要有足够的时间去获得所需要的奖励资金来源。其三，短期的小领奖励可能不如相对较长时期的大领奖励对员工的激励性更强。其四，支付的频率越高，管理的成本也就会越高。过细和过多的计算会将员工的注意力从对企业真正有价值的下作上转移走，只有引导员工将注意力更多地放在解决问题以及改善经营结果上，才会更有利于企业的生产率提高以及客户、股东以及员工利益的改善。当然.在绩效周期较长的情况下，企业必须非常注意与员工进行有效的沟通，以使员工了解各种经营指标的进展状况，保持信息的畅通。

(4)支付数量与支付等级。成功分享计划的支付数量取决于公司层次的决策；而支付的等级通常可以划分为最低级、中间级和最局级二个层次。最低级是指对经营单位能够获得奖励所作出的最低要求.大多数成功分享计划都是当经营单位在某一个绩效指标方面比上一年度有改善时就可以获得奖励。中间级是指当经营单位百分之百地达到目标时所应当得到的奖励等级。最高级则是指经营单位由于达到最高绩效水平而应当获得的奖励。大多数成功分享计划都将最高报酬界定为经营单位达成删% 的目标，也有些企业则将其定为 150% 或者 250% 的门标达成。

(5)资金来源。在确定成功分享计划的资金来源时，管理层必须考虑和计算出绩效目标的达成到底能为组织带来多大的经济价值。这一计算过程可以帮助企业确定，能够为企业和员工，同时创造价值的相应的报酬水平应当是多少。这里的一个基本规则是，成功分享计划的资金来源应当是该计划所创造出的价值，而不应当说是企业额外支付的成本。此外，成功分享计划的长期资金来源战略应当放在强调基本薪酬和浮动薪酬之间的关系上，即企业需要考虑外部市场的薪酬水平及企业自己在全面薪酬方面的市场定位。比如说，企业的基本薪酬可以定位在市场水平的第 50 个百分位上，但是如果企业的经营结果优异(比如说 200% 达到目标绩效)的话，那么，可变薪酬有可能会将企业的薪酬水平提高到市场的第 70 个百分位上。

在实际操作方面，成功分享计划所需要的资金至少可以从两个渠值获得：一是从未来的薪酬增长资金中拿出一部分来作为成功分享计划的预算。当企用这种以可变薪酬替代基木薪酬的方式来筹集成功分享计划的预算时，通常的规则是采用 2:1 的替代率，即如果将原来 1% 的基本薪酬转化为可变薪酬，那么一旦达成经营目标，那么企业应当对员工提供相当于 2% 的基本薪酬的奖励机会。当然，企业也可以采取 3:1 的替代率，这要看企业所处的具体的经营状况。比如，值定市场第 50 个百分位上的薪酬水平是月薪 5500 元，某公司采用一种相对较为保守的浮动薪酬战略，将员工的基本薪酬定位在5000元以上；同时，如果经营单位达成了预定的最高绩效水平，则员工可以获得1000元的成功分享基金。但是，如果经营单位没有能够达成持续改善的目标，则员工就只能获得5000元的基本薪酬。在的一种情况下，员工可能会获得高于市场水平500元的总薪酬，而在后一种情况下，员工的总薪酬水平会比市场平均水平还要低500元。成功分享计划的另外一个资金筹措方式是，企业将员工的基本薪酬定位在市场平均薪酬水平上，员工是否能够获得成功分享基金，完全取决于经营单位的绩效是否超越了过去的绩效。在这种情况下，成功分享资金完今来源于该计划自己新创造的价值，如果经营单位的绩效没有实现持续的改善目标，则员工们仍然能够获得与市场水平一致的薪酬收入。当然，企业还可以采取将上述两种方式有效结合的其他方式来获得成功分享计划所需要的资金。

(6)实施成功分享计划的经营单位范围选择。在开始实施成功分享计划之前，企业必须确定出有多少个实施该计划的经营单位。对于有多个经营单位构成的大型企业来说，确定实施成功分享计划的单位时所需要遵循的一个原则是，员工的努力和最终经营结果之间关系的紧密度。如果企业中所包括的单位数量不少，但是大家彼此之间是依存度很高的，则可以将整个企业作为一个实施成功分享计划的经台单位，大家的经营目标是一致的。但是，如果企业中包括若干个相互独立性比较强的经营单位时，可能就要分别为不同的经营单位设置不同的经营目标了，当然，它们也可以共同分享其中的一部分经营目标。

(三)团队奖励计划

团队奖励计划是适用于规模更小的工作群体的一种群体奖励计划。许多组织在未做好在整个组织中推行可变薪酬计划的时候，会首先在一些特定的职业群体、项目小组或者团队中试行团队奖励计划。员工所获得的奖金是以小群体的业绩而非整个部门、事业部或者工厂的绩效为确定依据的。最常见的情况是围绕财务目标－－比如在预算之内完成计划－－制定，但是它对于支持非财务目标－－比如生产率、质量、时效性及客户满意度等－－也同样是有效的。这些计划常常是与项目或一些风险任务联系在一起的，它根据项目或任务的完成情况来确定奖励金额。与其他奖励计划不同，这些奖励计划往往持续时间不长，任务或者项目完成奖励计划也随之消失。在这两种计划下，员工个人之间的竞争可能会受到削弱，但群体或团队之间的竞争却可能会加强。团队奖励分配方案的总额一般为该团队创造超额价值的一部分，可以根据人员的职位评价点数分配，也可以根据参与人员的基础工资、职位等绩、绩效水平等分配。

三、特殊绩效认可计划

特殊绩效认可计划是指一种现金或非现金的绩效认可计划，即在员工远远超出工作要求表现出特别的努力、实现了优秀的业绩或者作出了重大贡献的情况下，组织给予他们的小额一次性奖励。当员工或者某个团队出现超出预期的优秀绩效，但是组织利用其他报酬形式却无法提供报偿时，绩效认可计划是一种非常有效的奖励方式。它是一种经常被忽视的变动性报酬，其类型多种多样，既可以是在公司内部通讯上或者办公室布告栏上提及某个人，也可以是奖励一次度假的机会或者上千元的现金。

绩效认可计划的激励作用不仅用于被奖励者，它会鼓励所有员工寻找各种机会来为组织作出意想不到的贡献。以奖励显著绩效闻名的企业，无论是否以预定公式的正式形式来认可绩效，都会吸引那些能够在这方面作出贡献的人留在组织中，并且谨慎地承担一些风险以获得这种报酬。绩效认可计划能够产生的作用包括：庆祝目标的实现；强化绩效卓越者；认可对企业有益的活动，强化已经表现出来的理想行为；认可员工的服务；认可员工的需要；等等。

小结

本节介绍了常见的激励奖励计划。绩效奖励计划要围绕企业的经营目标、内外部环境的发展变化而不断进行动态调整。激励奖励计划的激励作用不仅限于被奖励者，它会鼓励所有员工寻找各种机会来为组织作出意想不到的贡献。以奖励显著绩效闻名的企业员工，无论是否以预定公式的正式形式来认可绩效，都会吸引那些能够在这方面作出贡献的人留在组织中，并且谨慎地承担一些风险以获得这种报酬。对于一个企业来说，为了使激励多样化，必须结合自身实际情况，构建符合自身特点和历史文化的、行之有效的激励系统。

思考题：

1. 几种激励理论在实际工作中应如何应用？
2. 针对生产人员和管理人员的奖励有什么区别？
3. 几种群体激励计划有什么不同？请举例说明如何在实际中应用。

案例分析：

加薪是找死？不加薪是早死！

《纽约时报》的一则报道指出：许多中国企业正面临劳动力短缺，从而进一步加大了对提高工资的压力。正如通胀和政府的要求对于提高最低工资标准的触动一样。

事实上，这些年来，外来务工人员的低薪状况并没有得到明显改变。但CPI持续走高，一千多元的工资显然已经不能养活员工自己了。在社会两极分化日趋加大的环境下，企业员工期待每年加薪就成为自然趋势。企业若不加薪，有可能面临招不进员工、留不住骨干的尴尬局面。

中国制造业目前已经进入一个微妙时期，各种不利要素相继呈现。原材料大幅涨价，汇率走低，利息等财务成本急剧上升，又加上劳动力价格的持续提升，所以，很多企业的盈利能力跌入了近年来的最低谷，甚至很多企业由此扛不住，走向了衰亡之路。因为给员工加薪对中国所有小微企业而言，是一项艰难的挑战。因此，江浙一带许多低端制造企业无奈地感慨："加薪是找死，不加薪是早死!"

"不加薪是早死"，这很有可能。竞争对手或周围企业大势所趋都在加薪了，你无动于衷，员工就可能无心恋战而另择高枝，尤其是关键核心骨干的流失，将对企业的发展埋下巨大隐患；而一旦企业缺工，由于待遇没有吸引力，又面临着找不到员工的局面。无工可用，现有的员工又不能被你所用，企业焉有再发展之理？

"加薪是找死"，这就要看企业如何运作了。如果去年你的员工工资是1000元，履行10项职责，今年，他的工资涨到1500元了，履行的还是同样的10项职责。劳动力成本上涨了，但效率没有跟着提升，"加薪必然是找死"！浙江义乌双童日用品有限公司今年给员工的加薪幅度是12%，虽然低于往年，但已经相当于将去年利润的33%用于加薪。尽管该企业年年都在加薪，但竞争力依旧。为何加薪没有拖垮企业呢？原来，该企业从2006年开始转型，对大部分岗位实施自动化改造。在五年的时间里，把用工量从700多人降低到400多人，光这一项，大家就可测算，将节省多少劳动力成本和管理成本？最近，笔者去拜访厦门一家著名民营企业，该企业负责人介绍，企业5000多万元产值规模时是500多人，现在将近3个亿，员工还是500多人。当时我就吃了一惊："员工有这么大潜力？你们凭什么做到？"他说："这几年通过引进精益管理，优化内部流程，规范激励管理等现代人力资源管理机制，不断挖掘和激发员工潜能，所以就有了这样效率大幅提升的局面。"

从改革开放到现在30多年时间，企业员工的需求从当初解决温饱问题的"生理需求"上升到了马斯洛需求理论的第四层次"尊重的需求"。因此，通过加薪来吸引员工，尊重员工，激励员工应是成熟企业对待员工的基本态度。既然如此，再加上劳动力涨价是大势所趋，尽管中国制造业的利润率之薄，众所周知，但我们仍然要呼吁：被动加薪不如主动加薪，企业经营者要想尽一切办法提升员工待遇，尤其是关键核心岗位员工的薪资水平，拿出一部分利润留住员工，稳定企业，保住企业进行产业升级的能力和机会。

同时，在内部管理规范化，尤其是人力资源管理规范化方面，要同步进行升级与转型。原先粗放管理不一定影响你企业发展，但现在成本上涨了，管理必须要走精细化之路，唯有如此，才能从容应对当前经济大环境对企业发展提出的经营挑战，提升企业的抗风险能力，无论何时，都能傲立潮头而昂首向前。

问题：

1. 根据马斯洛需求理论解释企业为何要加薪。
2. 根据案例资料解释"加薪是找死，不加薪是早死！"。

第七章　福利管理

【引导案例】

Google公司的福利政策一直被业界称为“豪华福利”。在Google，员工可以洗熨衣服、换油洗车、锻炼身体、参加有公司补贴的培训课程、身体放松按摩、学习多门外语、预定晚餐，以及免费体验。除此之外，如果员工购买混合动力汽车，Google将给予5000美元的补贴；如果员工帮助公司引进新人，可以获得2000美元的奖励；如果员工有了小孩，也可以获得500美元的补助。

在所有的福利中最重要的要算早上的班车了。《纽约时报》的报道就特别关注了Google的高科技豪华巴士系统，这套系统几乎覆盖了旧金山湾的大部分地区，正如一位交通专家所言，Google可能是世界上拥有私人运输系统规模最大的一家公司。很多美国企业都建有育婴房，Google则更进一步，在员工福利上的投入完全物有所值，因为可以大幅度降低行政支出。公司传递的信号是：来我们公司，努力工作，我们会尽力处理好你的日常事务。

除Google之外，还有其他多家著名的科技公司入选了“2007年美国最佳雇主百强”排行榜，包括思科（第11位）、高通（第14位）、adobe（第13位）、雅虎（第44位）、微软（第50位）以及德州仪器（第81位）等。

通过Google公司的福利设计，可以清晰地看到员工福利作为人力资源管理的一个核心部分，在企业管理中起着重要的作用。本章将从员工福利、我国福利现状、福利的发展趋势等几个部分来讲解员工福利的主要内容。

【本章学习目标】

- 理解员工福利的定义和功能。
- 掌握法定福利及各个项目的特点。
- 理解企业补充福利及各个项目的特点。
- 熟悉好的福利制度的标准及设计时需要考虑的主要问题。
- 掌握目前企业福利的发展趋势。

第一节　员工福利概述

何谓员工福利？以下是国内外专家学者的观点：

美国著名的薪酬管理专家米尔科维奇认为员工福利有两个显著特点：(1)它是总报酬的一部分。若缺少福利，整个薪酬体系就不会完整。(2)它不是按工作时间给付的。基本薪酬、变动薪酬都会与时间联系在一起，福利却不是。故而在劳动经济学中福利是按照人头来支付的，因此，企业为了达到效用的最大化，经常需要考虑他们的雇佣模式如何设定才是最好。

另一位美国的薪酬管理专家约瑟夫·J·马尔托奇奥在其所著的《战略薪酬》一书中从分类别的角度对员工福利(Employee Benefits)进行了界定。他认为员工福利就是非货币奖励，属于边缘薪酬(Fringe Compensation)，就类别而言可以分为三类：(1)员工所能获得的非工作时间报酬(例如假期)；(2)为雇员提供的各类服务(例如日托补助)；(3)企业的各种保障计划(例如医疗保险)。

《加拿大福利计划》则从实施的目的和手段方面为福利作出了定义，即福利为雇员的薪酬包中保护、促进、提高雇佣补偿性收入(补偿雇员关心或焦虑的未来事件)的因素。其将通过以下方式来实现这一功能：(1)通过提供医疗或金融风险防范来保护员工收入；(2)通过利润分享来实现雇员收入或个人财产；(3)通过提升工作环境、特殊服务或税收优惠来提升雇员满意度。该定义更多的是从福利使用的时机和目的来做出阐述，这也是福利的重要性质。

我国对现代意义上的员工福利的研究起步较晚，许多研究劳动经济和人力资源管理的专家学者在参考借鉴国外研究成果的基础上也对企业福利的定义做了界定。例如，刘昕在其所著的《薪酬管理》一书中认为福利是员工薪酬中的重要组成部分，包括退休福利、健康福利、带薪休假、实物发放、员工服务等。它有别于根据员工的工作时间计算的薪酬形式，具有以下两个特征：一是福利通常采取延期支付或实物支付的方式；二是福利具有类似固定成本的特点，因为福利与员工的工作时间之间并没有直接的关系。

总结以上对员工福利的定义和理解，本书从以下几个方面界定员工福利：

员工福利是总报酬的重要组成部分。

员工福利大多变现为非现金收入，如各种保障计划、休假、服务以及实物报酬。

员工福利通常采取间接支付的发放形式。福利不同于工资和奖金，可以完全在当期得到直接体现，有些福利项目可能要在若干年后才能为员工所享受。

几乎所有正式员工都可得到福利。福利作为一种普惠式的报酬形式，它的享受对象通常是企业的所有员工，而且员工与员工之间的差别并不是很大。

员工福利通常为非劳动收入。福利的享受通常并不是在员工劳动之后，也与员工的个人贡献无太多关系，一个刚刚加入企业的员工常常就可以享受到与一个在此工作了几年的员工相同的福利待遇。

福利经常是为了特殊的、员工关心的事件提供的补偿。

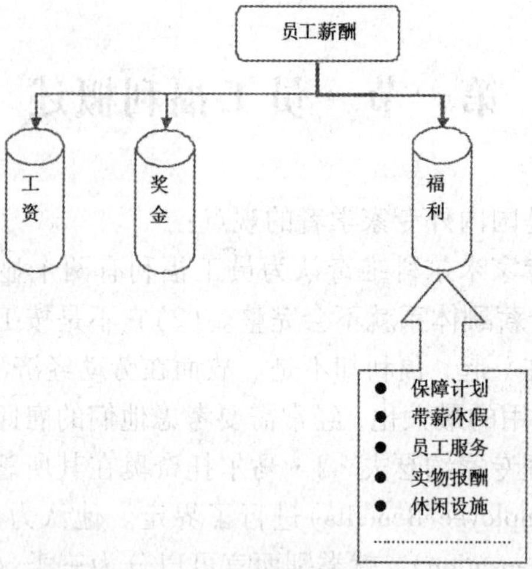

一、福利的发展及其原因

1. 福利的发展历史

员工福利的发展历史可以追溯到19世纪初甚至更早的时期。最初，福利的雏形就是政府强迫企业来履行的义务，那时候，欧洲和北美的一些国家通过建立雇佣标准(Employment Standards)和事故赔偿立法(Accident Compensation Legislation)来规定雇主应为员工的福利承担更多的责任。

在19世纪向20世纪过渡的过程中，员工福利迎来了第二个发展阶段。这一时期被称为"家长式管理时代"(Era of Paternalism)。雇主开始为雇员及雇员家庭的福利状况承担更多的责任，一些雇主甚至为员工提供住房和生活必需品。这一时期的德国是世界的先驱，在迎来福利的兴盛时期前，德国有了很好的基础。19世纪的"铁血宰相"俾斯麦作为当时的统治者，认为强化工人福利对稳定社会有利，并在全世界第一次用立法的形式来推行工人保障，而员工福利正是主要的社会保障内容。德国政府于1883年颁布了《疾病保险法》，1887年颁布了《伤害保险法》，随后又在1889年通过了《残疾保险法》以保护工人在机器工业中的人身健康，为劳动者创造了就业条件。进入20世纪后，英国效仿德国于1906年颁布《工人补偿法》，1908年颁布《老年年金法》，1911年制定全面综合的《国民保险法》。在美国，20世纪初期工业化的迅速发展和30年代经济大萧条促成了1935年《社会保障法》的颁布。这部法律规定了失业保险计划、老年、基本生活和伤残保险计划以及医疗保险计划等，对后来法定福利的发展具有历史性的指导作用。但经济大萧条的压力迫使这一发展阶段在20世纪30年代停滞下来。历史证明员工福利作为社会保障的一部分，对分担社会风险具有重要作用。初期的员工福利政策出现是为了减少社会发展的风险，避免对社会的伤害，员工福利与社会保障制度不可分离，社会保障制度也在北美和北欧得到了发扬。到了后期，员工福利则是为了个人和企业发展贡献力量，越来越多的企业自主福利涌现并且发挥了保障之外的激励作用。

现代意义上的员工福利计划是20世纪40年代才真正得到迅速发展的。1941年，当时世界正处于第二次世界大战最困难时期，美国联邦政府规定公司不允许增加员工的核心薪酬，但没有限制公司福利部分的开支。再加上战争状态下的不稳定性，许多公司便采用增加养老金计划、人寿保险和医疗保障计划之类的福利措施来招募和保留人才。随后，员工福利得到快速发展。

2. 福利发展的原因

企业的员工福利得到巨大发展的主要原因包括以下几个方面：

(1)从农业社会向工业社会的转型，使得在城里工作的人对企业保障的需求增加。自产业革命以来，越来越多的农民脱离了过去赖以生存的土地，结束了自给自足的生活，进入城市，进入工厂，自己和家庭的一切消费来源都要依赖于所工作的企业。这样一来，他们对企业保障的要求就会越来越高；不仅要求提供给他们基本的工资、奖金等货币收入，还要求企业提供各种保障计划，于是形成了对企业福利的客观需求。

(2)社会各方(包括雇主、员工和政府)对员工福利态度的变化。由于福利对雇主、员工、政府三方来讲都能够带来好多好处，例如，福利可以帮助雇主减少税收支出，并有助于提高员工的满意度和工作效率；可以满足员工多方面(而不仅仅是金钱方面)的需要，缩小员工间收入差距，并可以为员工提供各种优惠；可以减轻社会保障体系的压力，促进就业，降低通货膨胀的可能性，维持社会稳定……当社会各方面都逐渐认识到弗里德这些作用时，福利的增加就不再是什么奇怪的事情了。

(3)政府对企业提供的福利干预(法律干预、减少社会保障压力)和税收鼓励。这是影响企业福利的最重要因素。相对于工资和奖金，福利十分重要的一个优势是可以得到政府的税收优惠和政策支持，这大大地提高了雇主为员工提供福利的积极性。以税收优惠为例，由于福利作为企业提供给员工的各种保障计划、服务和实物等，完全可以用现金来代替，所以若把这些福利完全折算成现金计入工资中，将会使员工支付一笔高额的所得税。但若采用福利的形式，员工就能够在得到这些报酬的同时，获得税收的减免。这就意味着，企业为员工花费等值的福利比付出等值的货币报酬所实际占用的企业资源少。换句话说，如果企业用福利来代替等值的货币报酬，将提高企业成本支出的效用。很好的利用这一点可以降低成本战略的企业就赢得成本优势。

(4)工会化倾向和集体谈判制度。许多工业化国家都存在工会与企业家之间的集体谈判机制。在这些企业中，工会可以代表员工就薪酬、工作时间、雇用条件等工人们最关心的问题与企业主进行谈判，其中福利是最重要的谈判目标之一。工会往往能够成功地实现自己的会员在福利方面希望达成的目标，尤其是将收入从现金形态向福利形态转移能够享受相应的税收优惠的时候。从谈判效果来讲，如果工会为会员争取到某种新福利，那将比为会员争取到等值的工资增长更能提高他们的满意度。因为谈判争取来的工资提高程度往往很低，但如果增加了一项新的福利项目却可以很容易被员工感受到。因此，工会势力越强大，他们对企业的福利推动作用也就越显著。不仅如此，由于工会威胁效应的作用，使得企业有可能为了防止员工加入工会，不需要经过集体谈判也同样为员工提供与工会企业类似的福利。我国正在商议《工资条例》的出台，而《工资条例》很重要的一部分就是集体谈判制度，这个制度在中国实施将会带来的趋势可想而知。

(5)政府对基本工资增长的干预。例如，第二次世界大战期间，美国联邦政府曾规定公司不允许增加员工的核心薪酬，但没有限制公司福利部分的开支。后来这一政策被英国人所模仿。但工会和自由主义经济学家强烈反对这一政策，他们认为政府不应该如此过多地干预经济。当时政府制定这样的政策原因在于，以凯恩斯为领导的西方主流经济学认为通货膨胀是社会的一大弊端，工资增长过快可能会导致通货膨胀，所以要限制工资，来维持物价稳定增长。在这种情况下，由于工资受到限制，而竞争和工会压力又迫使企业必须增加员工收入，所以增加福利就成为解决这一问题的较好方法。现在，我国各地也在执行政府工资指导线的措施，虽然不是强制的，但这也对基本工资增长的上下限起到一定的指引作用。

(6)劳动力市场上竞争的加剧。除了国家法定福利项目之外，企业可以自行确定是否设立企业补充福利。但在劳动力市场残酷的竞争形势下，企业的这种自主选择权往往被压缩。为了使自己在劳动力市场不处于劣势，在其他企业提供了企业补充的福利的情况下，该企业也不得不提供类似的福利项目，甚至要提供更高水平的企业补充福利。这就必然在很大程度上促进了福利的发展。另外，福利在劳动力市场竞争中也确实具有特殊优势如：

①福利的可变性。从战略角度来说，保持报酬水平的竞争力是非常重要的，如果需要的话，还要超出市场的一定比例，但是不能失控。报酬的提升可以有弹性，要下降却具有刚性。组织常常发现给员工支付了过高的报酬，结果在面临市场压力的时候使即调整变得非常困难。福利则不同，它可以根据企业的情况和要求灵活调整，相对于工资来说具有较大的灵活性，所以为企业家所偏爱。

②福利还有一些特殊的作用，例如情感作用。福利作为非货币化的报酬行式，反映了企业对员工的关心程度，尤其是对员工关心的一些特殊事件的关怀，如生日、婚丧、健康、养老等，这反映了企业的人性化程度。如果一个企业的福利制度设计的好，将有助于企业“感情留人”，从而进一步为实现企业的人才战略服务。在这一点上，最关键的是要理解企业不再仅仅是为劳动者提供经济保障的福利制度，而是逐渐转变为向员工提供企业可以承担的、有竞争力的、员工喜欢的福利制度。

(7)企业对团体管理的偏好。随着知识经济的产生和发展，团队工作在企业日常工作所占比重越来越大。一项工作的完成不再是某一个人的功劳，而是团队共同努力的结果。在工作中职能分工组建被融合成多职能的团队合作，从而完成更加多样化、环境复杂的任务。该趋势导致的结果是个体工作很难测度，个体管理更加困难，因而薪酬的发放也更多的以团队绩效为标准，采取团队发放的形式。这种工作方式和薪酬发放形式使得收入分配更加倾向于关注整体。员工福利作为天生的普惠制的报酬形式，有更多的去差异化倾向，福利种类繁多，调整方便，能够适合于按照群体的特征不同分类，更加适用于做团队的报酬形式。从这个意义上来说，设计良好的福利制度更能适应企业对团体管理的偏好。

(8)职业福利管理管家福利的出现。职业福利管理管家在西方发达国家已经比较普遍，他们是一批懂法律，了解人力资源管理运作又具备福利管理知识的人。这些专家是随着企业福利发展而出现的，反过来，他们会更多地向企业提供增加补充企业福利的建议，从而大大地推动了福利的发展。

(9)计算机的出现使得福利管理更加简便。除了上一点所言的知识专业化之外，福利管理手段也有了日新月异的变化。管理手段专业化最主要的体现是IT技术在福利管理上的应用，将繁杂的手续简单化，使得福利管理专业知识更好地渗透到工作过程中。在我国使用有效的人力资源软件来辅助人力资源管理工作的组织仅占10%－20%，而在美国等经济发达国家这一比例大约能占到80%。另外，网络及信息技术的发展不仅方便了对员工的福利管理，也方便了员工的查询和操作。

(10)全球化和贸易壁垒的减少。随着经济全球化的发展，国际贸易壁垒的减少，产品市场的竞争已不仅仅限于国内。面对大量国外竞争者的挑战，如何在降低人工成本的同时吸引和留住核心员工，就成了企业能否赢得这场国际竞争的关键。所以，许多企业开始为其员工重新设计具有公司特色、有竞争力的福利计划，以吸引全球的优秀人才。

(11)技术变化和恶化的经济状况使得企业必须开发和改善福利以应对局面。第三次技术革命使得今天还领先的技术可能在明天已经变得落伍，技术的变化必然会导致员工结构的变化，企业需要依靠更多的福利制度以应对知识性员工的管理。恶化的经济状况导致高层次人才的相对短缺，各公司之间对人力资源的竞争大大加剧。企业要想在人才招聘中具有竞争优势，并且能够留住人才，优越的福利制度是一种很好的手段。

二、福利的类型

福利主要有以下四种划分方法。

1. 按应用目的可以划分为保障型福利、保险型福利和服务型福利

保障性福利主要为保障员工基本生活，如养老医疗、生育住房等。保险性福利主要为员工将来可能遇到的影响生活的风险提前提供保险性补偿，如大病保险、伤害保险、失业保险等。服务型福利的目的并不在于为风险未雨绸缪，而在于满足员工更多的需求，提高员工工作、生活满意度，提供激励作用，如一些休假的福利、节假日的实物福利、员工健康福利等。

2. 按制定对象可分为法定福利和企业自主福利

其中，法定福利是指根据国家的国策、法律和法规，企业必须为员工提供的各项福利，主要是指企业必须为员工缴纳的各种生命保险和住房公积金等。企业自主福利是企业根据自身的管理特色、财务状况和员工的自身需求，向员工提供各种补充保障计划以及向员工提供的各种服务、实物、带薪休假等。

3. 按支付对象可以分为管理者福利和员工福利

有一种说法叫做高端人士的福利，企业购买价值百万元的高尔夫会员卡给企业的高端员工，而高尔夫运动通常有两个作用：一个是有利于健身，一个是便于交往。高尔夫福利作为一个高端福利，不仅为员工提供实惠，更为高端员工提供一种身份的象征。

4. 按员工选择权可分为固定福利和弹性福利

固定福利常常包括大多数的法定福利，一些企业制度上规定下来的福利以及员工享有的某种形式的大多数人一致的福利。所谓员工的选择权，不是对于有无福利的选择，而是在福利的具体实现形式的选择。企业提供给员工一定的福利包，员工按照自己的偏好来选择具体的福利。

三、福利的人力资源管理功能

在企业提供给员工的薪酬包中，福利所占的比重越来越大，对企业的人工成本产生了十分重要的影响。为什么企业愿意花费巨额费用和大量精力来发放福利？福利到底对员工绩效有什么样的作用和影响？

员工福利可以使企业获得人才竞争优势、低成本优势且能促进知识型企业核心能力的增强。根据康奈尔大学 Snell 教授的理论，人力资源管理其实就是对企业核心员工的管理，即对核心能力载体的人的管理。福利管理越人性化，越能增强广大员工的凝聚力，进而就越有利于人力资源管理核心目标的实现。

1. 设计良好的福利制度可以帮助实现企业人力资源管理活动的目标，进而实现企业的战略目标

人力资源管理活动的核心目标一般包括吸引和保留所需要的员工，充分发挥员工的积极性和主动性，提高员工的工作绩效，降低企业员工成本等。

(1)设计良好的福利制度可以为企业吸引和保留所需要的员工

一方面，福利是企业体现其管理特色的一种工具，一份有竞争力的福利计划传递着一种潜在的信息，表明这是一个好的工作单位，愿意为雇员的生活幸福投资，因此公司可以通过提供非固定福利使自己和其他竞争者区别开来。另一方面，员工本身也存在着对福利的内在需求，越来越多的求职者在进行工作选择时，也开始将福利作为十分重要的因素来进行考虑。对企业来讲，能否向员工提供有吸引力的，能切实给员工带来效用的福利计划，将成为企业吸引和保留人才的重要因素。例如，由于知识型员工的特点和高科技企业的工作方式的演变，很多知识型员工都希望自己能够对工作时间有更多的控制。科技的发展使今天的弹性工作模式成为可能，而这种方式在20年前几乎是不敢想象的。电子办公(Telework)，电子通讯和弹性工作计划使雇员和雇主开发了一种在不同时间和不同地点一起办公的方式。这对那些希望能够更好地掌控自己的时间的年轻雇员以及那些不得不在工作和家庭之间寻求平衡的雇员来说是很有吸引力的。

有些员工福利项目，例如企业年金、企业补充医疗计划、员工持股计划、住房等，在某些程度上相当于给员工戴上了“金手铐”。因为它们已经成为员工离开企业时不得不考虑的因素。只有当跳槽后的收益能够补偿在这家企业所获得的以上福利成本(而不仅仅是现金成本)时，员工才会选择跳槽。所以，好的员工福利制度会使员工跳槽的成本大大增加，也就为企业留住员工创造了条件。

(2)好的员工福利制度有助于充分发挥员工的积极性和主动性

好的福利制度可以改善有战略价值的具体员工的表现。例如，如果能够报销学费，员工会主动要求去参加各种培训，从而可以提高他们的潜在创造力和提供有利于企业发展的建议的能力。

(3)员工福利与工作满意度

工作满意度是员工对工作的总体态度。组织行为学认为较高的工作满意度一般会带来较高的生产率、较低的缺勤率和流动率，所以，如果员工福利能够对工作满意度产生积极的影响，那么企业所花费的成本就是有意义的。毫无疑问，支持性的工作环境是影响员工工作满意度的重要因素。员工福利由于其特殊性会对工作环境产生积极的影响。

因为员工福利可以采取集体福利的形式为企业职工提供舒适的工作条件，有些企业还为员工准备了各种辅助性的集体福利设施，如员工食堂、员工宿舍、托儿所、浴室、健身房等，这些设施可以丰富员工生活，给员工提供福利，当然也会提高员工对工作的满意度，从而使他们能够把最大的精力投入到自己的工作中去。

从另一个角度考虑，如果企业为员工提供福利是不好的或者是不适合的，那么一定会导致部分员工不满，甚至可能会导致不满员工的消极行为，从而降低企业生产率。

(4)员工福利与工作绩效

虽然大家普遍认为员工福利会对绩效产生积极影响，但目前还没有充分的研究能证明这一点。不过我们仍然有理由相信员工福利可以通过提高整个组织的满意度这一中间变量对组织整体工作绩效产生影响。

员工福利对工作绩效的影响

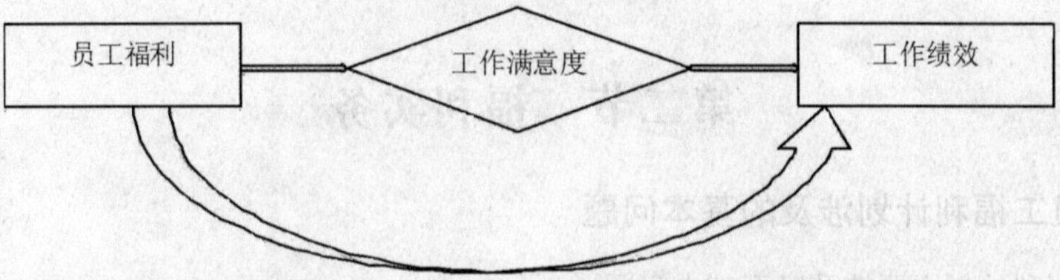

(5)员工福利有利于节省企业的人工成本

这一点主要体现在两个方面:一是公司通过提供员工福利可以得到税收优惠。因为大多数国家的税法中都有企业福利可以减免纳税或延期纳税的条款,这无疑对企业和员工来说都是不小的实惠。另一方面是雇主利用自身的规模经济优势代表员工去购买商品和福利。比员工自己购买要便宜。集团医疗保险就是很好的例子。很明显的一个事实是,公司每个月给一个员工提供100元的医疗保险福利创造的价值是个人拥有这笔钱价值的4-5倍。以上两点意味着员工花费等值的福利付出等值的货币报酬所实际占用的企业资源要少。换句话说,如果企业用福利来代替等值的货币报酬将可以提高企业成本支出的效用。

2. 设计良好的福利制度可以鼓励员工之间的合作

福利与奖金的不同之处:奖金在计算、比较中花费一定的工夫;而福利更多的是平均、普遍的享有,员工之间若是考虑收入的平等性或者说比较收入的多少,福利通常不会引起不平衡感和计较。所以,对于一个团队来说,福利更能够促进员工之间的合作,构造和谐的氛围。

3. 员工福利是影响企业劳动力雇佣决策的重要因素

员工福利在一般意义上是普惠制的报酬形式,只要是单位的正式员工,不论其工资、奖金、行政级别的差异有多大,都是企业福利的享受对象,而且所享受的福利的水平差异不大。这里特别强调的是企业的正式员工,一般的临时工是没有权利享受以上福利的。所以,如果员工的福利在企业的人工成本中占的比重过大,企业在做出雇佣决策时就可能考虑通过雇佣临时工(哪怕是工资略高些的临时工)来替代正式员工,以节省福利部分的开支。可见,随着福利在薪酬中的比重越来越大,它成为企业劳动力雇佣决策时不可忽视的一个重要因素。现有的中国法律体制中,福利经常是立法保障员工就业利益的考虑重点,是国家对财务管理加强规范的领域,也是薪酬管理人员考虑人工成本、考虑薪酬的财务问题的一个不可忽视的领域。

4. 传递企业的文化和价值观

现代企业越来越重视员工对企业的文化和价值观的认同,因为企业是否有一个积极的、得到员工普遍认同的文化氛围,将对企业的运营效果产生十分重要的影响。而福利恰恰是体现企业的管理特色、传递企业对员工的关怀、创造企业所希望的氛围和组织环境的重要手段。企业成功的经验证明了那些能够在市场上获得成功的企业,无一不重视企业文化的塑造,无一不强调以员工为中心来展开企业的管理,也无一不向员工提供形式多样、富有吸引力的、与价值观相呼应的福利计划。

第二节 福利实务

一、员工福利计划涉及的基本问题

员工福利计划主要涉及以下基本问题：

●法律问题：有哪些法律要求？如何准确和有利地理解法律？如何落实法律？

●资格确立：谁可以得到福利？

●福利结构问题：法定福利和企业自主福利应该保持一个什么结构？包括哪些福利项目？

●水平问题：应该支付多高的福利水平？

●财务问题：如何为员工福利筹集资金？如何使员工福利支出有更高的回报？

●费用分担问题：如何在政府、雇主和员工之间分担费用？

●福利管理问题：员工的个人福利是统一管理还是自由弹性管理？企业团体福利是自主管理还是外包管理？

我国企业在实施人力资源管理的时候，福利设计并不是强项，这与中国具体的法律环境和管理习惯有关。但福利是重要的部分，福利设计的自由性越来越受重视。而以上福利的基本问题都关系到“福利设计怎么样提高员工的效率”这个最根本的问题。

二、如何设计一套好的福利计划

企业福利在员工薪酬体系中的地位越来越重要，一套好的福利制度不仅可以满足企业员工的多方面需求，提高满意度和工作效率，而且有助于提高企业的核心竞争力，为企业吸引和留住核心员工。所以福利制度的设计好坏成为影响企业综合竞争力的重要方面之一。一套好的福利制度应该满足以下标准：

1. 恰当的（Appropriate）

恰当的即企业的福利水平对外要具有竞争性，不落后于同行业或同类型的其他企业；对内要符合本企业的战略、规模和经济实力，不要使福利成为企业的财务负担。特别是对于转型期间的企业来说，管理者要意识到福利制度和人才竞争的关系，深刻体会到福利在吸纳、激励和留住员工方面的作用。

2. 可支付的（Affordable）

可支付的即根据企业的经营状况和财务能力，福利制度所规定的各个项目要在企业可支付的范围之内。

福利应支付得起：即企业要在承担的起的情况下为员工提供福利。

福利资金的运作有持续性和增长力：福利支付通过某种渠道运作，最终使其产生更多的收益。例如美国的401K福利计划，政府把福利资金交给投资公司管理，使福利资金增值。对于员工的好处就是退休的时候领取时免税的。

3. 容易理解的（Understandable）

容易理解的即要求各个福利项目的设计和表述能够很容易地被每个员工所理解，在选择和享受所设计福利项目时，不会产生歧义。这样才能起到激励作用，如果员工在享受福利的同时没有认识到企业为其作出的努力，就起不到相应的效果。

4. 可管理的/可操作的(Administrable)

可管理的/可操作的即要求企业设计的福利项目是切合实际的、可以实施的，而不仅仅是是只反映在书面上的“幻想”。这就包括了两个问题：一是认识问题，很多人认为福利是随便发放的，但福利对于企业和员工来说是非常有用的，而且必须是有用的；二是福利的成本收益核算问题。

5. 灵活的(可变动的)(Flexible)

灵活的(可变动的)即福利方案要设计灵活，能够尽量满足各类员工的不同需求。同时还要针对公司的经营和财务状况进行自我调节的能力。灵活性福利源于不同人对用一种福利的偏好不同，最终能导致福利的总效率不同。比如，教育补贴的发放对象往往是有适龄儿童的职工，就导致部分员工享受不到此福利。但如果企业在设计这个福利的时候标明“若不享受这个福利，可折现若干元”，该福利的满意度会大幅度提高，灵活性得以体现。

同时，灵活性福利的关键点在于福利的选择权。非灵活性的福利计划就是“是”或者“否”的选择，而灵活性福利则意味着对于某项福利员工“是否可选，什么时候可以选”。当员工可以这么做时，同一笔福利的效果就能够实现最大化。

三、员工福利和企业战略

根据迈克尔·波特的战略理论，企业的基本外部战略无非有三种形式，即低成本战略(Overall Cost Leaderslup)、差异化战略(Differentiation)和目标集聚战略(Focus)。

对于采用低成本战略的公司来说，获得竞争优势的关键在于如何降低生产价值链各个结点上的成本，包括原材料的供应成本、生产的成本、销售的成本以及人工的成本等。在各类型的企业中，越是科技含量高的企业，它的人力资源成本在总成本中所占的比重就越大。因此，对于实行低成本战略的高科技企业来说，必须降低人工成本。落实到福利部分，就要求企业对全体员工设计尽可能减少的福利项目，或者企业可以在部分岗位使用临时工代替正式员工，哪怕要支付比正式员工略高的工资，但只要高出的数额不超过公司为正式员工提供的福利的价值，对于企业来说就是适应战略需求。

对于实行差异化战略的企业来说，产品的标新立异是成败的关键(成本问题已经是次要的了)。而要实现这一点，往往需要有创造性的人才。如何吸引并留住创造性人才以支持企业差异化战略呢？就福利的设计而言，需要为有创造力的核心人才提供有竞争力的福利计划，有必要时可以提供远远高于市场中同行业平均水平的福利水平，因为这时候成本已不是公司的首要战略目标。

对于实行目标集聚战略的企业来说，企业的主要战略任务是要在某个特定的顾客群。某产品系列的一个细分区段或某一个地区市场上相对于竞争对手要么获得低成本地位，要么取得高歧视优势，或者两者兼得。企业福利的任务就是要配合战略需要，吸引和保留能为企业带来独特价值的人才。此时可以不用太多地考虑成本问题(因为只要获得高歧视优势就可以了)，也可以严格控制成本(同时获得低成本优势)。究竟采取哪一种福利设计思想还要视企业的具体情况来选择。

此外，还要处理好福利在整个薪酬体系中的地位以及它与薪酬其他部分的关系。福利的一个特点是它一般与员工的工作努力程度无关或关系很小，所有员工的薪酬包中的福利部分是基本一样的，这虽然在一定程度上缩小了员工的收入差距，但却无法反映员工工作绩效的差别，从而对员工缺乏激励作用。所以，在设计福利制度时，应该充分考虑它与基本工资、奖金的基本比例关系，给福利定一个合理的份额。

四、员工福利设计的实用方法

尽管有关员工福利计划设计实用方法在20世纪60年代早期就已经开始了激烈的讨论，但至今也没有出现明显成熟的方法可以运用到员工福利计划中去。通常，员工福利计划设计、重修制定过程中的实用方法可具体分为下列几个步骤：

●将员工(包括受供养人)的福利需求和期望进行合理的功能性分类。

●对雇主动机进行分类，雇主将以不同的态度对待不同的员工，如退休员工和受供养人；其福利将根据不同原则进行设计。

●基于前两者，对福利计划所提供的福利情况进行分析。

●根据功能性分类需求或者需要保护的人员类型，从雇主自助的福利计划或者其他福利计划中找出福利的缺陷或者重复。

●基于以上因素提出建议或作出修改，包括使用弹性福利政策(如自选计划)。

●对五个步骤中的每种建议所需的福利成本进行评估。

●对上述各建议中的资金筹集和保障措施以及现行计划所包括的项目进行评估。

●将建议性项目或现行项目与成本节约技巧结合起来考虑(如成本遏制战略计划)

●在以上分析的基础上，对福利项目、筹资方式及资金来源作出决定。

●落实新建议和修改方案。

●将变更的福利计划信息传达给员工。

●定期的对员工福利计划进行评估。

特别指出的是，应该就福利设计的内容及变动之处与员工进行沟通，有效的福利沟通是员工福利计划取得成功的关键因素。很多企业的经营经验显示，即使企业为员工提供福利做出了很多努力，员工仍没有意识到组织到底为其提供了什么样的福利以及组织为此付出了多么高额的成本。所以，企业有必要设计一种完善的福利沟通模式，一方面告诉员工他们所享受的福利待遇的具体内容，另一方面告诉员工他们所享受的福利待遇的市场价值。

下面是一些有关福利沟通方面的建议：

●编写福利手册，解释企业提供给员工的各项福利计划。这些手册可以包含一本总册子和一系列附件。在福利手册中应当尽量少用福利专业术语，力求让普通员工都能了解其内容含义。

●定期向员工公布有关福利的信息，包括：福利计划的适用范围和福利水平；福利计划的价值；组织提供这些福利的成本。

●在小规模的员工中做福利报告。这一工作可由福利管理人员或者部门经理承担。

●建立福利问题咨询办公室或咨询热线。这既有利于员工了解公司的福利政策和福利成本开支情况，同时也是组织希望员工关心自己的福利待遇的一种信号。

●建立网络化的福利管理系统，在公司组建的内部局域网上发布福利信息，或开辟专门的福利板块，与员工进行有关福利问题的双向交流，从而减少因沟通不畅导致的种种福利纠纷或不满。

第三节　我国的福利情况

一、我国的福利发展

我国企业福利的发展大致经历了两个时期。在改革开放前，传统的收入分配方式具有“低工资、高福利”的特点。新中国成立以后，为了体现社会主义优越性，积极谋求实现劳动者普遍就业的目标，而在经济发展水平很低的情况下，要想实现高水平的就业，就必然要以低工资作为代价。同时，当时的意识形态也以“不患寡，而患不均”的平均主义为基调。所以，在计划经济体制下，在企业中工作的劳动者的所得工资长期处于较低水平，企业内部的工资差距也很小，但职工家庭基本生活需要又必须得到保障，同时还要求能够适当地有所提高。因此，国家采取了要求企业举办各种福利来补充低工资所造成的收入不足的政策。在劳动者的报酬中，福利成分所占的比例比较大，工资水平仅仅限于满足食物、衣着、日用品等消费资料的基本生活性支出，住房、医疗、交通、文化设施等往往以非商品的形式发放，以“企业办社会”的方式提供给职工。“低工资、高福利”的政策在一段时期内对社会发展和保障劳动者的基本生活需要、减轻劳动者的生活负担起到了一定的积极作用。但是随着经济体制改革的深入进行、生产力的发展、人民生活水平的提高以及需求层次的上升，原有企业福利制度的弊端越来越明显:国家的负担越来越重，福利成分和货币收入之间的比例失调，导致企业内部“大锅饭”问题等。所以，中国传统企业的福利与其说是一种企业福利，不如说是一种国家福利，更准确的说，传统体制下的企业福利和国家福利是混为一谈的。其最明显的表现是:从企业之间的比较来看，企业的福利水平高低大多取决于企业与国家之间讨价还价的能力。这又取决于企业的级别高低、规模大小以及所属行业等因素，而不是企业的经营状况;从劳动者的个人角度来说，劳动者个人的福利水平高低也往往取决于在该企业中的资历长短甚至人际关系好坏，同个人的贡献或者实际工作业绩之间也没有什么联系。

进入市场经济时期以来，随着对外开放步伐的加快和外资企业、民营企业的兴起，真正意义上的企业福利在我国开始建立并有所发展。国有企业甚至国家机关，事业单位也对原有的福利项目进行了改革调整，并正在一步步与国际接轨。目前，虽然我国很多企业的福利管理还不到位，但有些企业已经在这一方面取得了进步。除了在政府指导下举办各种企业补充保险外，利润分享计划，员工持股计划在一定范围内试行和实行，带薪休假、各种补贴金融服务等福利项目也开始在一些企业中出现。

二、我国的法定福利

法定福利主要包括养老保险、失业保险、医疗保险、工伤保险、生育保险五大险种以及住房公积金，各个国家在具体的实施上有所不同，本节将具体介绍我国的法定福利。

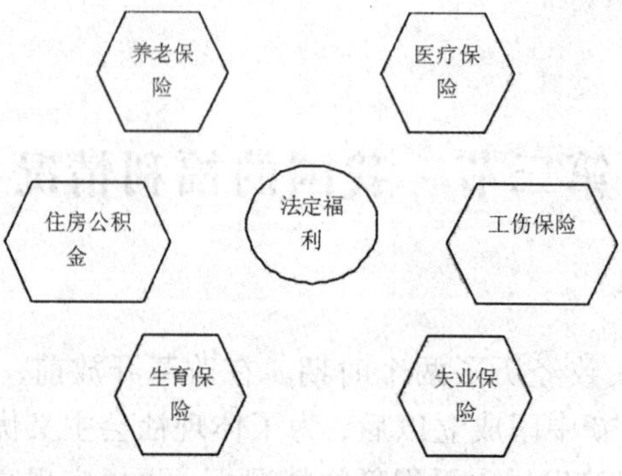

1. 养老保险

法定福利规定的养老保险是社会保障体系中的一项重要内容，是社会保险五大险种中最重要的险种之一。所谓养老保险，是指国家和社会根据一定的法律和法规，为解决劳动者在达到国家规定的解除劳动义务的劳动年龄界限或因年老丧失劳动能力退出劳动岗位后的基本生活而实行的社会保护和社会救助措施。

目前，我国的养老保险由三个部分组成:第一部分是基本养老保险，第二部分是企业补充养老保险，第三部分个人储蓄性养老保险。其中前两部分属于员工福利，第三部分完全是个人行为，与企业无关，不属于员工福利。而企业补充养老保险属于企业补充福利，将在下一部分中进行详细阐述。

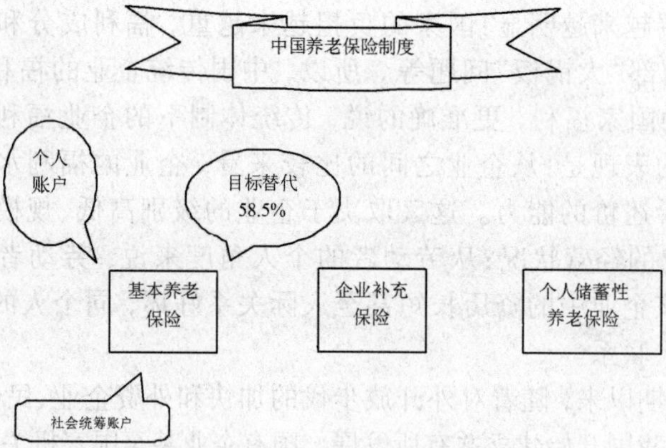

基本养老保险也称国家基本养老保险，它是指按国家统一政策强制实施的为保障广大离退休人员基本生活需要的一种养老保险制度。在1991年实行养老保险制度改革以前，基本养老金也称退休金或退休费，是一种最主要的养老保险待遇。目前，按照国家对基本养老保险制度的总体思路，未来基本养老保险目标替代率确定为58.5%。由此可以看出，基本养老金的最主要目的在于保障广大退休人员的晚年基本生活。

我国的基本养老保险采用社会统筹与个人账户相结合的模式。这种基本养老保险制度是我国在世界上首创的一种新型的基本养老保险制度。这个制度在基本养老保险基金的筹集上采用传统型的基本养老保险费用的筹集模式，即由国家、单位和个人共同负担;基本养老保险基金实行社会互济;在基本养老金的计发上采用结构式的计发办法，强调个人账户养老金的激励因素和劳动贡献差别。因此，该制度既吸收了传统型的养老保险制度的优点，又借鉴了个人账户模式的长处;既体现了传统意义上的社会保险的社会互济、分散风险保、保障性强的特点，又强调了职工的自我保障意识和激励机制。

1997 年，我国发布的《国务院关于建立统一的企业职工基本养老保险制度的决定》中对这种社会统筹和个人账户相结合的具体操作办法作了明确规定：

企业缴纳基本养老保险费(以下简称企业缴费)的比例，一般不得超过企业工资总额的 20%，具体比例由各省、自治区、直辖市人民政府确定，企业缴费部分按一定比例计入个人账户，其余部分缴纳社会统筹基金。个人缴纳基本养老保险费(以下简称个人缴费)的比例，1997 年不低于本人缴纳工资的 4%，以后每两年提高一个百分点。最终达到 8%，全部纳入个人账户。

个人账户储存额每年参考银行同期存款利率计算利息。个人账户储存额只用于职工养老，不得提前支取。职工调动时，个人账户全部随同转移。职工或退休人员死亡，个人账户中的个人缴费部分可以继承。

对于决定实施后参加的职工，个人缴费年限累计满 15 年的，退休后按月发给基本养老金。基本养老金由基础养老金和个人账户养老金组成。退休时的基础养老金月标准为省、自治区、直辖市或地(市)上年度职工月平均工资的 20%，个人账户养老金月标准为本人账户储存额除以 120。个人缴费年限累计不满 15 年的，退休后不享受基础养老金待遇(或者补足至 15 年)其个人账户储存额一次支付给本人。

对于决定实施前已经离退休的人员，仍按国家原来的规定发给养老金，同时执行养老金调整办法。

对于决定实施前参加工作,实施后退休且个人缴费和视同养老年限累计满 15 年的人员，按照新老办法平稳衔接、待遇水平基本平衡等原则，在发给基础养老金和个人账户养老金的基础上确定过渡性养老金，过渡性养老金从养老保险金中解决。

2. 失业保险

失业保险是指国家通过立法强制实行的，由社会集中建立资金，对因失业而暂时中断生活来源的劳动者提供物质帮助的制度。它是社会保障体系的重要保障部分，是社会保险的主要项目之一。

失业保险具有以下几个主要特点:一是普遍性。主要是为了保障有工资收入的劳动者的基本生活而建立的,其覆盖范围包括劳动力队伍中的大部分成员。二是强制性。它是通过国家制定法律、法规来强制实施的。按照规定，在失业保险制度覆盖范围内的单位及其职工必须参加失业保险并履行缴费义务。不履行缴费义务的单位和个人都应当承担相应的法律责任。三是互济性。失业保障基金主要来源于社会筹集，由个人、单位和国家三方共同负责，缴费比例、缴费方式相对稳定，筹集的失业保险费，不分来源渠道，不分缴费单位的性质，全部并入失业保险基金，在统筹地区内统一调度使用以发挥互济功能。

1986 年，国务院颁布了《国营企业职工待业保险暂行规定》，明确规定对国营企业职工实行职工待业保险制度,我国的失业保险制度正式建立。建立失业保险制度的主要目的之一是配合国有企业改革和劳动制度改革。1991 年 1 月 20 日，国务院颁布了《失业保险条例》，对失业保险的领取对象、资金缴纳、待遇、享受期限等问题进行了明确规定。

失业保险所需要的资金来源有四个部分:(1)失业保险费，包括单位缴纳和个人缴纳两部分，这是基金的主要来源;(2)财政补贴，这是政府负担的一部分;(3)基金利息，这是基金存入银行和购买国债的收益部分;(4)其他资金，主要是对不按期缴纳失业保险费的单位征收的滞纳金等。失业保险费由城镇企业、事业单位按照本单位工资总额的2%缴纳，城镇企业、事业单位职工按照本人工资的1%缴纳失业保险费。城镇企业、事业单位招用的农民合同制工人不缴纳失业保险费。

失业人员可享受到的失业保险待遇包括按月领取的失业保险金、领取失业保险金期间的医疗补助金、领取失业保险金期间的死亡人员的丧葬补助金及其供养的配偶、直系亲属的抚恤金。享受失业保险待遇的条件为:失业前用人单位和本人已经按照规定缴纳失业保险费满一年;非本人意愿中断就业;已进行失业登记，并有求职要求。

失业保险金的领取时间由失业人员失业前所在用人单位和本人按照累计缴费时间决定，满1年不足5年的，最长不超过12个月;满5年不足10年的，最长不超过18个月;10年以上的，最长不超过24个月。重新就业后，再次失业的，缴费时间重新计算，领取失业保险金的期限与此时也应当领取而尚未领取的失业保险金的期限合并计算，最长不超过24个月。对连续工作满一年的农民合同工，根据其工作时间长短支付一次性生活补助。

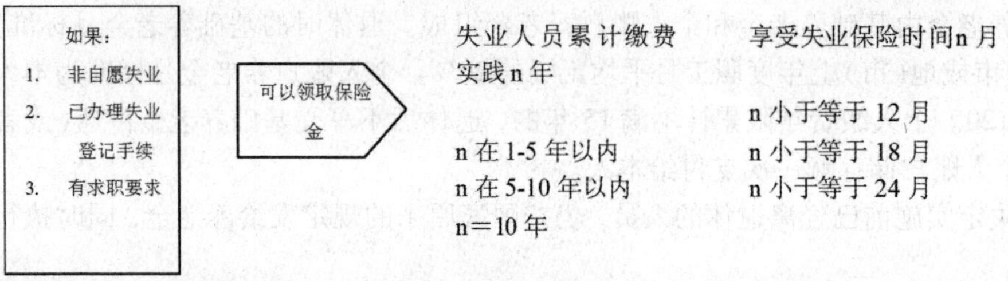

3. 医疗保险

医疗保险通常是指由国家立法规定并强制实施的，当人民生病或受到伤害后，由国家或社会给予一定的物质帮助，即提供医疗服务或经济补偿的一种社会保障制度。它具有社会保险的强制性、互济性、社会性等基本特征。

我国20世纪50年代初建立的医疗保险包括公费医疗和劳保医疗。它是国家社会保障制度的重要组成部分，也是社会保险的重要项目之一。国务院于1998年12月下发了《国务院关于建立城镇职工基本医疗保险制度的决定》，部署全国范围内全面推进职工医疗保险制度改革工作，要求1999年内全国建立起职工基本医疗保险制度。决定中规定:

城镇所有用人单位，包括企业(国有企业、集体企业、外商投资企业、私营企业等)机关、事业单位、社会团体、民办非企业单位及其职工，都要参加基本医疗保险，乡镇企业及其职工、城镇个体经济组织业主及其从业人员是否参加基本医疗保险，由各省、自治区、直辖市人民政府决定。

基本医疗保险费由用人单位和职工共同缴纳。用人单位缴费率应控制在职工工资总额的6%左右，其中的30%进入个人账户，其余的进入基本医疗保险统筹基金;职工的缴费率一般为本人工资收入的2%，全部划入个人账户。随着经济发展，用人单位和职工缴费率可作相应调整。

医疗保险费用的支付。统筹基金和个人账户要划定各自的支付范围，分别核算，不得相互挤占。要确定统筹基金的起付标准和最高支付限额。起付标准原则上控制在当地职工年平均工资的10%左右，最高支付限额原则上控制在当地职工年平均工资的4倍左右。起付标准以下的医疗费用，从个人账户中支付或由个人自付。起付标准以上、最高支付限额以下的医疗费用，主要从统筹基金中支付，个人也要负担一定比例。超过最高支付限额的医疗保险由商业医疗保险等途径解决。统筹基金的具体起付标准以上和最高支付限额以下以医疗费用的个人负担比例，由统筹地区根据收定支、收支平衡的原则确定。

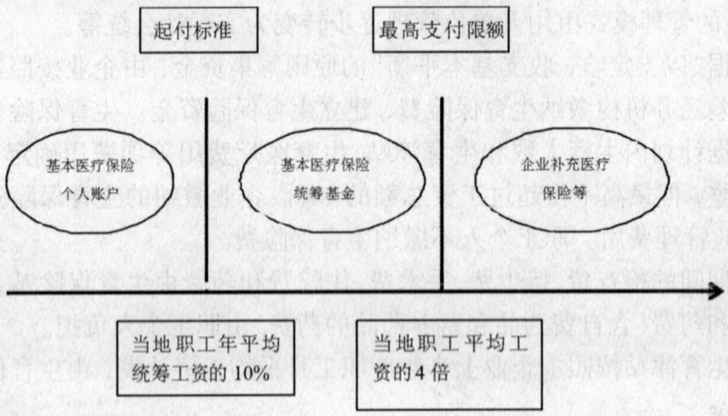

4. 工伤保险

工伤保险是指国家和社会为在生产、工作中遭受事故伤害和患职业性疾病的劳动者及其亲属提供医疗救治、生活保障、经济补偿、医疗和职业康复等物质帮助的一种社会保障制度。

工伤保险制度遵循以下几个重要的原则：

一是无过失补偿原则。它包含两层含义：一是无论职业伤害责任主要属于雇主、第三者或员工个人，受伤者应得到一定的经济补偿；二是雇主不直接承担补偿责任，而是由工伤社会保险机构统一组织工商补偿，并且一般不需要通过法律程序和法院裁决，这样既可以及时、公正地保障工伤待遇，又简化法律程序，提高了效率，使雇主解脱了工伤赔偿事务，有利于集中精力搞经营。按照这一原则建立工伤保险基本消除了雇主责任制的弊端。

二是风险分担、互助互济原则。这是社会保险制度中的基本原则，首先是通过法律，强制征收保险费，建立工伤保险金，采取互助互济的办法分摊风险。其次是在待遇分配上，国家责成社会保险机构对费用实行再分配。这种基金的分配使用，包括人员之间、地区之间、行业之间的调剂，它可以更好的解决社会问题。

三是个人不缴费原则。工伤保险由单位缴纳，职工个人不缴纳任何费用，这是工伤保险与养老、失业、医疗保险的区别之处。由于职业伤害是工作过程中造成的，劳动力是生产的重要因素，劳动者为单位创造财富而付出了代价，所以雇主负担全部保险费，如同花钱修理和添置设备一样，是完全必要和合理的。这一点在世界上已形成了共识。企业缴费数量视行业不同和具体情况而定。

5. 生育保险

生育保险是国家通过立法，对怀孕、分娩女职工给予生活保障和物质帮助的一项社会政策。其宗旨在于通过向职业妇女提供生育津贴、医疗服务和产假，帮助她们恢复劳动能力，重返工作岗位。

生育保险提供的生活保障和物质帮助通常由现金补助和实物供给两部分组成。现金补助主要是指给生育妇女发放的生育津贴。有些国家还包括一次性现金补助或家庭津贴。实物供给主要是指提供必要的医疗保障、医疗服务以及孕妇、婴儿需要的生活用品等。

我国企业和国家机关、事业单位的生育保险制度分别于 1951 年和 1955 年建立。1988 年

7月，《女职工劳动保护规定》颁布实施，这是新中国成立以来保护女职工的劳动权益，减少和解决她们在劳动时因生理机能造成的特殊困难，保护其安全和健康的第一部比较完整和综合的女职工劳动保护法规。1994年12月4日，原劳动部颁布了《企业职工生育保险试行办法》，将生育保险的管理模式由用人单位管理逐步转变为实行社会统筹。

生育保险根据“以支定收，收支基本平衡”的原则筹集资金，由企业按照其工资总额的一定比例向社会保险经办机构缴纳生育保险费，建立生育保险资金。生育保险费的提取比例由当地人民政府根据计划内生育人数和生育津贴、生育医疗费用等项费用确定，并可根据费用支出情况适时调整，但最高不得超过工资总额的1%。企业缴纳的生育保险费用作为期间费用处理，列入企业管理费用。职工个人不缴纳生育保险费。

女职工生育期间的检查费、接生费、手术费、住院费和药费由生育保险基金支付。超出规定的医疗服务费和药费（含自费药品和营养药品的药费）由职工个人负担。

产假期间的生育津贴按照本企业上半年度职工月平均工资计发，由生育保险基金支付。

6. 住房公积金

住房是人类生存、发展和享受所必需的基本要素之一，是员工安居乐业乃至社会稳定的关键所在。我国在计划经济体制下实行福利分房政策，即由国家或企业进行住宅建设、低租金分配给员工使用的制度。目前，我国正在实行住宅的商品化改革和企业货币化分房制度：由公司和员工共同承担公积金。所谓住房公积金，是指单位及其在职员工缴存的长期住房储金，包括员工个人缴存的住房公积金和所在单位为员工缴存的住房公积金，它属于员工个人所有。

在企业中可以享受住房公积金的条件有两个：必须是转正后的企业正式员工，人事档案关系已经调入公司。住房公积金的月缴纳存额为员工本人一年度月平均工资乘以员工住房公积金缴存比例。单位为职工缴存的住房公积金的月缴存额为职工本人上一年度月平均工资乘以单位住房公积金缴存比例。根据《住房公积金管理条例》，职工和单位住房公积金的缴存比例均不得低于职工上一年度月平均工资的5%；有条件的城市，可以适当提高缴存比例。具体缴存比例由住房公积金管理委员会拟定。

符合下列条件之一的，可以支取住房公积金：

以本人或配偶的名义购买、建造自有住房；

员工由于工作变动迁出本市；

支付本人承租公房所分摊房租中超过本人工资收入的5%的部分；

大中型修缮自有住房；

职工离退休时可以领取；

移民国外并取得外国国籍。

三、企业自主福利

1. 企业补充养老金计划（企业年金计划）

企业根据自身经济实力，可以在法定福利之外为员工提供额外的养老福利保障，其中，企业补充养老保险和企业年金就是典型的辅助性的养老保险，由国家宏观指导、企业内部决策执行。

企业补充养老保险的所需费用从企业自有资金中的奖励、福利基金内提取。补充养老保险基金由社会保险管理机构按国家技术监督局发布的社会保障号码记入职工个人账号，所存款项及利息归个人所有。实行企业补充养老保险，可以使年老退出劳动岗位的职工按照国家规定领取的养老金企业经济效益不同而有所差别，体现了效率的原则。这样又利于稳定企业的职工队伍，发展企业的生产。企业补充养老保险尚无固定模式可循，但有其共同点。这些共同点是:(1)视企业经济能力而定，经济条件好的多补充，经济条件差的少补充或不补充;(2)鼓励为本企业多做贡献，补充退休金随本人的工资和本企业工龄而定，离开企业不转移关系;(3)费用一般由企业自主负担，也有由企业和职工双方负担的;(4)基本采取完全积累模式，用以投资增值，国家一般会提供政策支持和税收方面的优惠。例如，美国的410(K)计划就是为了鼓励企业建立补充养老保险而制定的税收减免计划。

企业补充养老金按照给付结构可以分为收益确定制(Defined - benefits Plans,DB)和缴费确定制(Defined - contribution Plans,DC)两种类型。由于企业的实际情况不同，不同的企业年金计划各有其长处与弊端，因此在决定建立哪种企业年金计划时，要充分结合自身的特点对不同类型、不同种类的年金计划灵活运用。

收益确定制的企业补充养老金计划是一种按照固定公式计算退休福利的计划，它包括确定养老金数量的一套准则，这样就可以事先确定雇员应得的养老金数额。这个计划会说明雇员最终可以获得多少数量的养老金，究竟依据什么原则来确定雇员缴纳的养老金费用在年度收入中所占的比例，或者对应一定数量的年收入，雇员应缴纳多少养老金费用。

DB 计划有如下特点:保障稳定可靠，退休金公式事先明确规定;考虑了职工的工资水平、工龄等因素，因而可为那些工作时间较长、工资水平较高的职工提供较高的退休金替代率;DB 计划对那些年龄偏大、风险承受能力较低、流动性不大的职工来说也是较好的选择，因为DB 计划提供的退休金水平相对稳定可靠。

DB 计划也有不足之处:DB 计划的管理复杂、费用高，投资风险完全由企业承担，给企业带来沉重的压力;同时，DB 计划没有个人账户，资产没有分配给职工个人，基金的积累受企业经济效益影响很大，经常存在缺口，因而职工的利益难以保证。

缴费确定制是一种雇主按照固定方式向雇员退休基金或雇员储蓄基金捐款的计划。这种计划并不确定雇员最终所得的养老金数量，它只确定计划的定期缴纳额。最终能够领取到多少养老金取决于基金的摊缴额和退休基金的投资收益。

目前，缴费确定制计划主要有两种，即利润分享计划和401(K)计划。

①利润分享计划是企业为职工提供分享企业利润机会的退休金计划，它由企业缴费，主要从企业的税前利润中支付。企业的缴费额常常取决于企业的盈利状况，而且每年的缴费额并不要求完全相同，甚至可以不承担任何缴费。这种企业年金计划对利润不稳定或很难预测的企业比较适合。我国传统的煤炭、冶金行业和新兴的通讯、电子行业以及普通的小企业等都具有这种特点。

②所谓的401(K)计划，是基于美国联邦税法中与养老计划有关的401(K)条款所制定的，一种允许公司雇员在税前根据薪金的一定比例缴款建立起来的养老金计划。根据这个计划，雇员可以把一部分现金投入利润分享或公司股票红利计划之中，从而减少应纳税的工资额，因此，除非雇员退休(或把钱从养老基金中撤出)，他无需为那部分纳税。401(K)计划的另一个受员工欢迎的原因是员工经常可以利用401(K)基金选择各种投资形式。

收益确定制与缴费确定制比较起来，各有优缺点。根据目前的发展趋势，收益确定制用得越来越少，而缴费确定制渐渐地成为多数企业建立补充养老金计划的首选。

当前，我国正在全面建立和完善社会保障体系。在大力扩大基本养老保险覆盖面的同时，国家鼓励有条件的企业为职工建立企业补充养老保险制度。但是，由于补充养老保险只是刚刚提出试点的新制度，如何构建适合我国国情的企业补充养老保险制度就成为人们关注的社会热点。以下是对建立企业补充养老金计划的几点思考：

(1)为了鼓励企业建立补充养老金计划，政府应该通过立法给予一定的税收优惠和政策支持。建立补充养老金计划是社会保险体系的重要组成部分，有利于基本养老保险制度改革的顺利进行，有利于减轻财政分担，有利于提高职工基本生活保障水平。因此，政府应当制定政策法规，鼓励企业和职工个人共同缴费，国家在政策上给予优惠。需要明确的是，当前基本养老保险替代率较高，应逐步降低替代率，将降低部分归进补充养老保险。同时，应当发挥税收政策的作用，支持企业建立年金制度。

(2)企业补充养老基金计划应实行完全积累，采用个人账户方式进行管理。这一点不同于基本养老保险的统账结合方式，基本养老保险金具有社会互济、调节社会收入不平衡的功能。同时，为了解决人口老龄化所造成的筹资压力，宜采用统账结合方式。企业年金是对基本养老保险的补充，由企业自主举办，实行市场化经营和管理，因而必须采用完全积累和个人账户管理。

(3)政府应当为企业拓展养老保险投资渠道，实现资金价值最大化。企业在构建企业补充养老保险(企业年金)时必须实现投资渠道多样化，允许职工自主选择定期保证利率购买国债、公司股票、共同基金等方式。职工自主投资要自担风险，国家不负责运营风险，但要制定政策规定引导职工投资行为，避免大的损失给社会带来震荡。允许企业年金投资多样化，一方面可以向资本市场提出对多种投资工具的需求，促进投资市场进行金融创新，提供金融创新产品，满足年金保值和增值需求；另一方面，资本市场的发展又会为包括基本养老保险在内的养老保险资金运用提供广阔空间，实现养老保险投资多样化。

(4)由于建立补充养老计划的目的是为了员工的基本养老保险提供有益的补充，而不再是满足其基本生活的需要，所以在设计时就可以大胆抛开"平均化"的思想，充分体现效率原则。这样就可以在企业的养老计划中引入激励机制，把员工工作的职位、年限、绩效等也作为影响最终养老金数量的因素。

2. 企业补充医疗计划

由于法定福利中的医疗保险的保障水平很有限，如果员工生病住院，通常还要自己承担很大一部分费用(即指社会医疗保险计划中规定的最高限额以上的部分)，这对员工来说可能是很大的负担。所以很多企业为员工建立了补充医疗保险，如果员工生病住院，所需的医疗费用除了社会保险报销的部分以外，企业还会帮助员工负担剩余部分的一定比例(例如80%)，这样员工个人所需承担的费用就很少。此外，一些企业还为其员工提供免费定期体检、免费防疫注射、药费或滋补营养品报销或补贴、职业病免费防护、免费或优惠疗养等福利措施。由于医疗计划通常具有适应性，补充医疗计划通常和弹性福利结合在一起，让不同年龄段、不同家庭情况的员工拥有更多的选择，可以选择适合他们与家庭的福利计划，从而达到福利物尽其用的目的。

3. 休假日

(1)公休假日。公休假日是指劳动者通常的周末休息时间。我国实行的是每周40小时工作制，所以劳动者每周可以享受两天的公休假日。

(2)法定休假日。指法定的节日休假。在我国具体指元旦、春节、"五一"国际劳动节、国庆节和法律、法规规定的其他休假节日。

除以上假日外，企业通常根据具体情况向员工提供额外的假日，通过员工和部门领导考虑具体工作情况来安排休假日，休假日可能是为了某些特殊事件——婚丧假、育子假、探亲假等带薪假期或是无薪假期。

4. 其他正在被广泛采用的福利项目

(1)额外金钱收入：比如在年终、中秋、端午、国庆等特殊节日的加薪、过节费、分红、物价补贴、小费、购物券等。

(2)超时酬金：超时加班费、节假日值班费或加班优待的饮料、膳食等。

(3)生产性福利设施：舒适的办公环境等。

(4)住房性福利：免费单身宿舍、夜班宿舍、廉价公房出租或廉价出售给本企业员工、提供购房低息或无息贷款等。

(5)交通性福利：企业接送员工上下班的班车服务、市内公交费补贴或报销、个人交通工具(自行车、摩托车或汽车)购买的低息(或无息)贷款以及补贴、交通工具的保险费、燃料补助等、交通部门向员工提供的折价票购买权或者内部签票权等。

(6 饮食性福利：免费或低价的工作餐、工作休息的免费饮料、餐费报销、免费发放食品、集体折扣代购食品等。

(7)教育培训性福利：企业内部的在职或短期的脱产培训、企业外公费进修(业余、部分脱产或脱产)、报刊订阅补贴、专业书刊购买补贴、为本企业员工向大学生进行捐助等。

(8)文体旅游性福利：有组织的集体文体活动(晚会、舞会、郊游、野餐、体育竞赛等)，企业自建文体设施(运动场、游泳池、健身房、阅览室、书法、棋、牌台球等活动室)，免费或折扣电影、戏曲、表演、球赛票券、旅游津贴、免费提供的车、船、机票的订票服务等。

(9)金融性福利：信用储金、存款户头特惠利率、低息贷款、预支薪金、额外困难补助金等。

第四节　弹性福利计划

福利是企业提供给员工的一种额外的工作报酬，其目的是体现企业对员工的关怀，塑造一种大家庭式的工作氛围。但在传统的企业实践中，很多企业在向员工提供福利的过程中，却发现不同群体的员工(例如，不同的年龄层次、不同性别、已婚与未婚的员工)往往对福利项目的偏好不同，众口难调，企业很难统一福利计划满足员工多样性的需求，也就无法有效提高员工的福利满意度，却付出了大量的成本。在这种情况下，企业为了减轻负担，更好地满足员工个性化的需要，开始设计弹性化的福利制度。这不仅仅是一个如何满足员工偏好的问题。从长远来看，这种满足员工不同需要的战略价值在于最大限度地减少使公司功能紊乱、破坏公司经营的行为。

弹性福利制就是由员工自行选择福利项目的福利管理模式，在美国又被称为"弹性报酬计划"、"自助餐式计划"等。弹性福利制是指组织提供一份福利菜单，福利菜单的内容选择由每一位员工参与，在一定的金额限制内，员工依照自己的需求和偏好可自由选择、组合，其中包含现金及指定福利在内的两项或两项以上的福利项目。每一个员工都有自己"专属的"福利组合。此外，弹性福利制也非常强调"员工参与"的过程。例如，美国某公司在1992年采用弹性福利制之前，还特地成立了员工福利设计小组，这个小组由15名成员组成，除了2位是福利部门的代表外，其他13位都是自愿参加的员工(来自不同部门)。为了解大家的需求，这个小组还实施了角色扮演，希望从别人的角度来知道他人的需要，规划出大家认为最需要的福利。

事实上，实施弹性福利制的企业，并不会让员工毫无限制地挑选福利措施，通常公司都会根据员工的薪水、年资或家眷等因素来设定每一个员工所拥有的福利限额。而在福利清单中所列出的福利项目都会附上一个金额，员工只能在自己的限额内购买喜欢的福利。

弹性化的企业福利主要有四种形式：自助式福利(Cafeteria Style Benefit)、标准组件式福利(Module Style Benefit)、核心外加式福利(Core - plus Style Benefit)和弹性支用账户式福利制度。

1. 自助式福利

自助式福利指员工可以从企业所提供的一份列有各种福利项目的"菜单"中完全自由地选择其所需要的福利。企业是福利的供给方，而员工是福利的需求方，供给与需求要达到最佳匹配，一方面要靠企业设计出能满足员工多样需求的福利项目；另一方面要建立员工自助选择福利项目的机制。因此，可以从这两个方面来分析如何构建自助式的福利计划。

企业应提供多样化的福利产品。

企业设计福利制度，最根本的是要从员工的需求出发来确定需要为员工提供什么样的福利。首先要做的是对企业内部员工以及其他企业的员工(作为设计福利产品的外部标杆)展开福利调查，搜集他们对福利的需求信息。调查可以采用问卷或访谈的方法，调查员工需要什么样的福利，然后将所搜集到的信息进行归类，从而确定员工对福利需求的种类层次。

如何建立企业内的员工福利自助机制？

从员工的角度考虑，当企业所能提供的所有福利项目确定下来以后，最关心的就是自己，如何对这些项目进行选择了，即企业的福利自助机制问题。这一部分是自助式福利的核心也是难点，它大致可分为四个基本步骤：

(1)福利限额的确定

这里所说的福利限额，通常表现为一定的点数。它是通过资历审查、绩效考核等手段，确定一定的标准，给予每一位员工一个与他相符的购买点数，员工可以用这个点数在企业内部购买所偏好的福利。

影响点数的因素主要有工资、资历、绩效、家眷等。工资主要是指员工在公司的工资等级，是员工对企业的价值和贡献的综合反映指标，从而应该享受到与其等级相适应的福利等级，当然这就要求企业预先建立一套具有内部一致性、外部竞争性和激励性的工资体制；资历是指员工在本企业的工作年限、职务等级、权责大小等；绩效则是企业的绩效考核体系所反映出来的员工的工作业绩和能力；考虑家眷因素更主要的是要为员工的生活考虑，更能体现公司对员工的关心和体贴。

在确定了每个员工的福利点数之后，需要进一步确定这些点数的现金价值，这就需要计算福利点数的单价，即一个福利点可以相当于多少现金。其确定方法主要是根据企业的福利计划总额和全体员工获得的总福利点数之比。而企业的福利计划总额的确定必须要符合企业的人工成本控制的要求。一般来讲应该与采用自助式福利计划之前发放的激励的价值相当。

福利点的单价 = 企业的福利计划总额/全体员工获得的总福利点数

(2)福利物品定价

福利物品的定价需要根据物品的实际价格，在根据福利点的单价折算成相应的福利点数作为福利品的点数价格。

某件福利物品的点数价格 = 该福利物品的市场定价/福利点的单价

这只是对某些可衡量的实物或服务的定价，对于那些不能用货币衡量的物品，如带薪假期则需要根据一定的标准折算成现值进行定价。比如，对带薪假期的衡量，可以用它在这期间的工资额加上因不工作造成的损失定价。

(3)员工选择福利项目

当员工手里有了福利点数，而福利物品也一一定价完毕之后，就可以进行选择了。公司首先向广大员工公布福利物品的种类及价格。由广大员工进行挑选，然后按照员工选择的状况向他们提供物品。选购的过程并不是当时现买现付，而是作预先的登记，隔一段时间之后再提供给他们物品。

在这一过程中，将不可避免地发生员工购买力不足或员工“储蓄”情况。员工购买力不足指员工本身积累的点数不足用来购买其所需要的福利物品。员工“储蓄”是指员工暂时不购买，而把点数储存起来以备下次购买。对于员工购买力不足的情况，公司可以考虑实行分期付款的方法，实行预支。预支这种做法将不可避免地占用公司大笔资金，在实施的时候应当采取各种会计方法，对其加以管理，以减少损失。但是预支的优点也是显而易见的。它可以使员工长期地为公司工作，保持持久的忠诚。员工需要相当长一段时间才能积满他购买大件福利物品所需要的点数。这样当他作出跳槽决策时就会有很多顾虑。

对于员工的储蓄行为，公司应当参照现实的银行储蓄利率，对员工的储蓄点数支付当期利息。员工没有消费他的当期福利物品，实际上为公司节约了一笔购买物品的费用，公司可以将这笔费用用作其他用途，因此公司支付相应的利息。

(4)协调、管理和沟通

这一点主要是针对交易过程中发生的各种意外纠纷以及员工对福利的意见反馈采取的处理措施。比如，员工跳槽时的福利点数处理、公司信用危机时的福利点数处理、员工对所选择的福利产品质量是否满意等。

2. 标准组件式福利

标准组件式福利是由企业同时推出多种固定的“福利组合”，每一个组合所包含的福利项目或优惠水准都不一样，员工只能就其中一个“组合”做选择。就好像西餐厅所推出来的 A 餐、B 餐一样，食客只能选择其中一个套餐，而不能要求更换套餐里面的内容。在规划此种弹性福利制时，企业可依据员工的背景(如婚姻状况、年龄、有无眷属、住宅需求等)来设计。

3. 核心外加式福利

核心外加式福利是由一个“核心福利”和“弹性选择福利”所组成。核心福利是每个员工都可以享有的基本福利，不能自由选择。可以随意选择的福利项目则全部放在“弹性选择福利”之中，这部分福利项目都附有价格，可以让员工自由选购。例如，某甲公司原先的福利计划包括住房津贴、交通补助费、意外险、带薪休假等。如果该公司实施此类型的弹性福利制，它可以将现有的福利项目及其给付水准全都保留下来当作核心福利，然后再根据员工的需求，额外提供不同的福利措施，如国外休假补助、人寿保险等。通常都会标上一个“金额”作为“售价”。员工所获得的福利限额，通常是未实施弹性福利制前所享有的福利总值减去现行“核心福利”的价值后的余额。如果员工所购弹性福利项目的总值超过了其所拥有的限额，超出的部分必须自付(从税前薪水中扣抵)，如总值低于限额，差额可以折发现金，当然选择领取现金的话就要缴纳个人所得税。

4. 弹性支用账户式福利制度

弹性支用账户式福利制度就是员工每年可以从其税前收入中拨出一定数额的款项作为自己的“专用账户”，并以此账户去选购各种福利项目的福利计划。由于拨入该账户的金额不必缴纳所得税，因此对员工很有吸引力。为了保证“专款专用”，一般都规定账户中的金额如果本年度没有用完，不能在来年使用，也不能用现金形式发放，而且已经确定的认购福利款项也不得挪作他用。

总结以上的几种模式，弹性福利的弹性体现在以下三个方面：(1)多种福利产品选择；(2)多方资金来源选择——雇主、员工、政府或第三方支付福利所需资金；(3)税前福利与税后福利的选择——税前福利常常可以帮助员工节省税务负担，而税后福利(即在员工交税之后额外再提供福利)也具有很强的实践意义，比如为某些员工每月末承担租房费用等方式。

应用弹性福利计划的一般原则有：

1. 战略导向性原则

弹性福利制度的设计与企业的总体战略目标保持匹配，体现企业发展战略的需求，发挥福利对实现企业总体战略的杠杆作用。企业战略目标有所调整或改变，弹性福利计划也应做相应的调整。

2. 恰当性原则

企业的福利水平对外要具有竞争性，不落后于同行业或同类型的其他企业；对内要符合本企业的发展阶段、规模和实力，福利项目尽量在企业可支付的范围之内，不要使福利成为企业的财政负担。

3. 激励性原则

弹性福利计划应与员工的能力及员工对企业的贡献大小联系起来，让能力强、贡献大的员工享有更多的福利，调动每一位员工的工作热情。

4. 灵活性原则

弹性福利也是有刚性的，一旦确定以后，再要改动是比较困难的。因此，弹性福利计划要设计灵活，能够尽量满足各类员工的不同需求，保证员工在不同的职位、年龄阶段，选择自己真正需要的福利项目，真正体现弹性福利的优势，同时要具有根据公司的经营和财务状况进行自我调整的能力。

5. 可衡量原则

弹性福利项目可以用价值标准来衡量，为确定福利点数和福利标准服务。弹性福利项目并非让员工毫无限制、随心所欲地挑选福利措施，有的员工需求很怪异，不能用价值衡量，只能给管理工作带来不便，应尽量排除在福利项目之外。

6. 易理解和可管理原则

弹性福利项目的设计和描述越详尽越好，能够很容易被大多数员工理解，在选择和享受福利项目时不会产生歧义。弹性福利项目是切合实际、可以实施的，而不仅仅是反映在书面上的“幻想”，以便于公司购买，使公司真正提供给员工所需要的东西。

7. 合法性原则

社会立法要求企业为员工提供健康和安全保障，同时还要提供各种各样的福利以弥补员工生病、生育、工伤、失业和退休时的收入损失。法律还对某些特定的福利计划做出了指导性的规定，企业应当无条件提供法律规定的福利项目。

目前，弹性福利已经成为许多企业员工福利制度的发展趋势，它有许多优点，对员工而言，员工可根据自己的情况，选择对自己最有利的福利。这种由企业所提供的自我控制对员工具有激励作用，同时也可以改善企业与员工的关系。对企业而言，有利于雇主管理和控制成本，减少员工的不满，吸引优秀人才等。但同时，弹性福利制也存在一些问题:首先，部分员工在选择福利项目时未仔细考虑或只看近利，以至于选择了不实用的福利项目;其次，实行弹性福利计划之后，由于福利项目不统一，减少了购买的规模效应，可能使公司的福利成本增加;第三，在美国有一些工会反对弹性福利制，因为公司实施了弹性福利之后，使工会丧失了和资方讨价还价的机会;第四，实施弹性福利制，通常会伴随着繁杂的行政作业。尤其在登陆员工的福利资料或重新选择福利项目时，会造成承办人的极大负担。另外，在实施弹性福利制初期，行政费用会增加，成本往往不降反增。

弹性福利制度的优缺点

	优点	缺点
企业方面	1. 便于控制浮力成本 2. 易于编制企业年度福利预算 3. 提升企业形象与竞争力 4. 作为激励制度的新方法 5. 调整人力结构并减少福利规划人员的心理负担 6. 企业福利资源有效利用	1. 员工因对福利制度了解不够而作出错误的选择 2. 产生逆向选择，福利高度使用会增加成本 3. 复杂的行政作业 4. 实施初期行政费用可能会上升 5. 国内法定福利项目过多
员工方面	1. 满足员工个人福利需求 2. 增进员工对福利制度的了解 3. 提升员工的工作满意感 4. 节税	

第五节 员工福利的发展趋势

企业员工福利制度在产生不到100年的时间里，其形式随着社会经济的发展而不断发生变化。进入21世纪以来，随着企业员工结构的变化，如何对企业人才进行有效管理已成为人力资源管理的核心。因此，员工福利管理又产生了新的变化。归纳起来，福利管理有以下发展趋势。

一、数量上变化趋势

本章前面介绍员工福利的发展历史，可以看到美国、加拿大等国家比较具有代表性的员工福利不断增加并逐渐占据总体报酬重要地位的过程。随着企业管理的规范化，中国企业的员工福利也在不断增加。虽然现在中国的国企、外企、私企的福利水平还存在不平衡的状态，但在员工福利的量上已经能够达到占总体薪酬30%的水平。在中国的环境下，福利改善的主要潜力在于政府政策的改变。近年来，各种劳动保障立法的出台和财务管理、税务管理等相关制度的配套，提高了企业制度的规范性，让福利成为员工实实在在拿得到的实惠，这是规范性提高的潜力；如果制定的法律、法规能够帮助提高企业福利自主性，提高企业福利的投入产出效率，从而促进企业增加福利投入的动机，将会带来员工福利的繁荣，这是自主性提高的潜力。

二、从普惠制到重点针对核心人才的趋势

过去的福利制度常常是面向公司中的所有或大多数员工，与员工对企业的贡献和工作业绩并不进行挂钩，具有普惠性质，因而使其成为薪酬中保健因素，有它不多，无它则不行，久而久之，员工渐渐将福利看成企业必备和常规的薪酬部分，不再因为福利而感受到企业对员工的关怀，福利设立的目的也就难以实现，并由此造成企业成本的攀升。因此，现代企业在设计福利计划时，越来越倾向于将福利作为对核心人才和优秀员工的一种奖励来进行发放，要求员工通过努力工作来挣得福利报酬。

但是，这种对不同员工群体的福利项目差别对待的做法也有一些弊端：

管理困难。对不同员工群体实施不同的福利计划就要考虑哪些岗位或管理层级上的员工应该享受什么样的福利，他们的福利计划的种类分别应该是多少等问题，这无疑增加的企业福利管理的难度。

企业内部实行差别福利计划，可能导致部分员工的不满，从而不利于组织团结，导致组织的凝聚力下降。

某些福利计划只适用于企业中一部分员工的做法可能会触犯某些法律规定，同样，如果企业想通过福利计划达到减免税收的目的，在某些情况下，这种对员工采取区别对待的做法也可能会引起麻烦。

尽管如此，大多数企业至少区分了经理层和普通员工的福利组合，或区分了不同类别员工的福利组合，例如，对销售人员、技术人员、职能管理人员的福利待遇区别对待等。此外，针对高管人员的、引进专业技术的福利组合通常更加丰富，涉及生活的方方面面，在数量、员

工选择自由度、管理的专业性上都较其他人员的福利更为优厚。

三、外包化趋势

企业福利外包是指企业通过签订合同，把自己的福利计划完全外包给其他专业性公司来执行，由他们负责企业福利制度的设计以及员工福利的购买、发放和管理。福利外包的优点是可以为企业省去许多设计和管理方面的麻烦，使企业能够集中精力专注于核心业务，并且一般情况下外包提供的方案专业化程度较高。更重要的是，实践表明福利外包是一种成本更低的做法。2010 年，Sourcing Analytics（外包分析）机构针对美国企业医疗和福利管理的成本展开研究，并将企业内部处理的成本和外包给 ADP 公司的成本进行了对比。研究发现，平均而言，每位员工的福利外包成本要比在企业内部开展的成本更低，分别是 165 美元和 199 美元。但缺点也很明显，作为"外包"的专业公司对企业的了解程度一定不如企业自己的人力资源部门的人员深刻，对企业员工的需求也可能把握不明，所以要经过深入的调查和沟通才可能设计出适合企业的福利制度，在外包的过程中，应选择适合本公司情况的外包公司，选择外包公司已经成型的福利项目、二次开发的福利项目，这期间的沟通和配合是一个重要的过程。

四、专业化趋势

这些年来，随着企业福利外包化的发展，出现了一些专门从事福利设计、发放、管理的公司。这些公司通过专业化的福利管理代替企业进行繁琐的福利设计与计算，作为福利管理的第三方它具有一些其他优势：如福利项目更加弹性化、价格更便宜（团体购买加大谈判力度）、管理更方便等。

五、福利 IT 化趋势

21 世纪是高科技迅速发展的时代，伴随着各类高新技术的发展和计算机网络的普及，企业在管理实践中开始采取多样化的 IT 手段，许多企业在福利管理领域也逐渐建立起 IT 管理平台，通过网络及相应管理软件，更加快递、有效地提高福利管理的效率，提高福利发放的自主性和灵活性，使企业福利效用最大化。IT 化让福利从一个产品变成一套方案，又从一套方案变成一个平台，成为大型企业实现员工自主福利与福利管理的必要条件和重要保证。

六、货币化趋势

目前，有些企业为了简化员工福利的管理，免去设计福利项目和迎合员工偏好差异的麻烦，提出直接向员工发放与原来福利项目等值现金的想法，这样既省去了大量的行政作业，又避免了员工的多样化需求，但福利货币化有两个很大的缺点：一是货币化改变了员工福利原有的性质，变成了企业为员工发放的"第二奖金"，失去了设计福利的意义；二是采取发放现金的形式发放福利就不能够享受国家的税收优惠和政策支持，也不能体现规模采购的好处，将来可能会使企业的人工成本大大增加。

七、绩效化趋势

福利绩效化是指企业发放的福利部分与个人绩效挂钩，这样就打破了福利的平均化，使福利起到一定的激励效果。但是，福利也不能完全按照绩效发放，因为作为一种保障性措施，它必须体现一些普惠制的特点，否则就会出现福利奖励化的趋势，导致福利、奖金这两项的趋同。这是在设计绩效化福利时应该避免的。

小结

福利在员工薪酬管理中的重要性日益提高，在降低劳动力成本、提高员工劳动积极性、降低离职率、增强员工凝聚力等方面，有着其他方式无法替代的作用。通过本章的四节内容，在了解基本概念以及我国的福利现状之后，希望学生对于福利实务和弹性福利计划运用的编制形成初步的框架。希望能对学生理解组织通过制定全面而完善的福利制度，综合运用各种福利方式，提供组织的稳定性和绩效的目标提供帮助。

员工福利是用人单位为改善与提高员工的生活水平，提高员工的生活便利度，通过福利设施和建立各种补贴，向员工个人及其家庭所提供的实务给付或福利性服务，它在本质上属于员工激励机制的范畴，是组织招揽人才和激励员工并借此赢得竞争胜利的一种重要手段。本章阐述了员工福利的内涵、特点和意义，介绍了员工福利的种类，如公共福利、组织福利、经济福利、非经济福利、弹性福利计划等，简要介绍了员工福利的规划步骤与管理等内容。

思考题

1. 什么是员工福利，员工福利有哪些内容？
2. 企业补充福利主要由哪些项目构成，各项目目前的发展状况如何？
3. 简要概述一下法定福利所包含的保险项目以及项目的关键要点。
4. 怎样为企业设计一套好的福利制度？
5. 目前企业福利发展有哪些主要趋势？

案例分析：

Google 公司和通用汽车公司的福利负担

本章的引例介绍了 Google 公司的豪华福利，这种豪华福利曾在 2007 年让微软公司位于华盛顿州雷德蒙德的总部的员工们都对 Google 公司表露出向往之情，进而影响了 Windows Vista 的推出。为此微软公司制定了一系列的人力资源政策，来防止人才的流失，这其中包括将股票报酬预算提高 15%、提供教育和儿童保育福利等。由此可见员工福利对雇员的吸引力。

但是由于经济滑坡，在 2008 年夏初，Google 改变日托政策，大幅增加日托费用，员工们纷纷表示不满。8 月份根据 Valleywag 的披露，Google 已决定停止向员工提供免费的晚餐、下午茶。沃顿商学院的教授和福利专家认为：“一旦你给了员工福利，再把它拿走就似乎是违反了你和员工之间签订的心理合约。”

美国最大的汽车制造商通用汽车公司在最新的年度报告中承认，它在 1993 年到 2007 年之间，每年平均在退休金及退休员工的保健服务商投入 70 亿美元。这大大削弱了公司的竞争力，也导致了公司面对资金周转困难的危机。通用汽车公司在 1950 年同联合汽车业工会签署的《底特律协议》中，定下了退休金计划。该协定也为员工提供医疗保健及其他福利。工会原本是希望政府为所有公民提供退休金及医疗保险。他们促请通用汽车公司“为员工争取联邦福利”。

不过，通用汽车公司当时却拒绝由政府承担这笔费用。当年的通用公司气势如虹，根本想不到会有财务吃紧的一天，而且，20世纪50年代的汽车制造业员工都很年轻，领退休金的日子还很远。

通用汽车公司接着逐步提高员工的福利。在1961年，该公司为了把加薪幅度调低，承诺把退休金增加12%。

在20世纪80年代，尽管美国汽车商面对着日本厂家的激烈竞争，不过，通用汽车公司由于担心员工罢工而继续大幅度增加员工福利，此举使其制造成本比日本厂家高出许多。

到了20世纪90年代，通用汽车公司依然执迷不悟，把几百亿美元投资在退休金上，结果错失了许多业务发展的良机。专家指出，通用汽车公司大可以利用这些金钱设计更优良的新车或研制使用替代能源的汽车，甚至收购半家丰田汽车公司。长期为员工提供优厚退休及医疗费的政策使通用汽车公司失去了财务上的优势，最终导致资金周转困难。

思考：

1. Google公司和通用汽车公司在员工福利的制定上有哪些特点？
2. Google公司取消部分员工福利的做法会对公司产生哪些影响？
3. 从Google公司和通用汽车公司的福利政策中，我们可以学到什么？

第八章 薪酬方案设计及分类管理

【引导案例】

YT公司的薪酬激励战略

YT公司是一家大型的电子企业。2006年，该公司实行了企业工资与档案工资脱钩，与岗位、技能、贡献和效益挂钩的“一脱四挂钩”工资、奖金分配制度。

一是以实现劳动价值为依据，确定岗位等级和分配标准，岗位等级和分配标准经职代会通过形成。公司将全部岗位划分为科研、管理和生产三大类，每类又划分出10多个等级，每个等级都有相应的工资和奖金分配标准。科研人员实行职称工资，管理人员实际职务工资，工人实行岗位技术工资。科研岗位的平均工资是管理岗位的2倍，是生产岗位的4倍。

二是以岗位性质和任务完成情况为依据，确定奖金分配数额。每年对科研、管理和生产工作中有突出贡献的人员给予重奖，最高的达到8万元。总体上看，该公司加大了奖金分配的力度，进一步拉开薪酬差距。

YT公司注重公平竞争，以此作为拉开薪酬差距的前提。如对科研人员实行职称聘任制，每年一聘。这样既稳定了科研人员队伍，又鼓励优秀人员脱颖而出，为企业长远发展提供源源不断的智力支持。

思考题：

1. YT公司薪酬体系的优势主要体现在哪些方面？
2. 对完善YT公司薪酬体系有何建议？

【本章学习目标】

· 理解薪酬方案模块的相关概念。
· 理解薪酬激励与奖金的关系，掌握薪酬激励的内容。
· 掌握构建企业薪酬激励制度的方法。

第一节 薪酬方案模块及设计流程

一、薪酬方案设计的原则及流程

1. 薪酬方案设计原则

薪酬方案的设计，应充分体现劳动、能力、价值等分配要素的作用，通过一定的薪酬结构设计，将这些分配要素有机地融合到薪酬方案的整个体系中。一般情况下，薪酬方案的设计应当遵循以下几个基本的原则：

（1）激励原则

激励策略的核心目的，就是通过一定的方法和手段，特别是通过拉大员工收入差距来增强激励的强度。“高工资并不能刺激员工的积极性，收入差距才是需要和动机的真正源泉”。通过薪酬方案的重新设计，在原有基础上适当增大不同岗位之间，同岗位不同贡献情况下的收入差距，改变原有行政事业单位特色“平均主义”的薪酬政策导向。充分考虑工作的风险、责任、业绩和技术能力等要素，体现不同劳动、能力和价值所产生的激励导向作用，促进员工发挥潜能，充分体现员工价值。

（2）公平原则

薪酬分配的公平并不是“平均主义”，而是在充分体现“投入产出相匹配原则”基础上的相对公平，这是符合斯达西亚当斯有关“公平理论”逻辑的。公平原则要充分体现内在公平、外部公平、过程公平和结果公平的基本要求。内在公平是指员工通过“横向“和“纵向”比较过程而达成的，对于薪酬收入的一种心理感知和判断。通过评价不同岗位的价值，配以相应的薪酬标准，来体现岗位差别的公平性。外部公平则是指本公司薪酬水平与同行业其他企业相比较，是否具有竞争力。过程公平是指在岗位价值评价、工作绩效核定、个人薪酬分配的过程中，评价过程、评价方法、评价手段能充分体现“公平匹配”原则，从而实现薪酬分配结果，即员工实际收入水平的公平。这种公平不是绝对的公平，只是体现价值基础上的相对的公平感。

（3）促进员工成长原则

发挥薪酬设计方案应有的价值导向作用。通过增加薪酬方案的激励强度，强化员工实现内在价值的动力和愿望，促使并鼓励员工不断提高岗位技能，增强工作能力，用价值促进员工实现“岗位成才”。同时，配套员工职业发展规划设计，通过发展和晋升通道设计与薪酬方案的紧密结合，促使员工得到持续性和多样化的发展，在满足公司发展目标的基础上，促进员工的成长和发展，提高企业的经营业绩，从而实现真正意义上的“双赢”良性循环。

2. 薪酬方案设计流程

薪酬方案设计首先应制定公司薪酬总策略，构设薪酬构成总框架，然后按照既定的原则，采用合理的方法和工具，按照预先设定的设计思路，逐步予以实施。一般薪酬方案设计步骤如图流程所示。

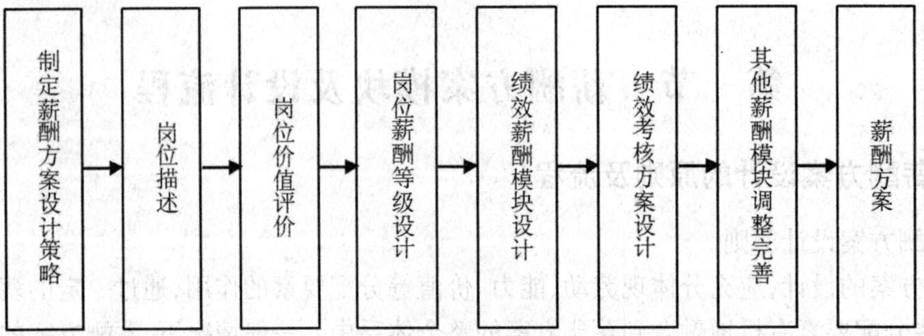

薪酬方案设计一般流程

(1)制定薪酬方案设计策略

首先要确定薪酬方案设计的基本原则及要达到的设定目标。在此基础上，根据公司原有的薪酬方案进行初步的设计，主要是针对薪酬方案的目标要求，确定薪酬的整体框架，设定薪酬模块，并对每个模块所体现的分配要素进行思路分析，确定整体的方向。

(2)岗位描述

按照"以岗定薪"的原则，方便于对岗位进行价值评价。首先要对公司所有的岗位进行岗位描述，岗位描述一般包括岗位名称、岗位所属部门，以及上下级关系定位(隶属关系)；对岗位职责、岗位任职要求等要进行清楚的说明和描述，这一过程的输出物是"岗位说明书"。

(3)岗位价值评价

岗位价值评价是指对公司现有各个职位进行相对价值评估，确定其等级和内部价值排序。岗位价值评价是薪酬方案设计过程的最核心、最重要的环节。一个薪酬方案是否成功，薪酬水平能否真正体现岗位的价值，这一环节的合理性、科学性是关键。通过岗位价值的评价，根据公司各个岗位的相对重要性来确定其岗位工资等级，能够保证"同工同酬"原则的实现，有利于消除薪酬结构中的分配不公平现象。

(4)岗位薪酬等级设计

岗位工资等级设计就是要根据不同职位对公司的相对价值不同，设计等级式薪酬结构。主要是根据岗位相对价值评价的结果，设定不同的岗位工资等级标准，以体现不同岗位价值的差异。从而确定不同的岗位相应的工资标准。

(5)绩效薪酬模块设计

薪酬收入与个人贡献和部门业绩动态挂钩。一个好的薪酬制度或方案，必须充分体现团队或员工的工作绩效。同样的岗位做出不同的工作业绩，其得到的薪酬也是有差异的。只有这样，薪酬方案才能充分发挥激励作用，刺激员工做出更大的业绩。所以必须在薪酬框架的设计中充分考虑绩效工资的分配比例问题。

(6)绩效考核方案设计

绩效考核与薪酬方案的设计密切相关。绩效薪酬模块的设计，必须有相应的绩效考核方法和工具做支撑，才能设定相应的工资标准，一般认为绩效考核方案是薪酬方案设计的辅助支撑手段，是薪酬设计的配套工程。我们在这里则将这一过程看成是薪酬方案设计的一个部分或子流程。

(7)其他薪酬模块调整完善

在具有激励性的薪酬方案设计中，岗位工资及绩效工资是设计的重点，需要大量的测算数据做支撑;其他薪酬模块一般是“政策导向”的,根据公司实际情况进行局部调整即可。比如福利模块,属于保障性薪酬模块,其调整的幅度一般比较小,只需要重新确定、明确或强调。

(8)薪酬方案

薪酬设计的最后一步就是确定最终的薪酬方案,形成文件或制度,在公司内颁布执行。

二、薪酬激励方案总体框架

薪酬激励作为激励体系的一个重要组成部分,设计过程中应与公司的经营发展战略以及经济效益相结合。坚持尊重历史、承认差别、增效共享、注重绩效、统筹兼顾、面向未来,保持外部公平、内部公平和个人公平的原则,确定员工的薪酬标准,力求实现最佳的激励效果。

(一)薪酬模块设计

以对 X 公司的薪酬模块设计为例, 其员工薪酬方案总框架设置四个工资模块,包括工龄工资、基本工资、福利和年终绩效奖励。

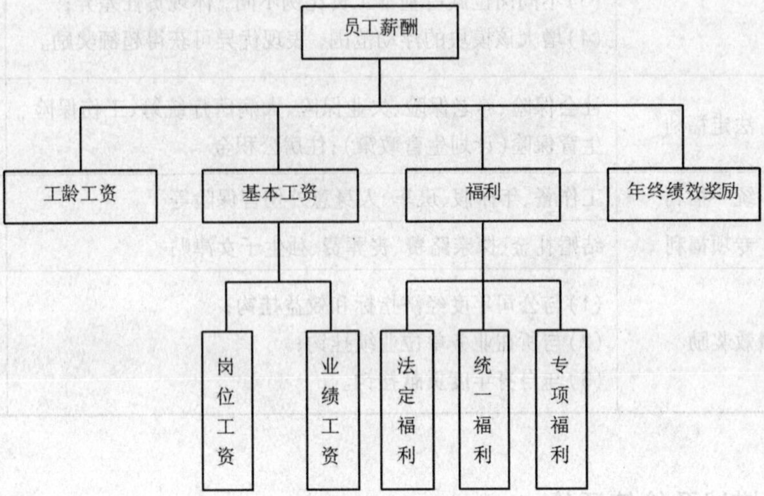

薪酬模块框架设计图

工龄工资是吸引员工为公司长期服务所设置的薪酬模块,通过这一模块的设置,充分体现员工在公司累积的工作经验和技能价值。

基本工资包括岗位工资和业绩工资两部分。在原有基本工资不变的情况下,将标准额度分成岗位工资和业绩工资两个部分。岗位工资重点强调员工岗位相对价值与员工综合素质挂钩。依据不同岗位的特点,确定各自岗位的岗位工资等级,体现岗位对公司的价值贡献。业绩工资则突出员工薪酬与工作业绩挂钩的考量,业绩越突出其相应的业绩工资则越高,随着业绩的变化而变化。特别是个人业绩工资要与部门业绩相挂钩,以体现团队合作文化的诉求。

福利模块包括法定福利、统一福利、专项福利三个子模块,是员工薪酬构成的重要补充和完善,属于“保健性”要素模块。

(二)薪酬模块设计思路说明

详细的薪酬模块、子模块构成,以及详细的设计思路列表如下:

薪酬模块、子模块设计思路

薪酬模块		设计思路	备注
工龄工资		(1)按员工在本公司工作年限确定; (2)工资标准实行累进递增制; (3)设置目的是为吸引员工为企业长期服务; (4)通过此模块承认工作经验的价值。	
基本工资	岗位工资	(1)与岗位评估价值挂钩; (2)与岗位所需求员工的综合素质及技能要求挂钩; (3)按岗位等级设置不同岗薪。	设计重点
	业绩工资	(1)与员工本岗自身业绩挂钩,体现产出结果效益; (2)与所在部门业绩挂钩,体现团队协作文化; (3)不同岗位族占基本工资比例不同,体现责任差异; (4)增大该模块的浮动范围,表现优异可获得超额奖励。	设计重点
福利	法定福利	社会保险、养老保险、失业保险、大病医疗统筹、工伤保险、生育保险(计划生育政策);住房公积金	
	统一福利	工作餐、年休假、班车、人身意外伤害保险等	
	专项福利	结婚礼金、探亲路费、丧葬费、独生子女津贴	
年终绩效奖励		(1)与公司年度经济指标和效益挂钩; (2)与所在业务单位业绩挂钩; (3)与自身年度贡献挂钩。	

三、岗位描述及价值评价

(一)岗位描述

岗位描述一般通过岗位说明书形式进行。内容涉及岗位名称、部门名称、岗位隶属关系、任职条件和要求、下属人数、沟通关系、岗位职责和工作内容、岗位权限,主要是为岗位价值评估做准备。这里侧重于研究岗位价值评估标准的建立,以及根据这一标准进行岗位价值的测评,从而确定员工的岗位工资标准。

岗位价值评价一般可以采取定性分析和定量分析两种不同的方法,定性分析可采取工作排序法和工作分类法;定量分析方法主要有因素比较法、点数法、海氏系统方法。

(二)岗位价值评价方法选择

这里采用 IPE 法。IPE(International Position Evaluation System 国际职位评估系统),是评分法的一种具体的抽象模型,主要是通过 7 类要素(总分为 1000 分)的组合评分确定职位的相对价值。IPE 方法模型如下表所示。

岗位评价 IPE 方法模型

<table>
<tr><td>评价要素</td><td colspan="6">评价模型</td></tr>
<tr><td>职责大小</td><td colspan="3">1
岗位影响 240
</td><td colspan="3">2
监管职能 130
</td></tr>
<tr><td>职责范围</td><td colspan="3">3
工作责任 180
</td><td colspan="3">4
沟通协调 100
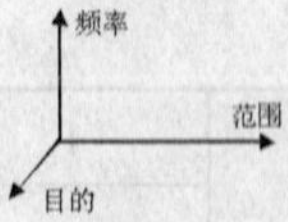</td></tr>
<tr><td>工作复杂程度</td><td colspan="2">5
知识技能 170
</td><td colspan="2">6
解决问题 130
</td><td colspan="2">7
工作环境 50
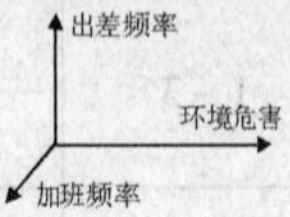</td></tr>
</table>

（三）岗位价值评价要素及标准设定

1. 岗位影响评价要素及标准

岗位影响主要评估岗位的典型性产出成果对公司发展贡献的大小和影响范围，而这两个维度的评价与岗位设置的职责紧密相关。贡献大小的测量需要考虑所属部门、中心的规模（人数、销售额、利润额等）；岗位的重要性程度及其对公司贡献的大小。岗位影响设计的评价标准参见下表。

岗位影响要素评价打分标准

影响范围 / 贡献大小		1 对公司运营和成果基本无影响	2 影响部门内一项或几项工作有效性	3 影响分块管理工作绩效	4 部分影响部门整体工作绩效	5 影响部门整体工作绩效	6 影响多职能/业务工作绩效	7 影响全公司业务工作绩效
1	辅助性贡献	40	50	60	70	80	100	120
2	专业领域间接影响公司绩效	80	90	100	110	120	140	160

续表

3	直接影响公司绩效	120	130	140	150	160	180	200
4	跨专业或综合的工作成果	160	170	180	190	200	220	240

2. 监管职能评价要素及标准

监管职能是评价岗位实施监督管理职能过程中组织所赋予的责任。从下属人员的种类和数量两个维度进行考核。下属人员包括直接下属和间接下属。

监管职能要素评价打分标准

下属种类 / 下属人数（含直接、间接）		1	2	3	4	5	6
		负责同类业务或重复性工作	下属包含专业人员	下属包含专业人员和基层管理人员	下属包含专业人员和中层管理人员	下属包含专业人员和高层管理人员	下属包含专业人员和最高层管理人员
1	1－3	10	20	30	40	50	60
2	4－10	20	30	40	50	60	80
3	11－50	30	40	50	60	70	90
4	50－200	40	50	60	70	90	110
5	200 以上	50	60	70	80	110	130

3. 工作责任评价要素及标准

工作责任是评价岗位工作的受控程度和承担工作的领域。一般从工作责任的范围和独立性两个维度进行测量。

工作责任要素评价打分标准

工作范围 / 独立性		1 重复或简单相似的工作	2 承担部门内一个或多个职能/业务	3 领导部门内一个或多个职能/业务	4 领导一个部门职能/业务	5 领导两个以上部门职能/业务	6 全面负责公司主要活动
1	任务明确或随时受指导控制	10	20	40	60	80	100
2	在职责范围内，受程序控制	30	40	60	80	100	120
3	在职能政策下工作，独立判断，结果受控	60	70	80	100	120	140
4	在公司既定方针目标政策下工作，独立判断，结果受控	80	90	100	120	140	160
5	根据董事会制定目标和原则工作，由董事会控制	100	110	120	140	160	180

4. 沟通协调评价要素及标准

沟通协调是评价岗位必须与他人交往时的方式、层次和程度。一般从沟通的目的性、频率和沟通范围三个维度进行测量。

沟通协调要素评价打分标准

工作范围 / 独立性		1 一般礼节性要求，或传递获得业务信息		2 岗位要求通过沟通如谈判对他人施加影响		3 对整个公司发展存在重大影响的谈判和决策	
1	只需定期、少量、内容明确、难度低的沟通	10	20	20	40	40	60

续表

2	需要定期/不定期具有一定难度的人际沟通	20	40	40	60	60	80
3	沟通是本职工作，确保工作完成的重要手段	40	60	60	80	80	100
沟通范围		主要在组织内部	客户、政府、相关利益方之间	主要在组织内部	客户、政府、相关利益方之间	主要在组织内部	客户、政府、相关利益方之间
		1	2	1	2	1	2

5. 知识技能评价要素及标准

知识技能是评价岗位应具备的知识、技能和经验，以及获得知识技能所应具备的教育水平。

知识技能要素评价打分标准

知识技能、经验 / 教育程度		1	2	3	4	5
		基本不需教育和培训	需要单一专业知识运用	需要两个以上专业知识运用	除两个以上专业运用外还具备理论实践指导能力	具有1个或几个领域前沿知识理论，解决问题的专家
1	初中及以下	10	30	60	100	120
2	技校/高中	20	50	80	110	130
3	专科	30	60	90	120	140
4	本科	50	75	100	130	150
5	硕士及以上	70	90	120	150	170

6. 问题解决评价要素及标准

问题解决是评价岗位面临工作中问题的本质属性、数量、多样性、复杂程度和做出结论的困难程度、创造性的要求。

问题解决要素评价打分标准

解决创新性 \ 问题复杂性		1	2	3	4	5
		问题简单，很少变化	工作有几个程序或方法，需要基于知识和经验作出判断	问题不定，需要分析推理做出判断解决	问题复杂多样，需要多领域、深层次、复杂大量的信息做判断	问题独立棘手，无可借鉴经验和做法，涉及全局性问题
1	无创新，按流程	10	20	40	50	70
2	比较现有流程的一般性更新	20	40	60	70	90
3	改进现有流程、技术或方法	40	60	80	90	110
4	新发明、新创造	60	80	100	110	130

7. 工作环境评价要素及标准

工作环境评价是评价岗位对身体或心理造成的影响程度，从加班频率、出差频率和工作环境对人体的危害程度进行测量。

工作环境要素评价打分标准

加班频率 \ 出差频率		1			2			3		
		一般(1－3天/月)			中等(3－7天/月)			频繁(＞7天/月)		
1	一般(1－5小时/周)	5	10	15	10	15	25	20	25	30
2	中等(5－10小时/周)	15	20	25	20	25	35	30	40	45
3	频繁(＞10小时/周)	25	30	35	30	35	45	40	45	50
环境危害		没有	中等	严重	没有	中等	严重	没有	中等	严重
		1	2	3	1	2	3	1	2	3

8. 岗位价值评价实施

岗位评价实施过程要坚持“对岗不对人”的原则，要以岗位说明书描述的职责范围、任职条件等进行评价。其次要坚持“一致性”原则，所有的岗位必须使用同一个测评标准。再次要坚持评委或专家的“独立性”原则，以避免专家影响做出不客观的评价。在岗位评价实施过程中，一般应成立专业的评价工作组，然后对专家组成员进行专业化培训，以便掌握评价的方法、理论和标准；随后对所有岗位进行正式评估、汇总并进行局部调整。岗位价值评估按照以下流程实施。

岗位价值评价流程图

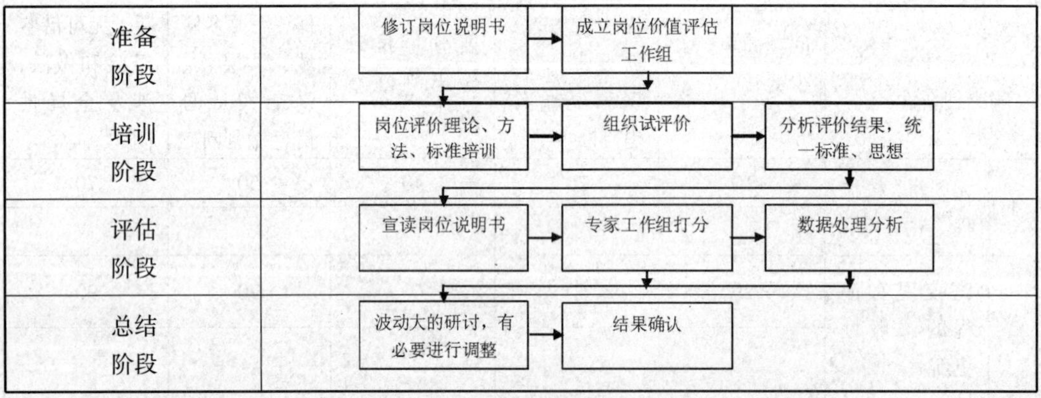

四、岗位薪酬等级设计

岗位工资等级的设计以岗位价值评价结果为基础依据，体现不同岗位对公司的贡献和价值。这种价值体现与岗位紧密关联，静态的反映岗位价值，同时又兼具薪酬的保障功能。

（一）岗位工资标准确定

根据每个岗位的价值评估分数，确定一个分值的区间，并与岗位工资标准等级相对应，即可确定各岗位的岗位工资标准。按照 7 个评价要素的总分设定 X 公司的岗位工资标准，共设定 5 个大的等级，在每个等级上设定不同的档级，共设置 20 个档级，以区分不同等级之间的岗位价值差异。具体设计的岗位工资标准如下表所示。

岗位价值薪酬标准对应表

等级	档级	岗位评价值	岗位工资标准	档差	对应岗位	备注
A	A2	(950，1000]	6750		局长、总经理、书记	
	A1	(900，950]	5750	1000		
B	B4	(850，900]	4950	800	副局长、副总经理、董事会秘书、下辖县局正职	
	B3	(800，950]	4350	600		
	B2	(750，800]	3850	500		
	B1	(700，750]	3450	400		
C	C4	(650，700]	3050	400	处长、部门负责人、下属中心负责人、下辖县局副职	
	C3	(600，650]	2750	300		
	C2	(550，600]	2450	300		
	C1	(500，550]	2200	250		

续表

D	D4	(450,500]	1950	250	主管、各领域专家、下属部门职能负责人	
	D3	(400,450]	1750	200		
	D2	(350,400]	1550	200		
	D1	(300,350]	1400	150		
E	E7	(250,300]	1250	150	一般员工、各专业技术人员、现场操作人员等	
	E6	(200,250]	1150	100		
	E5	(200,250]	1050	100		
	E4	(150,200]	975	75		
	E3	(100,150]	900	75		
	E2	(50,100]	850	50		
	E1	(0,50]	800	50		

其中A等对应局长、总经理、书记岗位；B等对应副局长、副总经理、董事会秘书，下辖县局正职；C等对应处长、部门负责人、下属中心负责人，下辖县局副职；D等对应主管、各领域专家、下属部门职能负责人；E等对应一般员工、各专业技术人员、现场操作人员等。由于工作性质的差异，虽然员工在公司的行政级别相同，但是其对公司的贡献是不同的，所以在相同行政级别内设定不同的档级予以区分。

（二）岗位工资等级差分析

通过岗位工资等级差，来充分体现不同岗位的静态贡献差异，这是进行岗位工资标准额度设计时应遵循的基本原则。按照本文研究的设计思路，随着岗位对公司贡献值（按岗位评价分值）的增加，其相应的“岗位边际薪资报酬率”也呈逐步增加的趋势。即岗位工资标准档差随着岗位等级的上升而逐步加大，从最低级的50元、80元不等，逐渐加大到最高的1000元。

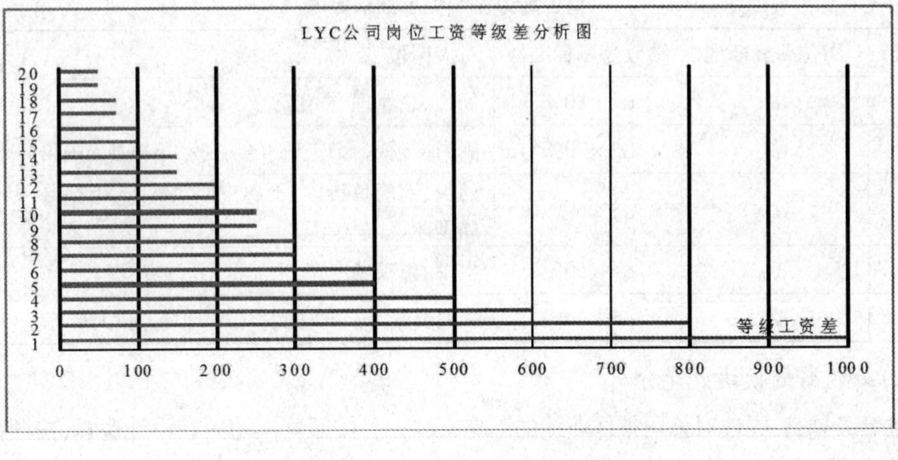

LYC公司岗位薪酬标准等级差异图

五、绩效薪酬及考核设计

(一)绩效薪酬模块设定目标

将原有基本工资额度分成两个子模块,一个模块是上述的岗位工资模块,另一个模块则是根据岗位业绩核定的绩效薪酬子模块。岗位薪酬从形态上讲,属于静态的,一旦确定就不会发生变化。只要确定了岗位,员工自然得就获得对应的岗位薪酬。但是,在公司实际运行过程中,每个员工所做出的实际业绩与岗位贡献评定的价值会发生一定的偏离。

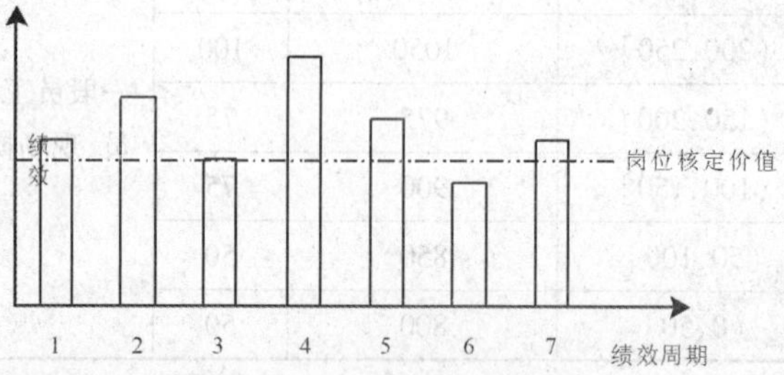

实际绩效与岗位核定价值偏离

为了解决岗位绩效周期内实际业绩与岗位核定价值偏离情况的发生,在原有基本工资中分出一部分额度,设置为绩效薪酬子模块,薪酬额度随着员工实际业绩和绩效进行浮动,以体现真正实现的岗位价值量。这是增加绩效薪酬模块的逻辑思路。这一设计思路,有利于员工与可量化的业绩挂钩,将激励机制融合到公司业绩目标体系中去,同时能够真实反映个人的实际业绩;有利于薪酬向业绩优秀者倾斜,以鼓励员工通过岗位的贡献为基础,提高公司效率;绩效薪酬部分与团队和部门的业绩相挂钩,有利于突出团队精神和企业形象,进而增强激励的强度,提高员工的团队意识和凝聚力。

(二)绩效薪酬标准核定

为了体现不同岗位等级对公司整体业绩的影响程度,以上述确定的岗位薪酬标准为核定基础,分别为5个岗位薪酬等级设置不同的绩效分配指标,具体核定标准如下表所示。

岗位绩效薪酬标准额核定表

等级	岗位薪酬标准	绩效薪酬标准额	对应岗位	备注
A	α1	α1×80%	局长、总经理、书记	
B	α2	α2×70%	副局长、副总经理、董事会秘书,下辖县局正职	
C	α3	α3×60%	处长、部门负责人、下属中心负责人、下辖县局副职	
D	α4	α4×50%	主管、各领域专家、下属部门职能负责人	
E	α5	α5×40%	一般员工、各专业技术人员、现场操作人员等	

(三)绩效薪酬模块效能分析

岗位等级越高,岗位对公司整体业绩的影响就越大。按照这样的内在设计逻辑,按照员工行政等级A等、B等、C等、D等、E等分别赋予80%、70%、60%、50%、40%的绩效薪酬分配比例。岗位越高,员工的工资收入水平越高,同时承担的工作压力和责任也越大,浮动薪酬在其整体收入中所占的比重就越大。增加薪酬收入水平,活化薪酬部分逐步提高,符合“收入和付出对等”的公平性原则。关于动态薪酬和静态薪酬在不同岗位员工之间的分配比例见下图所示。

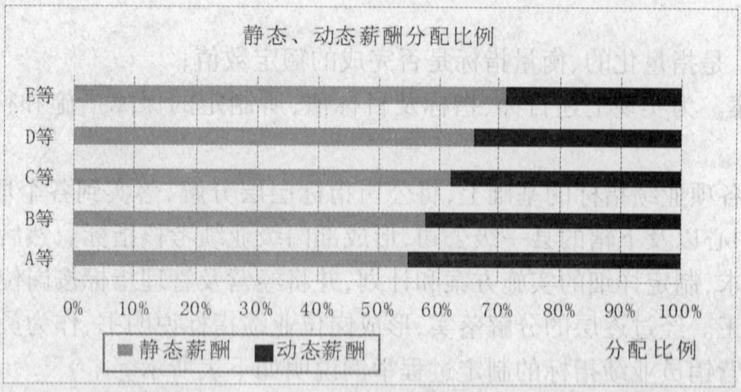

静态、动态薪酬分配比例

(四)绩效考核指标设定

绩效考核就是为了实现岗位价值,按照薪酬管理的要求设计岗位评价指标体系,比照评价标准,采用特定的方法,对岗位实现的价值及业绩进行判断的活动。绩效考核是衡量岗位业绩的一种综合方法,也是进行绩效薪酬发放的依据。上述章节中有关绩效薪酬子模块所确定的薪酬额实际上是一种标准额度。之所以称为“标准额度”,是由于在绩效薪酬的发放之前,需要对员工及其所在的部门进行业绩考核,然后根据考评结果进行分配。员工实际得到的绩效薪酬在核定标准额上下进行“浮动”,以反映员工对公司的实际贡献大小。进行绩效考核之前,首先要明确考核指标及考核标准。岗位的考核内容几项来自于岗位说明书中的岗位职责范围,指标则来自于部门及公司的各项经营和管理指标。

就目前发展来看,平衡计分卡是对业绩指标进行考核的比较先进的方法和工具。它给出了财务、客户、内部业务流程、学习与成长四个层面的业绩评价指标,构建了财务指标与非财务指标相结合的评价指标体系,解决了科室人员业绩考核难的问题。平衡计分卡指标体系框架如下图所示。

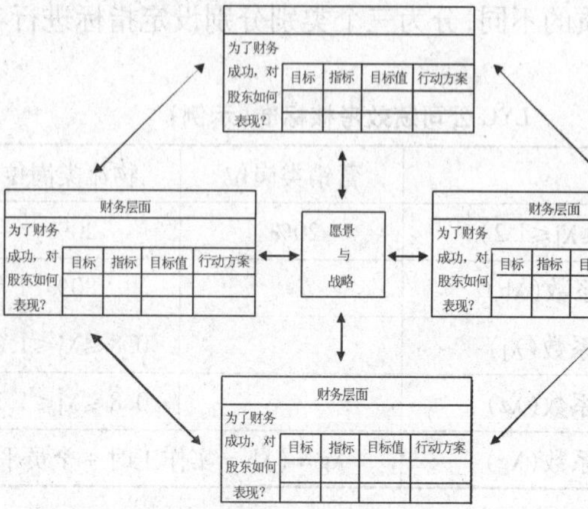

平衡计分卡指标体系框架图

员工岗位业绩指标来自公司年度经营绩效目标的分解。首先,按照平衡计分卡的四个维度确定公司年度业绩指标体系,包括:

(1)目标。公司设定的年度经营和管理目标；

(2)指标。公司设定的年度经营和管理目标对应的分解指标，主要包括财务指标以及非财务指标；

(3)目标值。是指量化的、衡量指标是否完成的额定数值；

(4)行动方案。为实现上述目标、指标及目标值，所制定的保障措施和行动纲领，用以指导目标的完成。

在确定公司各项业绩指标的基础上，将公司指标层层分解，落实到各个职能部门，下设的营销中心、物流中心以及下辖的县一级公司，形成部门级业绩考核指标。然后每个部门按照公司业绩指标的要求，制定详细的实施方案和计划，并将经营及管理指标按岗位职责要求分解到部门内的每个员工。经过逐层的分解落实，形成岗位业绩指标说明书，作为员工绩效考核的对照指标。下面以营销员业绩指标的制定过程举例说明如下表所示。

营销中心营销员业绩指标(示例)

<table>
<tr><td>岗位</td><td>营销员</td><td>部门</td><td>营销中心</td><td>执岗员</td><td>×××</td></tr>
<tr><td>业绩类别</td><td colspan="3">业绩标准</td><td colspan="2">核定实际完成指标</td></tr>
<tr><td>财务维度</td><td colspan="3">1.1 按营销计划完成辽阳东区销售额×××元
1.2 按营销计划完成辽阳东区销售回款×××元</td><td colspan="2"></td></tr>
<tr><td>客户维度</td><td colspan="3">2.1 每月拜访4次
2.2 季度内客户满意度达到95%以上</td><td colspan="2"></td></tr>
<tr><td>业务流程维度</td><td colspan="3">空</td><td colspan="2"></td></tr>
<tr><td>学习成长维度</td><td colspan="3">4.1 按部门培训计划完成培训教育至少4学时/月</td><td colspan="2"></td></tr>
</table>

(五)绩效考核标准设定

绩效考核标准按岗位性质的不同，分为三个类别分别设定指标进行考核，设定绩效考核标准如下表所示：

LYC 公司绩效考核标准(示例)

<table>
<tr><td colspan="2">考核内容</td><td>营销类岗位</td><td>物流类岗位</td><td>管理类岗位</td></tr>
<tr><td colspan="2">岗位基本职责(λi)(0.8≤λj≤1.2)</td><td>20%</td><td>20%</td><td>50%</td></tr>
<tr><td rowspan="4">产出贡献
(λg)</td><td>实作工时系数(λh)</td><td></td><td>80%</td><td></td></tr>
<tr><td>进度评价系数(λj)</td><td></td><td>0.8≤λj≤1.2</td><td></td></tr>
<tr><td>质量评价系数(λz)</td><td></td><td>0.8≤λj≤1.2</td><td></td></tr>
<tr><td>产出贡献系数(λg)</td><td colspan="3">λg =(λh = 实作工时：全员平均工时)×λj×λz</td></tr>
</table>

续表

工作业绩（λr）	业绩指标完成系数（λy）	80%		50%
	任务饱满程度系数（λB）	0.8≤λj≤1.2		0.8≤λj≤1.2
	进度评价系数（λj）	0.8≤λj≤1.2		0.8≤λj≤1.2
	质量评价系数（λz）	0.8≤λj≤1.2		0.8≤λj≤1.2
	工作业绩系数（λr）	λr = λy × λB × λj × λz		
综合绩效考核系数（λ）	λ = λi × 20% + λr × 80% 或 λ = λi × 20% + λg × 80% 或 λ = (λi + λr) × 50%			

考虑不同岗位人员业绩的重点方向不同，所以在绩效考核权重的设计上各有所侧重。营销类岗位在岗位基本职责完成的基础上，其营销业绩是绩效考核的重点，营销的业绩对公司销售收入的增加、现金流的改善以及公司经济指标的完成具有重大影响，所以考核权重设置为80%；物流类岗位的考核重点是物流运输的产品量，与营销相对应，也设置为80%的考核权重；对于机关管理人员和领导干部，重要的是履行岗位职责，并作出一定的业绩，考核权重各占50%。

（六）绩效系数浮动效应评估

每个岗位的绩效评价系数都受三个评价指标的影响，绩效薪酬的浮动呈倍增放大效应。按照上述的设计，测算各系数的倍增效应，统计如下表所示。

LYC公司绩效薪酬倍增效应

指标	设定倍增效应范围
岗位基本职责（λi）	0.8≤λj≤1.2
实作工时系数（λh）	λh =实作工时÷全员平均工时（难控制，假设在0.8～1.2之间）
进度评价系数（λj）	0.8≤λj≤1.2
质量评价系数（λz）	0.8≤λj≤1.2
产出贡献系数（λg）	λg = λh × λj × λz（0.8³～1.2³ = 0.512～1.728）
业绩指标完成系数（λy）	0.8≤λj≤1.2
任务饱满程度系数（λB）	0.8≤λj≤1.2
工作业绩系数（λr）	λr = λy × λB × λj × λz（0.8⁴～1.2⁴ = 0.4096～2.0736）
综合绩效考核系数（λ）	λ（营销类）= λi × 20% + λr × 80%（0.4877～1.8989 幅度：1.4112） λ（物流类）= λi × 20% + λg × 80%（0.5696～1.6224 幅度：1.0528） λ（管理类）=（λi + λr）× 50%（0.6048～1.6368 幅度：1.0320）

根据上表测算可知：

（1）营销类岗位的绩效薪酬浮动幅度最大，其最小实际收入是核定额度的48.77%，最高收入可达到核定标准的1.8989%倍，浮动幅度差为1.4112点；

（2）由于物流类岗位与营销及市场的关联度高，所以其绩效薪酬浮动幅度也相对较大，但与营销类岗位相比，其浮动幅度明显降低。测算的岗位最小实际收入是核定额度的56.96%，最高收入可达到核定标准的1.6224%倍，浮动幅度差为1.0528点；

(3)由于管理类岗位离一线比较远,一般是间接对经济指标产生影响,所以相对营销岗位和物流岗位而言,其绩效薪酬浮动幅度最小。测算的岗位最小实际收入是核定额度的60.48%,最高收入可达到核定标准的1.6368%倍,浮动幅度差为1.0320点。

经过分析,上述的设计思想比较符合不同岗位的责任和风险。绩效薪酬的整体浮动幅度比较大,符合薪酬设计的最初思路和目标。通过绩效薪酬模块的设计,拉大了岗位的收入差距,使得相同岗位的员工由于不同的业绩水平,获得显著的差异薪酬。这种设计在一定程度上会刺激员工的业绩意识、竞争意识。

六、其他薪酬模块设计

(一)年功薪酬设计

为维持员工稳定性,减少因辞职等原因所产生的培训成本不必要的增加,增设年功工资模块。隐含的意思是,为公司工作的年限越长,工资收入就会越高,这样对员工和公司双方都比较有利。年功工资实行分段递增累进制,其中工作年限为本公司工龄。具体设定标准如下表所示。

LYC公司年功工资标准表

工作年限(年)	(1,5]	(5,10]	(10,20]	(20,—)
年功工资(累进)	10元	15元	20元	25元

例如,某员工在本公司工作18年,月年功工资标准(285元)=5年×10+5年×15+8年×20。

(二)福利模块设计

福利模块包括法定福利、统一福利、专项福利三个子模块。法定福利包括"五险一金",即社会保险养老保险、失业保险、大病医疗统筹、工伤保险、生育保险(计划生育政策)和住房公积金;统一福利包括工作餐、年休假、班车、人身意外伤害保险等;专项福利结婚礼金、探亲路费、丧葬费、独生子女津贴。以上这些按原有公司政策执行,不做变化。

(三)年终绩效奖励设计

按照既定的"收益共享"设计原则。按比例从公司盈余中提取年终绩效奖励,一次性调节员工收入水平。按照本模块的设计思路,员工年度绩效一次性奖励要与公司年度经济指标和效益挂钩;与所在业务单位业绩挂钩;与自身年度贡献挂钩。

公司年终绩效奖励总额=公司盈余额×提取比例(3.1)

部门年终绩效奖励总额=公司年终绩效奖励总额×部门绩效系数(3.2)

个人年终绩效奖励总额=部门年终绩效奖励总额×个人年度绩效系数(2.3)

部门绩效系数设定范围在0.8~1.2之间;个人年度绩效评价系数设定范围在0.8~1.2之间。个人年度绩效综合浮动幅度在0.64~1.44之间,倍增效应非常明显。

(四)薪酬方案试算平衡

至此,薪酬框架已经初步设计完成,相关的薪酬模块额度标准也初步确定。接下来需要对整个薪酬设计进行额度试算平衡。平衡内容如下:

(1)与上级机关确定的工资额度进行总量的平衡,测算核定额度是否在总额要求范围之内;

(2)与公司年度成本费用总额进行平衡,测算薪酬成本在成本费用的比重是否在合理范围之内；

(3)与公司年度经济指标的完成进行平衡，测算薪酬成本占公司销售收入的比重是否在合理范围之内；

(4)测算个别典型岗位薪酬水平及内外部竞争力，以及通过绩效薪酬板块的导入，对个人收入的直接影响。

以上测算方法、流程不是本文研究的重点，此处不再赘述。

上述所有的工作结束后，人力资源部门将设计思路及各种标准显性化，形成纸面的薪酬方案，经过职工代表讨论等内部审批流程，颁布实施。

七、薪酬方案的实施

薪酬激励方案的设计过程是实施薪酬激励的最重要环节，薪酬方案的科学性、公平性、激励性、竞争力需要合理的设计思想及理念做技术保障。在组织体系内，再好的设计、思想，必须通过落实才能发挥真正的效用。所以，在薪酬激励方案的实施过程中，组织必须提供相应的环境和保障措施。

(一)思想文化保障

薪酬激励政策的制定和实施，是关乎公司人力资源管理的大事，是一项复杂的系统工程，是真正的“一把手”工程。所以，在薪酬设计和实施的过程中，公司领导班子及各级领导都要给予特别的关注。因为公司薪酬结构的调整就意味着员工收入的变化和分配关系的重新调整，特别是本薪酬设计增加了绩效薪酬模块，员工收入水平将会随着个人业绩的变化而发生大幅度的波动，员工收入的倍增效应特别明显。一方面增加了优秀员工的收入水平，起到了激励先进的作用。但是，根据20/80定律，也有少部分员工会因为业绩差而影响到收入，甚至会大幅的降低，负激励的情况肯定会发生。所以，各级领导要充分认识到薪酬激励措施在实施过程中的风险，提前做好应急预案，随时掌握反馈信息，有力地掌控局面。

薪酬制度的调整涉及到公司各个方面工作的顺利开展，涉及到每个员工的切身利益。薪酬变革的方向是正确的，是符合市场发展规律的。所以，公司务必要做好员工的说服、教育工作，同时，公司要大力宣传“奖优罚懒”的政策导向，树立业绩标杆楷模，营造一个积极的、健康的、向上的公平竞争环境，为薪酬激励政策的执行和实施提供比较好的文化氛围。

(二)人力资源管理政策变革

薪酬制度的高效实施，需要公司其他配套的人力资源管理政策相配合。充分发挥管理过程中各要素的协同作用，才能更好的、更大可能的发挥薪酬设计的激励作用。薪酬设计的主旨是通过拉开员工的收入差距，通过物质(金钱)激励手段，引导员工做好本职岗位工作，创造更优秀的业绩。在刺激员工做出更大产出贡献的同时，公司还要充分关注员工的职业发展和个人成长。只有这样，公司才能建立并维持一个优秀的人才队伍，才能为公司的长远发展奠定人才储备。公司应该把企业发展和员工的个人成长相结合，帮助员工规划职业发展方向，制定职业发展目标，通过各种政策和手段，搭建员工“多通道”的职业发展平台，促进员工的个人成长和发展。

1. 帮助员工设定职业发展目标和方向

了解员工的职业兴趣、职业价值观，摸清员工想要做什么，喜欢做什么，只有更好的了解才能制定明确的目标，更好的发挥其所长。根据员工的职业兴趣、职业价值观、职业趋向和能力素质，结合公司的发展战略和岗位需求，帮助员工设定职业生涯发展目标。

2. 建立岗位考核制度

建立完善的、科学合理的岗位绩效考核制度，每年进行一次定性、定量考核，对不能胜任本职工作的，根据规定进行调整或降职，为人才合理流动提供机会和条件。

3. 建立岗位竞聘制度

坚持“干部能上能下，职工能进能出”的用人原则，通过岗位竞聘等公开、公正、透明的人才选拔方式，创造一种优胜劣汰的竞争环境，使人才感到压力的约束，同时为真正优秀的员工提供发展通道。

4. 加强岗位轮换和岗位流动制度建设

机关管理人员向一线基层岗位轮换，可以增强管理人员对基层工作的了解，丰富其工作经验，提升其管理专业化能力，使今后的管理工作有的放矢。基层人员向机关管理岗位流动，可以让基层人员开阔视野，锻炼能力，提升素质，为企业发展做好人才储备。同时，岗位之间的定期轮换，可以增加员工的工作热情，防止职业枯竭现象发生。

用公平的标准进行衡量，以 LYC 公司战略发展目标和年度任务为主要依据，运用平衡计分卡工具，确定关键经营管理指标，对 LYC 公司的管理层及员工实施综合考核。同时完善经常性绩效管理，采用定性分析和定量分析相结合，对 LYC 公司的管理层及员工综合能力及履职表现进行全面、客观的评价。

(三)强化绩效管理

要强化绩效全程管理观念，严格绩效考核制度。通过细致深入的管理岗位分析，制定出合理有效的考核指标，确定具体明确的考核内容，选择合适得当的考核方法，以获得客观公正的考核结果，运用考核结果，适当予以奖惩。要保证人才队伍奖惩激励的有效性，要注意对部门奖惩和对个人奖惩相结合。奖惩部门可以强化部门内合作意识，奖惩个人有利于激励人才个体潜能的最充分发挥，二者结合才能有效消除矛盾，并更好刺激竞争。在奖励过程中，还要注意物质奖励和精神奖励相结合。

第二节　生产操作人员的薪酬设计

一、生产操作人员特征

1. 工作内容相似

生产操作人员的工作主要围绕其所在的岗位展开，同一岗位的员工工作内容基本相似，因为岗位的内容已经被规范化和标准化了。

2. 工作结果强调数量和质量

生产操作人员的工作对象是具体的物。不同人员之间的劳动差别主要体现在他们生产出的产品的数量和质量上，工作结果易于衡量。

3. 工作技能有高有低

生产操作人员通过练习能够获得完成一定任务的动作系统，称之为技能。技能按其熟练程度可分为初级技能和技巧性技能。初级技能表示“会做”某件事，但未达到熟练的程度。如果初级技能经过有目的、有组织的反复练习和训练，动作就会趋向熟练，并通过总结操作经验而提高速度和改进，从而达到技巧性技能阶段。

二、生产操作人员薪酬方案设计原则

1. 按劳付酬原则

生产操作人员所从事的工作是以劳动尺度计酬的，多劳多得，少劳少得，不劳动者不得报酬。按劳付酬的“劳”指劳动的数量和质量，个别劳动量转化为社会必要劳动量要通过联合劳动来实践，劳动量必须是有效的。对生产操作人员执行按劳付酬原则，能够调动工作积极性、创造性，促进劳动效率提高。

2. 短期性激励原则

生产操作人员的工作对象是具体的物品，并且具有一定的独立性，做一件是一件，耗时较短。短期性的激励有立竿见影的效果，能够充分调动生产操作人员的主动性和积极性。

三、生产操作人员薪酬方案设计思路

根据上文对生产操作人员的介绍，我们知道生产操作人员工作的差别主要在于各自的工作量有所不同，这种不同体现在数量和质量上。同时，生产操作人员的业绩比较容易衡量，利用计时工资或计件工资对于生产操作人员是一种较为合理的工资模式，也是一种比较合适的激励手段。

（一）计时工资制

计时工资制是根据员工的计时工资标准和工作时间，来进行报酬支付的工资形式。按照时间计算单位不同，常用的有月工资、日工资、小时工资等形式。计时工资制一般用在完成单个产品或任务需要较长时间的场合。

（二）计件工资制

计件工资是根据员工生产合格产品的数量和预先规定的计件单价计量，支付劳动报酬的一种工资形式。计件工资制一般有三种形式。第一种是直接计件，从零开始；第二种是固定工资 + 计件奖金；第三种是固定工资 + 基本奖金 + 计件奖金。具体选择哪一种要根据企业的具体情况而定。

四、生产操作人员薪酬方案设计与流程

（一）岗位工资设计

1. 工作分析

工作分析也称为职务分析，是对企业中各个岗位设置的目的、工作关系、主要职责、工作内容、权限范围、工作环境以及胜任岗位所必须具备的知识、技能和经验等通过文字进行明确说明的文件。它是人力资源开发与管理的核心环节，也是薪酬设计和管理的主要依据。

2. 岗位评价

岗位评价是根据付酬因素对每个岗位包含的内容进行相互比较和科学的评估，得出每个岗位的相对价值的方法。岗位评价的主要方法有序列法、分类法、评分法和因素比较法。其中大型企业最常用的是评分法。它从系统性和科学性出发，以量化的形式对岗位的内容进行全

面的评估，其有较高的信度和效度，它的具体做法是将岗位的构成要素（付酬因素）进行分解，再以各个要素为依据，与特定的评价标准进行比较，得出各要素的分值，然后合计计算各个岗位的总分，就是各个岗位的相对价值。

3. 行业薪酬水平调查

市场调查的主要目的在于了解市场薪酬水平，以保证薪酬设计的外部公平性和竞争性。但薪酬市场调查的难度很大，因为薪酬作为人才竞争最有力的工具之一，一般企业都不会轻易透露，以免在人才竞争中处于不利地位。所以，市场薪酬水平通常是通过权威的薪资调查公司获得，或从其他公共媒体，以及一些熟悉企业通过私人关系获得。

4. 薪酬定位

根据薪酬调查的结果，考虑薪酬设计的基本原则、自身能力、行业水平和所在地区生活水平，设定生产操作人员的岗位工资水平。

（二）绩效工资设计

绩效工资，它是指通过对员工的工作业绩、工作态度、工作技能等方面的综合考核评估，确立员工的绩效工资增长幅度，是以科学的绩效考核制度为基础。它的基本特征是将雇员的薪酬收入与个人业绩挂钩。根据上文对生产操作人员工作性质与特点的分析，我们知道计件或计时工资形式对于生产操作人员是一种较为合适的绩效工资模式。

1. 定义

生产定额是指生产单位产品消耗的时间，或单位时间内应完成的合格产品的数量。标准工时是指在正常操作条件下，以标准化的作业方式及合理的劳动强度和速度完成质量要求的工作所需要的时间。

2. 计时工资设计

1）计时工资计算方法

员工的实际收入计算公式为：

计时工资 = 工资标准 × 实际工作时间

工资标准：正班工资 = m 元/小时，平时加班工资 = 正班工资 × n 倍，周日加班工资 = 正班工资 × n 倍，法定假日加班工资 = 正班工资 × n 倍。

2）奖金设计

由于计时工资只能反映员工的技术熟练程度、劳动繁重程度和劳动时间长短的差别，不能全面反映同等级员工在同一工作时间内支付劳动量和劳动成果的差别，在一定程度上造成平均主义。所以，企业在实行计时工资时，普遍实行奖励制度，以弥补计时工资制的不足，对提供超额劳动的职工给予必要的补偿和鼓励。

3. 计件工资设计

1）计件工资计算方法

计件工资计算的主要依据是计件单价，即员工完成每一件产品的工资额。一般各个等级员工的日（小时）工资率除日（小时）产量来确定，计算公式如下：

计件单价 = 某等级员工的日（小时）工资标准 ÷ 日（小时）产量定额

若按工时定额计算计件单价，计算公式为：

计件单价 = 某等级工人的日（小时）工资标准 × 单位产品的工时定额

(三)薪酬方案的实施与调整

建立工作标准,明确具体的工作流程及环节,向员工解释薪酬制度的目的、意义、计算方法和结算方式。在执行中如遇到问题,如薪酬总水平较低或高,物价指数上升影响员工实际收入等,就需要调整原来的薪酬福利水平或分配标准,以保证薪酬福利制度的功能,不断发挥员工的工作积极性和创造性,为企业多创价值。

五、××公司生产人员薪酬方案设计实例

(一)公司背景介绍

××公司成立于2001年,是一家专业设计、制造非标设备的企业,其主导产品有:清洗机、试漏机、冷却液集中处理系统、装配机(线)和物流输送系统等,同时也可根据用户需求进行工程机械产品及非标产品的设计与制造,是我国汽车发动机行业工艺装备的技术研发、产品设计和制造的重要产业化基地之一。

(二)生产人员介绍

××公司生产人员集中在制造工程部,而制造工程部又下设计划采购科,工艺外协科,装配一、二班,机械加工班,电气设计班等五个部门。制造工程部是××公司人数最多的部门。

(三)××公司生产人员薪酬方案设计的原则

按劳付酬原则:按劳付酬是指对员工所从事的工作应该以劳动尺度计酬,多劳多得,少劳少得,不劳动者不得报酬。执行按劳付酬原则,能够调动员工的工作积极性、创造性,促进劳动效率提高。

公平性原则:薪酬体系的公平性体现为外部公平、内部公平和个人公平上。外部公平是指组织之间的同等职位薪酬水平比较的公平性问题;内部公平是指组织内部不同职位或技能之间薪酬水平比较的公平性问题;个人公平又叫员工公平,是指组织内同样工作岗位的员工,由于他们的工作绩效、技能、资历等贡献存在差异,所分配到的报酬也应当有所差异的公平性问题。

激励性原则:科学合理的薪酬体系对员工的激励是最根本也是最持久的激励,激励性原则是根据生产部内各岗位的不同,根据各岗位员工的能力和贡献大小,薪酬标准要适当地拉开距离,充分利用薪酬的激励效果,调动员工的主动性和积极性。

经济性原则:成本控制是任何企业在薪酬体系设计过程中都需要考虑的重要因素,在组织成本和财力许可的范围内进行设计,尽管高薪可以对吸引、激励和留住人才有着积极的促进作用,但有时往往会导致组织人力成本的上升以及利润比重的下降,因此在进行薪酬设计时要计算人力成本合理的投入产出比率,找到最佳的平衡点。

可操作性原则:企业自身的性质、经济实力和发展特点是薪酬体系设计过程中应当考虑的因素。同时薪酬体系设计时也要考虑薪酬的核算可操作性,考虑到公司本身业务的特殊性,计件工资的核算考虑借助程序软件简化核算流程。

(四)××公司生产人员薪酬方案设计总体思路

薪酬制度是企业制度中核心制度之一,在薪酬设计中,没有最好的薪酬制度,只有最适合企业发展需要的薪酬制度。××公司生产人员的工作主要围绕其所在岗位展开,同一岗位的

员工工作内容基本相似，因为岗位的内容已经被规范化、标准化，其差别主要在于各自的工作量会有所不同。因此，只要在选择与其所在职位匹配的员工，以职位工资作为生产员工的基本工资是较为合理的。同时，生产人员的业绩比较容易衡量，利用工时定额的方式计算个人的绩效工资是一种较好的激励手段。因此，对生产人员的薪酬设计，××公司采用岗位加绩效薪酬体系。

（五）××公司生产人员薪酬方案设计的具体做法

1. 岗位工资设计

1）成立设计小组

××公司总经理同样担任薪酬设计小组的组长，起着最终决策与推动整个流程的作用，分管制造部副总经理以及制造工程部部长作为此次薪酬设计小组的成员，同时，聘用外部专家两名作为专家组成员，起到保证职位分析及评价科学合理的作用。

2）工作分析

××公司制造工程部对各个岗位进行了系统的梳理，并形成了较为完善的岗位说明书（如表1），作为薪酬设计的基础和依据。

表1　　工艺员岗位工作说明书

<table>
<tr><td>职位编号</td><td></td><td>职位名称</td><td></td><td>所属部门</td><td></td></tr>
<tr><td>职位类型</td><td></td><td>上级职位</td><td></td><td>编写日期</td><td></td></tr>
<tr><td>职位概要</td><td colspan="5"></td></tr>
<tr><td colspan="6">职位职责
1.（职责一）
1.1
1.2
2.（职责二）
2.1
2.2</td></tr>
<tr><td colspan="6">任职资格</td></tr>
<tr><td colspan="2">学历及专业要求</td><td colspan="4"></td></tr>
<tr><td colspan="2">所需资格证书</td><td colspan="4"></td></tr>
<tr><td colspan="2">工作经验</td><td colspan="4"></td></tr>
<tr><td colspan="2">知识要求</td><td colspan="4"></td></tr>
<tr><td colspan="2">技能要求</td><td colspan="4"></td></tr>
<tr><td colspan="2">能力要求</td><td colspan="4"></td></tr>
<tr><td colspan="2">个性需求</td><td colspan="4"></td></tr>
<tr><td colspan="6">主要关系</td></tr>
<tr><td colspan="2">直接上级</td><td colspan="4"></td></tr>
<tr><td colspan="2">直接下级</td><td colspan="4"></td></tr>
</table>

续表

内部沟通	
外部沟通	
工作环境和条件	
工作场所	
工作设备	
工作条件	
备注	

3)岗位评价

岗位评价的方法有很多,但是为了岗位评价的科学、合理、准确,××公司最终采用了最为常用的要素计点法。要素计点法通常包括三大要素:即报酬要素、每种报酬要素所占的权重、报酬要素的衡量尺度。具体到应用上,其主要包括以下几个操作步骤:

①选取适合所评岗位的报酬要素:

②确定各个报酬要素所占的权重;

③对每一种报酬要素划分程度、水平或层次;

④确定每一种报酬要素的不同等级所对应的点值;

⑤运用这些报酬要素来评价各个岗位对应的合计点值;

⑥将所有被评价的岗位按照点值高低排序,建立岗位等级结构。

结合制造工程部各岗位的工作特点,根据薪酬设计小组的讨论决定,XX公司在美国劳工部职位评价方案的基础上进行了适当的修改,将"工作中所需的知识"、"工作中受到的监督"、"工作的复杂性"、"工作任务的影响"、"工作中的沟通"、"心理压力"、"体力要求"、"工作环境"这八个要素作为评价制造工程部各岗位的报酬要素,确定各要素权重后,对其再细分成3-5个等级并对各个等级一一界定和配点(如表2)。

表2　　制造工程部各岗位评价方案部分

报酬要素	权重	报酬要素各等级描述	各等基点值
一、工作中所需的知识	20%	1.需要掌握完成简单任务的知识;不需要受过教育培训或只需要受过较少的教育培训。	40
		2.需要掌握常用工作程序方面的知识;要求受过一些培训。	80
		3.需要掌握标准化的工作规则;要求受过大量的培训或具有大量的工作经验。	120
		4.需要掌握在某一领域完成多种工作任务所要求的各种工作规则。	160
		5.需要掌握复杂的、专业化的知识,能够提出完善工作领域的方法;具备大学本科及以上学历。	200

续表

二、工作任务的影响	20%	1. 对其他人的工作只能产生很小的影响。	40
		2. 会影响下一个工作流程。	80
		3. 会影响部门内多个活动。	120
		4. 会影响企业内其他部门的工作进度。	160
		5. 对组织目标达成至关重要。	200

根据此方案和各职位说明书,薪酬设计小组对制造工程部共 13 个岗位分别进行了分析与评价,计算出了各个岗位的点值,进而划分出了 8 个职位等级,将 13 个岗位按照点值高低分别划入不同等级当中(如表 3)。

表 3　　制造工程部职位等级结构部分

职位等级	点值范围	岗位名称	岗位点值
8	710－800	制造工程部部长	800
7	660－700	采购科科长	670
		工艺外协科科长	660
6	610－650	班长	640
		电气工程师	620
5	560－600	采购员	570
		工艺外协员	570

4)确定薪酬

考虑到人工成本承受能力和外部竞争对手岗位工资水平,××公司薪酬设计小组设计将每个等级的工资再区分出 10 个档位,处于同一等级的员工根据工作经验以及前一年的工作绩效划入不同档位,每年度调整一次岗位工资,以调动员工的积极性,同时激励员工在企业中长期发展(如表 4)。

表 4　　制造工程部薪等薪级表部分　　单位:元

薪等＼薪级	1	2	3	4	5	6	7	8	9	10
8	3700	3800	3900	4000	4100	4200				
7	2800	2900	3000	3100	3200	3300				
6	2600	2700	2800	2900	3000	3100				
5	2100	2200	2300	2400	2500	2600				

注:①工作每满一年,且年度综合考核在 6 分及以上的员工在原有基础上晋升一级。②对公司具有突出贡献者,经总经理办公室商议,予以升级,最多不超过两级。③给公司造成重大损失的员工,经总经理办公室商议,予以降级。

2. 绩效工资的设计

1）分配比例系数

制造工程部的绩效工资实行的是全额计件工资制。以实际完成产品产值按系数（部门系数分配如表5）由计财部核准，下拨应付工资总额，由部门制定工时定额计算个人工资。公司规定制造工程部必须按照总体计划周期的＜或＝60%计算项目完工时间，每延期一个月下浮全额计件工资系数的25%。同时，公司为了从整体上把握绩效工资的分配依据，薪酬设计小组将提成系数进一步分配到了各个科室及班组，具体比例如表6所示。

表5　提成系数

部门	计件形式		备注
	产品分类	系数（%）	
制造工程部	一类产品	6.0	清洗机
	二类产品	4.0	动力滚道线、试漏机、装配机、冷却液、集中处理
	三类产品	2.0	非动力滚道线
	其他项目	类比	（产品）

表6　制造工程部各科室及班组绩效工资比例

各科室及班组	采购科	工艺外协科	班组1	班组2	班组3	班组4	部长	留存
绩效工资比例（%）	4	6	20	20	20	20	5	5

2）生产人员个人绩效工资分配方案

①采购科绩效工资分配

采购科只有一名科长和一名科员，主要工作职责包括编制物资采购计划，评估供应商资质，拟定采购合同，采购产品验证等工作。其绩效考核的重点有二：一是及时有效地保证生产的物资供应；二是在保证供应物资质量的前提下节约成本。因此，当采购科及时有效保证生产物资的供应且成本维持以往水平时，可以获得100%绩效工资；当采购科由于失误造成生产物资不能及时供应或非外力因素导致的成本上升时，只能获得80%的绩效工资；当采购科及时有效保证生产物资供应的同时，实现了成本5%及以上的节约，可以从“留存”模块中提取1%以资奖励。科长与科员按照6∶4的比例进行绩效工资分配。

②工艺外协科绩效工资分配

工艺外协科有一名科长，两名科员，其主要职责在于审核产品生产图纸，编制产品工艺文件，确定工艺流程，指导生产作业，检查工艺贯彻情况，监督检查外协加工厂家等。其绩效考核的重点有三：一是能否合理安排工艺流程，二是能否及时发现工艺中出现的问题并纠正，三是能否确保外协厂家按时保质保量交货。基于以上三点，工艺外协科绩效工资分配方案如下：以上三点都满足时，工艺外协科获得100%绩效工资；当工艺流程出现设计失误，经过检查未及时发现车间对工艺贯彻的漏洞，或不能保证外协厂家及时交货时，工艺外协科仅可获得80%的绩效工资；当工艺流程出现重大改进或及时检查出生产车间的工艺贯彻漏洞，帮企业节省或挽回5%及以上成本时，可另从“留存”模块中拨付1%以资奖励。科长与两名科员绩效工资按照4∶3∶3比例分配。

③班组绩效工资分配

各班组绩效工资将采用泰勒的差别计件工资制,具体分配方案如下:

首先,根据各班组绩效工资总额,除以各班组需生产、组装或焊接零件总量,计算出标准工资率;其次,计算出各工种每三个月的劳动定额;最后,根据各工种工人的作业完成情况,在规定时间内完成劳动定额,其绩效工资 = 标准工资率 × 劳动定额,如未在规定时间内完成劳动定额,其绩效工资 = 标准工资率 ×0.9 × 个人完成数量,如在规定时间内超出劳动定额,其绩效工资 = 标准工资率 ×1.1 × 个人完成数量。绩效工资如有剩余,转入"留存"模块;如有不足,从"留存"模块转入。

④部长绩效工资分配

当制造工程部保质保量在规定时间内完成生产任务时,部长获得 100% 绩效工资;当生产任务出现延期或设备出现质量问题时,视情况而定,部长绩效工资最高不超过全额的 80%;当制造工程部提前 10% 及以上完成生产任务时,部长可获得 120% 的绩效工资,不足部分从"留存"模块提取。

3. 薪酬方案的实施与保障

1)方案实施前的宣传与沟通

要对生产人员的岗位工资评价标准予以公示,以保证薪酬体系设计的公开透明,让员工相信组织的公平。公开生产人员岗位工资评价标准,可以让员工了解到不同岗位之间的工作性质的确有所不同,以打消员工心中的疑虑,员工可以通过自身绩效的提升以及长期服务于企业,来提高自己的岗位工资和绩效工资。

其次,要建立匿名征集意见箱,积极征集反对意见和优化方案。薪酬方案难免会出现一些在设计过程中没有考虑到的因素,因此,在方案实施之前需要征集广大员工的意见,根据员工所提出的合理化建议,适当修正薪酬方案,来做到让大多数人满意。

2)建立有效的绩效考核体系并严格执行

× ×公司生产人员的薪酬方案,不仅是在绩效工资上与绩效紧密挂钩,甚至连生产人员的岗位工资都与绩效紧密联系。因此,建立有效公平的绩效考核体系,是保证薪酬方案顺利实施的重中之重。

3)结合企业情况,动态调整薪酬方案

任何一种薪酬方案的设计都不会是一劳永逸的,随着企业的发展和外界环境的变化,动态调整薪酬方案,才能保持企业的竞争力,更好的激励员工。

第三节　管理人员的薪酬管理

高层管理者的工作业绩对企业绩效有显著的影响。企业需要制定措施来吸引和保留优秀高级管理人才,并对高级管理人才进行有效的激励。因此建立合理的高层管理者薪酬体系对企业来说非常重要。中国企业高层管理者的薪酬在世界以及亚洲都偏低,缺乏竞争力,薪酬结构不合理,薪酬制度不健全,没有明确的薪酬标准,受人为因素影响太大。

一、影响企业高层管理者薪酬的主要因素

(一)基准因素

制定合适的高层管理者薪酬计划,首先要理解高层管理者薪酬,理解薪酬计划的关键在于对薪酬理论的把握,对薪酬影响因素的认识。制定高层管理者的薪酬时,要根据这些影响因素,在既定的环境下,适合企业的具体情况,制定出合理的薪酬。本文把高层管理薪酬的影响因素归结为两类:基准因素和权变因素。基准因素是制定高管薪酬的直接依据和背景,权变因素是基准因素的补充。基准因素在高层管理者薪酬中的作用受权变因素的影响。(见下图)

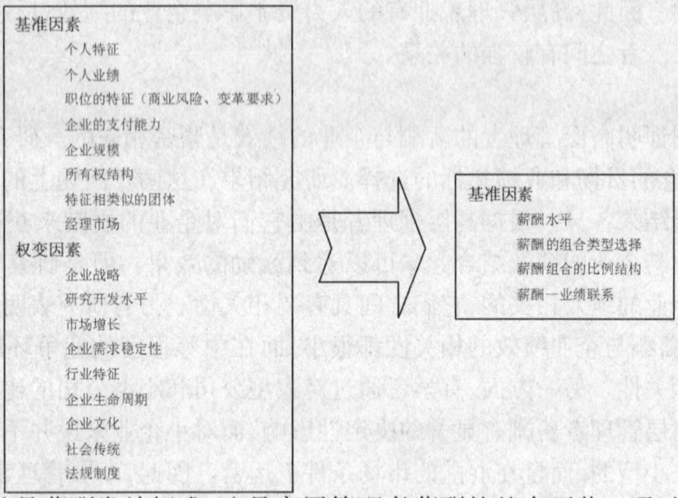

基准因素指的是薪酬发放标准,这是高层管理者薪酬的基本环节。通过研究基准因素,可以了解企业的薪酬理念及具体的运作方针。基准因素主要包括以下几个方面:

1. 高层管理者的个人特征

高层管理者工作的特殊性决定了高管的努力程度难以计量,所以只能求助于一些反映高管能力和劳动复杂程度的信号,据此来为高层管理者支付薪酬。再者,对高层管理者这种商品的定价既可求助于市场,也可以根据其自身价值来定价、付费,这样也需要求助于一些反映高管能力和劳动复杂程度的信号。根据人力资本理论,个人的技能、能力、知识是用来获取它们所花费的时间、成本、资源等的结果。高管的某些个人特征,如年龄、受教育水平、管理企业的经历等是确定其人力资本价格的信号。这些特征在某种程度上反映了高管的能力,也是高管薪酬中应考虑的因素。所以,那些要求具备长期和昂贵的培训和实践经验的工作应该得到更高水平的报酬。阿加瓦尔(Agarwal)所做的一项对168家保险公司的实证研究表明,管理者的薪酬与个人的人力资本具有很强的相关性,而人力资本由教育水平、研究领域和工作经验来决定。哈瑞斯(HarriS)和赫尔方(He1fat)对500家大型企业所做的调查研究表明,企业根据他们的CEO所拥有的技能来支付报酬非常重要。高层管理者学历越高,经历越丰富,越有利于获得更高水平的报酬方案。另外,高管在企业中的任期、是否为企业创始人等对高管薪酬的影响也受到了研究者的关注。当高层管理者预知任期将结束时,其业绩报酬敏感度会降低,他们通过高业绩获取高报酬的动力会下降。此时,业绩报酬挂钩的激励方式会变得低效或无效。如果缺乏有效的约束机制,59岁现象也就成为必然。如果高管为企业的创始人,一般他会

拥有企业较多的股份。而且通过他在企业的影响力,会获得较丰厚的薪酬,且业绩报酬敏感度不高。

企业的高层管理者需要有很强的技术背景和创新能力。他们需要具备预测未来的能力和在快速变化、竞争激烈的市场环境中快速反应的能力,以便能够与大的成熟的公司进行竞争。获得这些能力需要长时间的学习和长期的工作经验。雇员的业绩取决于包括技能、知识和行为动机在内的三个方面。企业在高度不稳定的环境中运营,而且不断地面临来自企业内部和市场竞争的新的挑战。因此,企业高层管理者的薪酬变得更加难以模仿和替换,因此更有特殊的价值。当管理者经验、技能、知识和愿景等用来直接影响企业的管理时,它们对企业创造更大的价值具有帮助。因此,高层管理者拥有的人力资本影响企业的绩效,反过来企业的绩效也影响他们的所得。二者之间有较强的关系。

2. 个人的业绩

大量研究试图证明高层管理者的薪酬与企业的绩效是紧密相联的。研究的问题主要有两个:为业绩付酬理念的贯彻和业绩指标的选择。研究结果在这两个问题上的争议最多,对业绩报酬敏感度的检验结果各异。根据高层管理者是由它们对企业的贡献来获得报酬的假设,把高层管理者的利益与企业的绩效结合起来可以达到激励的效果。但是研究表明,高层管理者的薪酬并非是与企业的绩效相关的,它们之间具有弱相关性。另有研究表明,在高度和较低的不确定性环境下,薪酬与企业绩效的相关性都很小,而在中等程度的竞争环境下,薪酬与企业绩效具有较强的相关性。另一方面,有学者通过对大型公司和小型公司的比较发现,企业的绩效对大型企业的高层管理者薪酬有显著的决定性影响,而对小企业来说并不明显。

大多数企业是小型的,而且在混乱的市场条件下运营。因此,高层管理者的薪酬与企业的财务绩效的关联较小。其他方面因素可能比财务绩效结果能够更好地衡量高层管理者的个人贡献。因此,财务指标与非财务指标的结合可能能够更好反映高层管理者的贡献。

3. 高管的职位特征

在支付报酬上,有投入观和产出观两种思路。为业绩付酬是产出观,按劳动付酬是投入观。投入观认为高管薪酬不仅是对高管工作业绩的激励,而主要是对其复杂劳动的一种补偿。亨德森(Henderson)和费雷德里克松(FredriCkson)从高管从事的工作特征的角度,提出信息处理需求决定经理的报酬。高管在企业中的角色和职位是判断高管信息处理量的主要标准。一方面,按照信息处理需求决定高管薪酬,可能会增加企业的长期生存能力。简单的企业可能由于缺乏赖以适应外部复杂环境或环境变化的内部差异而导致失败。而高管工作的复杂性却可能直接导致整个企业的复杂性。这样,这种复杂工作的报酬可能会促使高管培养企业内部差异而增强其长期生存能力。另一方面,如果经理认识到其报酬是建立在工作复杂性的基础上,那他就可能会有机会主义行为,通过使其工作变得复杂来获得高薪,而不管这种复杂是否有利于企业的未来发展。例如:高管注重的不是如何提高企业的核心竞争力,而是盲目去多角度经营,为迎合股东的取向而去从事不适合的研发项目等。

影响企业高层管理者薪酬的职位因素主要有以下三方面:

第一,商业风险意味着结果和突发事件的不确定性,这里指的是市场竞争中的风险。它与来自革新的风险不同,来自革新的风险是来自企业内部的活动。因为企业在高不确定性和高风险的市场环境中运营,它们比其他的企业面临着更多的快速成长,也同样面临着快速的衰落的可能。

商业风险带来了企业收入的更大的不可预料性,也增加了企业失败的可能性。这将影响企业高层管理者的预测和计划活动,也使高层管理者制定企业的战略和计划未来的活动变得更加困难。商业风险增加了高层管理者工作的复杂性,也增加了其工作的价值。

第二,国际化程度。许多企业,特别是几乎刚一成立就要走向国际化的企业,企业更多地依靠科技和通讯的发展。科技和通讯的发展减少或消除了世界上国与国之间,地区与地区之间的距离,为产品革新和好的商业创意带来了更高的回报。国际化程度是指一个企业的顾客、生产力要素、创造价值的能力、地理辐射等依赖国外市场的程度。所以高层管理者的薪酬受企业国际化影响。

第三,对变革的要求。企业的持续的技术领先的显著特征要求快速的创新。与传统企业相比较,企业的发展更多地依靠新产品、市场和技术。为了在竞争日趋激烈的环境中生存,企业用于研发的投资额为其年收入的5%至20%,这是传统企业在研发方面投资额的四倍。

4. 企业的支付能力

企业必须能够创造足够的收入来支付包括雇员薪酬在内的所有费用。高层管理者的薪酬往往远远高于其他雇员,这对大多数企业的成本都有显著的影响。一般来说,高层管理者的薪酬水平越高,企业的劳动力成本也就越高。

企业不得不支付具有竞争性的高薪来吸引和保留能够给企业带来巨大贡献的优秀管理人才。另一方面,企业往往需要在研发和劳动力等成本上花费大量的资金。例如:软件开发者比其他行业具有更大的相关性,因此,企业对其高层管理者的支付能力受企业在其他方面所需花费的资源的制约。企业不得不考虑对高层管理者的支付能力。因此,除其他因素外,雇主的支付能力应该包括在企业高层管理者的薪酬的决定因素中。

当企业高层管理者的薪酬水平高于竞争对手时,企业不得不增加其提供给市场的产品或服务的成本。相反,企业产品和服务的市场竞争力制约着对高层管理者的薪资支付能力。也就是说,在企业中,市场业绩在很大程度上决定着企业对其高层管理者的薪资支付能力。企业的总利润和资产回报率通常用来度量雇主的支付能力。总利润是指分红和纳税前的净运营收入,资产回报率是指总利润与总资产的比率。

5. 企业规模

有关研究表明,企业规模对高层管理者薪酬也有影响,二者呈正相关关系。这是因为规模大的企业需要雇佣更有能力的管理者,所以要付更多的报酬。但是高管薪酬随规模增加而以递减的比率增加,且规模与报酬的这种关系在不同行业间和不同时期都存在。企业规模与企业高层管理者薪酬之间具有较强的正相关关系。首先,企业需要在更具竞争性的环境中运营。企业规模使企业避免受商业周期副作用的影响,如果通过纵向和横向并购,可以创造规模经济效应,增强企业的盈利能力。所以把高层管理的薪酬与企业规模相联系,可以鼓励高层管理者扩大企业规模创造利润的积极性。

6. 所有权结构

所有权结构,如所有权的分散程度、管理层的持股比例等,对高层管理者薪酬水平和企业业绩的影响也是很多学者关注的领域。有研究认为企业利润与所有权集中度之间没有关系。还有研究认为董事会成员的所有权影响企业的业绩,二者间呈非线性关系。有研究发现,当高层管理者持股比例较高时,其报酬较低,高管报酬是其持股比例的减函数。而且,当存在拥有5%股份以上的大股东时,高管的报酬水平较低。虽然所有权结构如何影响经理报酬和企业业绩上争议较多,但一般认为,公司治理结构较弱(表现在所有权集中度很高,没有机构投资者、内部人控制严重等方面)的企业有较大的代理问题;代理问题较大企业的高层管理者获得较高的报酬;有较大代理问题的企业业绩较差。

研究企业高管的薪酬问题,要考虑所有权的集中程度,如是否存在大股东、机构投资者和管理者持股等。如果所有权集中程度高,则存在较大的代理问题,要相应地给予高管以较高水平的薪酬。

7. 经理市场

高层管理者薪酬的两大功能是吸引和激励。研究高管薪酬不仅要关注激励层面,还要关注吸引层面,所以经理市场也是高管薪酬制定中的基准因素。在西方发达国家,高级管理人才一般要独立面对经理市场,通过优胜劣汰双向选择的激烈竞争,实现自身价值的市场定位。特别是近几十年来,由于现代市场经济的迅速发展和现代企业制度的普遍建立和完善,高层管理人员的作用和地位越来越重要,经理市场在经理人报酬确定的影响力方面加大。主要影响包括:经理市场的供求关系直接影响经理人的报酬,亦即供不应求时,经理人总体报酬水平会上升;反之供过于求时,经理人总体报酬水平会下降;经理市场的活跃程度也影响经理人的报酬。

美国是世界上经理市场最活跃的国家,成功的经理人才通常会成为很多公司追逐的目标,经理人员流动性很大,结果导致美国经理人员的报酬普遍高于其他国家;本地区经理人员的报酬水平和同行业经理人员的报酬水平会构成确定企业高层管理者报酬的基础,因此,尽管不合理,发达地区经理人员报酬水平会大大高于不发达地区;本企业前任高层管理者的报酬水平也是本企业确定新的高层管理人员报酬水平的重要参考。

我国目前还没有成熟的经理市场,所以在制定高管薪酬时一般不考虑这一因素。经理市场不仅为经理的"定价"提供了依据,而且更为关键的是它提供了一种外部的经理甄别机制。搞好企业不仅需要激励机制,更需要选拔合格管理者的机制,而这正是我国现在最大的问题。

(二)权变因素

权变因素是在确定薪酬政策或薪酬体系的过程中需要考虑的组织内外部环境因素,它是指影响企业经营的内外部因素。权变因素是对基准因素的补充。它主要包括以下几方面:

1. 企业战略

企业的高层管理人员薪酬计划应服务于企业的经营战略。当企业制定了战略后,应该制定与之配合的薪酬政策。薪酬体系给企业的管理者和员工传递了这样一个信息:什么是重要的和组织重视什么。它明确了组织为什么要提供报酬,以及哪些行为应该得到强化。薪酬体系与经营战略之间的统一程度通常决定着战略是否能够有效实施。

薪酬制度与企业战略保持一致非常重要。股权激励的盛行并不意味着它适用于每个企业,也不说明适用于企业的每个发展阶段,甚至不一定适用于企业的不同战略。企业的战略决定了它要以何种薪酬水平作为参照系,决定了长期激励的比重。

2. 研究开发水平、市场增长、企业需求的稳定性

企业所面临环境的不确定性越大,高层管理者面临的决策越复杂,需要处理的信息也越多,因此也就需要对高管给予更多的补偿。研究开发水平、市场的增长速度和企业产品需求的稳定性都是用以衡量不确定性的指标。因此,这些因素也是影响高管薪酬的权变因素。有关

研究表明,研发水平越高、市场增长越快、需求越不稳定,高管的薪酬水平越高。

从另一个角度来讲,环境的不确定性越强,需要高管斟酌的事也越多,他们的权力也会因此而增大。权力的增大使高管有更大的影响力,这样高管又可以通过这种影响力来提高自己的薪酬水平。

3. 行业特征

处于管制行业的企业有其特殊的激励问题。例如:如果行业属于禁入管制,那么该行业中的企业就获得了垄断利润,给高层管理者支付薪酬时需要将这一因素考虑在内,因为这并不是来自高管的个人努力。

企业所处行业对高层管理者薪酬方案有很大影响。一般在钢铁、烟草等夕阳产业,高层管理者薪酬方案中偏重于现金激励,即主要采用工资和奖金激励,而在IT等朝阳产业偏重于股票或股票期权激励。这是因为IT产业发展前景看好,公司增长潜力巨大,风险也更大,从公司角度讲,授予期权更能激励高层管理者追求长期效益。而在钢铁烟草等行业,由于企业业绩增幅有限,高层管理者从期权中所获收益有限,故高层管理者更偏爱现金激励。

我国对上市公司高层管理人员的调查也发现明显的行业差异,行业高层管理者收入最高,其次为房地产业,收入最低的是造纸业,其次为交通运输设备制造业。

4. 企业生命周期

企业生命周期主要影响高层管理者薪酬的构成。在企业生命周期的不同阶段采用不同的薪酬策略。投入期阶段,主要偏重长期激励,这是因为企业在投入期急需大量资金,无力支付经营者高额现金报酬,企业若步入成长期会有良好的收入,以此吸引和留住经营人才。故投入期一般多偏爱股票或股票期权激励。在成长期,企业有条件改善经营者的工资和福利待遇,但成长期的企业仍有较强烈的投资需求,故长期激励手段仍受偏爱。在成熟期,企业盈利能力很强,短期激励手段,如年薪取代长期激励成为主要激励手段,而企业也更有条件改善经营者的福利待遇。当企业处于衰退期时,股票或股票期权的吸引力大幅下降,而工资和福利津贴等变得越来越重要。

公司不同发展阶段的薪酬策略

薪酬形式	起步阶段	成长阶段	成熟阶段	衰退阶段
基本工资	低	较高	较高/高	高
短期激励	较高	较高	高	低
长期激励	高	较高	较高	低
补贴	低	较高	高	高
奖金	低	较高	较高	高
总体模式	适应阶段	适应阶段	调整阶段	调整阶段

资料来源:陈清泰,吴敬琏编,《公司薪酬制度概论》,2001年,中国财政经济出版社,北京,第12页。

5. 企业文化、社会传统

薪酬计划是企业文化的一部分,它比写入企业宣传手册的口号、精神更具说服力。如何付酬、为什么付酬等说明了企业重视什么、鼓励什么,从企业的薪酬制度中获取的信息可靠性更强。

企业所处国家、地区的文化、观念对薪酬制度也有重大影响。比如日本企业多采用终身雇佣制,而美国企业中雇员的流动性却很强。在我国当前的国情下,企业高层管理者劳动的特殊性和复杂性尚未得到社会广泛认同和理解,这种社会传统在企业高管特别是国有企业的高管的职业心理上的反映,是他们在分配问题上的从众意识,他们对应得的劳动报酬还有较大顾虑。

6. 法律、法规制度

法律制度会限制或促进某种薪酬政策的使用,在我国尤其如此。决策层的文化、精神对企业界薪酬政策变革的影响极大。例如为什么我国目前没有真正的股票期权,不能不注意到公司法中有关股票回购限制等的规定。税收制度对高管薪酬也有影响。税收制度促进了那些纳税上有利的薪酬手段,制约了某些薪酬手段的发展。滞后薪酬发展的会计制度也会阻碍薪酬制度的发展。目前我国缺乏针对高管股票期权的税收制度,会计处理规范也限制了高管股票期权的发展。

对于企业而言,我国目前正在研究相关的"创业板"上市的有关问题,相关政策的出台将有利于促进企业的成长。影响高层管理者薪酬的多方面的关键因素,不仅影响高层管理者薪酬的水平和薪酬体系构成,也是评价高层管理者经营业绩的时候不得不考虑的因素。

二、高层管理者薪酬方案的设计思路

高层管理者薪酬的设计要建立在绩效评价的基础上,绩效评价结果决定着高层管理者薪酬中短期奖金和长期激励薪酬的多少。同时还要考虑影响高层管理者薪酬的关键因素,这些影响因素决定高层管理者薪酬的总体水平、薪酬的组合类型的选择和薪酬组合的比例结构。下面结合我国现阶段高层管理者薪酬方案中出现的问题,进一步提出解决问题的设计思路。

(一)薪酬设计的目的和原则

1. 薪酬设计的目的

(1)使高层管理者和所有者的利益一致起来,让高层管理者选择的战略和制定的经营决策有利于企业的成长且符合股东财富最大化的原则。

(2)用业绩薪酬来奖励高层管理者每年的业绩水平,这些特定的业绩水平与企业的整体目标和业绩相关,并且要与行业的业绩水平相比较,使高层管理者付出的努力与得到的回报一致起来。

(3)提供有竞争力的总薪酬价值,以此来吸引优秀的高级管理人才来企业工作;在同行业的高层管理人员竞争市场中具有竞争力,而且因行为能力业绩而使个人薪酬产生明显差异;激励个人发挥他们的最佳能力;保留那些具有竞争优势的能为企业带来价值增值的高级管理人才。

(4)对高层管理人员的奖励具有足够大的可变性,以鼓励他们对工作投入更多的时间、承担风险,甚至在必要的时候为了企业的利益哪怕是做出不受员工欢迎的决策,如裁员等。

(5)限制离职风险。离职风险表现为,有价值的管理人员被更好的就业机会吸引而走,特别是在本行业处于下降和衰退时期或是本企业处于危急时期。向管理者提供有效激励,以鼓励其实现杰出业绩;在效益差的时期,减少管理者由于不满薪酬而跳槽的风险;在效益好的时期,控制投资者的薪酬支出。

2. 薪酬设计的原则

(1)报酬与绩效挂钩,股东与高管二者利益兼顾。最优的高层管理者薪酬设计,是把高管的薪酬与其经营成果相联系，薪酬的高低随其经营成果的好坏浮动，在使股东利益扩大的过程中，自己也获得相应的回报。对企业来说，因为外部环境复杂性增加，内部变化也不断加大，由于工作永远处于变动的状态，所以对工作的评估变得很困难。工作的不明确性、不可预料性、复杂性使管理者更加灵活地应对新的、不可预见的挑战。所以要根据高层管理者的经营业绩来确定薪酬。高层管理者的薪酬除了其职位因素得到的报酬外，也应根据个人在该职位上做出的贡献来决定其薪酬。

(2)效率优先，兼顾公平。设计高管薪酬方案的主要目的是激励高层管理者高效率地工作，只有高管效率提高了，才能带动整个企业的高效率运转。企业根据市场上薪酬水平与本企业相关职位薪酬的比较来确定本企业的薪酬战略。企业必须对每个员工特别是高级管理人才在市场上的价值非常敏感，企业非常依赖这些知识型、高智商的高级人才的人力资本。这些人才的贡献是非常不平衡的，高级人才的市场信息在行业内是公开的，如果薪酬分配方面失误，将会导致业绩好的人才流向有更大选择权的竞争对手那里。

(3)固定收入和风险收入相结合，以风险收入为主。高层管理者的事业是要判断周围环境的风险，并进行响应的决策。事业成功，高层管理者理应获得较高的收入，同时也要考虑到，如果将高层管理者的报酬完全同经济效益挂钩，就会使其承担过大的风险，过高的风险会降低他们的预期收入，从而丧失激励作用。因此，应考虑把高层管理者的报酬分为两部分：一部分为固定收入，其数量以能够维持个人和家庭生活；另一部分为风险收入，完全与经营绩效挂钩，使其承担收入风险。

(4)直接确定和间接确定相结合，以间接为主。对高管的固定收入，由委托人与高管通过协商直接确定，而对风险收入，则应由市场调节机制间接确定，其实质是通过市场对高层管理者进行间接定价的过程。从宏观角度而言，报酬由两种不同性质的内容构成：金钱报酬和非金钱奖励。金钱报酬属于有形的外在报酬。主要包括：直接报酬和福利。直接报酬由工资和奖金构成。福利由生活福利、有偿假期、个人福利和公共福利等内容组成。非金钱奖励属于内在的附加报酬，它是基于工作任务本身，但不能直接获得的报酬，属于隐性酬劳，分为职业性奖励和社会性奖励。职业性奖励又可以细分为：职业安全、自我发展、和谐工作环境和人际关系、晋升机会等等；而社会性奖励由地位象征、表扬肯定、荣誉、成就感等因素构成。这是一种内在的激励方式。外在的金钱激励方式虽然能显著提高效果，但是持续的时间不长久，处理的不好，会产生适得其反的反作用；而内在的心理激励，虽然激励过程需要较长的时间，但一经激励，不仅可以提高效果，更主要的是具有持久性。对于高层次的高级管理人才，内在的心理激励很大程度上左右着工作满意度和工作成绩，这对于资金不足的企业来说具有更大的意义。

(5)高层管理者的长期业绩与短期业绩的奖励相结合，注重长期业绩奖励。激励强弱程度取决于当事人行为选择与行为后果的联系程度，联系越紧密、越直接，激励越有效。然而，企业高层管理者的工作具有效益的滞后性的特征，经营决策的效果体现在时间上要求较长，不一定会在当期体现出来，高管的一项重大决策有时需要几年甚至几十年时间。如果只是根据企业当年利润来决定高管的奖励，高管就会对长期投资裹足不前。为鼓励高管做出有利于企业长期生存、发展的决策和努力，既需要对高管短期业绩提供奖励，更需对高管的长期业绩进行奖励。企业薪酬更强调长期激励，因为：1）绩效信息随着时间推移会更明显，更准确；2）长期激励会使个体对公司更忠诚，这也是企业的一个挑战；3）长期激励给员工戴上了一付“金手铐”，使其更换雇主而遭受的增值的损失更多；4）因为长期激励大都是以期权预约等形式存在的，所以使企业成本较短期激励要低。这使企业投放更多的资金到研发方面。

（6）责任、贡献、风险、利益相统一的原则。高层管理者承担的风险和责任要比一般员工大得多，加大对高层管理者的激励力度，拉大与职工收入的差距，强调关键岗位、核心岗位与一般岗位的差别，强调和公司、部门及个人工作绩效的联系，使成功的高层管理者的薪金和报酬水平在社会各阶层中处于领先地位，使高层管理者成为一种高收入、具有足够吸引力的职位。支付给高级管理人员的总体薪酬是根据个人成果业绩表现、个人行为能力业绩评议结果、公司计划的实现情况以及他们的责任范围确定的。基本薪酬的确定要视具体个人的人力资本、岗位职责、工作经验、发展潜力以及公司的整体业绩而定。尽管业绩的许多方面可以通过财务指标来衡量，但是薪酬委员会同时还要考虑承担的风险，做出对不可控因素的过滤，设计更合适的企业高层管理人员的绩效评价体系来评价高管的经营业绩。

（二）高层管理者薪酬的设计思路

不存在适合所有企业的薪酬模式，一个有效的薪酬激励方案，必须根据各方面的关键影响因素，综合运用多种激励方法，相互取长补短，才能吸引人才、留住人才和激励优秀的高级管理人才。设计薪酬激励方案时，主要是设计总体激励水平，组合的激励方法类别及各种方法的比例结构。

1. 总体激励水平

总体激励水平即达到某种业绩水平时，激励对象即高层管理者所获得的总体物质性收入。根据第三章关键影响因素分析的结果，企业高层管理者总体激励水平的确定见下图。

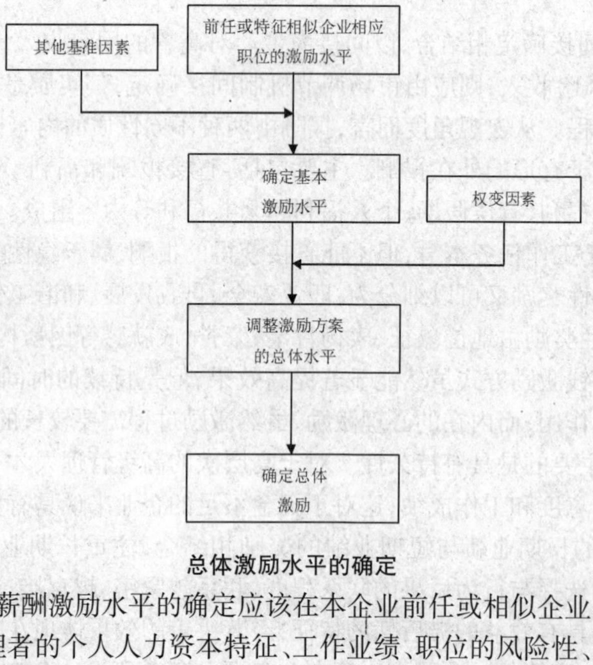

总体激励水平的确定

高层管理者总体薪酬激励水平的确定应该在本企业前任或相似企业相应职位薪酬水平的基础上，根据高层管理者的个人人力资本特征、工作业绩、职位的风险性、对变革的要求，以及国际化程度、企业的支付能力、企业的规模、所有权结构、经营市场情况等来确定。同时，根据本企业的战略特点，研究开发水平、市场增长情况、企业所处的生命周期的阶段、企业文化、相关法律法规等做相应调整。

2. 激励方法类型组合选择和比例结构

根据总体激励水平的高低，结合影响高管薪酬的关键因素来确定拟使用的激励方法类别，组成薪酬模式的总体框架。

激励方法组合的比例结构与激励水平密切相关。一般激励水平越高,长期激励方法的比例越大,工资所占比例越高,而激励水平越低,工资所占比例越低,长期激励所占比例越低。

3. 企业高层管理者薪酬模式的总体框架

制定企业高层管理者薪酬计划的目的是发挥高层管理者的积极性,鼓励他们采取的行动符合企业长远利益,有利于企业的发展壮大。企业高层管理者工作具有效果的间接性和效益的滞后性的特点,为此薪酬计划要传递这样的信息:高管过去和现在工作业绩的好坏,将影响其现在和将来的收入水平。根据上述考虑因素,企业高层管理者薪酬设计的基本思路如下:

薪酬计划由四部分组成,即基本薪酬额外津贴短期激励收入和长期激励收入。

基本薪酬 = f(本人的人力资本,行业薪酬水平,企业的特征)。基本薪酬的水平与管理者的学历、能力和工作经验,以及本行业的薪酬水平、企业特征相关,并由这些因素所决定。基本薪酬是高层管理者的固定收入,这一部分相对稳定,一般不随高层管理者绩效而变化,只会随高层管理者工作年限、物价变化或企业生产率水平的提高而做适当调整。

额外津贴是企业为了留住人才而根据高层管理者的工作性质的特殊性,所提供的风险津贴、各种保险、学习、培训的机会等额外报酬。

短期激励 = f(基本薪酬,工作业绩)。短期激励收入是根据管理者一年的业绩指标的完成情况而对管理者进行的短期奖励。短期激励收入常以奖金的形式发放。短期激励收入建立在绩效考核的基础上,它可以与一个单一的绩效指标挂钩,也可以同时与几个绩效指标挂钩。

长期激励收入是根据管理者在较长时期内,如 3 – 10 年的绩效指标完成情况来确定的收入。长期激励收入是为了克服管理者短期行为和留住高级管理人才而设置的,可以以股权激励的形式支付。对大一些的企业通常以股票期权的形式支付。不同的企业可根据自己的需要选择合适的长期激励工具。

4. 高层管理者薪酬方案的确定

(1)基本薪酬的确定。基本薪酬,企业高管人员的基薪是固定的,为其提供生活保障,是高层管理者稳定的收入来源,有利于保证高层管理者基本生活需要。属于保健性薪酬,不随高管人员的行为或业绩而变化。基本薪酬的确定主要依据高层管理者的人力资本来确定,结合高层管理者本人的职责、企业的支付能力规模和行业薪酬水平来定,具体办法是以本企业前任或相类似企业相应职位的工资为基础,并考虑高层管理者的岗位、经历、资历和学历等因素,运用企业高层管理者能力测评系统(如:专家评价法或请专门的机构)进行评定,以得分高低进行调整。同时考虑高管人才市场供求状况、高管人员获利潜力,同行业、同地区的收入状况等进行调整。

$$A = B \times (1 + a)$$

A:基本年薪是由高层管理者的人力资本来决定的,经过测评专家小组对高管人员的工作职责、工作经历、资历、学历、获利潜能等进行测评打分来确定

B:常规年薪,是以本企业前任或相类似企业相应职位的工资为基础,结合影响高管薪酬的基准因素中非个人因素和权变因素调整后确定的

(2)额外津贴和内在薪酬。企业高层管理者工作的特殊性决定了企业有必要为其设计合适的额外补助。在企业中经营者本人就是具备很高素质的知识工作者,甚至许多企业高层管理者就是具备自主知识产权的科技工作者。他们在做经营管理工作的同时,对企业的核心产品做出了技术上的贡献。企业高层管理者的工作高度复杂,环境复杂多变,要求高层管理者具

备快速反应的能力、创新能力、高强压力下工作的能力。因此额外津贴是企业高层管理者薪酬的一个重要组成部分,不仅要考虑各种保险、办公条件等额外报酬方面的内容,也应包含风险津贴和技术贡献津贴,还要考虑企业高层管理者大都年龄偏低,学习成长的机会或许比豪华的办公条件更能吸引他们,适合他们的特点提供学习培训的机会作为额外津贴。各企业应根据企业本身的工作需要、企业的实际情况,高层管理者的人力资本特征、职位特点和高管本人的需求来设计高层管理者的额外津贴计划。

内在薪酬需要有合适的企业文化来保证,一个锐意进取、不断创新的企业文化氛围可能对年轻的企业高层管理者提供较高的内在薪酬。额外补助计划与内在薪酬有较为密切的关系,合理的额外补助计划往往能提高内在薪酬,激发高层管理者的工作动力,促使他更高效地工作,而内在薪酬不需要企业支付任何现金或实物。在企业的发展壮大过程中,尤其要注意内在薪酬的提升,因为企业的文化、理念都在随着企业的发展和面临的环境而发生很大的变化,一旦高层管理者的价值取向和企业的价值取向不一致,就会影响企业的成长和发展。一个企业有向上的文化,组织凝聚力强,有挑战性,其为高层管理者提供的内在薪酬也就越大。因此,还要根据企业的价值取向建立企业文化。当然,这仍需要外在薪酬的支持,空洞地讲内在薪酬是没有意义的。

(3)短期激励:业绩奖金计划。业绩奖金是高层管理者薪酬的一个主要组成部分,它主要用来奖励高层管理者的短期经营成果。短期激励可以使高层管理者在符合企业长远利益的前提下,使企业财富最大化。企业高层管理者大多为年轻人,较看重眼前利益,而且企业面临的环境复杂多变,企业存活率低,短期奖金的激励效果更好。所以在企业高管的薪酬中,短期奖金应占较大的比重。奖金的发放可分为一次付清,以现金形式发放。董事会根据高层管理者经营业绩综合评价结果,决定短期激励奖金年占基本薪酬的倍数,发放的标准以基本薪酬的值来决定。高层管理者得到奖金的数量由综合评价结果确定,这一部分主要考虑高层管理者当期的业绩表现,董事会主要考虑以下两方面因素:

①公司业绩:上一财政年度的财务指标与非财务指标的增长性,各项财务指标和非财务指标与公司预定目标的差异等。

②高层管理者的业绩:综合业绩评价结果(基于平衡计分卡的业绩评价结果和行为能力绩效评价结果),由评价结果决定绩效奖金占基本薪酬的比重。

$$D = A \times h$$

D:绩效奖金

A:高层管理者的基本薪酬

h:高层管理者的综合业绩评价结果所确定的获得奖金占基本薪酬的倍数

(4)长期激励:具有高风险、高回报、融资方式灵活等特点,但投资期限长,流动性差,这就更要求高层管理人员为公司的长期利益着想。长期激励计划能有效的将高级管理人员的薪酬与公司长期利益联系起来,鼓励高级管理人员更多的关注公司的长期持续发展,而不是仅仅将注意力集中在短期财务指标上。因为企业高层管理者大多为年轻人,他们大多对期权不感兴趣,只看重当期的利益,再加上股市的低迷和商业社会中诚信的缺失,这加剧了他们的短期行为。在国外由于成熟的资本市场和完善的法规存在,发达国家有许多针对高级经理人员的长期激励计划。但是由于国内资本市场尚处于起步阶段,而且相关法律法规及相应的会计制度规范等还不完善,好多长期激励计划难以实施。现阶段我国的企业高层管理者的长期激励可以采取持股计划、分红权、虚拟股票期权计划等形式,各企业可视自己的发展阶段、所有权结构、发展战略等,建立企业的利益驱动模式,从而选择相应的长期激励工具,使作为代理人的高层管理者与作为委托人的所有者的价值相挂钩、相一致。

第四节 研发人员的薪酬管理

一、知识型员工薪酬的发展

在以创新为特征的企业管理中,薪酬管理创新日益成为企业管理战略和管理政策创新的一个有机组成部分。

(一)价值取向型薪酬激励

所谓价值取向型薪资方案就是企业将体现专业技术人员的技能和业绩因素价值化,员工按其所拥有的技能和业绩因素的多少或者等级确定其组合薪酬待遇。这是目前很多企业特别是专业技术人员薪资体制改革中采用较多的一种薪资方案。价值取向型薪酬方案实质上是一种结构薪资方案,只不过在这种薪资方案设计中,考虑付酬因素时,针对专业技术人员的特点,强化了技能因素和业绩因素在薪资结构构建中的作用,并将这些因素直接量化为员工的薪资,增加了薪酬的透明度。该薪酬模式把员工专业技术能力、员工业绩与其薪酬紧密地结合在一起,克服了技能取向型薪酬方案忽视员工业绩的不足之处,在一定程度上保证了企业人力投入的产出效率。

(二)人本主义思想在薪酬管理中得到直接体现

具有人力资源开发功能的薪酬方案成为首选的管理模式。目前在许多发达国家的企业中,传统的、以等价交易为核心的雇员薪酬管理方案,正在被“以人为本”的人性化的,以对雇员的参与和潜能开发为目标的管理方案所替代,这种方案被称为开发型方案。其实质是将薪酬管理作为企业管理和人力资源开发的一个有机组成部分,作为一种激励机制和手段,其基本思路是将企业的工资计划建立在四个原则的基础之上:薪酬、信任、缩减工资分类和基于业绩,目的是通过加大工资中的激励成分,换取雇员对企业的认同感和敬业精神。它与传统管理机制相比,鼓励员工参与和积极贡献,强调劳资之间的利润分享。其主要做法是:

(1)把雇员作为企业经营的合作者,建立雇员与企业同荣俱损的工资管理方案;

(2)改变以工作量测定为基础的付酬机制,多为技能和业绩付酬机制;

(3)加大雇员薪酬方案中奖励和福利的比例,使之超出正常工资的数额;

(4)使雇员的基础薪酬部分处于变动中,稳定收入比重缩小,不稳定收入加大。雇员工资的浮动部分视雇员对企业效益的贡献而定;

(5)改变传统的工作时间计量和管理方法,以雇员自报的工作时间和工作量为报酬测量的依据,体现一种信任感。

(三)薪酬调查和相关信息的获得越来越受到重视

大型企业定期薪酬调查已经相当普及,成为企业制定发展战略的基础资料来源。美国内务部曾进行的一项雇主调查显示,93%的雇主通过调查资料确定企业工资水平;55%的雇主认为进行工资调查是非常重要的。一些咨询机构开始提供工资调查服务,一些行业和专业协会、政府机关和研究性刊物也越来越多地披露相关的薪资信息。

(四)长期的员工激励计划日益受到关注

长期激励的薪酬计划是指企业通过一些政策和措施引导员工在一个比较长的时期内自觉地关心企业的利益。在发达国家目前比较盛行的员工股票选择计划、资本积累项目、股票增值权、限定股计划、虚拟股票计划和股票转让价格等,就是适应这种战略转变而新生的薪酬管理方式。长期计划的实施对象主要有两类:一是企业高层管理人员,因为其对经营者行为的激励和行为约束更有助于企业的长期发展。美国的一项调查显示,90%的大公司实行管理人员和总经理奖励方案;另一项调查显示,70%的小企业也有类似的计划,其中50%的公司对经营者实行赠股权。二是一些高科技企业,为了防止员工一旦有了新的发明创造之后,脱离原有的企业,自立门户,对科技人员实施长期激励计划。其常用的做法是向有发明成果的科技人员转赠企业股权,对新技术带来的利益进行永久性分成。

(五)公开的薪酬管理越来越成为时尚

薪酬保密方案曾经是西方比较流行的薪酬管理手段,但目前越来越受到质疑。一些实行公开薪资系统的企业和组织,例如,国家公务员、大学员工和一些工会会员的薪资都是公开的,这无疑为实行保密工资的企业员工提供了参照。而且在公开、公正和民主的新管理理念下,保密工资更会引起非议。

二、薪酬设计步骤

薪酬方案的设计是组织人力资源管理中的一项重大决策,它不仅需要充分考虑到方方面面的影响因素,而且要用一套完整而科学的步骤和程序来保证其质量。典型的薪酬方案的设计过程一般由以下几个步骤所构成。

(一)制定组织薪酬的策略和原则

组织的薪酬设计和政策首先应与组织的发展战略及中长期经营目标相一致,组织的战略发展决定了要吸引优秀人才、开发人力资源,因此,薪酬政策必须符合这一根本要求。

除与战略发展目标相适应外,企业应通过问卷调查、访谈等方式,深入了解和认识员工的人性观和价值观,评价管理骨干及高级专业人才的作用。然后根据基本原则制定薪酬政策与策略。

(二)职务分析与评价

职务分析与评价是确定薪酬的基础。结合公司经营目标和组织结构,公司管理层要在业务分析和人员分析的基础上,说明部门职能和职位关系,人力资源部门和各部门主管合作编写职位说明书,并在此基础上进行职务评价。职务评价的方法主要有总体排序法、定标套级法、因素比较法和要素加权评分法等四种。不同方法在评价的方便性、精确性上各有侧重,也各有利弊,应视企业具体情况而定。

(三)薪酬结构设计

薪酬结构是指一个企业的组织结构中各项职位的相对价值及其对应的实付薪资之间的关系。这种关系和规律通常用"薪资结构线"来表示,可以更直观、更清晰地显示出企业各个职务的相对价值与其相对应地实付薪资之间的关系。薪资结构线是两维的,即以职务评价所获的表示其相对价值的分数为横坐标,以所付薪资值为纵坐标。在设计薪酬方案时,必须运用结构化思维,从整体架构上来考虑薪酬方案的设计,不能局限于单一的分配方式。

(四)市场薪酬调查

为保证企业薪酬方案的外在公平性和竞争力,需要调查本地区、本行业,尤其是竞争对手的薪酬状况,并可参照同行或同地区其他企业现有工资来调整相应职务的工资。

(五)确定薪资水平

在实际操作中,需要将众多类型的薪资归并组合成若干等级,形成一个薪资等级系列,经职务评价而获得的相对价值相近的一组职务被编入同一等级。职级划分的区间宽窄及职级数多少的确定取决于诸如结构线的斜率、职务总数的多少、企业的薪资管理政策和晋升机制、企业的规模等因素。总的原则是,职级的数目不能少到相对价值相差甚大的职务都处于同一职级即无区别,也不能多到价值稍有不同便处于不同职级而作区分的程度。另外,级数太少则难以晋升,不利于士气;太多则晋升过频而刺激不强,徒增管理成本与麻烦。实践中,给每一薪资等级都规定一个薪资变化范围,或称为薪幅,其下限为起薪点,上限为顶薪点。各薪资等级的薪资范围可以一样大,不过更常见的是其范围随等级上升而呈螺旋式的扩大。

(六)薪资方案的执行控制与调整

组织薪资方案一经建立,如何投入正常运作并对之实行适当的控制与管理,使其发挥应有功能,是一个相当复杂的问题,也是一项长期的工作。从本质上讲,劳动报酬是对人力资源成本与员工需求之间进行权衡的结果。世界上不存在绝对公平的薪酬方式,只存在员工是否满意的薪酬方案。在制定和实施过程中,及时的沟通、必要的宣传或培训是保证薪酬改革成功的因素之一。另一方面,薪资方案制定之后,还需要根据实践及时或定期进行调整和修改。但调整和修改需要用一定的技巧,而不是简单的加以调高或调低。

三、薪酬方案设计

(一)薪酬设计的原则

1. 公平原则

按照亚当斯的公平理论,当员工取得一定的成绩并获得报酬以后,他不仅关心报酬的绝对数量,而且还关心相对数量。通过内部职能分析结合历史数据来保证薪酬具有内部公平性;通过进行同行业薪酬市场水平调查来保证企业与行业内其他企业的薪酬水平相比具有吸引力(至少不低于平均水平),体现外部公平。

2. 战略导向原则

专业化是未来经营主流,是企业永续经营的保证。企业除了要塑造专业职务和管理职务并重的环境外,担任专业职务应受尊重、礼遇及享有应有的福利待遇,破除职业发展中只有升任管理职务才有出路的观念,鼓励发挥个人才干,使每个员工从事最适合个人情况的工作,在非管理系列中也可以拥有好的职业发展通道。

3. 激励原则

是指企业内部各类、各级岗位之间的薪酬标准要适当地拉开距离,防止“大锅饭”之类的绝对平均化，充分利用薪酬的激励效果，提高员工的工作热情。

4. 经济原则

高标准的薪酬水平自然会提高企业薪酬的竞争性与激励性，但企业的成本也不可避免地要上升。因此在设计薪酬方案时，既要考虑薪酬的对外竞争性和对内激励性，又要考虑企业财力的大小，找到其间最佳的平衡点。

5. 合法原则

工资改革政策性强，涉及到员工的切身利益，因此，各项政策的制订要符合国家有关规定，要在国家有关工资、税收等政策范围内依法运作。努力减少人为性，克服盲目性。

(二) 市场薪酬水平调查

从企业的角度分析，影响薪酬水平的主要因素有行业本身的发展特征、企业所在地区的消费价格指数、企业性质、支付能力、外在市场的人员薪酬水平等。从个人的角度分析，影响薪酬水平的因素主要有学历、工作经验、专业、年龄等。

(三) 薪酬结构的设计

薪酬结构设计是确定薪酬项目组成和项目之间的比例，这对员工的努力程度和积极性有很大影响。也就是说，在相同的工资水平下，好的薪酬结构设计可能比高的薪酬水平有着更好的效果。薪酬结构是指薪酬总量中包括的各种成分以及每种成分在总量中所占的比重。薪酬结构一般包括基本工资、奖金和福利三项。

1. 基本工资

这是薪酬结构中相对稳定的部分，也是报酬的主体。在确定员工工资时，主要考虑两个方面的因素：一是岗位技能，二是年功资历，其中岗位技能在工资中占主要地位。在工资结构上与其相对应的，分别是岗位技能工资和年功工资。基本工资在科研人员的收入中约占70%。

2. 奖金

奖金主要为项目奖金与技术分红。项目奖金以各项目小组的盈利情况为准，技术分红指项目组以技术入股形式将技术转让对象为公司生产单位所获得的红利。奖金在科研人员的收入中约占30%。

3. 福利

福利计划是为了解决员工后顾之忧，弥补现金激励的不足而设立的。这是一种员工人人都能享受，并且与工作业绩关系不大的利益分配。其形式多种多样，有时是以金钱出现，有时是以物质出现，有时也可能是一种机会或者方便。

福利分社会保险福利、用人单位福利。社会保险福利包括养老保险、医疗保险、失业保险、住房公积金。除了社会保险福利之外还有住房补贴、弹性工作制、免费午餐、班车、培训计划、个人意外保险等。

(四) 岗位分析与评价

1. 工作分析

岗位分析也称工作分析，是一种系统地搜集和分析与岗位有关的各种信息的方法。岗位分析有以下八个方面的作用：选拔和任用合格人员；制定有效的人力资源规划；设计积极的人员培训和开发方案；提供考核、升职和作业的标准；提高工作和生产效率；改善工作设计和环境；加强职业咨询和职业指导；建立先进、合理的工作定额和薪酬方案。可见，岗位分析是确定薪资的基础。岗位分析又分人员分析与业务分析，其中人员分析是与“人尽其才”相对应的，而业务分析是与“才尽其用”相对应的。岗位分析的前提是依据公司业务流程及组织结构确定部门职能职责，再根据部门职能职责确定关键岗位；工作分析的结果是形成岗位说明书。

工作分析与薪酬方案的设计有着密切的关系：

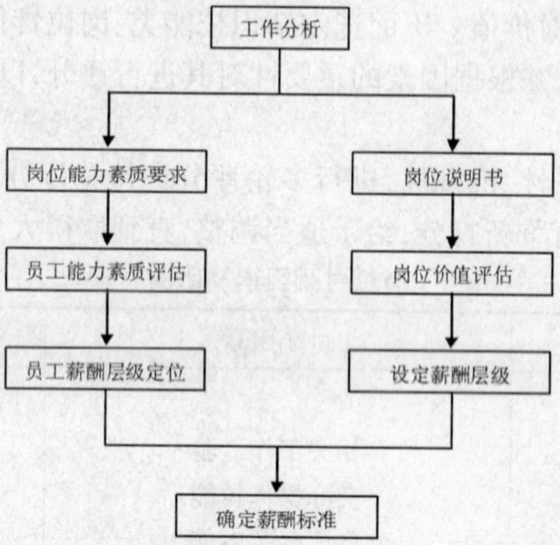

企业规模与员工薪酬

下面以某公司某项目组内所有岗位分析为例：

岗位划分表

岗位	任职资格
项目组长	选择项目组研究方向，制定小组工作计划，指导组内人员完成小试与中试，熟练检索各种文献资料，联系项目转让对象，培养新员工。
一级骨干	拥有8年以上工作经验，能够独立完成小试与中试，熟练检索各种文献资料，编写实验报告。
二级骨干	拥有4年以上工作经验，能够独立完成小试，在项目组长指导下中试，掌握常用文献检索方法，编写实验报告。
三级骨干	1. 2年以上同类工作经验，基本掌握实验室常用实验方法，掌握常用文献检索方法，编写实验报告。 2. 分析人员，辅助实验骨干完成色谱分析工作。
实习员	从事同类工作2年以下，正在学习实验室基本操作。

2. 岗位评价

岗位评价是指通过科学有效的方法界定各个岗位的绝对价值和相对价值。通过岗位评价的方法确定各个岗位的相对价值，再将关键岗位与预期达到的目标值挂钩，按照相对价值推出其他岗位的固定工资范围。岗位评价是进行薪酬方案设计中的关键一步，其结果将直接关系到由此而做出的方案是否具有公平性，本次职务评价采用了评分法。岗位评价首先要确定各岗位中共同包含的付酬因素，即与履行职责有关的、企业认为应当并且愿意为之支付报酬的因素；其次，必须对所选定的付酬因素进行准确定义，做出确切的表述，并按照因素的重要程度将其进行排列，权重越大表示因素越重要；然后，为了提高评定的准确度，我们将各付酬因素区分出若干等级。等级的多少取决于该因素的相对权重、各等级界定与相互区分的难易程度；因素越重要则权重应越大，等级越容易界定，则级数应该越多。最后，给各等级进行配分。将职务评价的结果作为制定各职种职务工资的依据。

以某化工研究院为例，由于各项目组情况基本相同，只是研究侧重点有所不同，因此，可以根据实际特点设计出一套付酬因素评价方案，给予各因素适当的比例，并以此对各个岗位进行评价，以确定不同岗位的相对价值。下面选定知识技能类、岗位责任类、劳动强度类、工作环境类等4类共20项付酬因素，并根据因素的重要性对其进行评分，以1000分为总评分确定付酬因素各等级的评价分数。

为保证评分结果的公平性、准确性，进行多轮评分。每轮评分后将结果进行反馈，对存在明显偏差的，通过讨论，进行重新打分，给予适当调整，直到取得大多数人的共识为止。

岗位付酬因素及比例

类别	付酬因素	分值（权重）
知识技能类 400	相关工作经验 实际操作技能 处理人际关系能力 专业知识的深度 知识的多样性 学习新知识的能力 创新能力 职称 学历	70 60 50 40 40 40 40 30 30
岗位责任类 300	岗位责任与风险 管理幅度 指导监督的责任 成本控制责任 内部合作与协调责任	80 60 60 50 50
劳动强度类 200	工作压力 工作复杂性 精神集中程度 体力要求	70 60 50 20
工作环境类 100	工作时间 工作场所	60 40

岗位付酬因素分级评分

付酬因素		分值	等级					级差
			1	2	3	4	5	
知识技能类 400	相关工作经验	70	14	28	42	56	70	14
	实际操作技能	60	12	24	36	48	60	12
	处理人际关系能力	50	10	20	30	40	50	10
	专业知识的深度	40	8	16	24	32	40	8
	知识的多样性	40	8	16	24	32	40	8
	学习新知识的能力	40	8	16	24	32	40	8
	创新能力	40	8	16	24	32	40	8
	职称	30	6	12	18	24	30	6
	学历	30	6	12	18	24	30	6
岗位责任类 300	岗位责任与风险	80	16	32	48	64	80	16
	管理幅度	60	12	24	36	48	60	12
	指导监督的责任	60	12	24	36	48	60	12
	成本控制责任	50	10	20	30	40	50	10
	内部合作与协调责任	50	10	20	30	40	50	10
劳动强度类 200	工作压力	70	14	28	42	42	70	14
	工作复杂性	60	12	24	36	36	60	12
	精神集中程度	50	10	20	30	30	50	10
	体力要求	20	4	8	12	12	20	4
工作环境类 100	工作时间	60	12	24	36	48	60	12
	工作场所	40	8	16	24	32	40	8

应用上面的评价方案对项目组内的五类岗位评分，得到以下评分结果：

岗位评分结果

岗位	评分结果				
	1 级	2 级	3 级	4 级	5 级
项目组长	800	850	900	950	1000
一级骨干	666	694	722	748	774
二级骨干	582	610	638	666	694
三级骨干	498	526	554	582	610
实习员	400	430	460	490	520

由于同级骨干实际工作性质类似，加之实验受其他客观因素影响较大，故各骨干岗位评分结果有所交叉，可以激励岗位较低员工。以此量化之后，为薪酬设计奠定了基础。

(五)薪酬方案的设计

根据以上薪酬设计流程的分析和研究,基于岗位技能和绩效相结合的薪酬原则,研究人员的薪酬方案确定为以下三个方面。

1. 基本工资

基本工资是工资中相对稳定的部分,基本工资包括岗位技能工资和年功工资。岗位技能工资包括岗位技能工资、科研津贴和一部分奖金,这样可以在年工资总量不变的情况下增加每月基本工资数量,增加员工安全感。

(1)岗位技能工资

岗位技能工资是体现员工岗位技能差异的薪酬部分,以岗位评价的结果为依据。岗位技能工资由以下公式计算:

岗位技能工资=岗位基数×岗位评分

岗位评分由各项目组根据岗位付酬因素分级评分自行为组内员工评分,但不得超过本岗位分数。每季度打分一次,打分结果决定下一季度岗位技能工资标准。岗位基数为5元。因此,各岗位技能工资标准如下:

岗位技能工资标准

岗位	工资				
	1级	2级	3级	4级	5级
项目组长	4000	4250	4500	4750	5000
一级骨干	3330	3470	3610	3740	3870
二级骨干	2910	3050	3190	3330	3470
三级骨干	2490	2630	2770	2910	3050
实习员	2000	2150	2300	2450	2600

(2)年功工资

年功工资制是一种简单而传统的工资方案,它是按照雇员工龄的长短和雇员工龄应计的工资额确定,与终生雇佣制相关联。工龄是年功工资收入差别和增长的主要因素,为了增加收入,雇员必须长期在一个企业工作。因此年功工资对企业主要作用是刺激雇员为本企业服务,阻滞雇员、特别是工作经历长的老职工离开企业。对雇员来说,这种工资方案也增加了雇员对企业的依赖性和安全感,避免失业风险。

2. 奖金

奖金包括下面几个部分:

(1)项目奖金

项目奖金的发放分为项目完成奖金和年终奖两部分。项目完成奖在该项目完成之后立即发放,按当时可分配奖金的70%发放。剩余部分以年终奖形式于春节前一周发放。

各项目组内奖金发放由项目组长按照公平公开原则,根据对项目贡献程度,在经研究室、研究所(中心)批准后决定。

如项目组成本核算为负,则当年项目奖金为零,所负部分计入下一年成本。

(2)技术分红

项目组技术转让给公司者,项目组每年获得该项目利润的10%作为分红,但不得再将此项目及其类似项目技术转让其他企业。分红于年终以项目组项目奖金形式发放。

3.福利

除国家规定的社会养老保险、医疗保险、公积金等之外还包括很多特色的福利,这部分福利必须加以规范。主要包括:

第一,住房补贴

工资中增加住房补贴一项。如统计目前某公司职工过去的福利分房记录折合市场价格,按最高者为标准,其余有差距职工依照差价按5年分摊在每月工资中。与住房相关的报销暖气费等一同计入住房补贴,标准为初级职称每月100元、中级150元、高级200元。

第二,带薪假期

如工作5年以内员工每年拥有5天带薪假期,5年以上10天,10年以上15天。父母在外地员工每年拥有10天探亲假。带薪假期与探亲假不兼得。

第三,弹性工作制

如根据实验情况实行弹性工作制,每日早8点上班,下班时间根据具体情况自定,项目组长掌握组内人员每周工作时间40小时,超时工作时间每累积8小时可以串休一天。

第四,教育资助

如员工在工作时间之外为提高自身工作技能的培训所需学费予以部分资助。在职攻读硕士、博士学位者报销部分学费;与国外企业合作需公派出国者报销外语学习费用。

第五,不定期培训

最少每月一次邀请国内知名学者讲座,不断更新科研人员知识信息。

第六,意外伤害保险

由于化工生产科研具有一定的危险性,为每位员工投保意外伤害保险。

第七,其他

包括免费午餐、班车、业余爱好俱乐部等。

四、薪酬方案的实施保障

薪酬方案一经建立,就应该严格执行,发挥其保障、激励功能。然而,再好的薪酬方案如果没有良好的实施保障也只是空谈。

(一)选择实施时机

每一次薪酬的改革必然牵动着全体员工的心,因此新的薪酬方案实施的时机选择对于企业的稳定也是至关重要的。

(二)加强沟通宣传

在制定和实施薪酬方案的过程中,及时的沟通、必要的宣传是保证薪酬改革成功的因素之一。劳动报酬实际上是在人工成本与员工需求之间进行权衡的结果,不存在绝对公平的薪酬方式,只存在员工是否满意的薪酬方案。因此,如果沟通不良或宣传不到位很容易在员工中产生不良影响,他们会担心薪资改革后会影响自身利益,从而产生抵触情绪,影响薪资改革的进程。在实施过程中应与员工充分沟通，对沟通过程中提出的问题予以解答，对员工提出的中肯意见和建议及时予以采纳，对于比较好的建议和意见还适当给以奖励。通过这些方式，可以增进企业与员工的相互理解，打消员工的思想顾虑，得到员工的信赖和支持，保证薪酬方案的顺利实施。

(三)规范制度建设

人力资源管理的各项工作应该是互相配合、互相影响的。人力资源管理的许多工作最终都反映在员工的薪酬上，任何一个环节出现问题都会影响薪酬整体的实施效果。因此，完善的人力资源管理制度是薪酬方案得以规范实施的重要保障。

1. 建立有效的考核制度，为薪酬的确定提供依据

薪酬方案若要顺利实施必须要有完整的绩效考核制度。绩效考评的结果是确定薪酬的最直接依据，如果缺少对业绩、能力的制度性考核，我们只能依赖监督者的意见做出人事安排，稍有疏忽就会出现不平、不公，导致不满，损害士气和效率等等。所以，有作为的经营者都会采用人事考核制度，努力对职工的能力和业绩做出客观而公正的评价。不仅如此，有效的考评方案还能帮助企业合理地配置人力资源，帮助员工发现问题，有效进行薪资和人员变动管理。

2. 建立人事调动制度，确保岗位与薪酬同步变动

对新调动的员工进行适用性评估，对符合新岗位要求的员工，依据标准可以直接进行薪资调整，以使薪资管理及时、简洁、高效。

3. 建立弹性工作时间制度

由于科研工作的特殊性，很多工作必须连续进行，并不适合“早八晚五”的工作时间，也不适合应用加班工资。由于一直以来的上下班时间制度规定，在科研人员中经常出现“今天无事可做不能走，明天很晚走不了”的情况。可以建立相应制度，明确弹性工作时间，考勤每周总工作时间，以适应科研工作的特殊性。

(四)注重控制调整

薪酬管理是一项复杂而系统的工作，涉及的方面很广，强化薪酬管理，能够保证薪酬方案有效实施。

1. 薪酬预算

在确定薪酬是否需要调整及调整比例时，要对总体薪酬水平做出准确的预算。准确地预算有助于确保在未来一段时间内的支出得到一定程度的控制。

2. 严格总量控制，注意及时修正

支付给员工的报酬是企业必须负担的一项费用。但企业的支付能力是有限的，薪酬增长不能超过企业的承受能力。通常薪酬始终存在上涨的趋势，如果企业不能采取有效措施对无限上涨趋势的薪资进行适当控制，企业将背上沉重的负担。进行薪酬控制，要求企业在薪酬水平、支付能力、成本控制方面有科学的方法才能保证对薪酬的有效控制。

3. 及时实施调整，适应市场变化

薪酬方案一经建立，在保持相对稳定的前提下，还应具有一定的弹性，使薪酬策略、薪酬水平、薪酬结构都能随着企业经营状况和市场薪酬水平的变化而变化。企业薪酬方案与战略之间存在着一定的依存关系，企业战略要紧跟外部环境的变化而变化。当外部环境发生变化时，企业战略自然要进行调整，通过薪酬策略向员工发出企业期望的信息，并通过薪酬对那些与企

业的期望相一致的行为进行奖励。同样，当市场的薪酬水平和薪酬结构发生调整时，根据企业的薪酬战略，要保证总体的薪酬水平和市场的薪酬水平一致；核心人员的薪酬水平要超过市场薪酬水平。因此，企业的薪酬水平要随着市场的薪酬水平和结构而调整。尤其是当企业所需的人才是市场上的紧缺人才时，薪酬水平和结构的调整是必须的。

第五节　销售人员的薪酬管理

一、销售人员特征

1. 独立性和自主性

销售人员一般具有很强的独立自主从事某项活动的意愿，他们不喜欢上级遥控指挥，更愿意自己安排工作的时间和方式。具有较强张力的工作安排对他们更有吸引力。

2. 善于学习

销售人员头脑灵活，善于学习，能够很快适应瞬息万变的市场环境和识别不同客户的需求。

3. 高流动性

销售人员具有较强的专业知识、技能和不断创新的能力，他们追求终身就业能力而不是铁饭碗，这就注定他们具有较高的流动性。

4. 追求成就感

销售人员的工作会为企业创造直接收益，与一般员工相比，销售人员一般也有较强的冒险精神，更愿意接受挑战，实现更高的工作目标，获得更大的成就感。他们不再追求低层次的生理需要和安全需要，更重视社交的需要、尊重的需要和自我实现的需要。

5. 低替代性

优秀的销售人员很难被取代。这是因为，销售技能显性化程度低，可学习性低，正所谓“只可意会不可言传”。因此企业一般都非常愿意招聘一些有丰富销售经验的优秀销售人员，这些员工会给企业带来更加丰厚的利润。优秀的销售人员也会更加得到企业的重视，其薪资也较其他员工更加丰厚。

6. 更重视薪酬的提升

销售人员更看重薪酬的增加，而不是晋升机会、薪外福利或同等的其他报酬。

7. 年轻化

20～30 岁的青年是销售从业人员的主力军，他们大多具有活力，勇于冒险，乐于改变，有接受挑战和较强的吃苦耐劳的能力。

二、销售人员工作特点

1. 工作环境的复杂性

销售人员面对的工作环境是复杂多变的。在销售工作中，其竞争对手的策略和顾客需求随时会发生改变。作为销售人员必须能够准确分析企业的内外部环境，明确企业及其竞争对手在产品、服务及技术等方面的优势和劣势，以便更好地说服顾客。

2. 工作对象的多样性

销售人员的工作对象是富有情感和动态变化的人。不同的顾客在年龄、性格、偏好及受教育程度上都有所不同，销售人员必须认真分析不同顾客的兴趣和偏好，满足不同的顾客需求。

3. 工作过程的自主性

销售人员常常是独自面对客户工作，为了抓住稍纵即逝的市场机会，他们不可能事事都向上级主管汇报、请示，他们具有处理相关业务问题的决策力。但也正是因为这种自主性，使得对销售人员的工作过程难以进行监督。

4. 工作结果的不确定性

销售人员在实际的销售工作中会因为许多客观和主观因素而影响自己的工作绩效，这些因素包括复杂的市场环境，竞争对手的反应，顾客偏好，销售人员自身能力及努力程度等。从事销售工作会比其他工作面临更大的风险。

三、销售人员薪酬设计原则及思路

(一)销售人员薪酬设计原则

众所周知，激烈的市场竞争使得销售工作在企业中的地位越来越重要，销售人员薪酬设计越来越重视以下几个原则。

1. 激励性

销售人员是市场一线人员，也是企业业务方面的核心。他们的薪酬方案在设计的时候一定要体现出与绩效挂钩，并且适当的拉开销售人员之间的薪酬距离，从而使得不同业绩的销售人员能够感受到这个差距，进而产生一定的激励作用。业绩突出的销售人员认为自己付出与回报成正比而更加努力地工作，业绩差的员工认为自己应该去改进绩效从而获得较高的报酬。具有激励性的薪酬体系可以激发销售人员工作的积极性和主动性，从而实现更高的工作绩效和目标。

2. 公平性

销售人员更重视薪酬的公平性，认为其所做的努力程度，所做的贡献大小及所取得的成绩都应当与其所获得的报酬相当，同时也应当与同行业相同岗位上的其他人所获的报酬相当。若销售薪酬制度并不能完全的体现出每个人的能力，较大的付出难以获得较多的回报，这就会造成优秀的销售人员存在一种不公平感，一种得不到尊重的感觉；如果和能力与自身差距较大的销售人员甚至新进的销售人员的岗位工资一样，会让其产生一种严重的挫败感，这种挫败感会让其产生一种不公平的感觉，并且对其来说没有任何的激励性可言。所以，销售人员的薪酬设计要更加体现出公平性，这样企业才能吸引和留住优秀的人才。

3. 竞争性

销售人员的业绩决定了企业的生存与发展，优秀的销售人员一直都是竞争对手互相争抢的对象。竞争性的薪酬体系不仅能够增强企业对优秀人才的吸引力，而且能在一定程度上削弱竞争对手的竞争力。

4. 全面性

销售人员较其他从业人员更加看重终身就业的能力，他们乐于学习，重视知识的获取和提高，以增强自身的能力和竞争力，为了获得他们渴望的知识和培训机会，他们愿意牺牲其他方面的损失。所以，销售人员的薪酬设计，除了要重视外在薪酬，还要注重内在薪酬，尤其是培训福利。物质激励与精神激励相结合的方式才是对销售人员最有效的激励方式。

5. 经济性

尽管提高销售人员的薪酬水平能够对他们的积极性起到立竿见影的效果，增强企业在行业中的竞争力，但这同时也会增加企业的人力成本，因此在对销售人员的薪酬水平的设计当中也不能忽视企业自身的财务实力，要在不影响企业整体发展及整体经济效益的基础上，寻找解决问题的最佳平衡点。若企业不顾自身实力，盲目允诺高工资以吸引保留优秀的销售人员，最终却不能兑现承诺，一方面会严重影响企业的声誉，另一方面会加速能力突出的销售人员离职。

6. 透明性

透明性意味着，销售人员的薪酬设计应当使每个销售人员都清楚自己的薪酬构成及考核标准，这样业绩突出的销售人员能够清晰地识别出自身的优势以及清楚的看到自己的付出与回报成正比，从而更加努力地工作。另一方面业绩差的销售人员能够知道自己该如何改进绩效，从而获得较高的报酬。

（二）销售人员薪酬设计思路

销售人员是企业的一份子,且在企业中处于非常重要的地位。根据上文所述，由于销售人员的工作性质，工作的不稳定性及工作成果直接与企业的经济效益挂钩，因此对销售人员应实行全方位的激励（长期激励与短期激励相结合）是很有必要的。

一般而言，销售人员的薪酬模式有四种形式：纯佣金制、底薪加佣金制、底薪加奖金制及底薪加佣金加奖金制。佣金也叫提成，是根据销售人员的销售业绩按一定的比例提取。底薪就是销售人员所拿到的基本工资，不论销售人员是否有销售业绩，底薪总是按时发放。底薪主要是用来维持销售人员的正常生活。奖金与佣金所不同的是，它是在完成一定的基础销售量之后支付的，另外还可以通过奖金来奖励销售人员的一些其他贡献。

1. 纯佣金制

纯佣金制是指完全根据销售人员的销售业绩来发放薪酬的薪酬模式。支付的佣金的比例可以是固定的，也可以是根据销售量的变化而变化的。比如佣金比例可以随着销售量的增加而递减或递增。在制定佣金比例时要综合考虑产品的性质，顾客，地域特性，整体业务状况等因素。在这种薪酬模式下，可以提前向销售人员预支一定的费用，作为销售人员的生活费用和销售经费。

2. 底薪加佣金制

底薪加佣金制，是除了让销售人员每月领取固定的底薪之外还有销售佣金。它的优点在于既激起了销售人员的销售积极性，又增强了销售人员的安全感，降低了销售人员的流动性。虽然销售人员的薪资应以销售实绩作为基础，但底薪也不能过低。

3. 底薪加奖金制

底薪加奖金增加了销售人员的奖励范围。根据公司在不同阶段的销售策略不同，奖励的内容也可以有所不同。比如除了奖励销售人员的销售业绩之外，还可以奖励他们的团队合作精神等。

4. 底薪加佣金加奖金制

底薪加佣金加奖金制是以上三种形式的综合。它集合了上述三种薪酬制度的优点，但是操作较为复杂。

四、销售人员薪酬方案设计及流程

(一)制定销售人员薪酬策略

首先，应根据企业的战略和核心价值观确定企业的人力资源战略。然后，再根据企业的人力资源战略，外部的法律环境，行业竞争的实际情况及企业自身的发展特点，制定出适合于企业发展的薪酬战略，从而得到销售人员的薪酬策略。

(二)工作分析

工作分析是确定完成各项工作所需技能、责任和知识的系统过程，是薪酬设计的基础和依据。工作分析的结果是形成完善的岗位说明书。

(三)职位评价

职位评价就是指在工作分析的基础上，对职位的责任大小、工作强度、所需要资格条件等特性进行评价，以确定岗位相对价值的过程。职位价值评价一般可以采取定性分析和定量分析两种不同的方法。定性分析可采取工作排序法和工作分类法;定量分析方法主要有因素比较法、点数法、海氏系统方法。在所有的职位评价方法中，因量化的方法较为准确客观而被广泛使用。

(四)确定薪酬模式

根据企业自身发展的实际情况、销售人员薪酬设计的原则及销售人员的特点，确定销售人员的薪酬模式。

(五)市场薪酬调查

市场调查的主要目的在于了解市场薪酬水平，以保证薪酬设计的外部公平性和竞争性。

(六)薪酬水平

根据市场薪酬调查的结果，销售人员薪酬设计的原则及企业的实际薪酬策略，调整并确定销售人员的薪酬水平。一般而言，销售人员的薪酬水平应接近或略高于市场平均水平。通过广泛的市场调查，了解不同行业销售岗位、本行业销售岗位以及本地区销售岗位的起薪水平，然后将调查结果作为薪酬水平调整的依据。

(七)薪酬评估与控制

在实施薪酬体系之前，要对总体薪酬水平做出准确的预算，确保企业的人力成本在控制范围之内。其次在试行薪酬体系的过程中，要及时沟通和根据实施的效果及时进行调整，如有必要可对相关人员进行培训。

(八)薪酬方案

确定最终的薪酬方案,形成文件或制度,在企业内颁布执行。

五、××公司销售人员薪酬方案设计实例

(一)××公司背景介绍

××公司于 1994 年成立，主营医药开发，主要的医药领域包括妇科、骨科、神经科、消化科、肿瘤科等,并且积极拓展新药的开发研制。该企业的经营理念就是以人才和科技作为企业

发展之本,公司的主要发展方向就是对天然药物进行研发加工,其生产包括研制、生产加工、销售等整个流程链,随着公司的逐步发展强大,该公司现建有自己的独立研发团队,同时积极进军国际市场。

(二)销售公司及销售人员介绍

××公司的销售公司隶属于企业的营销部门,该企业的部门分工非常明确,其主要负责企业的销售业务,将企业自身的产品销售出去,与各地的经销商交流,将货款回收回来。××的销售公司下有员工40人,包括1名经理、1名副经理、7名大区、31名省级经理。

(三)××公司销售人员薪酬设计原则

1. 公平性原则

公平性原则是××公司在对其销售人员的薪酬体系设计中首先遵守的原则,也就是说,在支付给企业的销售人员的薪酬时充分考虑其对企业的销售业绩所做出的贡献,即支付相当于其岗位价值的薪酬。××公司认为销售人员往往把自身的投入与产出和同事之间进行横向的比较,以此来寻求公平感,在设计的时候一定要考虑到销售人员对薪酬的公平感,因此,当销售人员为公司的业绩而努力工作、业绩突出的时候,无论其是公司的领导、骨干亦或是普通的员工,也无论其之前有过什么样的过错,都应该给予其目标表现的公平奖励。

2. 激励性原则

××公司销售人员薪酬方案的设计十分重视其合理的激励效果,这也是任何一个企业在进行薪酬设计的过程当中必须要考虑的问题,因此,××公司在对其销售人员的薪酬方案设计的时候体现出了绩效挂钩原则,即薪酬的发放与绩效挂钩;其次,在实际的奖励兑现过程当中,根据企业的销售人员的实际贡献付薪,并且适当地拉开销售人员之间的薪酬距离,从而使得不同业绩的销售人员能够感受到这个差距,进而产生一定的激励作用,业绩突出的销售人员认为自己付出与回报成正比而更加努力地工作,业绩差的员工认为自己应该去改进绩效从而去获得较高的报酬。

3. 竞争性原则

企业之间的竞争归根结底是人才的竞争,因此,××公司决定其销售人员薪酬方案应当在行业当中具有竞争性,以此达到来吸引、激励和保留优秀销售人员的目的。

4. 经济性原则

××公司想尽量提高销售人员的薪酬水平,但考虑到企业自身的实际情况,公司人力成本的上升。因此,在对销售人员的薪酬水平设计当中在不影响公司发展以及整体经济效益的基础上,寻找解决问题的最佳平衡点。

六、××公司销售人员薪酬方案设计具体做法

(一)工作分析

工作分析是确定完成各项工作所需技能、责任和知识的系统过程,是薪酬设计的基础和依据。它的成果是岗位说明书(如表1),一般包括职位名称、部门名称、职位隶属关系、任职条件和要求、沟通关系、职位职责和工作内容,主要是为职位价值评估做准备。

表 1　　　　　　　　　　**销售岗位工作说明书**

<table>
<tr><td>职位编号</td><td></td><td>职位名称</td><td></td><td>所属部门</td><td></td></tr>
<tr><td>职位类型</td><td></td><td>上级职位</td><td></td><td>编写日期</td><td></td></tr>
<tr><td>职位概要</td><td colspan="5"></td></tr>
<tr><td colspan="6">职位职责
1.（职责一）
1.1
1.2
2.（职责二）
2.1
2.2</td></tr>
<tr><td colspan="6">任职资格</td></tr>
<tr><td colspan="3">学历及专业要求</td><td colspan="3"></td></tr>
<tr><td colspan="3">所需资格证书</td><td colspan="3"></td></tr>
<tr><td colspan="3">工作经验</td><td colspan="3"></td></tr>
<tr><td colspan="3">知识要求</td><td colspan="3"></td></tr>
<tr><td colspan="3">技能要求</td><td colspan="3"></td></tr>
<tr><td colspan="3">能力要求</td><td colspan="3"></td></tr>
<tr><td colspan="3">个性需求</td><td colspan="3"></td></tr>
<tr><td colspan="6">主要关系</td></tr>
<tr><td colspan="3">直接上级</td><td colspan="3"></td></tr>
<tr><td colspan="3">直接下级</td><td colspan="3"></td></tr>
<tr><td colspan="3">内部沟通</td><td colspan="3"></td></tr>
<tr><td colspan="3">外部沟通</td><td colspan="3"></td></tr>
<tr><td colspan="6">工作环境和条件</td></tr>
<tr><td colspan="3">工作场所</td><td colspan="3"></td></tr>
<tr><td colspan="3">工作设备</td><td colspan="3"></td></tr>
<tr><td colspan="3">工作条件</td><td colspan="3"></td></tr>
<tr><td colspan="6">备注</td></tr>
<tr><td colspan="6"></td></tr>
</table>

（二）职位评价

××公司选用了要素计点法对销售岗位进行职位评价。具体做法是企业将职位的构成要素进行分解，再以各个要素为依据，与特定的评价标准（如表 2）进行比较，得出各要素的分值，然后合计计算该职位的总分，就是该岗位在企业中的相对价值。

表2　职位评价因素及权重

评价因素	相关子因素	分值	合计数	权重(%)
责任	风险控制责任			
	直接成本/费用控制的责任			
	指导监督的责任			
	内部协调的责任			
	工作结果的责任			
	组织人事的责任			
	法律上的责任			
	决策的层次			
知识技能	最匹配学历要求			
	知识多样性			
	熟练期			
	工作复杂性			
	工作经验			
	工作的灵活性			
	语言应用能力			
	数学或计算机知识			
	专业技术知识技能			
	管理知识技能			
	综合能力			
努力程度	工作压力			
	脑力辛苦程度			
	工作地点稳定性			
	创新与开拓			
	工作紧张程度			
	工作均衡性			
工作环境	职业病或危险性			
	工作时间特征			
合计				100%

通过上述职位评价，可以得到销售岗位的职位评估分值(如表3)。

表 3　　部分职位评估分值表

职位	分值
总经理	
副总经理	
财务经理	
销售经理	
人资经理	
销售专员	
人资专员	
财务专员	
采购专员	

(三)薪酬层级设计

在完成职位评价之后，要对全部职位划分职位等级(如表4)。薪酬等级定位是根据职位价值评估结果和企业薪酬政策将各职位的薪酬水平用不同等级表现出来。

表 4　　部分职位等级表

类别	层级	标准职位价值分数	层级系数(R)	年度标准薪酬(RK)
经理级岗位 A	A1		R1	R1 * K1
	A2		R2	R2 * K2
	A3		R3	
	A4		R4	
部门经理级岗位 B	B1			
	B2			
	B3			
	B4			
	B5			
一般工程师及销售人员 C	C1			
	C2			
	C3			
	C4			
	C5		1.0	

以上表格的计算方式如下：首选根据职位评估的结果，将最低层级的最低得分填入对应的标准职位价值分数，如上表所示这里最低层级最低得分对应的是C5；其次，将C层级最高得分C1的梯级得分填入对应的空格内。然后，可算出C级的平均级差，就可以计算出Cl至C5中各层级的对应分值，同样的方法可以得到Al至B5的分值，填入表中。然后我们设定

C5 的层级系数为 1.0，再用各梯级的分数除以 C5 的得分数，便得到了各梯级的层级系数，例如 A1 的层级系数 = A1 的标准职位价值分数/C5 的标准职位价值分数。

K 值由企业在年度总体薪酬策略的指引下，根据市场薪资水平、外部薪酬竞争性和内部薪酬的激励性来确定，因此不同的层级 K 值一般取不同的值。而且不同的年份，根据企业年度薪酬预算，K 值也可能是变化的。

（四）薪酬结构

××公司销售人员薪酬方案总框架包含三个工资模块，分别是基本工资，福利和年终绩效奖励。其中基本工资包含岗位工资、绩效工资及津贴三个部分（如下图所示）。

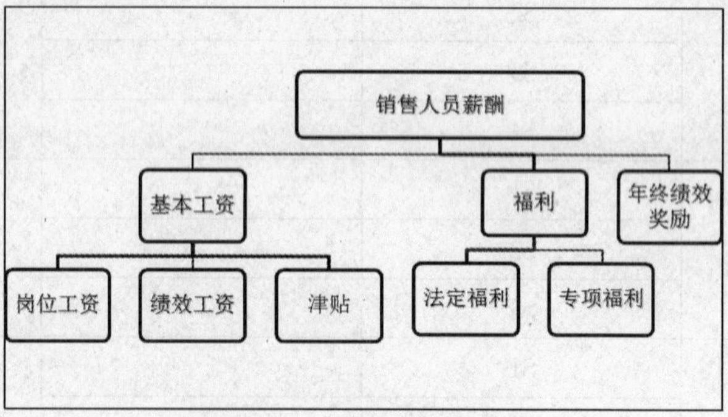

销售人员薪酬模块构成图

具体的设计思路及操作流程如下：

1. 基本工资

1）岗位工资

岗位工资强调岗位相对价值与员工综合素质挂钩，体现岗位对公司的价值贡献。同时对于销售人员来说岗位工资也是每月最低的工资保障，增强销售人员的安全感。

设计思路：与岗位评估价值挂钩；与岗位所需求员工的综合素质及技能要求挂钩。

操作流程：首先，根据职位评价的结果，可以得到销售岗位在企业中的薪酬等级。其次，对其设置不同的级别，即若干薪级。设置不同薪级的原因为：一方面为了实现岗位工资与岗位所需员工的综合素质及技能要求挂钩，即是相同的岗位，但由具体的不同人员担任，其综合素质和技能也是不同的，因此相同的职位也应该体现出薪酬水平的差别；另一方面这种宽带薪酬模式让同一职位具有更多的级别，能够让销售人员感到有更多的和充裕的上升空间，有利于激发销售人员的工作积极性，充分发挥薪酬的激励功能。最后，得到销售人员岗位工资表（如表 5 所示），其中级差的确定由各岗位说明书以及岗位职责与胜任力结合得出，越高级别的岗位职责和胜任力要求越高，因此级差也应该越高。

销售人员的岗位工资的调整可以依据企业每一年度的绩效考核成绩来定，考核结果为“优秀”的，该员工在下一年度的岗位工资则在自身的薪酬宽带体系当中上调一级或若干级（可设定上调的最高上限），这种调整可以一直累加到岗位工资等级的最高级；如果销售人员的考核结果为“合格”，则其在下一年度的工资维持不变；如果评级为“不合格”，则在下一年度的岗位工资下调一级或若干级（可设定下调的最高上限），这种调整可以一直到该薪酬宽带的最低级。

表5　销售人员岗位工资表

职等	职级	岗位工资	级差
C1	S1		
	S2		
	S3		
	S4		
C2	S1		
	S2		
	S3		
	S4		
C3	S1		
	S2		
	S3		
C4	S1		
	S2		
	S3		

2)绩效工资

绩效工资是突出销售人员的薪酬与工作业绩挂钩，业绩越突出其相应的绩效工资越高，随着绩效的变化而变化。绩效工资主要是对销售人员起激励作用，有利于激发销售人员的积极性和主动性。现在越来越多的企业推行团队合作的理念，通过将个人绩效工资与团队绩效挂钩，就能实现企业对团队合作文化的诉求。

设计思路:与销售人员自身绩效挂钩,体现真正的岗位价值量;与所在部门业绩挂钩,体现团队协作文化。

操作流程:

①××公司根据企业自身的发展情况和当前战略，确定岗位工资和绩效工资的相对比例，绩效工资占30%的相对比例。

②确定销售人员绩效工资的考核指标及维度。岗位的考核内容及项目来自于岗位说明书中的岗位职责范围,指标则来自于部门及企业的各项经营和管理指标。目前，较多的企业选择使用平衡记分卡对绩效指标进行考核。它给出了财务、客户、内部业务流程、学习与成长四个层面的业绩评价指标。销售岗位绩效指标来自企业年度经营目标的分解。首先,按照平衡计分卡的四个维度确定企业年度绩效指标体系(如表6所示),包括:目标，企业设定的年度经营和管理目标;指标，企业设定的年度经营和管理目标对应的分解指标,主要包括财务指标以及非财务指标;目标值，是指量化的、衡量指标是否完成的额定数值;行动方案，为实现上述目标、指标及目标值,所制定的保障措施和行动;纲领,用以指导目标的完成。在确定企业各项业绩指标的基础上,将企业指标层层分解,落实到各个职能部门，从而得到销售部门业绩考核指标。然后销售部门按照企业业绩指标的要求,制定详细的实施方案和计划,并将经营及管理指标按岗位职责要求分解到部门内的每个员工。经过逐层的分解落实,形成销售岗位业绩指标说明书(如表7所示),作为员工绩效考核的对照指标。

③设定绩效考核的标准。××公司根据企业的实际情况确定岗位基本职责的考核和业绩考核的权重。对于销售岗位而言，其销售业绩是绩效考核的重点，占70%。

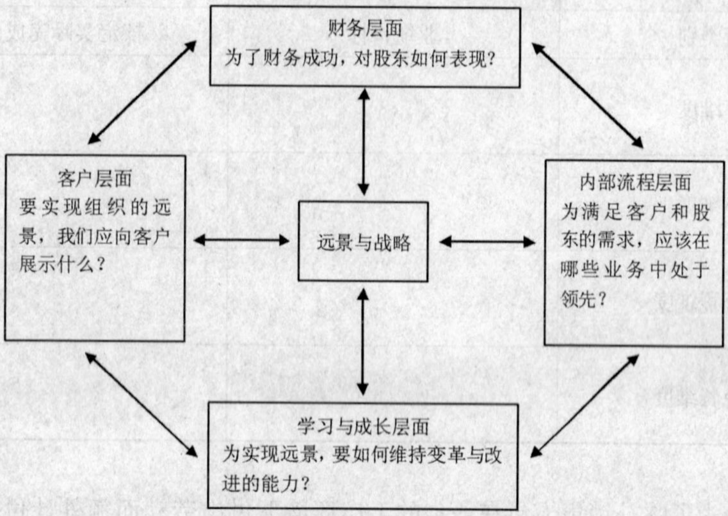

平衡记分卡指标体系框架图

表6　　企业年度绩效指标

层面	内容	
财务层面	目标	
	指标	
	行动方案	
	纲领	
客户层面	目标	
	指标	
	行动方案	
	纲领	
内部流程层面	目标	
	指标	
	行动方案	
	纲领	
学习成长层面	目标	
	指标	
	行动方案	
	纲领	

表 7　　　　销售岗位业绩指标说明书

岗位		部门		执岗人	
业绩类别		业绩指标		核定实际完成的指标	
客户维度					
财务维度					
业务流程维度					
学习成长维度					

3)津贴

津贴主要是为了弥补销售人员在恶劣的工作环境下付出劳动而额外计付的薪资,或者是对交通、通讯等方面所做出的补偿。对销售人员而言,津贴是为其经常面临的长短期出差和工作环境不稳定等因素支付的报酬。××公司针对销售人员的津贴,包括出差津贴、交通津贴、通讯津贴及餐费津贴等。

2. 福利

福利模块包括法定福利和专项福利两个子模块,是销售人员薪酬构成的重要补充和完善。

1)法定福利

法定福利包括养老保险、失业保险、医疗保险、工伤保险、生育保险、住房公积金和法定假期。

表 8　　　　法定福利

序号	项目	企业支付	个人支付
1	养老保险		
2	失业保险		
3	医疗保险		
4	工伤保险		
5	生育保险		
6	住房公积金		
7	法定假期	按国家规定	

2)专项福利

定期培训、商业保险及人身意外伤害保险等。

3. 年终绩效奖励

年终绩效奖励模块的设立充分体现了员工与公司的“收益共享”原则。员工在为公司创造利润的同时,也充分享受着创造的果实。其次,设立年终绩效奖励,也会增强销售人员的忠诚度，降低销售人员的流动性，为企业节省招聘培训的成本。所以，这也将会成为企业一个强有力的竞争优势，可观的年终绩效奖励不但可以对销售人员起激励作用，而且还可能会成为企业优于竞争对手的一个重要方面，从而吸引和保留更多优秀的销售人员为企业工作。

设计思路：与企业年度经济指标和效益挂钩；与所在部门绩效挂钩；与所在团队绩效挂钩；与自身年度贡献挂钩。

操作流程：

①根据企业年度经营成果的好坏，按适当的比例从年度盈余中提取年终绩效奖励。

②根据年度部门绩效考核的结果，确定本年度销售部门年终绩效奖励的额度。

③根据年度团队绩效和销售人员自身年度贡献的考核结果，确定团队和个人年终绩效奖励的总额。

（五）薪酬方案的实施与完善

任何方案，即使在广泛征求意见后，在推行时也应该设计试用期和过渡期，对试用中反映出的问题及时修正，使其日臻完善，得到广大员工的拥护，才可能实现平稳过渡，也才能确保在本企业得到真正推行。在方案设计和推行阶段，都要充分考虑与原制度的对接和制度间的平稳过渡，以保证方案的有效推行。××公司最终决定方案的试运行期为一年。

为配合推进方案的实施，方案设计期间和试运行期间，××公司组织了大量的培训和沟通工作，组织不同形式的学习会、讨论会，并进行个别员工的深度访谈，反复听取员工的意见，公开让员工参与薪酬模式的设计和评价。所进行薪酬相关的培训内容主要是：企业文化培训、人力资源理念培训、薪酬方案培训及与薪酬相关的其他方案的培训。

第六节　实践中常用的薪酬方案

一、总则

（一）适用范围

本方案适用于机械有限责任公司（以下简称公司）全体员工。

（二）目的

使员工能够与公司一同分享公司发展所带来的收益，把短期收益、中期收益与长期收益有效结合起来。

（三）原则

薪酬作为分配价值形式之一，遵循按劳分配、效率优先、兼顾公平及可持续发展的原则。

（四）依据

薪酬分配的依据是：贡献、能力、责任。

（五）总体水平

公司根据当期经济效益及可持续发展状况决定薪酬水平。即工资总额的增长幅度低于经济效益的增长幅度、职工平均工资增长幅度低于劳动生产率增长幅度。

二、薪酬体系

(一)公司薪酬体系包括六种不同类型。

1. 与年度整体经营业绩相关的高层管理人员工资制;

2. 与部门管理相关的中层管理人员、各项具体事务相关的一般职能人员工资制;

3. 与营销业绩相关的营销人员工资制;

4. 与技术相关的技术人员工资制;

5. 与生产相关的生产操作人员工资制;

6. 临时聘用人员工资制。

(二)实行高层管理人员工资制的员工，其工作特征是其工作业绩通过全公司、事业部的总体业绩来进行评估。这部分员工包括:总经理、副总经理、事业部部长。

(三)实行中层管理人员工资制的员工，其工作特征是其工作业绩通过部门的整体工作绩效来进行评估。这部分员工主要是事业部副部长、中层管理人员，包括各部门的部长、副部长、主任、副主任和车间主任、车间副主任。

实行一般职能人员工资制的员工，其工作特征是其工作绩效主要以完成规定的操作任务来衡量。这部分员工主要是公司各职能部门的工作人员，包括技术改造办公室、公司办公室、人力资源部、计划财务部，军品事业部的计划生产部、质量部、技术中心，民品事业部的生产采购部、质量部、产品开发部的一般职能人员、计划员、工段长、调度员以及工作不易量化考核的辅助生产人员。

(四)实行营销人员工资制的员工，其工作特征是其工作绩效与销售额密切相关。这部分员工主要是民品事业部的市场部人员。

(五)实行技术人员工资制的员工，其工作特征是其工作绩效与产品开发项目密切相关。这部分员工主要是军品事业部的技术中心、民品事业部的产品开发部的技术人员和车间的工艺员。

(六)实行生产操作人员工资制的员工，其工作特征是他们的工作结构能够量化考核并主要由完成的工时数量决定。这部分员工主要是车间从事生产和辅助生产的人员。

(七)临时聘用人员的工资根据劳动力市场的工资水平确定。

(八)特聘人员的薪酬参见工资特区的有关规定。

(九)离退休人员的薪酬按原有规定发放。

三、薪酬结构

(一)公司员工收入总体上包括以下几个组成部分，并根据不同人员有不同的组合

1. 岗位工资，根据岗位评价的结果确定各岗位的初始等级，依据不同岗位的业务特点，参考员工技能因素确定各自的岗位工资等级，体现了岗位的内在价值和员工技能因素。

2. 工龄工资，体现工作经验对公司的贡献。

3. 月度绩效工资，与中层管理人员、技术人员和一般职能人员月度工作业绩直接挂钩。

4. 年底奖金，超出年度经营目标而给予的奖励，与公司、事业部年度经济效益和部门业绩、个人业绩挂钩。

5. 项目奖金，体现产品开发的阶段性成果及最终成果，与直接参与项目人员的业绩挂钩。

6. 销售回款提成，销售回款与营销及销售人员的业绩挂钩，新产品项目的销售回款提成目的是为鼓励新产品的开发。

7. 计时工资。

8. 单项奖励。

9. 特殊津贴。

（二）岗位工资

1. 岗位工资是整个工资体系的基础，从岗位价值和员工的技能因素方面体现了员工的贡献。员工的岗位工资主要取决于当前的岗位性质。在工作分析与职位评价的基础上，以评估的结果作为确定岗位工资等级的依据，采取一岗多薪，按技能分档的方式确定各员工的岗位工资等级。

2. 岗位工资的用途

岗位工资主要是月度固定工资、月度绩效工资的计算基数，也可用于确定员工收入中其他部分的基础。

3. 确定岗位工资的原则

（1）以岗定薪，薪随岗变，实现薪酬与岗位价值挂钩；

（2）以岗位价值为主、技能因素为辅，岗位与技能相结合；

（3）针对不同的职系设置晋级通道，鼓励不同专业人员专精所长。

4. 岗位与员工岗位工资的关系

（1）岗位分档分级。依据岗位评价结果，在最低分和最高分之间，确定档差，划分档次。

（2）基于按照岗位特点和岗位价值得出的岗位评价分数将各个岗位对应到相应类别的档次等级上。

（3）确定各等级工资数。各等级岗位工资数目与公司效益相关，具体金额可随公司的整体效益加以调整。

（4）根据技能高低和工作经验将员工对应到相应职系系列的相应工资等级。

（三）月度绩效工资

月度绩效工资以岗位工资为基础，与员工每月的考核结果挂钩。适用于中层管理人员、职能人员、技术人员、生产管理人员、辅助人员等考核周期为月度的员工。月度绩效工资按月发放。

（四）年底奖金

年底奖金与年度考核结果和公司年度经营情况挂钩，是在公司整体经营效益的基础上对员工业绩的一种激励。适用于除执行年薪制和提成工资制以外的所有员工。

（五）项目奖金

项目奖金针对新产品开发项目组，与项目开发成果直接挂钩。项目奖金总额及阶段奖金额由事业部确定，根据项目组成员贡献大小分配。

项目组非技术成员奖金分配参照技术人员项目奖金分配办法执行。

（六）提成

提成分为销售提成和项目提成。

销售提成适用于营销/销售人员。与回款及应收账款直接相关，具体奖励金额按照回款的一定比例确定。

项目提成适用于重要新产品项目开发人员(项目组人员)。在新产品研制成功、形成批产后按照新产品销售回款额的一定比例确定奖励金额。

(七)工龄工资

工龄增加意味着工作经验的积累和丰富，代表着能力和绩效潜能的提高。服务年限不同，员工的成熟程度不同，为企业做的贡献不同，对员工分段给予相应的回报。工龄工资按照公司现有标准发放。

(八)单项奖励

用于奖励为公司做出突出贡献的人员，包括新产品立项奖、管理创新或技术创新为公司创造巨大效益奖等。

(九)特殊津贴

用于奖励高级技术人员和高级技师。

四、高层管理人员工资制

(一)适用范围

年薪制适用于公司总经理及副总经理、事业部部长。

(二)收入结构

收入整体构成 = 基础年薪 + 奖励年薪

基础年薪占整体收入的40% ~60%。

(三)基础年薪

每一岗位基础年薪只设一档，按公司总经理、公司副总经理及事业部部长设两档。经董事会综合考虑公司发展、外部人才市场变化等因素，讨论批准，可调整基础年薪。

(四)奖励年薪

年度业绩合同考核分数为80分及以下，不发放奖励年薪。

年度业绩合同考核分数为80分及以上，奖励年薪按照以下公式计算：

$$奖励年薪 = 基础年薪 \times \frac{考核分数-80}{100-80}$$

关键业绩指标完成百分比的计算方法参照《业绩合同管理办法》。

(五)年薪制工资的支付

1. 基础年薪逐月发放，每月发放数额为基础年薪 / 12。

2. 年薪计算、兑现发放时间为次年的第一个季度。

五、中层管理人员及一般职能人员工资制

(一)适用范围

适用于事业部副部长(副总级)、公司及事业部各部门正副职、车间正副职以及部门一般

管理及事务人员。

(二)收入结构

收入整体构成 =固定工资 + 工龄工资 + 月度绩效工资 + 年底奖金

1. 固定工资 = 岗位工资×固定比例

由于不同岗位人员承担责任的风险大小和量化考核的难易程度不同,其收入中固定部分和浮动部分的比例不同。

表1　固定比例

岗位	固定比例
事业部副部长、副总师、技术中心主任、产品开发部部长、市场部部长/副部长	0.6
生产采购部部长/副部长、计划生产部部长/副部长、质量部部长、车间主任/副主任	0.7
计划财务部部长/副部长、人力资源部部长、技改办主任、一般管理人员、事务人员	0.8

2. 月度绩效工资 = 岗位工资 × 个人月度浮动系数

固定工资比例不同,其对应的绩效工资浮动系数不同。

表2　个人月度浮动系数

个人月度考核结果等级	个人月度浮动系数		
	固定比例=0.6	固定比例=0.7	固定比例=0.8
优	0.6	0.5	0.4
良	0.5	0.4	0.3
中	0.4	0.3	0.2
基本合格	0.2	0.15	0.1
不合格	0	0	0

六、营销人员工资制

(一)适用范围

适用于民品事业部内市场部的客户经理和业务经理。

(二)收入结构

收入整体构成 =固定工资 + 工龄工资 + 月度提成 + 年底提成

1. 固定工资 = 岗位工资

2. 市场一部(外贸产品)、市场二部(国内产品)月度提成按照月度回款额的一定比例提取月度奖金。

（三）根据市场二部（国内产品）货款回收周期确定调整后的提成基数

表2　应收账款调整系数

实际应收账款周转天数/目标周转天数	调整系数
< 0.8	1.2
0.8 - 0.9	1.1
0.9 - 1.1	1
1.1 - 1.2	0.9
> 1.2	0.8

实际提成基数为经济责任书规定提成基数乘以调整系数，目标周转天数由事业部部长确定。

$$\text{应收账款周转天数} = \frac{\text{当月销售额}}{\text{月末应收账款额}} \times 30$$

（四）对市场二部销售人员年度完成不同销售目标的比例采用不同比例提成

年度销售指标完成率低于50%的人员不享受提成奖励。

$$\text{提成比例} = \frac{\text{提成系数}}{\sum \text{二部全部销售员提成系数}}$$

表3　业务二部销售人员提成系数

销售目标完成比例	[50%，80%]	(80%，120%]	(120%，150%]	150%以上
提成系数	0.5	1	1.5	2

（五）市场一部除按照销售回款提成外，对于新开发客户加大提成比例

七、技术人员工资制

（一）适用范围

适用于民品事业部内产品开发部、军品事业部内技术中心的设计员和工艺员。

（二）收入结构

收入整体构成 = 固定工资 + 工龄工资 + 月度绩效工资 + 项目奖金 + 年底奖金 + 项目提成

1. 固定工资 = 岗位工资 × 60%

2. 月度绩效工资 = 岗位工资 × 个人月度浮动系数

（三）项目奖金

项目奖金 = 奖金标准 × 项目（阶段）考核系数 × 个人考核系数/∑个人考核系数

奖金标准。一般产品开发项目根据项目分类设置不同的奖金标准，在项目结束即产品入库后根据项目考核情况一次性发放。

表4　一般产品开发项目奖金标准分类

项目类别	A	B	C
奖金标准	800元	500元	200元

重要产品开发项目划分为阶段，设置项目阶段奖，在阶段评审后根据考核情况发放。

表5　重要产品开发项目奖金标准

项目阶段	Ⅰ	Ⅱ	Ⅲ	Ⅳ	奖金总额
奖金标准	300元	20%	40%	40%	100%

项目(阶段)考核系数。根据项目或阶段的完成情况，制定考核指标及标准进行考核，考核结果作为项目奖发放依据。

个人考核系数。项目组成员在项目中担当的角色重要程度不同，其考核系数上限不同。项目组组长的考核系数上限为1，项目组成员的考核系数上限为0.6。

项目提成是重要产品项目开发成功后对项目组人员的中长期激励，按照分段累进方法计算。

表6　项目提成比例

提成期限	销售回款(万元)			
	[100，300]	(300，400)	(400，500)	500以上
产品形成批产后第一年	1%	1.2%	1.5%	2%
产品形成批产后第二年	0.8%	1%	1.2%	1.5%
产品形成批产后第三年	0.5%	0.8%	1%	1.2%

八、生产操作人员工资制

(一)适用范围

生产车间的操作人员、机动车间的辅助生产人员、生产采购部的下料工等。

(二)收入结构

收入整体构成 = 固定工资 + 工龄工资 + 月度计时工资 + 年底奖金

其中，固定工资 = 岗位工资×80%

(三)月度计时工资

计时工资是按照完成的定额工时数量与单位工时的工资含量计算得到的收入。

计时工资可结合工作或产品质量(一次合格率、废品率等)、成本定额、员工态度等指标的考核进行调整。

针对不同的工作特点，计时工资的发放办法不同。

1. 个人计时工资

对个人工作相对独立、受其他工序制约较少并对其他工序影响较少的岗位采用个人计时工资。计算方法为：

计时工资收入 = 个人实际完成工时 × 单位工时的工资含量

2. 小组计时工资

为提高工作效率和设备利用率，加强工序之间的衔接和工人的配合，将联系紧密的几个工序组合，分配相应工序的工人组成一个小组，并指定一名小组负责人。将小组作为一个独立核算单位，考核小组工作结果，统一计算小组总的工时数量。小组内部按一定比例分配工资收入。

小组计时总收入 = 小组实际完成工时 × 单位工时的工资含量

小组负责人计时收入 = 小组计时总收入×发放系数

小组成员计时收入基准 = 小组计时总收入×(1－发放系数)/小组成员人数

发放系数由车间主任确定，小组负责人可以根据小组各成员的工作数量和质量调整小组成员的计时收入，报车间主任批准。

（四）工时定额标准的编制

工时定额标准由公司人力资源部门组织专业技术人员编制。

随生产技术组织条件的变化和劳动生产率的提高，工时定额标准须定期修订，保证先进合理性。

（五）单位工时的工资含量的确定

单位工时的工资含量由事业部根据近期事业部的效益状况，于每年年底或每半年确定下年或下一个半年的执行标准。

九、临时聘用人员工资制

（一）适用条件

1. 市场化程度高，劳动力价格能够客观、公正、合理地反映工作付出和工作要求状况。
2. 劳动力供应充足，且竞争较充分，如果不能胜任本工作，容易替代。
3. 人员流动局限性小，企业有权淘汰不能胜任工作的员工，受政策、成本等方面阻碍小。

（二）适用范围

公司的非考核员工，具体包括：

1. 工作技术含量低、操作简单的生产工人。
2. 后勤服务工人，包括清洁工、勤杂工、搬运工等。

（三）收入结构

收入整体构成 = 岗位工资 + 年底奖金

岗位工资根据劳动力的市场水平决定。

年底奖金根据工作表现，发0－2个月的岗位工资。

十、年底奖金

（一）适用范围

1. 除执行年薪制的高层管理人员、营销人员和临时工外的所有人员。
2. 工作年限超过半年的新员工。

（二）年底奖金总额的确定

公司总部/事业部应发奖金总额 = 计划奖金总额 × 奖励系数

奖励系数根据业绩完成百分比确定。

岗位	业绩完成百分比			
	[80%，90%]	[90%，110%]	(110%，150%]	150%以上
公司总部	0.8	1	1.2	1.4
民品事业部	0.7	1	1.3	1.5
军品事业部	0.7	1	1.3	1.5

(三)中层管理人员年底奖金

1. 根据年度考核结果分档

分别对公司、军品事业部和民品事业部中层管理人员按照年度考核分数的次序强制分档，一档名额10%，二档名额15%，三档名额60%，四档名额10%。

2. 各档奖金标准按照4∶3∶2∶1的比例确定。具体数额由总经理制定并报董事长批准。

(四)其他人员年底奖金

1. 根据部门评定等级确定平均奖金

部门年度评定等级不单独计算，即部长评定等级。

2. 部门内根据年度考核结果分档

每个部门(包括车间)按照个人年度考核分数的次序把部门所有人员强制分档，一档名额10%，二档名额15%，三档名额60%，四档名额10%。

各档奖金标准按照4∶3∶2∶1的比例确定。具体数额由总经理制定并报董事长批准。

十一、工资定级及调整

(一)工资等级的确定

1. 根据员工所在岗位、职级确定对应的岗位工资。

2. 为保持稳定，现有工资高于调整后工资的不降薪，保留现有工资。

3. 新员工结束实习期或试用期后，由部长根据其在实习期中的表现，提出岗位和相应工资级别，经批准后执行，并交人力资源部备案。

4. 平级调动如前后岗位在同一职系系列内，保持工资级别不变，如不在同一职系系列内，按向上靠拢的原则，定为与原级别最接近的级别。

5. 新提升的中层及以上管理人员原则上由该岗位的最低级别开始，如果需要定其他级别，需由总经理批准后方可执行，并交人力资源部备案。

6. 部门内的室主任、车间内的班组长等人员按照岗位系列确定工资级别后，增加一级工资，增加的级别不受上述第(五)条的限制，也不作为工资级别调整的基础，在不担任该职务后自动取消。

7. 所有岗位工资等级范围在所属职系内，在没有改变岗位的情况下，一般不低于该职系最低级别，也不高于最高级别。

(二)工资调整采取整体调整与个别调整相结合

1. 整体调整是调整所有人员的岗位工资，调整周期与调整幅度由董事会根据具体情况确定，原则上调整周期应在一年以上。根据公司效益与发展状况决定，不改变员工的工资级别，调整各工资级别所对应的实际工资金额。

2. 个别调整根据员工个人考核结果和职级、岗位变动决定。

(1)考核调整。年度考核结果为“优”者，岗位工资等级在本职系内晋升一档。年度考核结果为“不合格”的员工下降一档工资。

(2)职级变动调整。一般管理人员的三级职级对应工资系列的 YG－1、YG－6 和 YG－12，技术人员的五级职级对应工资系列的 JS－1、JS－4、JS－7、JS－10、JS－13，营销人员的五级职级对应工资系列的 YX－1、YX－3、YX－5、YX－7、YX－9，生产操作人员的五级职级对应工资系列的 SC－1、SC－4、SC－7、SC－10、SC－13，员工被评定相应职级后，工资相应调整为对应的级别范围内，例如一名助理管理员职级调整为管理员，如目前的工资级别是 5，则级别提到 6。如果员工的工资级别已高于该职级的对应工资级别，则不作调整。具体职级和相应评定管理办法见《员工职业生涯规划制度》。

(3)岗位变动调整。若员工岗位发生变动，则工资等级变动为相应岗位、职级系列的工资等级。所从事岗位在本类人员范围内发生变动时，其职级仍保留，并可享有相对应的工资等级。但是下次职级评定按照新岗位所属职级系列进行。

(三)岗位等级工资调整原则上每次只能上升或下降一级

(四)岗位工资等级调整过程中，若目前等级已经达到相应岗位、职级晋升通道最高档，则工资等级不再根据考核调整，除非该员工转入其他晋升通道

十二、工资特区

(一)设立工资特区的目的

设立工资特区，使工资向对公司有较大贡献、市场上稀缺的人力资源倾斜，目的是激励和吸引优秀人才，使公司与外部人才市场接轨，提高公司对关键人才的吸引力，增强公司在人才市场上的竞争力。

(二)设立工资特区的原则

1. 谈判原则:特区工资以市场价格为基础，由双方谈判确定。

2. 保密原则:为保障特区员工的顺利工作，对工资特区的人员及其工资严格保密，员工之间禁止相互打探。

3. 限额原则:特区人员数目实行动态管理，依据企业经济效益水平及发展情况限制总数，宁缺毋滥。

(三)工资特区人才的选拔

特区人才的选拔以外部招聘为主。其条件为名优院校毕业生、公司人力资源规划中急需的人才、行业内人才市场竞争激烈的稀缺人才。

(四)工资特区人才的淘汰

针对工资特区内的人才，年底根据合同进行年度考核。

有以下情况者自动退出人才特区:

1. 考核总分低于预定标准；

2. 人才供求关系变化，不再是市场稀缺人才。

（五）工资特区工资总额不超过公司工资总额的5%

十三、其他

（一）试用期或见习期工资标准

1. 试用期或见习期的工资原则上低于试用或见习岗位的岗位工资，试用期间工资见下表：（单位：元）

学历	中技及以下	中专和高技	大专	大学（学士）	硕士研究生	博士研究生
试用期工资	500元	700元	800元	1000元	2000元	协议工资

2. 试用期满后按照所定岗位的岗位工资等级发放，如岗位工资低于试用期工资，比照试用期工资就近高靠。

（二）专业领域带头人津贴

1. 技术人员带头人和技术工人带头人享受特殊津贴。

2. 享受津贴的人员由总经理提出，公司薪酬考核委员会审核，董事长审批后实施。

3. 技术人员带头人津贴和技术工人带头人津贴的具体数额分别为400元和600元，人力资源部根据公司的经营业绩、工资水平、外部人才市场行情等情况，可提出调整意见，由总经理批准后实施。

（三）加班费

一般员工根据工作需要必须加班而且不能安排调休者，发放其加班费，加班费计算和发放按照公司现行办法执行。

（四）病事假期间工资发放标准

经批准请病事假者，根据请假天数在工资中进行相应的扣除。病事假扣除工资的计算按照公司现行办法执行。

（五）下列规定的扣除额，须从工资中直接扣除

1. 个人工资所得税；

2. 缺勤扣除额；

3. 借款及利息；

4. 社会保险、住房公积金个人负担部分；

5. 其他应扣除项目。

（六）待岗员工工资发放参见公司相关管理规定

（七）外派培训员工工资发放参见公司相关管理规定

第十四、附则

（一）本方案的拟定和修改由公司人力资源部负责

（二）本方案及其附件由人力资源部负责解释

（三）本方案经公司董事会批准后于下发之日起实施

小结

薪酬方案设计一般流程：1. 制定薪酬方案设计策略。2. 岗位描述。3. 岗位价值评价。4. 岗位薪酬等级设计。5. 绩效薪酬模块设计。6. 绩效考核方案设计。7. 其他薪酬模块调整完善。8. 薪酬方案。

员工薪酬方案总框架设置四个工资模块，包括工龄工资、基本工资、福利和年终绩效奖励。

岗位描述一般通过岗位说明书形式进行。内容涉及岗位名称、部门名称、岗位隶属关系、任职条件和要求、下属人数、沟通关系、岗位职责和工作内容、岗位权限，主要是为岗位价值评估做准备。

思考题：

1. 薪酬方案设计的原则及流程是什么？
2. 生产操作人员薪酬方案设计的原则是什么？
3. 影响企业高层管理者薪酬的主要因素是什么？

案例分析：

苹果公司 CEO 年薪 3.78 亿美元还是 6.36 亿美元？

苹果 CEO 库克上任时苹果股价为 373.72 美元而今为 636.23 美元，苹果公司市值增加了 2 448.95 亿美元，成为市值高达 5 932.02 亿美元的第一大公司。而根据苹果 2012 年第一季度的财报，公司营收为 163.3 亿美元，净利润为 130.6 亿美元，每股摊薄收益 13.87 美元。

库克本人获得了丰厚的奖励。根据苹果公司在 2012 年 1 月 9 日发布的股东委托书，库克的基本年薪为 90.001 7 万美元，401（K）账户（养老金）入账 1.47 万美元，人寿保险 1820 美元，“促进与留任奖励“100 万股。所以，库克 2011 年收入，如果按照 2011 年 8 月苹果公司的股价每股 378 美元是 3.78 亿美元，如果按照今天苹果公司股价每股 636.23 美元就高达 6.36 亿美元。不过这都是账面上的，现在还不能兑现。这些股票还保留在苹果公司手中。其中的 50% 将于 2016 年归属库克，剩余 50% 将于 2021 年到期，还要取决于届时库克是否依旧留在苹果效力。所以，库克要想拿到这些财富就得继续好好干活，让公司股价继续飙升，要是干得不好，公司股价大跌，那么到 2016 年，那 50 万股股票就没那么值钱了；要是干得太糟糕，在 2021 年前被公司扫地出门的话，那么就拿不到后面那 50 万股了。

思考：

联系案例材料和社会背景，苹果公司为公司高管设计了怎样的薪酬？

第九章　薪酬的制度化

【引导案例】

杰克·韦尔奇:一个差点改写历史的薪酬故事

通用电器企业(GE)前CEO杰克·韦尔奇在工商界是一个名闻遐迩的传奇人物，号称世界第一经理人，他的神奇业绩和经营管理思想充斥于报纸、电视、书籍以及世界各种媒体。然而，他40多年前经历的一次薪酬事件差点改写历史，几乎使他无法创造在GE的种种神奇。

1960年，杰克·韦尔奇在取得化学博士学位以后，选择了通用电器企业的一家分企业，开始他自己的事业。“它在马萨诸塞州，也就是我的发迹处，所以感觉上就好像是回家一般。”杰克·韦尔奇说，在GE这样一个规模极大的企业体系中，可以将自己的博士所学派上最大的用场。干了一年之后，1961年10月，他得到了第一次的年度评语，他创造了一种非常快速的流程，因此公司对他的评价很高。然而他所在的GE下属企业只按规定标准给他加了1000美元的年薪。因为无论表现得好与坏，每个人都获得同样的加薪。他感到非常气愤和沮丧，把自己的老板称做“吝啬鬼”，并毅然辞去了工作，接受了位于芝加哥的国际矿物化学企业提供的职位。但因为薪水问题，他呆了仅仅一年又辞了工作，准备前往另一家企业工作。

就在第二位老板准备为他开欢送晚会的头天晚上，通用电器企业总经理亲自飞到这个城市，向他提出了几乎无法拒绝的条件:假如他回到通用电器企业工作，企业将在薪酬上令他值得为它工作下去。企业还要向已经雇用了他的那家企业道歉，并赔偿他们因此所造成的经济损失。杰克认为那是“一剂医治创伤的良药”，欣然予以接受，回到GE继续工作。于是，便有了我们今天所知道的作为通用电器CEO的杰克·韦尔奇。

假如当初GE企业给予韦尔奇与业绩相称的薪酬，假如GE总经理不去挽留韦尔奇，或者人虽去了但并未开出“几乎无法拒绝的条件”，杰克·韦尔奇的命运又会怎样?他当然会继续前往新的企业工作。也许他不会创造神奇的业绩，也许他为别的企业创造了神奇，但是无论如何不是在GE。那么，失去了杰克·韦尔奇，对于GE又意味着什么呢?

【本章学习目标】

- 了解薪酬预算的概念、作用、方法、影响因素，并掌握薪酬预算的使用方法。
- 掌握薪酬成本控制的概念、意义、薪酬成本控制的方法。
- 了解薪酬沟通的重要性，并掌握薪酬沟通的方法与原则。
- 了解企业薪酬诊断及问题分析，掌握薪酬体系评估方法。
- 了解薪酬制度的文本化概念，薪酬制度的试行、反馈、调整与推行。

第一节 薪酬预算

鉴于薪酬问题在经济上的敏感性及其对企业财务状况的重要影响，薪酬预算成为企业战略决策过程中的一个关键问题。同时薪酬作为人工成本的主要部分，不能无止境地上升，企业必须进行经常的、及时的调控，使其规范在合理的范围之内，亦即薪酬控制必不可少。此外，薪酬沟通也是薪酬管理关键的一环，如果没有沟通，无法取得员工的理解和配合，即使设计非常完美的薪酬体系也无法取得预期的效果。

一、薪酬预算的概念

所谓“预算”(Budget)，概括地说，就是特定的主体决定要实现怎样的目标以及准备以何种成本或代价来实现这一目标的过程。对于任何一种经济活动而言，通过预算来进行成本控制都是不可或缺的一个环节。

所谓“薪酬预算”，实际上指的是管理者在未来一定时期，在薪酬管理过程中进行的一系列成本开支权衡和取舍。准确合理的薪酬预算，可以使实际薪酬支出与执行时有一个目标和基准参照系，一旦实际薪酬成本超越了预算的薪酬成本，企业就应及时进行协调和控制。例如，在新的财务年度管理者需要综合考虑外部市场的薪酬水平、员工个人的工作绩效、企业的经营业绩以及生活成本的变动情况等各种各样的因素，并根据这些因素在加薪中分别占据的比重进行权衡。这种权衡还发生在长期奖金和短期奖金之间、绩效加薪和根据资历加薪之间以及直接货币报酬和间接福利支出之间。除此之外，以薪酬作为激励手段还是转而用其他资源管理手段来激励员工，也同样是一个值得管理者们要考虑的问题。

二、薪酬预算的作用

1. 为企业薪酬决策提供依据

对企业来说，每一个新的年度都需要进行企业内部薪酬分配的决策。正确进行企业内部薪酬分配决策是圆满完成薪酬管理任务的关键。为此，人力资源部门必须制定薪酬预算计划，为管理者进行薪酬决策提供依据。

2. 有利于薪酬成本控制

薪酬预算计划是薪酬控制的重要环节。实际上，准确的薪酬预算计划是薪酬管理过程中衡量预算期间薪酬实际支出情况的标准。因而，可以对企业预算期间的薪酬支出形成一种自我约束。

3. 可以提高薪酬管理工作的计划性和预见性

如果企业的薪酬支付没有预算控制，往往会造成实报实销，心中无数。其结果必然会出现以下两种情况，一种是薪酬成本不能得到有效控制，薪酬成本过高，增加了成本中的人工成本，从而影响产品的市场竞争力。另一种情况是，薪酬成本控制过严过紧，用于员工激励的钱节余过多，造成员工对薪酬的满意度下降，薪酬的激励力度降低，从而影响了员工的主动性、积极性的发挥。薪酬预算计划无疑会提高薪酬管理工作的预先性和可控性，提高薪酬资金的使用效果，将有限的薪酬资金用活用好。

三、薪酬预算的方法

薪酬预算对于任何一个达到一定规模的企业来说都是不可轻视的一件大事，虽然企业在这方面采取的方法众多，但一般来讲，主要有以下三种方法。

1. 自下而上法

自下而上法指组织内各个部门根据本部门每个员工下一年度的薪酬预算，计算出本部门的薪酬预算，报至人力资源管理部门，由人力资源管理部门将所有部门的薪酬预算汇总后，进行必要的调整(按组织的薪酬调整规定、物价指数确定每个员工的薪酬增长率和应得薪酬额)，编制出组织总的薪酬预算，报经营者审核确定。自下而上进行汇总的方法操作简便，较为切合实际;但不易控制组织总的薪酬成本，如果汇总的薪酬预算额超出了组织决策者的期望值，则可能会产生内部的矛盾，并需要重新进行调整。

2. 自上而下法

指组织的高层管理人员根据组织的经营状况、下一年度发展的预期及其他对薪酬有重要影响的因素，决定组织薪酬预算总额和增薪标准，再将预算分配到每个部门。各个部门根据所分配到的薪酬预算额，结合部门实际状况，由部门经理确定部门内每一个员工的薪酬预算额。部门经理可根据组织规定的增薪标准或按员工不同绩效来确定每个员工的增薪幅度，也可采取单一的增薪率。但单一增薪率对低底薪员工不利，较适合员工底薪差异不大的部门。这种自上而下进行预算分配的方法，有利于从宏观角度贯彻组织的战略和决策者的意图，有利于组织对薪酬总成本的控制，但受个人主观因素影响较大，薪酬预算易与客观实际相脱离，且丧失灵活性。

3. 综合法

以上两种方法各有利弊又有互补性，可将两者综合起来，同时采用，扬长避短。如先采用自下而上法，对汇总后的薪酬预算经过总体调整后再分配到各个部门。或者先以自上而下法决定各个部门薪酬预算，再用自下而上法预算个别员工增薪幅度，并使其与部门薪酬预算相配合，若两者差异过大，应适当调整部门薪酬预算。

四、影响薪酬预算的因素

影响组织薪酬预算的因素很多，概括起来主要有以下两大主要因素，即:组织外部因素和组织内部因素。

影响薪酬预算的外部因素有市场薪酬水平、生活成本变动情况及国家相关的法律法规;而内部影响因素主要包括组织人员的变动情况、组织往年的加薪幅度、组织现有的财务状况或者支付能力、组织现行的薪酬政策及组织技术变革。

（一）外部影响因素

1. 市场薪酬水平

组织所在地区所属行业的市场薪酬水平影响很大。尽管所支付的薪酬在组织的支付能力范围内，也符合员工的生活水平，但是如果整体的薪酬水平低于所在地区、所属行业的同类组织，同样会导致人才外流以致连一些基本必要的劳动力也难以保留；因此，确定合理的薪酬预算需要考虑工资的市场行情，以保持一定的外部竞争性。一般而言，组织应通过薪酬调查来确定所在地区、所属行业的薪酬水平及年均增长幅度，以此作为组织确定薪酬水平、制定薪酬预期的重要参考。

在进行薪酬调查时，要注意数据的时效性，任何一次薪酬调查的结果所代表的都是调查时的市场状况，而当组织采用这些数据时，不可避免地会出现时效性的问题。此外，在各个组织都十分重视薪酬保密的背景下，从薪酬调查中所获取的数据的参考价值也需要认真斟酌。因此，组织在根据调查数据调控自己的薪酬水平、进行薪酬预算时，应把数据的时效性和真实性考虑在内，对有关数据进行调整和更新，保证薪酬预算的及时性和有效性。

2. 生活成本的变动

生活成本的变动，是企业在进行薪酬预算时必须要考虑的问题之一。因为薪酬最基本的作用就是满足员工基本生活的需要。一般情况下，薪酬预算都要有所富裕，以便应付特殊情况的出现。在通货膨胀的情况下，如果企业对薪酬水平的调整跟不上生活成本的剧烈波动，往往会引起员工的不满，甚至导致企业经营上的危机。但在实际生活中，企业应如何对员工的生活成本进行衡量呢？因为生活成本关系到员工个人的消费模式、婚姻状况、年龄的大小以及地域的差别等，由此看来员工的生活成本的高低与薪酬的高低有一定的关联性。为了简便，企业普遍采取的做法是选取消费价格指数作为参照物，以产品和服务价格的变化来反映出实际生活水平的变动情况。经实践证明，这一做法在大多数情况下是可以满足员工需要的，然而这种方法并不是完美无缺的。

（1）消费价格指数忽视了个人消费模式中的替代作用，即当一种商品的价格突然大幅上涨时，消费者可能会选择用便宜的其他商品来替代它，而不是像消费物价格指数所假设的那样固定不变。

（2）消费物价格指数中所设计的消费组合并不能代表全部消费者的意思，它只代表一部分消费者的习惯。因此，根据消费者价格指数来衡量生活成本的变动，对企业来说，只能算是一种比较粗略的做法，它在企业对薪酬进行预算时只可以起到一种有益的参考。

3. 国家的薪酬政策

国家制定有关薪酬的法律、法规及制度通常会对组织的基本工资、工资的增长、最低工资制度、个人所得税额及强制性劳动保险的种类及缴费基数等产生重要影响。例如，2008 年 1 月 1 日颁布的《中华人民共和国劳动合同法》就有对员工试用期间工资的相关规定。2005 年 10 月 27 日第十届全国人大代表大会常务委员会第三次修正的《中华人民共和国个人所得税法》、《工伤失业保险条例》（[国务院令[2003 年第 375 号]、《关于推进工资集体协商工作的通知》(劳社部发[2005]5号)等,这些法规都会对企业的薪酬预算产生直接或间接影响。

(二)内部影响因素

1. 组织的人员变动情况

组织在进行薪酬预算时应综合两方面来考虑人员变动情况对薪酬总额的影响,人员总量上的增减变动会对薪酬总额产生影响,即人员总数的增加使薪酬总额加大,反之减少;另一方面,人员质量的变化同样会对薪酬总额的预算产生影响。也就是说,如果新增加人员的素质普遍高于减少人员的素质水平,组织为了达到更好地引才、育才和留才的目的,就要支付较高的薪酬,或组织内部人员晋升较快,从低岗到高岗的人员大幅度增加,同样会使薪酬总额增加。反之,在减少的人员中,如果是组织中的骨干力量大幅度减少、大比例的达到退休年龄且工资水平较高的人员,将会减少组织的薪酬支出。

2. 组织上年度的加薪幅度

相对于组织本年度的薪酬预算而言,上年度的加薪幅度可以作为一种参考。之所以要根据这样一个参考指标,是为了确保组织能够保证不同年份之间薪酬政策的一致性和连贯性,并在年度支出方面进行平衡。大多数组织在进行预算时最重要的一个参照物就是往年的预算水平。并且更为常见的情况是,薪酬预算通常是简单的在上年的薪酬预算水平基础上增加一定数额,这种做法更多的是依赖过去的经验,虽不科学,但是却很奏效。在数量上,年度加薪的幅度可以用下面的公式来计算;

年度加薪比率 = 100% ×(年末平均薪酬 - 年初平均薪酬)/年初平均薪酬

3. 组织的财务状况

在其他因素一定的情况下,组织的支付能力往往决定本年度的薪酬预算水平。当组织的财务处境良好时,它往往具备保持其在劳动力市场上的优势竞争地位的实力,同时还可以通过收益分享以及利润分享等方案与员工分享组织的良好经营绩效;而当组织在财务方面出现问题的时候,组织则通常会采取裁员、减少薪酬支付总额、降低基本薪酬上涨幅度或缩减可变薪酬的做法来确保组织渡过难关。

4. 组织现行的薪酬政策

组织的薪酬政策主要可以分为两大类,即现行的薪酬水平政策和薪酬结构政策。前者可能涉及的问题包括:组织是要做特定劳动力市场上的薪酬领袖、跟随者还是滞后者?哪些职位应得到水平较高的薪酬?而有关薪酬结构的具体问题则包括:在组织的薪酬水平决策中,外部竞争性和内部一致性所起的决定作用哪一个更大些?组织里究竟有多少个薪酬等级等等。此外,对现有薪酬政策的考虑可能涉及的其他问题还包括:当前组织中员工个人所获薪酬的具体情况是怎样的?员工和管理者对当前薪酬状况的满意度如何?综合考虑组织现行的薪酬政策所涉及的诸多问题并逐一落实,能更好地证组织薪酬预算的有效性。

5. 组织技术的变革

组织总体技术水平的提高或降低足以发挥出不亚于其他因素的影响作用。当科学技术的发展带来了组织技能水平的总体上升时,尽管员工总数在减少,平均薪酬水平也还是会有所上升,而这种上升无疑会给组织的薪酬预算带来种种影响。事实上,这些年来随着社会整体技术水平的快速上升,员工薪酬水平也随之不断上涨,尤其是专业技术人员的薪酬水平上涨速度快,有些高级技术人员甚至高过了高层管理人员的薪酬水平,因此,企业在进行薪酬预算时应该充分考虑这些因素的影响。

第二节　薪酬控制

一、薪酬控制的定义及其作用

所谓控制，是指为确保既定计划、目标顺利实现而采取的种种相关措施。控制是管理过程中最重要的职能之一。因此，薪酬控制也必然成为薪酬管理过程中最重要的工作之一。它是依据组织目标与预先确立的薪酬标准对组织的薪酬管理活动进行衡量，提示偏差，予以纠正，以确保组织目标与既定的标准和指标顺利实现的过程。

所谓薪酬控制，是指为确保既定薪酬方案顺利落实而采取种种相关措施的过程。在组织的实际经营中，正式的控制过程往往应该首先确定相关标准以及若干衡量指标，并将实际结果和既定标准进行比较，如果两者之间存在差距，要明确并落实补救性措施。具体到薪酬管理方面，组织通过薪酬预算，一般已经对自己的薪酬方面的具体标准和衡量指标有了比较清晰的认识；而薪酬控制的主要功能就在于确保这些预定标准的顺利实现。

毋庸置疑，薪酬控制对于组织而言十分必要。具体说，在外部劳动力市场方面，由于组织在进行薪酬预算时通常是对市场平均薪酬水平、薪酬变动幅度等因素进行大致的估计和预测，因此很多时候，针对实际情况进行调查、及时纠正预期就是非常必要的；与此类似，组织在进行薪酬预算时采取的内部信息往往也未必准确，同时实际雇佣状况也存在着随时变化的可能，这种情况下，为保证管理人员对整个薪酬体系的切实监控和预定薪酬管理目标的顺利实现，实施有效的薪酬控制对于组织而言就具有相当重要的意义。

二、薪酬控制的方法

(一)组织的劳动力成本控制

一般情况下，组织的劳动力成本可以用下面的公式表示：

劳动力成本 = 平均薪酬水平 × 雇佣量

因此，我们可以认为劳动力成本主要取决于组织的雇佣量以及在员工基本薪酬、可变薪酬和福利与服务这三个方面的支出，它们自然也就成了薪酬控制的主要着眼点。同时，组织所采用的薪酬技术，例如工作分析和工作评价、技能薪酬计划、薪酬等级和宽带薪酬、收益分享计划等，在一定意义上也能够对薪酬控制发挥不小的作用。这样说来，主要可以从以下几个方面来关注组织里的薪酬控制：第一，通过控制雇佣量来控制薪酬；第二，通过对平均薪酬水平、薪酬体系构成的调整以及有目的地设计组织的福利计划以达到控制薪酬的目的；第三，利用一些薪酬技术对薪酬进行潜在的控制；第四，其他一些方法。

1. 通过调整雇佣进行薪酬控制

众所周知，雇佣量取决于组织里的员工人数和他们相应的工作时数，而通过控制这两个要素来管理劳动力成本可能也是最为简单和最为直接的一种做法。很显然，在薪酬水平一定的情况下，组织里的员工人数越少，组织的经济压力也就相应越小；然而，如果薪酬水平能够保持不变，但是每位员工的工作时间可以延长，那么组织就会更为有利可图了。

(1)控制员工人数。对于一个组织而言，适当的员工人数控制和合理的员工流动控制是薪酬管理过程中重要的环节之一。为了更好地管理组织的劳动力成本，许多组织会选择和不同的员工之间建立不同性质的关系：与核心员工之间的关系一般是长期取向的，而且彼此之间有很强的承诺；与非核心员工之间的关系则以短期取向居多，只局限于特定的时间段内。同时，非核心员工与核心员工相比，其成本相对较低，而流动性更强一些。因此，采用了这种方式之后，组织可以在不触及核心员工利益的前提下，通过扩张或收缩非核心员工的规模来保持灵活性并达到控制劳动力成本的目的。

(2)控制工作时数。和变动员工的人数相比，控制变动员工的工作时数往往来得更加方便和快捷，所以这种做法在企业里的使用更为频繁一些。这里值得一提的是有关工时的法律规范方面的问题。举例来说，在很多国家都有明文规定，员工的工作时间在超过正常用工作时间以后，额外工作时间里的薪酬应该按照原有薪酬水平的1.5倍(或更高)来计算。因此，对于组织而言，就需要在调整员工人数和调整工作时效量两种做法之间选择，选择的依据则是哪一种调整方式的成本有效性更高。

2. 通过薪酬水平和薪酬结构进行薪酬控制

对薪酬的控制，更主要的还是通过对薪酬水平和薪酬结构的调整来实现。此处的薪酬水平主要是指组织总体上的平均薪酬水平；而薪酬结构则主要涉及到基本薪酬、可变薪酬和福利支出。这样一些薪酬的构成以及各个具体组成部分所占的比重大小，各种薪酬组合水平高低不同和所占的份额大小不同，对于组织薪酬成本的影响也不同。

(1)基本薪酬：基本薪酬对于薪酬预算与控制的最主要影响体现在加薪方面，而原有薪酬水平之上的增加一般是基于以下三方面的原因：①原有薪酬低于理应得到的水平；③根据市场状况进行的调节；②更好地实现内部公平性。而任何一次加薪能够发挥的效用直接取决于加薪的规模、加薪的时间以及加薪的员工参与率。

由于原有薪酬不足而导致的加薪意味着起码要把基本薪酬提到薪酬等级的最低水平线上。因此，这种做法的成本会和以下几种因素有关：①基本薪酬所得存在不足的员工的数量；⑦理应加薪的次数；③实际加薪的规模。举例来说，如果组织存在着对每次加薪幅度的政策规定，那么管理者就需要决定，为了弥补某员工15%的薪酬差额，究竟是进行一次加薪还是两次或更多次加薪，不同的抉择显然会对组织的财务状况发生不同的影响。根据市场状况或是组织内部的公平情况来对基本薪酬水平进行调整，则更多地是为了确保和加强组织的地位，不管这种地位是相对于竞争对手的地位还是指员工心目当中的地位。

(2)可变薪酬：越来越多的组织开始在组织内部使用这样或者那样的可变薪酬方案，它们的支付形式包括：利润分享、团队奖励、部门奖励等。它们给组织所带来的成本亦是进行薪酬预算与控制时不得不考虑的一项内容。

在提高薪酬水平给组织薪酬控制带来的影响方面，可变薪酬与基本薪酬既有相同点，亦有不同之处。一方面，可变薪酬所能发挥的影响同样取决于加薪的规模、加薪的时间以及加薪的员工参与率。而另一方面，由于大多数可变薪酬方案都是一年一度制定的，通常是在每个财务年度的年底进行支付，因此它们对组织的影响也只是一次性的，并不会作用于随后的年份。因此从劳动力成本方面来看，可变薪酬相对于基本薪酬所占的比例越高，组织劳动力成本的变化余地也就越大，而管理者可以采取的控制预算开支的余地也就越大。这对于今天这种崇尚灵活性和高效率的组织环境来说，可以是一种不错的选择。

3. 通过薪酬技术进行潜在的薪酬控制

工作分析和工作评价、薪酬政策、薪酬宽带等这些薪酬技术除去一些比较直观的目的之外，它们对于薪酬的预算控制也能起到不小的作用。

(1) 最高薪酬水平和最低薪酬水平。一般说来，每一薪酬等级都会具体规定出该级别内的最高薪酬水平和最低薪酬水平。其中，最高薪酬水平对于组织薪酬控制的意义是比较大的，因为它规定了特定岗位能够提供的产出在组织里的最高价值。一旦由于特殊情况而导致员工所得高于这一限额，就使得组织不得不支付"赤字薪酬"；而当这种情况在组织里很普遍时，对薪酬等级和工作说明书进行调整也就很必要。由于最低薪酬水平代表着组织中的岗位能够创造出来的最低价值，因而它一般会支付给那些尚处于培训期的员工。当然，如果员工因为绩效突出而晋升速度过快，也有可能出现这种情况。

(2) 薪酬比较比率。在薪酬控制过程中，一项经常会被用到的统计指标是薪酬比较比率。这一数字可以告诉管理者特定薪酬等级的薪酬水平中值，以及该等级内部岗位或员工薪酬的大致分布状况。该数值的表示公式可以写为：

薪酬比较比率 = 实际支付的平均薪酬/某一薪酬等级的中值 × 100%

因此，当薪酬比较比率为 1 时，意味着等级内员工的平均薪酬水平和薪酬中值是恰好相等的。我们在前面已经指出，薪酬中值是绩效表现居中的员工理应得到的薪酬水平，理想情况下，组织支付薪酬的平均水平应该等于薪酬中值。因此，当薪酬比较比率大于 1 时，就说明因为这样或那样的原因，组织给员工支付的薪酬水平偏高：也许是因为人工成本控制不当，也许是多数员工的绩效表现确实突出，或是因为其他别的种种原因。而当数值小于 1 时，薪酬支付不足的情况就显而易见了。当然，对于为什么会出现这种结果，组织需要进行进一步的深入分析。

(3) 成本分析。数字的说服力往往是最强的，相信这也是成本分析为很多组织所青睐的原因。在决定一次新的加薪之前，组织一般都会对加薪所带来的经济影响进行深入和透彻的分析，以了解事情的全貌。同样，组织在制定像销售人员奖励计划这样的薪酬方案时，也可以通过对该计划的成本预算来达到合理控制成本的目的。

4. 进行薪酬控制的其他一些方法

在组织薪酬控制的实践中，组织还可以考虑采取以下方法：

(1) 薪酬冻结

当人工成本过高时，不是直接降低薪酬，而是使员工的薪酬水平保持不变。不要以为这样做与降低薪酬没什么不同。其实，实行冻结薪酬的措施一般不会引起员工的反感。相反员工会这样想：一定是我的工作表现不佳，业绩不突出，所以才没增加奖金，我应该努力工作，争取更好的成绩。这样，反而激励员工为组织做出更大的贡献，增加产量，而降低单位产品的人工成本。

(2) 延缓提薪

对于应该提薪的员工，暂时推迟一段时间，等到组织摆脱了困境，经济效益好转之时再予以提薪。不妨向全体员工说明组织所面临的现状，争取造成"风雨同舟"的气氛，团结一心，共渡难关。

(3) 控制其他费用支出

适当地压缩组织在一些福利、津贴方面的开支，也可以达到控制成本的目的。具体措施主要有:要求员工少请假、缩短假期;调整差旅费支出，限制乘坐一等舱位和入住高星级酒店;控制电话费用的支出;限制各种公费娱乐活动等。适当压缩部分福利项目的开支，可以避免强行降薪带来的不利影响。

抑制组织的人工成本是薪酬管理的重要环节，当组织成功地控制了成本的上升趋势，使组织在竞争中占有优势的时候，组织的管理水平将会跃上新台阶。

世界上并不存在一劳永逸的事情，薪酬管理也是如此，即使有了满意的薪酬制度并实施了有效的控制，但在薪酬制度的运行过程中,由于各种因素的变化，必须不断地加以调整，因为僵化不变的薪酬制度将会使其激励功能大大降低。对员工来说，薪酬制度失去了激励作用，就意味着组织的失败，所以随着环境条件的变化，薪酬调整就显得十分必要。

(二)常见的薪酬调整主要有以下几种类型

1. 奖励性调整

奖励性调整是为了奖励员工做出的优良的工作绩效，鼓励他们保持优点，再接再厉。当组织的员工工作绩效突出、成绩卓著时，不要忘记对他加以奖励，适当提高他的薪酬水平，并明确地告诉他“公司为了表扬你的工作成绩，增加了你的薪水”，同时给予口头上的表扬。这样会极大地调动员工的积极性和工作热情，同时也激励其他的员工向他学习，为组织的发展做出贡献。

2. 生活指数调整

这是为了补偿员工因通货膨胀而导致的实际收入无形减少的损失而做的一种调整，使员工生活水平不致降低，显示对员工的关怀。但是这种调整的方法要注意。生活指数调整常用的方式有两类:一类是等比式调整，即所有员工都在原有薪酬基础上调高一定的百分比。这样，薪酬偏高的调升的绝对值幅度较大，似乎进一步扩大了级差，薪酬偏低的多数员工很容易产生“又是当官的占了便宜的感觉”，从而产生“不公平”的怨言。但等比调整保持了薪酬结构内在的相对级差，使代表组织薪酬政策的特征线的斜率虽有变化，但却是按同一规律变化的。另一类则是等额式调整，即全体员工不论原有薪酬的高低，一律给予等幅的调升，是按平均率运作的。这样做似乎一视同仁，无可厚非，但却引来级差比的缩小，致使特征线上每一点的斜率按不同规律变化，造成了一定的混乱，动摇了原薪酬结构设计的依据。薪酬管理者应当在选取一个主导方式时，制定相应的补偿或者调整措施。

3. 效益调整

当组织效益甚佳、赢利颇多时，一般会有对全体员工的薪酬普遍调高的要求。调整的方式可以是浮动的、非永久性的;当效益欠佳时，有可能调回原来的水平。但是，要注意这类调整应涉及全体员工。否则,将使员工感到不公平，他们会想:组织的经济效益好，还不是大家共同努力的结果，为什么偏偏给他们涨薪水？一旦员工有了这样的想法，将导致工作积极性的降低，自然会影响工作效率，当然也违背了薪酬管理的最基本的原则。

4. 工龄调整

工龄的增加意味着工作经验的积累与丰富，代表着能力或绩效潜能的提高。从这一角度来说，工龄薪酬具有一定按绩效与贡献分配的性质。因此，现有的工龄调整应将工龄与考核结果结合起来，作为提薪时考虑的依据。如果一位员工的绩效水平一直保持不变，则他的每年定期调薪主要以该绩效水平为参数进行;如果该员工被提升到新的较高职务了，则他的调薪将按新职务调整。

总之，要根据组织内外环境的变化不断调整薪酬制度，使其发挥应有的作用，保证整个薪酬体系顺利和正常的运转。

第三节　薪酬沟通

随着经营环境不断变化，竞争越来越激烈，企业对于员工的依赖越来超强，已经有越来越多的企业开始转变思维方式。它们发现，薪酬体系的精心设计和良好沟通已经成为有效激励员工、提高组织效率的关键要素；也正是因为这一点。很多传统企业已经抛弃了向员工封闭薪酬信息的传统做法，开始在薪酬沟通方面投入更多的时间和精力。

一、薪酬沟通的方法

组织在薪酬沟通的过程中，可选择的方式有许多，也可以组合多种方法或者不断变换方式方法。

（一）薪酬会议

沟通的本质是组织成员交流思想、情感或信息。薪酬沟通可以说是一种人际互动的过程，大型或小型的薪酬会议给员工和管理者提供了面对面的交流和互动的难得机会。有些企业采用定期的领导见面会和不定期的群众座谈会的形式，让那些对薪酬有疑问的员工有机会直接与主管领导沟通，也使得管理者有机会获得第一手员工的真实思想和情感，而不必担心信息失真。薪酬沟通会议中，幻灯片、活动挂图都是经常会被采用的工具，因为它们在记录与会者的讨论信息、突出重点和直观进行展示方面，是尤其有效的，并且对于组织而言，它的低廉成本也是其尤为可贵之处。

（二）单独面谈

“一对一”的单独面谈更有助于薪酬管理者发现诸多问题，包括薪酬沟通过程中可能会存在的缺陷。相对来说，人际沟通的规模越小，越有利于双方就共同关注的问题进行深入交流。但另一方面，在企业本身规模较大的情况下，这也意味着更多的财务支出和时间投入；同时，它对管理者的沟通技巧也提出了比较高的要求。

（三）内部刊物与宣传告示栏

对于许多规模较庞大的组织，各成员间很难坐到一起召开会议，也难以通过个别交谈法进行薪酬沟通，那么内部刊物就是一种较好的替代方式。一般情况下，薪酬手册、书信、备忘录、企业内部刊物、薪酬方案摘要和薪酬指南等都属于薪酬沟通时会使用到的印刷媒介。它们尤其适用于在有限时间内需要将特定的信息向大量员工进行传播。宣传告示栏则是另外一种类型的薪酬沟通方式，许多组织在其公众场合都有海报栏、信息栏。这是一种非常有效的组织沟通方式，它又有成本低、沟通面广、沟通较为准确和迅速的优点。随着技术的飞速发展，公共宣传栏已向无形化转变，如 BBS 公告牌等电脑网络等；而且内部刊物也在向这种无形化的方面转变，其类似的方式有织织内的有线电视、组织内的网络通告等。

（四）意见箱与投诉站

当组织中的沟通出现障碍时，下层员工的各种设想、意见很难反映到上层。即使组织沟通系统正常，也会因为沟通“过滤”、“扭曲”等原因而让员工的思想传递受阻，所以一般组织中都设有意见箱，以便高层领导能够直接收到下层传来的信息。当下级的正当的薪酬权益得不到有效的保护，而通过沟通来解决失败后，往往可以通过企业内部的投诉站来加以协调。

除了这里所列示的几种薪酬沟通方式之外，组织的沟通方式还有许多种. 如讲座、电话问答系统、交互式个人电脑程序、联谊会、聚餐等各种正式或非正式的薪酬沟通方式，这里不再一一详谈了。

二、薪酬沟通的步骤

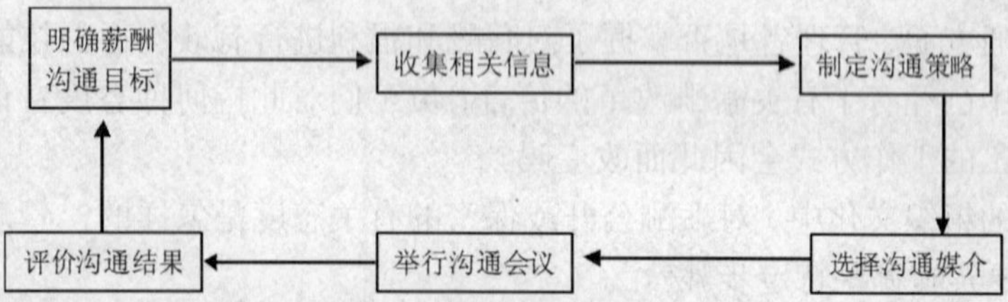

在组织中就薪酬体系进行沟通通常可以采取以下六个步骤。

(一)明确薪酬沟通目标

这是一个看上去很明显、但在现实中却经常被忽视的步骤。当组织制定了新的薪酬方案或是对既有的薪酬方案进行了改动的时候，组织的薪酬政策以及薪酬方案的执行方式通常也需要进行相应的变革。举例来说，某组织在变革以前实行普遍加薪制度，即依据资历决定薪酬的增加，经过改革，新的薪酬体系改为以绩效为中心，同时建立了完备的奖金激励方案。在一定层面上，这种变革同时也是组织文化的转变，它使得组织更加侧重于责任的承担和对绩效的认可。如果员工不能迅速和准确地意识到这种组织文化和导向的转变，必然会给新方案的推行带来一定的困难。因此，薪酬沟通不仅能够传达有关薪酬的最新信息，同时还能影响到员工的态度和行为方式，使他们按照组织希望的方式行事。这种情况下，组织就薪酬问题进行沟通的目标就不仅仅在于把新的薪酬体系告知所涉及的员工和管理者，更重要的是要把它推销给整个组织，得到组织的认可和接受。而这一目的能否达到，会直接影响到薪酬体系的设计和执行结果。

我们可以把组织里薪酬沟通的目标概括为以下三个方面:第一，确保员工完全理解有关新的薪酬体系的各个方面;第二，改变员工对于自身薪酬决定方式的原有看法;第三，鼓励员工在新的薪酬体系之下做出最大的努力。在组织的经营现实中，经过这样或那样的变动，上述三个方面的目标可以适用于大多数薪酬沟通方案。此外，在这样三个总的目标之下，组织还可以根据自己的具体情况，结合自己意欲达到的目的，再分别设计出更为具体的沟通目标。

(二)收集相关信息

在沟通目标确定下来之后，下一个步骤是要从决策层、管理者以及普通员工中间搜集他们对于薪酬体系的有关看法:既包括对现有体系的评价，也包括对未来变革的设想和期望。只有把这些信息和薪酬沟通目标结合在一起，才可以确保组织和员工们的需要都得到关注和满足。另一方面，询问员工对于薪酬体系的观点、看法以及相关态度，这本身已经表明了组织对员工所思所想重视；同时，员工们也能由此获得参与感，并增强对组织的承诺，这些对于组织的经营成功都十分重要。

(1)从所要搜集的信息的内容看，尽管不同组织在经营状况方面的差异很大，想要达到的目标也不尽相同，但还是有一些信息是值得所有组织都加以重视的，它们包括：

①员工们对组织现有薪酬体系的了解程度如何？

②管理者和员工是否掌握了与薪酬方案有关的准确信息？

③员工们对组织内的薪酬沟通状况持有怎样的看法，他们认为现在的沟通足够吗？

④组织采取的管理实践与他们意欲传达的信息之间存在不符之处吗？是否存在这样的情况：公司宣称只有优秀的绩效才会得到奖励，而事实上所有的员工都得到了5%的加薪？

⑤在薪酬沟通方面，管理者是否掌握了对薪酬和福利进行有效沟通的技能？

⑥如果组织中已经有了有关薪酬改革的传言，员工们对此持何种态度？他们认为这样做是必须的吗？员工的工作方式会因此而改变吗？

⑦在本组织的组织文化中，对薪酬公开或保密的有关态度是怎样的？管理者如果想向员工传达信息，需要实施哪些特定步骤？

⑧管理者和员工认为哪些沟通手段对于薪酬沟通来说是最有效的：书面文件、光盘、小型集会还是大型会议？

当然，上面列举出来的这些问题只是应该搜集的信息当中的一小部分，取决于特定的沟通要求，在不同的情况下需要就不同类型的信息进行搜集。

(2)从信息搜集的方式来看，组织可以采取若干种不同的方式来进行信息的搜集工作，主要包括问卷调查法、目标群体调查法、个体访谈法等。

比较而言，问卷调查是一种应用甚为广泛的信息搜集方式。当需要面对为数众多的对象搜集大量信息的时候，这种方式往往最为有效。在很多情况下问卷都会由开放式问题和封闭式问题共同构成。这样既可以就调查对象对关键问题的真实看法进行衡量和比较，又不会遗漏其他的观点和意见，从而可以确保整个调查的全面性和针对性。当然，为了进一步提高调查的效果，采用其他的必要措施来保证调查的信度和效度也是不可缺少的。

所谓目标群体调查法，是指针对意欲调查的对象整体，即组织里的员工和管理者随机抽取的一个小型样本所进行调查的一种方法。这是又一种行之有效的信息搜集方式。一般说来，每一个目标群体都要能够涵盖组织里的各个部门，从而保持样本的充分代表性。同时管理者和员工最好分成不同的目标群体，以便避免可能会出现的管理者威胁员工的情况。已经有调查显示，当对员工采用合乎规范的目标调查法进行调查时，他们通常会表现得更为开放一些。

有专家声称，在所有可行的信息搜集方法当中，个人访谈法是最为有效的方法之一。而这里的个人访谈，主要是指针对组织决策层以及首席执行官进行的访谈。它的主要功用在于通过了解组织高层对薪酬问题的看法，给组织的薪酬沟通事先定下基调和风格，从而大大节约需要花费的时间和精力，并减少管理过程中可能出现的障碍。值得注意的是，在采用这种方法时，准确了解组织的管理文化，并使得薪酬沟通的基调、风格与之相匹配，是整个过程中最为关键性的问题。

除去上面的这些方法之外，其他的方法也都有可取之处。例如，利用组织中的非正式组织搜集信息；根据员工们对薪酬方案提出的疑问来发现问题；以及通过绩效面谈了解员工和管理者们的看法。在不同的情境之下，不同的信息搜集方式会发挥不同的作用，满足组织不同的目的。

（三）制定沟通策略

在搜集到有关员工对薪酬方案的态度和心理感受的信息之后，我们可以着手在既定的目标框架之下制定薪酬沟通的策略。虽然已有的研究对于组织应该和员工就什么进行沟通、怎样进行沟通并不曾有过明确的限制，但我们还是能够对组织中的沟通策略进行大致的分类。具体说，有些组织采取的是“市场策略”；与向客户推销商品很相似，目标员工和管理者也充当客户的角色；而组织的沟通目标在于有效控制客户对于薪酬方案的预期和态度，提高客户满意度。因此，这方面的相应措施可以包括：就客户对薪酬体系的反映进行调查；准确告知客户现有薪酬制度的优势和不足；以及对组织最新的薪酬举措进行宣传。

也有一些组织立足于“技术策略”。这种策略不太重视薪酬政策本身的质量或优缺点，而是着眼于向客户提供尽可能多的技术细节。这些细节可能会包括：组织里的具体薪酬等级、特定薪酬等级的上限与下限、AR 薪的相关政策，诸如此类。通过这种做法，可以加深目标员工和管理者对于薪酬体系本身的认识和理解，更好地实现沟通的目的。

但是，通过“客户”满意度调查，某组织发现它的大多数员工对于组织如何确定薪酬水平仍感到迷惑不解；他们拿不准为什么这一职位就应该比另一个职位拿更高水平的薪酬；他们同时认为管理层，尤其是决策层，对薪酬进行的沟通是远远不够的。面对这种状况，该组织意识到，它所要做的不仅仅是设计和执行新的薪酬方案，还需要就这一体系与员工进行充分的沟通。因此，它所采取的薪酬沟通策略如下：

（1）在薪酬方案开始运作之前，以总裁的名义向员工们分发备忘录，具体解释新方案的目的以及将会采取的步骤。其目的在于告知每一个人，组织有信心取得成功，而员工做出的卓越成绩也定会得到丰厚的回报。

（2）与关键的管理人员进行一系列会谈，就薪酬方案进行沟通，并争取他们的支持。通常情况下，这种会议有两个目的：强调执行该薪酬方案的重要性以及得到大家支持的重要性，并确定由谁负责具体的薪酬沟通事宜。

（3）与员工保持持续的沟通，确保他们对新薪酬方案的执行具有一定的参与意识，能够了解到具体的运作环节，并对其执行情况保持关注和兴奋。

（四）选择沟通媒介

当组织开始着手确定沟通媒介的时候，一般都会面临着多种备选方案。它们在技术复杂程度上有所差异，沟通效果也有着显著的不同。具体说来，这些媒介可以分为四大类：视听媒介、印刷媒介、人际媒介以及电子媒介。

1. 视听媒介

视听媒介涵盖的种类很多，包括幻灯片、活动挂图、电影、录像带和电子远程会议。通常情况下，当需要向身处不同地点的员工传达信息的时候，利用录像带或 VCD 是一种行之有效的方式，可以大大节约管理者的时间。但从成本上讲，制作一份质量精良的录像带或 VCD，成本通常是很高昂的。与其他手段相比，远程电子会议这种视听手段的技术含量相对较高。借助于最新开发的电子沟通技术，可以在沟通双方之间营造出生动、双向和有问有答的交流氛围，使得沟通的效果达到最大化。但是，也有专家们建议说，为了有效地对沟通全程进行控制，充分发挥双方直接交流的效用，对参与会议的人数加以限制也十分必要。

此外，几乎在所有的沟通会议中，幻灯片、活动挂图都是经常会被采用到的手段。在记录与会者的讨论信息、突出重点和直观的进行展示方面，它们是尤其有效的；当然，对于组织而言，它的低廉成本也是尤为可贵之处。

2. 印刷媒介

一般情况下，薪酬手段、书信、备忘录、组织内部刊物、薪酬方案摘要和薪酬指南等都属于薪酬沟通时会使用到的印刷媒介，它们尤其适用于在有限时间内需要将特定的信息向大量员工进行传播的情况。也正是因为这样，当组织选择录像带、远程电子会议等沟通手段时，通常也会把印刷媒介作为补充物或是参考资料。

在传播方式上，印刷媒介传统上采用的主要是书面载体，而现在随着电子技术的发展，对 e－mail 的使用频率也变得多起来，这在一定程度上也进一步降低了运作成本，从而使其成为最为经济的沟通方式之一。

3. 人际媒介

在薪酬沟通的所有媒介中，人际媒介应该可以算作为有效的方式之一。毕竟薪酬沟通在本质上就是一种人际互动的过程。大型或小型的薪酬会议一般都可以给员工和管理者提供面对面的交流和互动的难得机会，而一对一的单独面谈则更是有助于薪酬管理者发现问题，包括薪酬沟通过程中可能会存在的缺陷。

相对来说，人际沟通的规模越小，越有利于一方就共同关注的问题进行深入交流。但另一方面，在组织本身规模较大的情况下，这也意味着更多的财务支出和时间投入；同时，它对管理者的沟通技巧也提出比较高的要求。

4. 电子媒介

电子媒介是电子化的、以计算机为基础的一种沟通媒介，包括信息中心、电话问答系统、交互式个人电脑程序等。在当前的信息社会里，它已经成为很多组织很重要的一种沟通手段选择。以交互式个人电脑程序为例，它们几乎已经渗透到当前所有的组织当中。借助于这种沟通网络，管理者可以随时随地解决员工们遇到的薪酬问题，就组织最新推出的薪酬和福利方案提供咨询，并为员工提供在线福利自选服务。在有些组织里，员工甚至可以根据自己的经济状况和掌握的信息，直接通过组织内部网络从组织的投资项目中撤出自己的份额。因而，电子技术已经在一定程度上改变了当今组织薪酬沟通的全貌。

在组织的日常经营中，当需要确定沟通媒介的时候，很重要的一点是要综合考虑特定媒介的沟通效果和相应的研发成本。概括而言，最有效的薪酬沟通手段应该能够给沟通双方提供大量面对面的互动机会，同时可以传达充分个人化的信息，切实满足单个员工或是团队的个别需要。

（五）举行沟通会议

在薪酬沟通方案中，最重要的步骤可能是正式沟通会议的筹办和举行。这种会议一般位于薪酬沟通流程的末期，目的在于就整个薪酬方案进行解释和推销工作。在一次典型的薪酬沟通会议上，组织一般会就薪酬方案的各个方面进行解释。这些方面包括：工作评价、市场数据调查和分析、薪酬等级的确定、奖金方案的制定、绩效评价体系以及薪酬管理方面的问题。当然，取决于组织的策略不同，不同组织提供信息的详细程度也存在很大差异。同时，员工们大多还会得到自己的职位说明书和一份详细的薪酬等级分布表，以及有关组织的团队奖金方案、绩效评价系统和薪酬管理体系等的书面说明。

根据会议中所要沟通信息的性质，可以把它们分成流程型信息和政策型信息。流程型信息可能会涉及的问题包括：工作评价是由谁进行的？如何对信息进行分析？何时会调整薪酬等级？而政策型信息则是一些涉及政策和制度方面的问题，譬如各薪酬等级的中值都处在什么水平上？为什么要对职能管理人员和技术人员执行不同的绩效评价方法？为什么要维持现有的薪酬差额？同时，正如前面在讨论目标群体法时所提到的，为了避免管理者可能会对员工产生的胁迫效应，在举行薪酬沟通会议时把他们两个群体区分开来有时候是很必要的。

(六)评价沟通结果

薪酬沟通的最后一个步骤是就整个沟通流程的效果进行评价。当然，在一定程度上，这种说法有失于片面，因为管理者和员工之间的反馈和沟通事实上应该贯穿沟通流程的始终。举例来说，组织进行评价的维度可以包括：薪酬沟通的目标是否现实；搜集到的有关员工态度和心理感受的信息的效度如何，是否足以说明问题；选择的沟通媒介是否有效；举行的薪酬会议是不是很切题；以及员工们是否已经消化了他们接受到的信息。依赖这些信息，组织得以对薪酬的整体战略和具体举措加以改进，提高整体上的效用水平。

对薪酬沟通结果进行评价的最佳时期是举行正式会议之后的 4 到 6 个月，而中间的这段时间间隔则为员工们消化薪酬信息、适应新的薪酬体系的缓冲机会。与前面提到的信息搜集方法相似，亦可以采用问卷调查法、目标群体法或面谈的方法来对沟通结果进行评价；而理想情况下，此处的调查对象和前面搜集信息的对象也应该是同一群人。这样，根据调查对象在沟通前后对待定问题回答情况的不同，组织就可以从中提炼出有关沟通是否有效的丰富信息。

一般说来，评价过程中可能涉及的问题大多涵盖以下几个方面：组织内部成员对于薪酬和福利方案的理解达到了怎样的程度；管理者和员工之间的沟通状况是否让人满意；决策层传达的信息和他们采取的做法之间是否一致；员工是否认为绩效和报酬体系之间存在着联系，等等。

类似的问题还有许多。正是借助这些问题，组织可以对沟通前后的具体状况进行比较，从而不仅能够对本次沟通效果做出中肯的评价，还可以给以后提供诸多有价值的经验和教训，这对组织进一步提高沟通和管理效率也意义深远。

三、薪酬沟通需要注意的问题

一般来说，成功的薪酬沟通应该能够与企业的整体经营战略和沟通策略相一致，能够清除员工对新生事物的顾虑和畏惧，并说服员工接受它。因此，在对当前环境下的薪酬沟通需要注意以下几个方面的问题：

首先，在现代企业里面，随着企业经营环境的风险不断增大，薪酬方案的调整频率已变得越来越高。为了顺应这种趋势，薪酬沟通就必须成为企业的一种良好习惯，很自然地贯穿于薪酬方案开发和执行过程的始终，涵盖到组织的方方面面，并置于与报酬体系本身同等重要的位置上。事实上，企业在刚刚开始设计和开发薪酬方案的时候，就应该考虑到如何就该方案与员工进行沟通的问题。

其次，薪酬沟通不可能存在于真空之中。它不是静止不动的，必须时刻保持自身的动态性和灵活性。还必须被上升到战略高度，结合组织的大环境加以考虑。有效的薪酬沟通能够很好地强化组织的战略和变革本身，并成为联系它们的纽带。

最后，也是最为根本的一点，薪酬沟通必须是公开、诚实和直截了当的。在条件允许的情况下，员工们应该能够及时、准确、方便、高效地获得组织在薪酬方面的各种信息，包括：企业的薪酬结构是怎样的，员工们的薪酬是如何决定的，在什么情况下他们能够得到加薪，等等。

在薪酬管理的整个流程过程中，薪酬沟通是其中不可或缺的组成部分。贯穿于薪酬方案由制定到实施、控制、调整的全过程。事实上，作为一种人际间的互动方式，薪酬沟通比其他很多的管理举措都更为复杂，对管理者在技巧和素质方面提出的要求也相对较高。但是，若想把企业经营好，赢得和保持市场上的竞争优势，薪酬沟通绝对是一个不可忽略的关键环节。有人甚至说，在今天的企业里，沟通已经成为每一位企业成员——无论是普通员工还是管理者的第一责任。

第四节 薪酬制度诊断与评估

诊断最直接的目的是为了发现问题，其最终的目的应该是为了发展和提高。薪酬诊断同样如此，对组织来说，薪酬诊断一方面是为了了解和分析组织在薪酬体系方面存在的问题，更为重要的是针对这些问题提出有效的解决办法，以恢复薪酬制度体系的功能和功效，从而促进员工绩效的改进和组织绩效的提升。接下来，我们将对薪酬诊断的必要性、判断薪酬体系好坏的标准以及薪酬诊断的主要方面进行详细的讨论。

一、薪酬诊断的必要性

薪酬诊断一般是由外部人力资源专家与组织内部有关人员进行密切配合、对组织薪酬体系的各个方面进行深入的考察和分析，帮助组织挖掘现有薪酬体系存在的问题和薄弱环节，并分析产生问题的原因，提出切实可行的方案或建议，从而帮助组织改进现状、提高组织的薪酬管理水平。

组织的薪酬不仅意味着对员工价值的认可，同时还起着宣传作用。通过薪酬体系，员工能够很快感知到组织重视什么、关注什么。例如，如果组织对高资历的员工支付较高的薪酬，则意味着组织重视忠诚；同样，如果能力出众的员工能够够获得更高的工资，那则意味着个人绩效是最重要的。而在组织的日常文化中之所以需要对薪酬体系进行诊断，原因有三：

(1)与时俱进。任何一个已经存在的组织，一般会有一份完整的薪酬体系在指挥着组织的运作。而随着外部竞争环境的变化以及组织的不断发展壮大，原有的薪酬理念可能就会变得不合时宜。激励员工的薪酬手段可能会在组织变革时失效、当组织越来越依靠团队工作时，之前以个人激励为主的薪酬政策就可能面临着变革。

(2)持续激励。当组织遇到员工工作积极性不高时，组织也必然会考虑是否是对员工的激励程度不够？是否是组织的薪酬体系出了问题？那么，对组织的薪酬体系进行诊断也就提到议事日程上来。

(3)提高竞争力。组织的薪酬体系一旦制定，就应该在相当长的一段时期内稳定地、切实有效地执行。但这并不意味着它就会一直对组织的竞争力产生积极作用。随着员工队伍不断扩大，人工成本的不断上升，如果不及时的对组织的新酬体系进行诊断，就有可能会面临着组织的薪酬成本不断增加，进而导致组织的竞争能力下降的问题。另外，当员工对薪酬体系的抱怨增多以及满意度日益下降时，也应该及时地进行诊断和调整，防止因满意度的下降导致员工绩效水平的下降并最终影响组织的市场竞争力。

二、薪酬诊断的内容

薪酬体系通常包括固定工资、可变工资、员工福利与津贴等几个方面。如果细分下去的话，薪酬体系还应该包括薪酬调查、员工薪酬满意度、薪酬策略、薪酬结构等多个方面的内容。此外，在进行薪酬诊断时，还需要我们先对组织的文化进行一个初步的诊断。因此，在薪酬诊断时我们不能想到什么就诊断什么，而应该采用科学合理的办法，先从战略的角度进行宏观把握，并在此基础上对薪酬体系的各个方面进行诊断。一般说来，诊断薪酬体系需要从以下几个方面入手：

(一)薪酬政策诊断

对组织的薪酬政策进行诊断需要我们重点关注组织所实施的薪酬政策是否符合以下几项基本原则：

(1)与组织战略的基本方向和未来目标是否一致。

(2)与组织的人力资源管理系统及其各环节之间的关系是否协调。

(3)是否体现了职、能、绩三者相统一的原则。

(4)是否考虑了现实可行性与未来调整的空间。

(二)薪酬水平诊断

检测当前组织的总体薪酬水平与市场的关系，以保持组织薪酬的外部竞争性。其主要的诊断内容有：

(1)当前市场环境是否发生了新变化，这些变化对组织薪酬水平，特别是核心员工的薪酬水平的外部竞争力是否有影响;是否具有外部竞争力,特别是核心员工的外部竞争力。

(2)当前薪酬水平与组织目前的经营状况和财务目标是否相一致。

(3)当前企业的薪酬水平和薪酬结构之间的关系是否协调。

(三)薪酬结构诊断

检测当前组织薪酬的纵向结构是否合理,以保持组织薪酬的内部一致性。内容包括：

(1)薪酬等级的数目和级差是否合理，是否体现内部公平的原则。

(2)各类各级员工的薪酬关系是否协调，是否体现员工公平的原则。

(3)核心员工的流失率是否与薪酬结构，特别是薪酬等级结构的设计有关。

(四)薪酬组合的诊断

检测当前组织的横向结构是否合理，以保持薪酬的激励功能。诊断的内容主要包括：

(1)员工薪酬组合中，各薪酬要素之间的比例关系是否合理，是否具有激励效应。

(2)员工酌努力程度是否与薪酬有直接的关系，激励薪酬对员工是否具有吸引力。

(3)当前的薪酬支付方式是否合理，是否考虑了时间性和个体差异。

三、健康的薪酬制度的标准

简言之，一个健康有效的薪酬制度应该具有以下四点：

(一)符合组织的战略需要

一个设计良好的薪酬体系直接与组织的战略规划相联系，从而使员工能够把他的努力和行为集中到帮助组织在市场中竞争和生存的方向上去。组织的薪酬制度不仅起到对员工的激励和促进作用，还能够补充和增强其他人力资源管理系统的作用，如人员选拔、培训和绩效评价等。

(二)兼具内外公平性

在一个设计良好的薪酬体系中，员工会感觉到，相对于组织中从事不同工作的其他员工，相对于其他组织中从事类似工作的人而言，自己的工作获得了适当的薪酬。比如，一个秘书会将自己的薪酬与行政助理、会计等同一组织中的其他工作的薪酬进行比较。如果他认为相对于组织中的其他工作，自己的工作获得了公平的薪酬(即对组织越重要的工作获得的报酬也越多，组织需要越少、越不重要的工作获得的报酬也越少)，他就感到了内部公平性。他可能将自己的薪酬与其他组织中的书记员相比较。如果他认为相对于其他组织中的类似工作而言，自己的薪酬也是公平的话，他就感到了外部公平性。他还有可能将自己的薪酬与同一组织的书记员进行比较。如果他认为相对组织中的其他书记员，自己的薪酬也是合理的，那么，他就感到个体之间的差异是合理的。一个组织越是能够建立起面向员工的内部公平、外部公平的条件，它就越是能够有效地吸引、激励和保留它所需要的员工，来实现组织的目标。

(三)成本节省，富有效率

薪酬是组织吸引和激励人才最直接、最普遍的方式，高薪对于优秀人才当然具有不可替代的吸引力，因此，组织在市场上提出较高的薪酬水平会大大增加对人才的吸引力。但是组织的薪酬标准在市场上应该处于什么位置要视组织的财力、所需要人才的可获得性等具体条件而定，而不能一味地提供高薪。从本质上说，薪酬其实是员工和组织之间的一种交易或交换，是员工在向组织付出劳务使用权后所获得的报酬。在这个交换过程中，组织所支付的薪酬就是组织所花费的成本，如何使用最小的成本获得最大的利益是经济实体所应该考虑的问题。所以，薪酬制度还应该在吸引人才、留住人才的同时能够节省成本的支出。如果能够以同样的成本创造出更大的价值，这就意味着它还是富有效率的。

(四)符合国家政策的要求

如烟草业就应该考虑到国家对其工资总额的限制。此外，国家在 2008 年 1 月 1 号实行的劳动合同法。对许多组织来说也是一个挑战。在这样的情况下，组织在制定和调整薪酬制度的时候就必须充分考虑到国家法律的影响;否则，就有可能产生劳资纠纷，并对组织的声誉和长期发展带来不利的影响。

四、薪酬诊断的方法

薪酬诊断的方式根据不同的标准可以有不同的划分:从薪酬诊断的解决过程是否正式的角度，我们可以将薪酬诊断分为正规方式与非正规方式两种;根据不同的人员，薪酬诊断可以采取内部人员诊断和外部专家诊断的方式。下面，我们分别介绍这几种不同的方式。

(一)正规方式与非正规方式

1. 正规方式的薪酬诊断

正规方式的薪酬诊断包括在薪酬问题的获得、分析和诊断过程中所采取的各种正式途径。具体体现在：

(1)通过正常的管理途径(例如，对一些经常性的薪酬资料的统计和分析、企业的管理例会制度以及员工的小组会以及与管理者的对话制度等)反映、收集和反馈一些企业薪酬管理的信息、资料和问题。

(2)组织专门的问题分析小组、薪酬专家和管理人员对薪酬问题进行及时的分析和诊断。

(3)将分析结果以诊断报告和诊断方案的形式递交有关管理和决策部门。

正规方式中最常用的是员工薪酬满意度调查。通过定期或不定期的薪酬满意度调查，可以了解到最基层员工对薪酬制度和薪酬管理各方面的意见。

2. 非正规方式的薪酬诊断

非正规方式的薪酬诊断是指通过一些内部的、灵活的沟通方式，及时地反映薪酬管理中的问题；同时组织薪酬主管能够及时听取员工对薪酬政策和管理中的意见、建议，甚至抱怨，并从中发现问题，及时处理。

(二) 内部人员诊断和外部专家诊断

内部人员诊断即由企业内部人员，如总经理、人力资源部门管理者和员工等组成诊断小组，运用专家咨询、公司决策层集中会诊、员工面谈等方法对企业薪酬管理全过程进行诊断。这种诊断方式具有费用低、时间机动灵活、诊断人员熟悉企业文化及其相关运作等优点，其最大的缺点是内部人员对企业存在的问题往往习以为常，不易发现问题及其原因。

外部人员诊断则是请外部人力资源方面的专家学者或有丰富企业管理知识和经验的企业家来进行薪酬管理诊断。外部专家诊断的优点在于：这些专家不属于某一企业，分析问题时立场较为客观公正；同时他们具有深刻的洞察力，易于发现问题及其原因。此外，他们受过企业诊断技术的系统训练，因此对企业的人力资源管理有较深入和独到的见解，分析问题的手段和方法较先进。不过，这种诊断方式的缺点是费用较高，诊断时间需协商，诊断人员对企业持有的环境和文化不熟悉、需要一定的适应时间，所以对诊断人员的素质和能力的要求较高。

第五节　薪酬制度文本化

一、企业薪酬制度的基本构成及其基本内容

从目前来看，企业的薪酬制度可以分为四种类型：

第一种是基于人的薪酬制度。它是以劳动者这个自然人为单位，根据劳动者的潜在劳动或劳动者本身所具有的能力来决定每个劳动者的工资标准，工资跟着人走。

第二种是基于工作的薪酬制度。它是根据某一工作岗位(职位)的重要程度来确定处于

这个工作岗位(职位)的员工的工资，工资随着工作岗位(职位)走。

第三种是基于绩效的薪酬制度。它以劳动者最终完成的工作结果决定劳动者工资的多少，工资跟着绩效走。

第四种是基于能力的薪酬制度。它提出了能力的概念，以劳动者所拥有的能力大小来决定劳动者工资的多少，而能力一般被认为是以知识、技能和绩效等共同表现出来的。

二、薪酬制度的文本化

(一)薪酬制度文本化的定义与作用

顾名思义，薪酬制度文本化其实就是薪酬制度的文本写作过程。通过这一过程，把与薪酬有关的各方面道理用条文的形式体现出来，将企业的薪酬理念和薪酬结构系统化、规范化，转化为具体的、可执行的薪酬制度。制度文本化是制度化管理的基础。

薪酬管理制度是企业中的重要规章制度，将薪酬制度文本化对规范企业薪酬管理有着举足轻重的作用。员工凭借规范化的文本，可以了解企业薪酬的理念、薪酬结构、调薪规则、程序等。企业薪酬必须"有法可依"，薪酬制度就相当于企业的薪酬法律，一旦正式施行，所有与薪酬相关的事宜均须按照规定来执行，由此减少随机性，增加了员工的安全感，同时也避免了很多薪酬纠纷的产生。

(二)薪酬制度文本化的基本操作程式

1. 谁来制作薪酬制度文本

新酬制度文本可以由企业内部人员来拟定，也可以请外部专家来拟定。两种形式各有利弊。由企业内部人员来拟定文本的优点是能够节约成本，并且内部人员对本企业的情况更为了解，草拟文本时针对性较强；由于薪酬制度的文本涵盖了企业中与薪酬相关的方方面面，所以这种方式要求拟定文本的工作人员具有与薪酬相关的较完备专业知识，这样在理解和表达上都会更加准确。外部专家通常来说具备相关专业知识的优势，制作的文本专业化程度可能会更高，但是鱼和熊掌不可兼得，企业必将为之付出相对较高的成本，且更为重要的是，薪酬制度的保密性可能因此大大降低。

当然，企业也可以采取以上两种方式相结合的办法来拟定薪酬文本。具体如何操作还需要企业根据自己所拥有的专业人员素质高低，以及支付能力的大小等来确定，没有固定的模式，不可一概而论。

2. 文本拟定过程的民主化

文本拟定的过程必须是民主的，如果民主程序缺位，很容易造成员工的不满，得不到员工的认同。这种民主程序也应当作为一种制度确定下来，如果把薪酬制度化仅仅理解成薪酬制度的文本化是狭隘的，它还包括一种制度化的管理，而民主制度是其中极其重要的一个方面。

制度的制定最终是为了施行，一个科学合理的、广为认同的制度才能够顺利执行。这就要求制度符合企业的实际、反映员工的要求。为此，在制度文本拟定的过程中应该与各层次员工充分沟通，征求共同意见和建议；或者直接选出员工代表加入文本拟定小组，全程参与拟定工作。文本拟定过程的民主化程序会使薪酬制度更容易获得企业内部的合法性，减少制度执行的障碍，是薪酬制度化的必要环节。

企业的薪酬制度应该如何来撰写并没有规定，一般应当包括以下几个部分：

(1)总则：表明企业薪酬制度的指导思想、制定原则、制度依据等。

(2)薪酬构成：表明企业发放的薪酬主要包括哪些部分。总的来说企业的薪酬是由基本工资、奖金和福利三部分构成的，企业也可以各部分进一步细分。如将基本工资细分为：技能工资＋岗位工资，将奖金细分为任务奖＋超额奖＋出勤奖

(3)基本工资的支付标准、支付范围、支付时间(周期)、支付方式。

(4)奖金的奖励标准、奖励范围、奖励发放的时间(周期)、支付方式。

(5)福利的发放标准、发放范围、福利发放的时间(周期)和发放的方式。

(6)附则：其他应说明的问题。

为了检验薪酬制度在实际操作中的可行性和有效性，在薪酬文本拟定之后要有一个制度试行的过程。制度试行是一种试行的方法，在试行中不断搜集反馈信息，及时发现问题，以便对薪酬制度进行调整和修正。

选择试点——这实际上是要框定试行的范围，试行范围选定得合理与否会影响到反馈的有效性、制度试行成本以及将来推行制度的效果。如果企业规模较大的话，制度的试行可以选择在企业的某一事业部中展开。这样既可以通过实践来检验制度的施行效果，另外也可以避免因为贸然全面推出新制度而导致的员工情绪波动，大大减少了企业因为不适应该制度而导致的损失。小规模范围内试行的最大好处就在于：风险规避，它将或有的损失降到最低限度，并且有效地控制了试行成本。

试行推进的组织——在制度试行阶段，企业可以成立一个试行委员会。该委员会是一个临时性的组织，由各个部门或层级抽调上来的员工组成。委员会负责在制度试行之初向员工解释制度文本的各项条款，让员工明晰自己权利的状况，使他们对新制度有一个更好的理解。这是制度试行后沟通的第一步。同时，委员会还负责监督制度的执行和搜集各方反馈信息的任务，这为反馈信息的获得开辟了良好的通道。另外，委员会成员对本部门或本层级的工作较为熟悉，这为反馈信息的分析提供了便利。

制度试行时应该合理地安排试行时间。时间过短不可能达到试错、纠错的效果。时间过长则试行成本往往会增加，也不利于制度出台的时效性。通常，企业某项职能制度的试行期不少于3个月，不超过6个月。这期间还应该安排好修正调整的阶段时间点，保证这些点上的“认同”或“合定”，以有效的试行过程保证制度修订的推进。

三、反馈信息的搜集

制度试行的一个重要活动是收集反馈信息，而反馈信息正是进一步完善制度的主要信息。反馈信息分为两个部分：企业外部反馈和企业内部反馈。分析要分别从这两个角度来展开。

企业外部反馈指社会各方面及法律政策对新制度试行的反映。委员会成员必须关注新制度执行时是否符合法律，是否合乎国家政策，社会上有哪些对该制度的评价。企业内部反馈是指新制度执行后在企业内产生的效应，这个效应可能是正面的，也可能是负面的，主要从员工个人和企业整体两个层面来考虑。

个人层面上的反馈主要指员工对新制度是否感觉公平，满意度是否提高。满意度是否提高是一个纵向对比的过程，可以通过员工满意度调查来操作。当然也有很多其他获得反馈的

方式，如可以通过员工申诉程序来获得信息，建立一个网络平台及时与员工进行互动式交流也是方式之一。无论采用哪些方式，反馈渠道的开辟都要本着便于员工发言的原则来进行，只有员工敢于、乐于给予反馈，这些反馈渠道的设置才是有意义的。

企业层面的反馈主要考虑两方面的因素：成本和效率。我们要问这样的问题：新制度实施后企业是否能够有效地控制工资成本？是否能有效地留住员工、激励员工？员工的流动率、缺勤率、生产率等指标分别有哪些变化？这些结果的获得主要依赖于各个部门提供的信息回馈。

经过对各个角度、各个层面的反馈收集，企业已经基本掌握了新的薪酬制度试行的效果，在接下来的步骤中，企业将对这些结果进行分析，从而找准对薪酬制度调整和修正的着力点。

薪酬制度的实施主要包括以下几个方面的内容：

(1)薪酬制度执行组织和人员落实。任何制度最终都要通过人去实施，因此确定制度实施的组织和人员是制度实施的基础。薪酬制度历来敏感，它的实施需要得到最高级领导的充分认同和部门领导的强力支持。在这中间，薪酬项目专家组、HR部门与财务部门要做好充分的沟通，成为专门的制度实施团队。

(2)物资统筹。任何一项制度的推行实施，无论规模大小、内容多少、时间长短，都必须有一定的经费和物品作保证，否则便无法进行。在薪酬方案的实施过程中，诸如工资档案的改版、聘请专家对员工进行制度解释、财务部与各部门的联络、文本印刷、工作人员的工资补贴及各种公关费用等，都是需要一定的开支的，因此要有一定的经费保证。

(3)思想宣传。要成功地实施方案，必须以舆论为先导，即要向员工讲清新制度实施的道理所在，让员工明白新制度的合理性，以求得共识与支持。新的薪酬制度出台后，对于涨薪的员工自然是一件好事。但对于保持原水平的员工、甚至降薪的员工，心理上自然会产生抵触情绪。如果不能很好地化解员工心理的抵触情绪，薪酬制度的实施在员工心中就会变质，最终使本来很好的制度以失败告终。需要高层与基层的充分沟通，需要在全公司宣讲企业战略、宣讲新的制度，必要的时候，还需要聘请专家对员工进行思想方面的培训。

(4)实施过程的监控。在制度实施过程中，制度实施负责人和制度制定更要对实施过程进行监控，发现制度实施过程中出现的偏差与问题，以便及时采取措施，纠正出现的偏差或解决问题于萌芽之中，从而防患于未然。

(5)信息沟通。信息沟通是指在制度实施过程中，制度制定人和实施者要与制度触动的利益相关者就实施过程出现的各种情况进行交流。成功的信息沟通可以避免制度实施中各方互相猜疑，创造一个良好的认同氛围，使“基于战略的薪酬”观念深入人心，从而达到减少抵触、保证效果的目的。

(6)协调。协调是指引导、调整制度实施组织内外各方关系并使之达到有效的配合。协调要包括情况协调、力量协调、利益协调和认识协调四种。情况协调主要解决制度实施进度的快与慢，规范实施与非规范实施方面的问题。力量协调主要解决物资使用人向与使用比例方面的问题。利益协调主要解决全局战略利益和局部财务利益、集体利益与个人利益的矛盾。认识协调主要解决人们对新制度的理解参差不齐、甚至产生抵触情结的问题。

(7)工作指导。工作指导是指制度制定者为了帮助制度实施执行团队澄清模糊思想认识、明确工作目标、策略和指正工作方向，传播基本的工作技术和方法，或者用自己所掌握的有关全局性的情况及创见启迪执行团队的思维。

(8)组织指挥。组织指挥是指制度实施负责人，通过行政命令和指导等方式，实施活动的训练和安排来保证新的薪酬制度的落实。

(9)工作控制。工作控制是指实施者负责保持实际推行工作和制度初衷一致性的管理行为。它的主要内容包括:控制制度实施工作的进度、工作的质量、实施的力度、实施的手段、横向关系的配合、所付出的代价大小等。

特别要强调的是，薪酬制度同其他大多数制度一样，比大多数制度更具有变动的敏感性，它不是那种“一推出就完成了”的东西，而需要保持一定的变动性，在推行过程中保证持续的调整。各种因素，包括企业内部经营状态的变化以及社会经营、货币等运行状态的变化都会对薪酬制度产生影响。一般说来，薪酬制度需要在以下几个方面保持持续性的调整:

(1)奖励性调整。又称为功劳性调整。使用的时机一般是在员工作出了突出的成绩或贡献之后。目的是为了使他们保持这种良好的工作状态，并激励其他员工一起努力，向他们学习。奖励的方法和形式多种多样，有货币性的，也有非货币性的;有立即发放的，也有将来兑现的;有一次性支付的,也有分批享用的。

(2)生活指数调整。这是为了补偿物价上涨对员工造成的物质损失。企业要根据一定的物价指标，建立薪酬与物价挂钩的指标体系。在保持指标体系的数值稳定的同时，实现薪酬对物价的补偿。但是在设置指标时，要注意指标的“时滞性”问题，即加薪总是跟在通货膨胀后面跑的，所以它们之间总会有一定的差距。指标体系设置的好坏，决定了这个差距的大小。

(3)效益性调整。顾名思义，就是在企业效益上升时对全体员工作出等比例的奖励，类似于不成文的利润分享制度。但是，它对员工的激励作用是有限的，特别是为企业发展作出巨大贡献的关键员工，他们的积极性会因为这种平均化的分配而大大受挫。

(4)工龄调整。这是薪酬结构比较稳定，特别是薪酬体系中包含了年功工资的企业所采用的提薪方式。它的激励原理是:把资历和经验当作一种能力和效率，并予以奖励。因此，随着时间的推移和员工在本企业连续工龄的增加就要对他们进行提薪奖励。这也可以促使员工对企业长期忠诚。

小结

对组织来说，薪酬预算的作用体现在合理控制组织的人工成本，增强组织的适应力和竞争力上。薪酬预算是一个理性分析的结果,它要求我们在进行薪酬预算时认真分析可能的影响因素，并对这些内外部因素进行合理的控制。不同的组织可能会采用不同的手段来进行薪酬预算，不过常见的薪酬预算方式主要是两种:自上而下式与自下而上式。薪酬成本的控制是薪酬预算的一个目标,也是组织的经营目标之一，我们应该时刻关注组织的人工成本的变化情况，并适时地采用合理的手段进行控制,在进行薪酬成本控制时我们既可以依赖公司的薪酬政策，也可以依靠合理控制员工的数目来实现成本控制的目的。公司的薪酬体系在运行的过程中也要每隔一定的时期进行诊断，通过薪酬诊断我们能够发现公司的薪酬体系存在的问题与不足，并为想出解决手段提供启示。一个结构化的薪酬诊断方式是从固定薪酬、可变薪酬、员工福利等角度进行全面考察，并形成薪酬诊断报告。如果公司的薪酬体系运行良好，我们什么都不需要做;然而，如果薪酬体系存在不足，我们就需要采用相应的对策。如果薪酬水平过低，就需要调整组织的薪酬水平;如果组织的薪酬结构不合，那么就需要对薪酬结构进行调整。好的东西如果没人知道也是一个问题，因此，在对薪酬体系的管理过程中同样重要的问题就是薪酬沟通：好的薪酬方案要想取得预想的成功，就不能不重视薪酬沟通。我们需要强调的是，薪酬沟通不仅仅是信息的传达，更重要的是信息的理解。为了达到这个目的，我们应该认真选择薪酬沟通的媒介，并在薪酬沟通结束时对薪酬沟通的效果进行评估。

思考题：

1. 什么是薪酬预算，影响薪酬预算的因素有哪些？
2. 薪酬沟通的策略和步骤有哪些？
3. 健康薪酬体系的标准是什么？
4. 薪酬制度文本化的定义与作用是什么？

案例分析：

富士康的员工薪酬

美国公平劳工协会(FLA)研究人员曾在富士康旗下三家工厂，对逾3.5万名员工就2200个问题进行近3000小时的访谈或问卷调查后写成一份报告。报告发现，富士康工人的工资高于中国平均薪酬水平和最低工资标准，但14%的工人可能没有获得“公平的计划外加班工资”，64.3%的工人认为自己的工资无法满足基本需求。在生产高峰期，工人每周平均工作时间超过60小时，有时候部分工人一周7天无休地工作。不过富士康工人们未必对这种安排感到不满。48%的工人称工作时间“合理”，33.8%的工人表示希望加班多赚钱，而17.7%的工人感觉工作时间太长。

富士康表态，会完全遵守中国劳动法，将规定每月最多加班36小时，同时制定补偿方案而保持收入不下降。

思考：

请结合案例及其背景材料运用所学内容，就富士康的被调查到的员工薪酬问题及反映出的公司薪酬控制问题进行分组讨论。

第十章　薪酬管理相关的法律规定

【引导案例】

为500民工讨要劳动报酬

2001年，马鞍山市第三建筑安装工程公司北京分公司承接了一装修工程。五百多名安徽民工辛勤操劳了一年，工程完工后却没有拿到劳动报酬。2003年1月20日，500多名民工听说北京成立了外地施工人员法律援助工作站，立刻赶到工作站请求帮助。1月28日，距春节还有3天，为了满足民工返乡团聚的愿望，维护首都社会稳定，法律援助工作站协调有关部门筹措资金50余万元，解决了民工的路费问题，并建议民工春节后返京通过法律途径解决问题。

鉴于此案涉及人员较多的特殊情况，法律援助工作站向北京市司法局进行了全面汇报，请求为500多名民工提供法律援助。此举得到了市司法局的全力支持，北京市法律援助中心经过耐心细致的审查，特别指派了具有多年建筑工程纠纷办案经验的北京市天钰衡律师事务所古美荣律师承办此案。古美荣律师以高度的责任感全力投入此案。2003年4月8日，北京市第二中级人民法院正式立案。7月31日判决被告支付原告马鞍山市第三建筑安装工程公司建设工程劳务费用5034450元。被告不服，向北京市高级人民法院提起上诉，2003年11月17日，北京市高级人民法院作出判决：维持原判。

马鞍山500多名民工通过法律援助维护了自身的合法权益，作为全国首例众多外地施工人员法律援助案件，其意义远远超过案件本身，在全国普法办、中央电视台联合举办的“12.4”法制宣传日特别晚会上，500名民工集体当选为2003年度法治人物。

【本章学习目标】

· 了解与薪酬有关的相关法律体系。
· 掌握目前我国劳动法律法规对薪酬问题的调整。
· 了解我国目前关于最低工资标准和工资支付问题的法律规定。
· 理解我国目前关于工资集体协商的法律规定。

第一节　国家法律对利益分配和相关主体的规定

一、与薪酬有关的相关法律体系

《宪法》1982.12.4

《劳动法》1994.7.5《新劳动法》2008 年 1 月《劳动合同法》2008.1.1

《最低工资规定》2004.3.1

《工资支付暂行规定》1995.1.1

《试点地区工资指导线制度试行办法》1997.1.30《工资集体协商试行办法》2000.11.8

《全民所有制企业工资总额管理暂行规定》1993

《个人所得税法》2005.12.27

《股份有限公司劳动工资管理规定》1994.12.3

《外商投资企业工资收入管理暂行办法》1997.2

《建筑领域农民工工资支付管理暂行办法》2004.9

《失业保险条例》1999.1.22

《企业职工生育保险试行办法》1995.1.1

《工伤保险条例》2004.1.1

《关于建立城镇职工基本医疗保险制度的决定》1998.12.14

《国务院关于完善企业职工基本养老保险制度的决定 》2005.12.3

二、中国宪法对利益分配问题的规定

《宪法》是国家的根本大法，具有最高的法律效力，对国家劳动法律制度的制定和实施起着最终的调节作用。尽管宪法基本不直接规定组织内部的利益分配，但对各类组织的薪酬管理有着至高无上的指导作用。无论是各类政府的相关法规还是企业内部的各类薪酬管理制度，都必须符合宪法的相关内容，都必须在宪法确定的原则和范围内实施。纵观我国的现行宪法，直接涉及或对企业薪酬管理有直接指导作用的规定主要有：

(一)对公民劳动的权利和义务的规定

宪法第四十二条规定了公民劳动的权利和义务,其基本内容是:国家通过各种途径，创造劳动就业条件，加强劳动保护，改善劳动条件，并在发展生产的基础上，提高劳动报酬和福利待遇。国家对就业前的公民进行必要的劳动就业训练。这一规定表明，各级各类组织和单位在发展生产的基础上不断提高劳动报酬和福利待遇是政府和组织应该承担的责任，也是劳动者应该享受的权利，国家应该通过相关的规章制度来保障这种权利的实现。该规定还明确了员工劳动报酬和福利待调增长与牛产经营状况之间的关系。尽管只有简短的几个字，但也充分表明了宪法在平衡组织利益与个人利益关系上的基本价值取向。

(二)对劳动者休息权利的规定

宪法第四十三条规定了劳动者休息的权利。基本内容是:国家发展劳动者休息和休养的设施，规定职工的工作时间和休假制度。休息权利虽然不直接表现为现金的给予，但却是一个组织和单位给予员工回报的重要组成部分，上述规定清晰地体现了国家对劳动者的保护，也明确了政府和组织在这一方面的基本职责。

（三）对退休的规定

宪法第四十四条规定了国家依照法律规定实行企事业组织的职工和国家机关工作人员退休的制度，退休人员的生活受到国家和社会的保障。这一规定明确了国家对退休与退休人员保障问题的基本政策。它一方面体现了国家对这类人群的保护与关心，另一方面也明确了政府的责任和个人的权利。从表面看，该规定与薪酬管理没有直接关系，实际则不然。该规定实质上涉及到利益的再分配问题。对各级政府而言，它们必须通过税收等方式参与各类生产经营组织的分配，其后，再通过为退休人群提供保障的方式，让他们间接参与利益的分配活动。对我国各级各类机关和部分尚未参加社会基本保障的单位而言，该规定更是直接提出了退休人员参与分配、获得报酬的指导原则。

（四）对劳动妇女报酬的规定

宪法第四十八条规定妇女在政治的、经济的、文化的、社会的和家庭的生活等各方面享有同男子平等的权利。国家保护妇女的权利和利益，实行男女同工同酬，培养和选拔妇女干部。这一规定是我国实施男女平等政策的基本表现，也是维护妇女劳动权利和获得公平对待的基本保证。

三、我国劳动法律法规对薪酬问题的调整

按照我国的法律渊源，这里所说的劳动法律法规包括《中华人民共和国劳动法》、劳动行政法规和部门规章、地方性劳动法规规章、民族自治地方的劳动自治条例和单行条例、特别行政区劳动法规以及我国同外国缔结或者加入国际条约中有关劳动法律关系调整的条文等。这里重点介绍我国劳动法及相关法规所规定的薪酬分配基本原则。

《中华人民共和国劳动法》第 46 条规定：工资分配应当遵循按劳分配原则，实行同工同酬。工资水平在经济发展的基础上逐步提高。国家对工资总量实行宏观调控。第 47 条进一步规定：用人单位根据本单位的生产经营特点和经济效益，依法自主确定本单位的工资分配方式和工资水平。对于上述原则的理解和实施，劳动部以及相关机构在一些规章、条例中做了进一步的解释。

关于劳动法中所提到的“工资”，按照《劳动部关于贯彻执行＜中华人民共和国劳动法＞若干问题的意见》中规定，是指用人单位依据国家有关规定或劳动合同的约定，以货币形式直接支付给本单位劳动者的劳动报酬，一般包括计时工资、计件工资、奖金、津贴和补贴、延长工作时间的工资报酬以及特殊情况下支付的工资等。工资是劳动者收入的主要组成部分，但单位支付给劳动者个人的社会保险福利费用、劳动保护方面的费用以及按规定未列入工资总额的各种劳动报酬及其他劳动收入等不属于工资范畴。

关于按劳分配原则，尽管劳动部在相关说明和解释中没有做进一步专门的规定，但在《进一步深化企业内部分配制度改革的指导意见》（以下简称为《意见》）中进行了比较全面的诠释。该《意见》规定，企业的内部分配要“坚持以按劳分配为主体，多种分配方式并存和效率优先、兼顾公平的原则”，对于企业内部的基本分配方式，《意见》要求企业建立以岗位工资为主的基本工资制度；实行董事会、经理层成员按职责和贡献取得报酬的办法；对科技人员实

行收入激励政策。而对于按生产要素分配，《意见》要求进行三个方面的试点，即:探索进行企业内部职工持股试点;试行技术入股，探索技术要素参与收益分配;具备条件的小企业可以探索试行劳动分红办法等。

关于“同工同酬”原则，依照《劳动部关于 <劳动法> 若干条文的说明》的规定，是指用人单位对于从事相同工作，付出等量劳动且取得相同劳绩的劳动者，应支付同等的劳动报酬。

关于“工资水平”问题，依照《劳动部关于 <劳动法> 若干条文的说明》规定，是指一定区域一定时期内平均工资的高低程度。劳动法条文中的“工资总量”是指一定时期内国民生产总值用于工资分配的总数量。关于“宏观调控”，劳动部要求按照1993 年颁布的《关于加强企业工资总额宏观调控的实施意见》执行。

关于用人单位的工资分配自主权问题，依照《劳动部关于 <劳动法> 若干条文的说明》规定，其中的“经济效益”包含了劳动生产率和就业状况两个重要因素。条文中提到的“依法”问题，是指依照相关的法律法规。目前，主要指的是依照《全民所有制工业企业转换经营机制条例》的规定。条文中提到的“工资分配方式”是指单位内部的工资制度，包括工资的构成、工资标准、工资形式、工资增长机制等。“工资水平”是指本单位在一定时期内的职工平均工资。劳动部和原国家体改委印发的《股份有限公司劳动工资管理规定》对该项原则的具体实施做了更详细的规定和说明。

按照现代企业薪酬理论的范畴，社会保险和福利也是员工薪酬的重要构成部分。我国的劳动法律法规和规章等对此也做出一系列规定。《中华人民共和国劳动法》的第七十条明确规定:国家发展社会保险事业，建立社会保险制度，设立社会保险基金，使劳动者在年老、患病、工伤、失业、生育等情况下获得帮助和补偿。第七十一条规定:社会保险水平应当与社会经济发展水平和社会承受能力相适应。第七十二条规定:社会保险基金按照保险类型确定资金来源，逐步实行社会统筹。用人单位和劳动者必须依法参加社会保险，缴纳社会保险费。劳动部自 1995 年后先后出台了《社会保险制度改革办法》《国有企业下岗职工基本生活保障和再就业资金管理暂行办法》，国务院于 1999 年颁布了《社会保险费征缴暂行条例》等。这些法规和政策对员工享受社会保险和福利的权利、企业的相关责任等进行了明确而具体的规定。

四、关于最低工资标准和工资支付问题的法律规定

企业最低工资标准和员工工资支付问题是企业薪酬管理实践中两个带有普遍意义的问题，也是保障员工权益、规范企业行为的重点。我国劳动法和相关法规对这两个问题进行了比较具体的规定和说明。

(一)企业最低工资标准问题

为了适应社会主义市场经济发展的需要，保障劳动者个人及其家庭成员的基本生活，促进劳动者素质的提高和企业公平竞争，《中华人民共和国劳动法》在第 48 条对最低工资保障问题做出了明确规定，具体内容是:“国家实行最低工资保障制度。最低工资的具体标准由省、自治区、直辖市人民政府规定，报国务院备案。用人单位支付劳动者的工资不得低于当地最低工资标准。”随后，劳动部出台了系列说明、规定、政策等对该

制度的实施进行了详细的规范。

1. 关于最低工资的含义

在劳动部1993年出台的《劳动部关于<劳动法>若干条文的说明》的第48条规定，“最低工资”是指劳动者在法定工作时间内履行了正常劳动义务的前提下，由其所在单位支付的最低劳动报酬。最低工资包括基本工资和奖金、津贴、补贴，但不包括加班加点工资、特殊劳动条件下的津贴，国家规定的社会保险福利待遇排除在外。

在《劳动部关于贯彻执行<中华人民共和国劳动法>若干问题的意见》中对于最低工资的具体内涵做了进一步的说明。其中第54条规定，“最低工资不包括延长工作时间的工资报酬，以货币形式支付的住房和用人单位支付的伙食补贴，中班、夜班、高温、低温、井下、有毒、有害等特殊工作环境和劳动条件下的津贴，国家法律、法规、规章规定的社会保险福利待遇”。第56条规定，“在劳动合同中，双方当事人约定的劳动者在未完成劳动定额或承包任务的情况下，用人单位可低于最低工资标准支付劳动者工资的条款不具有法律效力”。第57条规定，“劳动者与用人单位形成或建立劳动关系后，试用、熟练、见习期间，在法定工作时间内提供了正常劳动，其所在的用人单位应当支付不低于最低工资标准的工资”。第58条规定，“企业下岗待工人员，由企业依据当地政府的有关规定支付其生活费，生活费可以低于最低工资标准”。

2. 最低工资标准的确定和发布

按照1993年11月24日劳动部发布《企业最低工资规定》，最低工资标准是指单位劳动时间的最低工资数额。最低工资标准的确定实行政府、工会、企业三方代表民主协商原则。国务院劳动行政主管部门对全国最低工资制度实行统一管理。省、自治区、直辖市人民政府劳动行政主管部门对本行政区域最低工资制度的实施实行统一管理。

依此原则，省、自治区、直辖市人民政府要在国务院劳动行政主管部门的指导下，由劳动行政主管部门会同同级工会、企业家协会进行研究并确定当地的最低工资标准。最低工资标准应参考政府统计部门提供的当地就业者及其赡养人口的最低生活费用、职工的平均工资、劳动生产率、城镇就业状况和经济发展水平等因素确定，要高于当地的社会救济金和待业保险金标准，低于平均工资。在确定各地最低工资标准过程中，各地政府应考虑同一地区不同区域和行业的特点，对不同经济发展区域和行业可以确定不同的最低工资标准。最低工资标准一般按月确定，也可按周、日或小时确定。各种单位时间的最低工资标准可以互相转换。

关于上文中提到的“最低生活费用”，劳动部的解释是：劳动者本人及其赡养人口为维持最低生活需要而必须支付的费用，包括吃、穿、住、行等方面。一般可以采取参照国家统计部门统计调查中对调查户数的10%最低收入户的人均生活费用支出额乘以赡养人口系数计算最低工资额，再根据其他因素作适当调整并确定。

3. 最低工资的给付

按照劳动部颁布的《企业最低工资规定》，最低工资应以法定货币按时支付。下列各项不作为最低工资的组成部分：(1)加班加点工资；(2)中班、夜班、高温、低温、井下、有毒有害等特殊工作环境、条件下的津贴；(3)国家法律、法规和政策规定的劳动者保险、福利待遇。

在《劳动部关于<劳动法>若干条文的说明》中，劳动部就一些特殊情况下的最低工资支付问题做了简要解释。(1)对于与用人单位形成或建立了劳动关系，但处于试用、熟练、见习期间的劳动者，如果在法定工作时间提供了正常劳动，用人单位应该支付不低于最低工资标准的工资;(2)对于企业下岗待业人员，企业所支付的生活费可以低于最低工资标准;(3)对于患病或非因工负伤且处于治疗期间的员工，在规定的医疗期间内，企业支付给员工病假工资或疾病救济费，可以低于当地的最低工资标准，但不能低于最低工资标准的80%。

4. 最低工资的保障与监督

劳动部在其发布的《企业最低工资规定》中，对最低工资标准的执行和监督做了具体规定，主要内容有:企业必须将政府对最低工资的有关规定告知本单位劳动者。企业支付给劳动者的工资不得低于其适用最低工资标准。各级人民政府的劳动行政主管部门负责对最低工资执行情况进行检查监督。工会有权对最低工资执行情况进行监督，发现企业支付劳动者工资低于有关最低工资率的，有权要求有关部门处理。劳动者与企业之间就最低工资发生争议时，按《中华人民共和国企业劳动争议处理条例》处理。

5. 最低工资标准执行中的法律责任

对违反本规定最低工资标准的确定和发布、给付、保障与监督条款的，要追究其相应的法律责任。例如，企业违反关于“企业支付给劳动者的工资不得低于其适用最低工资标准”规定的，由当地政府劳动行政主管部门责令其限期补发所欠劳动者工资，并视其欠付工资时间的长短向劳动者支付赔偿金。欠付一个月以内的，要向劳动者支付所欠工资20%赔偿金;欠付三个月以内的，要向劳动者支付所欠工资的50%赔偿金;欠付三个月以上的，要向劳动者支付所欠工资的100%赔偿金。拒发所欠工资和赔偿金的，对企业和责任人给予经济处罚。对处罚决定不服的，当事人可以依照《行政复议条例》的规定申请复议。对复议决定不服的，当事人可以依照《中华人民共和国行政诉讼法》的规定向人民法院提起诉讼。

(二)工资支付问题

《劳动法》第五十条规定，工资应当以货币形式按月支付给劳动者本人。不得克扣或者无故拖欠劳动者的工资。为了贯彻这一精神，劳动部于1994年又印发了《工资支付暂行规定》，1995年印发了《对<工资支付暂行规定>有关问题的补充规定》，以更好地维护劳动者获得劳动报酬的权利，规范用人单位的工资支付行为。工资支付主要包括:工资支付项目、工资支付水平、工资支付形式、工资支付对象、工资支付时间以及特殊情况下的工资支付。

由于工资支付项目和水平另有制度规定，且各个单位和企业差异悬殊，所以这里重点介绍后四项的相关法律规定。

1. 支付形式

《中华人民共和国劳动法》明确规定:工资应当以法定货币形式按月支付给劳动者本人。不得克扣或者无故拖欠劳动者的工资。按照《劳动部关于<劳动法>若干条文的说明》，这里的“货币形式”明确排除了发放实物、发放有价证券等形式。这里的“按月支付”，应该理解为每月至少发放一次工资、实行月薪制的单位，工资必须每月发放，超过企业与职工约定或劳动合同规定的每月支付工资的时间发放工资即为不按月发放工资。实行小时工资制、日工资制、周工资制的单位，工资可以按照日或周发放并保证是足额发放。这里的“克扣”是指用人单位对履行了劳动合同规定义务和责任，保质保量完成了生产任务的劳动者，不支付或没有足额支付工资。这里的“无故拖延”应该理解为用人单位无正当理由在规定时间内故意不支付劳动者工资。

2. 支付对象

用人单位应该将工资支付给劳动者本人。劳动者本人因故不能领取工资时，可由其亲属或委托他人代领。用人单位可以委托银行代发工资。用人单位必须书面记录支付劳动者工资的数额、时间、领取者的姓名以及签字，并保存两年以上备查。用人单位在支付工资时应向劳动者提供一份其个人的工资清单。

3. 支付时间

工资必须在用人单位与劳动者约定的日期支付。如遇节假日或休息日，则应该提前在最近的工作日支付。工资至少每月支付一次，实行周、日、小时工资制的可按周、日、小时支付工资。对完成一次性临时劳动或某项具体工作的劳动者，用人单位应按有关协议或合同规定在其完成劳动任务后即支付工资。劳动关系双方依法解除或终止劳动合同时，用人单位应在解除或终止劳动合同时一次性付清劳动者工资。

4. 特殊情况下的工资支付

在《工资支付暂行规定》中，规定了以下特殊情况：在法定工作时间内依法参加社会活动，用人单位应视其提供了正常劳动而支付工资；在依法享受年休假、探亲假、婚假、丧假期间，用人单位应按劳动合同规定的标准支付劳动者工资。用人单位在劳动者完成劳动定额或规定的工作任务后，根据实际需要安排劳动者在法定标准工作时间以外工作的，应该遵循如下标准支付员工工资：(1)用人单位依法安排劳动者在法定标准工作时间以外延长工作时间的，按照不低于劳动合同规定的劳动者本人小时工资标准的150%支付劳动者工资；(2)用人单位依法安排劳动者在休息日工作，而又不能安排补休的，按照不低于劳动合同规定的劳动者本人日或小时工资标准的200%支付劳动者工资；(3)用人单位依法安排劳动者在法定休假节日工作的，按照不低于劳动合同规定的劳动者本人日或小时工资标准的300%支付劳动者工资。(4)实行计件工资的劳动者，在完成计件定额任务后，由用人单位安排延长工作时间的，应根据上述规定的原则，分别按照不低于其本人法定工作时间计件单价的150%、200%、300%支付其工资。(5)经劳动行政部门批准实行综合计算工时工作制的，其综合计算工作时间超过法定标准工作时间的部分，应视为延长工作时间，并应按相关规定支付劳动者延长工作时间的工资。

五、关于工资集体协商的法律规定

所谓工资集体协商，是指职工代表与企业代表依法就企业内部工资分配制度、工资分配形式、工资收入水平等事项进行平等协商，在协商一致的基础上签订工资协议的行为。这里所称的工资协议，是指专门就工资事项签订的专项集体合同。已订立集体合同的，工资协议作为集体合同的附件，并与集体合同具有同等效力。依法订立的工资协议对企业和职工双方具有同等约束力。双方必须全面履行工资协议规定的义务，任何一方不得擅自变更或解除工资协议。职工个人与企业订立的劳动合同中关于工资报酬的标准，不得低于工资协议规定的最低标准。

为规范工资集体协商签订工资集体协议（以下简称工资协议）的行为，保障劳动关系双方的合法权益，促进劳动关系的和谐稳定，2000年11月劳动和社会保障部第9号令发布《工资集体协商试行办法》。中华人民共和国境内的企业依法开展工资集体协商，签订工资协议，均适用这一办法。该办法对工资集体协商和工资协议的有关内容未做规定的，按《集体合同规定》的有关规定执行。

(一)工资集体协商的内容

工资集体协商一般包括以下内容：

1. 工资协议的期限；

2. 工资分配制度、工资标准和工资分配形式；

3. 职工年度平均工资水平及其调整幅度；

4. 奖金、津贴、补贴等分配办法；

5. 工资支付办法；

6. 变更、解除工资协议的程序；

7. 工资协议的终止条件；

8. 工资协议的违约责任；

9. 双方认为应当协商约定的其他事项。

协商确定职工年度工资水平应符合国家有关工资分配的宏观调控政策并综合参考下列因素：

1. 地区、行业、企业的人工成本水平；

2. 地区、行业的职工平均工资水平；

3. 当地政府发布的工资指导线、劳动力市场工资指导价位；

4. 本地区城镇居民消费价格指数；

5. 企业劳动生产率和经济效益；

6. 国有资产保值增值；

7. 上年度企业职工工资总额和职工平均工资水平；

8. 其他与工资集体协商有关的情况。

(二)工资集体协商的代表人选

1. 协商代表的产生

工资集体协商代表应依照法定程序产生。职工一方由工会代表。未建工会的企业由职工民主推举代表，并得到半数以上职工的同意。企业代表由法定代表人和法定代表人指定的其他人员担任。

协商双方各确定一名首席代表。职工首席代表应当由工会主席担任，工会主席可以书面委托其他人员作为自己的代理人；未成立工会的，由职工集体协商代表推举。企业首席代表应当由法定代表人担任，法定代表人可以书面委托其他管理人员作为自己的代理人。

协商双方的首席代表在工资集体协商期间轮流担任协商会议执行主席。协商会议执行主席的主要职责是负责工资集体协商有关组织协调工作，并对协商过程中发生的问题提出处理建议。协商双方可书面委托本企业以外的专业人士作为本方协商代表。委托人数不得超过本方代表的1/3。

2. 协商双方的权利和义务

协商双方享有平等的建议权、否决权和陈述权。由企业内部产生的协商代表参加工资集体协商的活动应视为提供正常劳动，享受的工资、奖金、律贴、补贴、保险福利待遇不变。其中，职工协商代表的合法权益受法律保护。企业不得对职工协商代表采取歧视性行为，不得违法解除或变更其劳动合同。协商代表应遵守双方确定的协商规则，履行代表职责，并负有保守企业商业秘密的责任。协商代表任何一方不得采取过激、威胁、收买、欺骗等行为。协商代表应了解和掌握工资分配的有关情况，广泛征求各方面的意见，接受本方人员对工资集体协商有关问题的咨询。

(三)工资集体协商的程序

职工和企业任何一方均可提出进行工资集体协商的要求。工资集体协商的提出方应向另一方提出书面的协商意向书，明确协商的时间、地点、内容等。另一方接到协商意向书后，应于20日内予以书面答复，并与提出方共同进行工资集体协商。在不违反有关法律、法规的前提下，协商双方有义务按照对方要求，在协商开始前5日内，提供与工资集体协商有关的真实情况和资料。工资协议草案应提交职工代表大会或职工大会讨论审议。工资集体协商双方达成一致意见后，由企业行政方制作工资协议文本。工资协议经双方首席代表签字盖章后成立。

(四)工资协议的审查

县级以上劳动保障行政部门依法对工资协议进行审查，对协议的履行情况进行监督检查。工资协议签订后，应于7日内由企业将工资协议一式三份及说明，报送劳动保障行政部门审查。劳动保障行政部门应在收到工资协议15日内，对工资集体协商双方代表资格、工资协议的条款内容和签订程序等进行审查。审查结果有两种：

1. 劳动保障行政部门经审查对工资协议无异议，应及时向协商双方送达《工资协议审查意见书》，工资协议即行生效。

2. 劳动保障行政部门对工资协议有修改意见，应将修改意见在《工资协议审查意见书》中通知协商双方。双方应就修改意见及时协商，修改工资协议，并重新报送劳动保障行政部门。

工资协议向劳动保障行政部门报送经过15日后，协议双方未收到劳动保障行政部门的《工资协议审查意见书》，视为已经劳动保障行政部门同意，该工资协议即行生效。协商双方应于5日内将已经生效的工资协议以适当形式向本方全体人员公布。工资集体协商一般情况下一年进行一次。职工和企业双方均可在原工资协议期满前60日内，向对方书面提出协商意向书，进行下一轮的工资集体协商，做好新旧工资协议的相互衔接。

六、关于经济补偿与赔偿问题的法律规定

经济补偿和赔偿问题尽管不完全属于薪酬管理的范畴，但往往与职工的经济利益有关，尤其涉及员工的福利保障等问题，所以，本书仍然对经济补偿与赔偿的相关法律规定做简单介绍，以便学生形成更完整的知识体系。

(一)关于经济补偿问题的相关法律规定

《中华人民共和国劳动法》第二十八条和九十一条对企业在处理劳动权利和义务关系中所应该承担的责任做出了明确规定。1994年12月3日劳动部又发布《违反和解除劳动合同的经济补偿办法》，进一步规范了企业在违反和解除劳动合同情况下对劳动者的经济补偿标准。

1. 经济补偿的情形及标准

(1)用人单位克扣或者无故拖欠劳动者工资的，以及拒不支付劳动者延长工作时间工资

报酬的，除在规定的时间内全额支付劳动者工资报酬外，还需加发相当于工资报酬百分之二十五的经济补偿金。

(2)用人单位支付劳动者的工资报酬低于当地最低工资标准的，要在补足低于标准部分的同时，另外支付相当于低于部分百分之二十五的经济补偿金。

(3)劳动合同当事人协商一致，由用人单位解除劳动合同的，用人单位应根据劳动者在本单位工作年限，每满一年发给相当于一个月工资的经济补偿金，最多不超过十二个月。工作时间不满一年的按一年的标准发给经济补偿金。

(4)劳动者患病或者非因工负伤，经劳动鉴定委员会确认不能从事原工作，也不能从事用人单位另行安排的工作而解除劳动合同的，用人单位应按其在本单位的工作年限，每满一年发给相当于一个月工资的经济补偿金，同时还应发给不低于六个月工资的医疗补助费。患重病和绝症的还应增加医疗补助费，患重病的增加部分不低于医疗补助费的百分之五十，患绝症的增加部分不低于医疗补助费的百分之百。

(5)劳动者不能胜任工作，经过培训或者调整工作岗仿仍不能胜任工作，由用人单位解除劳动合同的，用人单位应按其在本单位工作的年限，工作时间每满一年，发给相当于一个月工资的经济补偿金，最多不超过十二个月。

(6)劳动合同订立时所依据的客观情况发生重大变化，致使原劳动合同无法履行，经当事人协商不能就变更劳动合同达成协议，由用人单位解除劳动合同的，用人单位按劳动者在本单位工作的年限，工作时间每满一年发给相当于一个月工资的经济补偿金。

(7)用人单位濒临破产进行法定整顿期间或者生产经营状况发生严重困难，必须裁减人员的，用人单位按被裁减人员在本单位工作的年限支付经济补偿金。在本单位工作的时间每满一年，发给相当于一个月工资的经济补偿金。

(8)用人单位解除劳动合同后，未按规定给予劳动者经济补偿的，除全额发给经济补偿金外，还须按该经济补偿余数额的百分之五十支付额外经济补偿金。

2. 经济补偿金的计算和提取

经济补偿金的工资计算标准是指企业正常生产情况下劳动者解除合同前十二个月的月平均工资。用人单位依据上述第(4)、(6)、(7)条情形解除劳动合同时，劳动者的月平均工资低于企业月平均工资的，按企业月平均工资的标准支付。经济补偿金在企业成本中列支，不得占用企业按规定比例应提取的福利费用。对于劳动者的经济补偿金，用人单位应一次性发给劳动者。

(二)关于经济赔偿问题的相关法律规定

经济赔偿责任针对的是劳动者、企业、用人单位三方，因此分为用人单位对劳动者的经济赔偿、用人单位对劳动者原单位的经济赔偿和劳动者对用人单位的经济赔偿三种情况。

1. 用人单位对劳动者的经济赔偿责任

(1)违反劳动者工资权益的经济赔偿。

根据《劳动法》第九十一条、劳部发[1994]532 号文件发布《违反 <中华人民共和国劳动法>行政处罚办法》规定，用人单位有下列侵害劳动者合法权益行为之一的，应责令支付劳动者的工资报酬、经济补偿，并可责令按相当于支付劳动者工资报酬、经济补偿总和的 1 ~ 5 倍支付劳动者赔偿金：

①克扣或者无故拖欠劳动者工资的；

②拒不支付劳动者延长工作时间工资报酬的；

③低于当地最低工资标准支付劳动者工资的；

④解除劳动合同后，未依照本法规定给予劳动者经济补偿的。

(2)违反劳动合同规定的相关赔偿。

为明确违反《劳动法》有关劳动合同规定的赔偿责任，维护劳动合同双方当事人的合法权益，根据《中华人民共和国劳动法》的有关规定，劳动部于1995年发布了关于《违反 < 劳动法 > 有关劳动合同规定的赔偿办法》，其中第二条规定用人单位有下列情形之一，对劳动者造成损害的，应赔偿劳动者损失：

①用人单位故意拖延不订立劳动合同，即招用后故意不按规定订立劳动合同以及劳动合同到期后故意不及时续订劳动合同的；

②由于用人单位的原因订立无效劳动合同，或订立部分无效劳动合同的；

③用人单位违反规定或劳动合同的约定侵害女职工或未成年职工合法权益的；

④用人单位违反规定或劳动合同的约定解除劳动合同的。

《违反 < 劳动法 > 有关劳动合同规定的赔偿办法》第三条还规定了用人单位违反劳动合同赔偿金额的计算方法：

①造成劳动者工资收入损失的，按劳动者本人应得工资收入支付给劳动者，并加付应得工资收入25%的赔偿费用；

②造成劳动者保护待遇损失的，应按国家规定补足劳动者的劳动保护津贴和用品；

③造成劳动者工伤、医疗待遇损失的，除按国家规定为劳动者提供工伤、医疗待遇外，还应支付劳动者相当于医疗费用25%的赔偿费用；

④造成女职工和未成年职工身体健康损害的，除按国家规定提供治疗期间的医疗待遇外，还应支付相当于其医疗费用25%的赔偿费用；

⑤劳动合同约定的其他赔偿费用。

2. 用人单位对劳动者原单位的经济赔偿责任

《中华人民共和国劳动法》第九十九条规定了用人单位招用尚未解除劳动合同的劳动者，对原用人单位造成经济损失的，该用人单位应当依法承担连带赔偿责任。《违反 < 劳动法 > 有关劳动合同规定的赔偿办法》进一步明确了这一赔偿责任，其第六条规定用人单位招用尚未解除劳动合同的劳动者，对原用人单位造成经济损失的，除该劳动者承担直接赔偿责任外，该用人单位应当承担连带赔偿责任，其连带赔偿的份额应不低于对原用人单位造成经济损失总额的百分之七十。

具体而言，用人单位应向原用人单位赔偿下列损失：

(1)对生产、经营和工作造成的直接经济损失；

(2)因获取商业秘密给原用人单位造成的经济损失；

(3)赔偿第(2)项规定的损失时，按《反不正当竞争法》第二十条的规定执行。《反不正当竞争法》第二十条第一款规定：经营者违反本法规定，给被侵害的经营者造成损害的，应当承担损害赔偿责任，被侵害的经营者的损失难以计算的，赔偿额为侵权人在侵权期间因侵权所获得的利润；并应当承担被侵害的经营者因调查该经营者侵害其合法权益的不正当竞争行为所支付的合理费用。

3. 劳动者对用人单位的经济赔偿责任

按照《违反 <劳动法> 有关劳动合同规定的赔偿办法》第四条的规定，劳动者违反规定或劳动合同的约定解除劳动合同，对用人单位造成损失的，劳动者应赔偿调人单位下列损失：

(1)用人单位招收录用其所支付的费用；

(2)用人单位为其支付的培训费用，双方另有约定的按约定办理；

(3)对生产、经营和工作造成的直接经济损失；

(4)劳动合同约定的其他赔偿费用。

《违反 <劳动法> 有关劳动合同规定的赔偿办法》第五条还规定，劳动者违反劳动合同中约定的保密事项，对用人单位造成经济损失的，按《反不正当竞争法》第二十条的规定支付用人单位赔偿费用。

第二节　薪酬管理合法化的依据

我国政府制定的规范薪酬管理的主要法律法规和政策有:《中华人民共和国宪法》(以下简称《宪法》)、《中华人民共和国公司法》(以下简称《公司法》)、《中华人民共和国劳动法》(以下简称《劳动法》)、《中华人民共和国劳动合同法》(以下简称《劳动合同法》)、《中华人民共和国个人所得税法》(以下简称《个人所得税法》)等。

一、《宪法》中有关劳动报酬规定

《宪法》是国家根本大法，具有最高的法律效力。《宪法》中有关劳动报酬问题的规定如下：

第十三条：

公民的合法的私有财产不受侵犯。

国家依照法律规定保护公民的私有财产权和继承权。

国家为了公共利益的需要，可以依照法律规定对公民的私有财产实行征收或者征用并给予补偿。

第十四条：

国家通过提高劳动者的积极性和技术水平，推广先进的科学技术，完善经济管理体制和企业经营管理制度，实行各种形式的社会主义责任制，改进劳动组织，以不断提高劳动生产率和经济效益，发展社会生产力。

国家厉行节约，反对浪费。

国家合理安排积累和消费，兼顾国家、集体和个人的利益，在发展生产的基础上，逐步改善人民的物质生活和文化生活。

国家建立健全同经济发展水平相适应的社会保障制度。

第四十二条：

中华人民共和国公民有劳动的权利和义务。

国家通过各种途径，创造劳动就业条件，加强劳动保护，改善劳动条件，并在发展生产的基础上，提高劳动报酬和福利待遇。

劳动是一切有劳动能力的公民的光荣职责。国有企业和城乡集体经济组织的劳动者都应当以国家主人翁的态度对待自己的劳动。国家提倡社会主义劳动竞赛，奖励劳动模范和先进工作者。国家提倡公民从事义务劳动。

国家对就业前的公民进行必要的劳动就业训练。

第四十三条：

中华人民共和国劳动者有休息的权利。

国家发展劳动者休息和休养的设施，规定职工的工作时间和休假制度。

第四十四条：

国家依照法律规定实行企业事业组织的职工和国家机关工作人员的退休制度。退休人员的生活受到国家和社会的保障。

第四十五条：

中华人民共和国公民在年老、疾病或者丧失劳动能力的情况下，有从国家和社会获得物质帮助的权利。国家发展为公民享受这些权利所需要的社会保险、社会救济和医疗卫生事业。

国家和社会保障残废军人的生活，抚恤烈士家属，优待军人家属。

国家和社会帮助安排盲、聋、哑和其他有残疾的公民的劳动、生活和教育。

第四十六条：

中华人民共和国公民有受教育的权利和义务。

国家培养青年、少年、儿童在品德、智力、体质等方面全面发展。

第四十八条：

中华人民共和国妇女在政治的、经济的、文化的、社会的和家庭的生活等各方面享有同男子平等的权利。

国家保护妇女的权利和利益，实行男女同工同酬，培养和选拔妇女干部。

二、劳动法律法规有关规定

（一）劳动法律法规的内涵

劳动法律法规是指包括《公司法》、《劳动法》、《劳动合同法》在内的一系列有关劳动报酬法律法规的总称，包括有关法律、劳动行政法规、劳动行政规章、地方性劳动法规等，这些法规和规章是《劳动法》和《劳动合同法》的重要补充，但其效力低于《劳动法》和《劳动合同法》。

1.《公司法》

《中华人民共和国公司法》是为了规范公司的组织和行为，保护公司、股东和债权人的合法权益，维护社会经济秩序，促进社会主义市场经济的发展而制定颁布施行的。《中华人民共和国公司法》于1993年12月29日第八届全国人民代表大会常务委员会第五次会议通过，2005年10月27日第十届全国人民代表大会常务委员会第十八次会议修订，自2006年1月1日起施行。

2.《劳动法》和《劳动合同法》

《中华人民共和国劳动法》于1994年7月5日由第八届全国人民代表大会常务委员会第八次会议通过，1995年开始施行；《中华人民共和国劳动合同法》于2007年6月29日由中华人民共和国第十届全国人民代表大会常务委员会第二十八次会议通过，自2008年1月1日起施行。

《劳动合同法》是规范劳动关系的一部重要法律，在中国特色社会主义法律体系中属于社会法。劳动合同在明确劳动合同双方当事人的权利和义务的前提下，重在对劳动者合法权益的保护，为构建与发展和谐、稳定的劳动关系提供法律保障。《劳动合同法》的颁布实施有着深远意义。

《劳动合同法》与《劳动法》两法之间是平行的关系，按照《立法》中“新法优于旧法”的原则，凡是《劳动法》当中与《劳动合同法》不一致的地方，2008年1月1日以后以《劳动合同法》为准。比如经济补偿问题、劳动合同的解除情形等，新法都做了补充性规定。而《劳动合同法》中没有涉及到的或者没有加以规定的，则仍以《劳动法》为准。比如加班工资比例问题，《劳动合同法》只规定不能强迫或变相强迫加班，而对于支付加班工资的比例则没有规定，因此这一问题应当以《劳动法》为准。

3. 劳动行政法规

劳动行政法规是由国务院依据《宪法》和法律制定的调整劳动法律关系的规范性文件，包括有关劳动关系的条例、规定、办法三种形式。其地位和效力低于《宪法》和《劳动法》。

4. 劳动行政规章

劳动行政规章是由国务院各部委依据劳动法规制定的实施细则、实施办法等。

5. 地方性劳动法规

地方性劳动法规是由省、自治区、直辖市的人民代表大会及其常务委员会依据《宪法》、《劳动法》、《劳动合同法》和劳动法规，结合本辖区具体情况制定和发布的，只在本辖区内有效力的有关劳动法律关系的规范性文件。

（二）《公司法》有关劳动报酬规定

《公司法》中有关劳动报酬问题的规定如下：

第十七条：

必须保护职工的合法权益，依法与职工签订劳动合同，参加社会保险，加强劳动保护，实现安全生产。

公司应当采用多种形式，加强公司职工的职业教育和岗位培训，提高职工素质。

第十八条：

公司职工依照《中华人民共和国工会法》组织工会，开展工会活动，维护职工合法权益。公司应当为本公司工会提供必要的活动条件。公司工会代表职工就职工的劳动报酬、工作时间、福利、保险和劳动安全卫生等事项依法与公司签订集体合同。

公司依照宪法和有关法律的规定，通过职工代表大会或者其他形式，实行民主管理。

公司研究决定改制以及经营方面的重大问题、制定重要的规章制度时，应当听取公司工会的意见，并通过职工代表大会或者其他形式听取职工的意见和建议。

第三十八条：

由股东会选举和更换非由职工代表担任的董事、监事，决定有关董事、监事的报酬事项。

第四十七条：

董事会对股东会负责，决定聘任或者解聘公司经理及其报酬事项，并根据经理的提名决定聘任或者解聘公司副经理、财务负责人及其报酬事项；董事会对股东会负责，制定公司的基本管理制度。

第五十条：

有限责任公司可以设经理，由董事会决定聘任或者解聘。经理对董事会负责，拟定公司的基本管理制度。

第一百条、第一百零九条、第一百一十四条分别说明了有限责任公司股东会职权、董事会职权、经理职权适用于股份有限公司。

（三）《劳动合同法》有关劳动合同规定

1. 适用范围

第二条：

中华人民共和国境内的企业、个体经济组织、民办非企业单位等组织（以下称用人单位）与劳动者建立劳动关系，订立、履行、变更、解除或者终止劳动合同，适用本法。

国家机关、事业单位、社会团体和与其建立劳动关系的劳动者，订立、履行、变更、解除或者终止劳动合同，依照本法执行。

第四条：

用人单位应当依法建立和完善劳动规章制度，保障劳动者享有劳动权利、履行劳动义务。

用人单位在制定、修改或者决定有关劳动报酬、工作时间、休息休假、劳动安全卫生、保险福利、职工培训、劳动纪律以及劳动定额管理等直接涉及劳动者切身利益的规章制度或者重大事项时，应当经职工代表大会或者全体职工讨论，提出方案和意见，与工会或者职工代表平等协商确定。

在规章制度和重大事项决定实施过程中，工会或者职工认为不适当的，有权向用人单位提出，通过协商予以修改完善。

用人单位应当将直接涉及劳动者切身利益的规章制度和重大事项决定公示，或者告知劳动者。

2. 劳动合同订立

第八条：

用人单位招用劳动者时，应当如实告知劳动者工作内容、工作条件、工作地点、职业危害、安全生产状况、劳动报酬，以及劳动者要求了解的其他情况；用人单位有权了解劳动者与劳动合同直接相关的基本情况，劳动者应当如实说明。

第十条：

建立劳动关系，应当订立书面劳动合同。

已建立劳动关系，未同时订立书面劳动合同的，应当自用工之日起一个月内订立书面劳动合同。

用人单位与劳动者在用工前订立劳动合同的，劳动关系自用工之日起建立。

第十二条：

劳动合同分为固定期限劳动合同、无固定期限劳动合同和已完成一定工作任务为期限的劳动合同。

第十四条：

无固定期限劳动合同，是指用人单位与劳动者约定无确定终止时间的劳动合同。

用人单位与劳动者协商一致，可以订立无固定期限劳动合同。有下列情形之一，劳动者提出或者同意续订、订立劳动合同的，除劳动者提出订立固定期限劳动合同外，应当订立无固定期限劳动合同：

①劳动者在该用人单位连续工作满十年的；

②用人单位初次实行劳动合同制度或者国有企业改制重新订立劳动合同时，劳动者在该用人单位连续工作满十年且距法定退休年龄不足十年的；

③连续订立二次固定期限劳动合同，且劳动者没有本法第三十九条和第四十条第一项、第二项规定的情形，续订劳动合同的。

用人单位自用工之日起满一年不与劳动者订立书面劳动合同的，视为用人单位与劳动者已订立无固定期限劳动合同。

第十七条：

劳动合同应当具备以下条款：

①用人单位的名称、住所和法定代表人或者主要负责人；

②劳动者的姓名、住址和居民身份证或者其他有效身份证件号码；

③劳动合同期限；

④工作内容和工作地点；

⑤工作时间和休息休假；

⑥劳动报酬；

⑦社会保险；

⑧劳动保护、劳动条件和职业危害防护；

⑨法律、法规规定应当纳入劳动合同的其他事项。

劳动合同除前款规定的必备条款外，用人单位与劳动者可以约定试用期、培训、保守秘密、补充保险和福利待遇等其他事项。

第十八条：

劳动合同对劳动报酬和劳动条件等标准约定不明确，引发争议的，用人单位与劳动者可以重新协商；协商不成的，适用集体合同规定；没有集体合同或者集体合同未规定劳动报酬的，实行同工同酬；没有集体合同或者集体合同未规定劳动条件等标准的，适用国家有关规定。

第二十条：

劳动者在试用期的工资不得低于本单位相同岗位最低档工资或者劳动合同约定工资的百分之八十，并不得低于用人单位所在地的最低工资标准。

第二十二条：

用人单位为劳动者提供专项培训费用，对其进行专业技术培训的，可以与该劳动者订立协议，约定服务期。

劳动者违反服务期约定的，应当按照约定向用人单位支付违约金。违约金的数额不得超过用人单位提供的培训费用。用人单位要求劳动者支付的违约金不得超过服务期尚未履行部分所应分摊的培训费用。

用人单位与劳动者约定服务期的，不影响按照正常的工资调整机制提高劳动者在服务期期间的劳动报酬。

第二十三条：

用人单位与劳动者可以在劳动合同中约定保守用人单位的商业秘密和与知识产权相关的保密事项。

对负有保密义务的劳动者，用人单位可以在劳动合同或者保密协议中与劳动者约定竞业限制条款，并约定在解除或者终止劳动合同后，在竞业限制期限内按月给予劳动者经济补偿。劳动者违反竞业限制约定的，应当按照约定向用人单位支付违约金。

第二十四条：

竞业限制的人员限于用人单位的高级管理人员、高级技术人员和其他负有保密义务的人员。竞业限制的范围、地域、期限由用人单位与劳动者约定，竞业限制的约定不得违反法律、法规的规定。

在解除或者终止劳动合同后，前款规定的人员到与本单位生产或者经营同类产品、从事同类业务的有竞争关系的其他用人单位，或者自己开业生产、经营同类产品、从事同类业务的竞业限制期限，不得超过二年。

3. 劳动合同的履行和变更

第二十九条：

用人单位与劳动者应当按照劳动合同的约定，全面履行各自的义务。

第三十条：

用人单位应当按照劳动合同约定和国家规定，向劳动者及时足额支付劳动报酬。

用人单位拖欠或者未足额支付劳动报酬的，劳动者可以依法向当地人民法院申请支付令，人民法院应当依法发出支付令。

第三十一条：

用人单位应当严格执行劳动定额标准，不得强迫或者变相强迫劳动者加班。用人单位安排加班的，应当按照国家有关规定向劳动者支付加班费。

4. 劳动合同的解除和终止

第三十六条：

用人单位与劳动者协商一致，可以解除劳动合同。

第三十七条：

劳动者提前三十日以书面形式通知用人单位，可以解除劳动合同。劳动者在试用期内提前三日通知用人单位，可以解除劳动合同。

第三十八条：

用人单位有下列情形之一的，劳动者可以解除劳动合同：

①未按照劳动合同约定提供劳动保护或者劳动条件的；

②未及时足额支付劳动报酬的；

③未依法为劳动者缴纳社会保险费的；

④用人单位的规章制度违反法律、法规的规定，损害劳动者权益的；

⑤因本法第二十六条第一款规定的情形致使劳动合同无效的；

⑥法律、行政法规规定劳动者可以解除劳动合同的其他情形。

用人单位以暴力、威胁或者非法限制人身自由的手段强迫劳动者劳动的，或者用人单位违章指挥、强令冒险作业危及劳动者人身安全的，劳动者可以立即解除劳动合同，不需事先告知用人单位。

第三十九条：

劳动者有下列情形之一的，用人单位可以解除劳动合同：

①在试用期间被证明不符合录用条件的；

②严重违反用人单位的规章制度的；

③严重失职，营私舞弊，给用人单位造成重大损害的；

④劳动者同时与其他用人单位建立劳动关系，对完成本单位的工作任务造成严重影响，或者经用人单位提出，拒不改正的；

⑤因本法第二十六条第一款第一项规定的情形致使劳动合同无效的；

⑥被依法追究刑事责任的。

第四十条：

有下列情形之一的，用人单位提前三十日以书面形式通知劳动者本人或者额外支付劳动者一个月工资后，可以解除劳动合同：

①劳动者患病或者非因工负伤，在规定的医疗期满后不能从事原工作，也不能从事由用人单位另行安排的工作的；

②劳动者不能胜任工作，经过培训或者调整工作岗位，仍不能胜任工作的；

③劳动合同订立时所依据的客观情况发生重大变化，致使劳动合同无法履行，经用人单位与劳动者协商，未能就变更劳动合同内容达成协议的。

第四十一条：

有下列情形之一，需要裁减人员二十人以上或者裁减不足二十人但占企业职工总数百分之十以上的，用人单位提前三十日向工会或者全体职工说明情况，听取工会或者职工的意见后，裁减人员方案经向劳动行政部门报告，可以裁减人员：

①依照企业破产法规定进行重整的；

②生产经营发生严重困难的；

③企业转产、重大技术革新或者经营方式调整，经变更劳动合同后，仍需裁减人员的；

④其他因劳动合同订立时所依据的客观经济情况发生重大变化，致使劳动合同无法履行的。

裁减人员时，应当优先留用下列人员：

①与本单位订立较长期限的固定期限劳动合同的；

②与本单位订立无固定期限劳动合同的；

③家庭无其他就业人员，有需要扶养的老人或者未成年人的。

用人单位依照本条第一款规定裁减人员，在六个月内重新招用人员，应当通知被裁减的人员，并在同等条件下优先招用被裁减的人员。

第四十二条：

劳动者有下列情形之一的，用人单位不得依照本法第四十条、第四十一条的规定解除劳动合同：

①从事接触职业病危害作业的劳动者未进行离岗前职业健康检查，或者疑似职业病病人在诊断或者医学观察期间的；

②在本单位患职业病或者因工负伤并被确认丧失或者部分丧失劳动能力的；

③患病或者非因工负伤，在规定的医疗期内的；

④女职工在孕期、产期、哺乳期的；

⑤在本单位连续工作满十五年，且距法定退休年龄不足五年的；

⑥法律、行政法规规定的其他情形。

第四十三条：

用人单位单方解除劳动合同，应当事先将理由通知工会。用人单位违反法律、行政法规规定或者劳动合同约定的，工会有权要求用人单位纠正。用人单位应当研究工会的意见，并将处理结果书面通知工会。

第四十四条：

有下列情形之一的，劳动合同终止：

①劳动合同期满的；

②劳动者开始依法享受基本养老保险待遇的；

③劳动者死亡，或者被人民法院宣告死亡或者宣告失踪的；

④用人单位被依法宣告破产的；

⑤用人单位被吊销营业执照、责令关闭、撤销或者用人单位决定提前解散的；

⑥法律、行政法规规定的其他情形。

第四十五条：

劳动合同期满，有本法第四十二条规定情形之一的，劳动合同应当续延至相应的情形消失时终止。但是，本法第四十二条第二项规定丧失或者部分丧失劳动能力劳动者的劳动合同的终止，按照国家有关工伤保险的规定执行。

第四十六条：

有下列情形之一的，用人单位应当向劳动者支付经济补偿：

①劳动者依照本法第三十八条规定解除劳动合同的；

②用人单位依照本法第三十六条规定向劳动者提出解除劳动合同并与劳动者协商一致解除劳动合同的；

③用人单位依照本法第四十条规定解除劳动合同的；

④用人单位依照本法第四十一条第一款规定解除劳动合同的；

⑤除用人单位维持或者提高劳动合同约定条件续订劳动合同，劳动者不同意续订的情形外，依照本法第四十四条第一项规定终止固定期限劳动合同的；

⑥依照本法第四十四条第四项、第五项规定终止劳动合同的；

⑦ 法律、行政法规规定的其他情形。

第四十七条：

经济补偿按劳动者在本单位工作的年限，每满一年支付一个月工资的标准向劳动者支付。六个月以上不满一年的，按一年计算；不满六个月的，向劳动者支付半个月工资的经济补偿。

劳动者月工资高于用人单位所在直辖市、区的市级人民政府公布的本地区上年度职工月平均工资三倍的，向其支付经济补偿的标准按职工月平均工资三倍的数额支付，向其支付经济补偿的年限最高不超过十二年。

本条所称月工资是指劳动者在劳动合同解除或者终止前十二个月的平均工资。

第四十八条：

用人单位违反本法规定解除或者终止劳动合同，劳动者要求继续履行劳动合同的，用人单位应当继续履行；劳动者不要求继续履行劳动合同或者劳动合同已经不能继续履行的，用人单位应当依照本法第八十七条规定支付赔偿金。

（四）劳动合同解除规定

针对劳动合同法关于“无固定期限劳动合同”的规定，国务院法制办于2008年5月8日公布的《中华人民共和国劳动合同法实施条例（草案）》规定，用人单位在十四种情形之下可以与劳动者解除“无固定期限劳动合同”，在五种情形之下“无固定期限劳动合同”终止。

第二十八条：

有《劳动合同法》规定的下列情形之一的，用人单位可以与劳动者解除无固定期限劳动合同：

（1）用人单位与劳动者协商一致的；

（2）劳动者在试用期间被证明不符合录用条件的；

（3）劳动者严重违反用人单位的规章制度的；

（4）劳动者严重失职，营私舞弊，给用人单位造成重大损害的；

（5）劳动者同时与其他用人单位建立劳动关系，对完成本单位的工作任务造成严重影响，或者经用人单位提出，拒不改正的；

（6）因劳动合同法第二十六条第一款第一项关于劳动者以欺诈、胁迫的手段或者乘人之危，使用人单位在违背真实意思情况下订立或者变更劳动合同，致使劳动合同无效的；

（7）劳动者被依法追究刑事责任的；

（8）劳动者患病或者非因工负伤，在规定的医疗期满后不能从事原工作，也不能从事由用人单位另行安排的工作的；

（9）劳动者不能胜任工作，经过培训或者调整工作岗位，仍不能胜任工作的；

（10）劳动合同订立时所依据的客观情况发生重大变化，致使劳动合同无法履行，经用人单位与劳动者协商，未能就变更劳动合同内容达成协议的；

（11）用人单位依照企业破产法规定进行重整的；

（12）用人单位生产经营发生严重困难的；

（13）企业转产、重大技术革新或者经营方式调整，经变更劳动合同后，仍需裁减人员的；

（14）其他因劳动合同订立时所依据的客观经济情况发生重大变化，致使劳动合同无法履行的。

第二十九条：

有《劳动合同法》规定的下列情形之一的，无固定期限劳动合同终止：

（1）劳动者开始依法享受基本养老保险待遇的；

（2）劳动者死亡，或者被人民法院宣告死亡或者宣告失踪的；

（3）用人单位被依法宣告破产的；

（4）用人单位被吊销营业执照、责令关闭、撤销或者用人单位决定提前解散的；

（5）法律、行政法规规定的其他情形。

此外，《劳动合同法》第八十七条规定：因单位违反本法规定解除或者终止劳动合同的，应当依照本法第四十七条规定的经济补偿标准的二倍向劳动者支付赔偿金。

(五)劳动报酬、最低工资保障等有关规定

1. 工资分配原则及加班工资有关规定

《劳动法》第四十四条、四十六条、四十七条分别对加班工资计算和工资分配原则做出了规定。

第四十四条:

有下列情形之一的，用人单位应当按照下列标准支付高于劳动者正常工作时间工资的工资报酬:

(一)安排劳动者延长工作时间的，支付不低于工资的百分之一百五十的工资报酬;

(二)休息日安排劳动者工作又不能安排补休的，支付不低于工资的百分之二百的工资报酬;

(三)法定休假日安排劳动者工作的，支付不低于工资的百分之三百的工资报酬。

第四十六条:

工资分配应当遵循按劳分配原则，实行同工同酬。

工资水平在经济发展的基础上逐步提高。国家对工资总量实行宏观调控。

第四十七条:

用人单位根据本单位的生产经营特点和经济效益，依法自主确定本单位的工资分配方式和工资水平。

2. 带薪年休假有关规定

《劳动法》第四十五条:

国家实行带薪年休假制度。劳动者连续工作一年以上的，享受带薪年休假。具体办法由国务院规定。

《职工带薪年休假条例》已于 2007 年 12 月 7 日国务院第 198 次常务会议通过，自 2008 年 1 月 1 日起施行。《职工带薪年休假条例》主要条款如下:

第二条:

机关、团体、企业、事业单位、民办非企业单位、有雇工的个体工商户等单位的职工连续工作 1 年以上的，享受带薪年休假(以下简称年休假)。单位应当保证职工享受年休假。职工在年休假期间享受与正常工作期间相同的工资收入。

第三条:

职工累计工作已满 1 年不满 10 年的，年休假 5 天;已满 10 年不满 20 年的，年休假 10 天;已满 20 年的，年休假 15 天。国家法定休假日、休息日不计入年休假的假期。

第四条:

职工有下列情形之一的，不享受当年的年休假:

①职工依法享受寒暑假，其休假天数多于年休假天数的;

②职工请事假累计 20 天以上且单位按照规定不扣工资的;

③累计工作满 1 年不满 10 年的职工，请病假累计 2 个月以上的;

④累计工作满 10 年不满 20 年的职工，请病假累计 3 个月以上的;

⑤累计工作满 20 年以上的职工，请病假累计 4 个月以上的。

第五条:

单位根据生产、工作的具体情况，并考虑职工本人意愿，统筹安排职工年休假。

年休假在1个年度内可以集中安排，也可以分段安排，一般不跨年度安排。单位因生产、工作特点确有必要跨年度安排职工年休假的，可以跨1个年度安排。单位确因工作需要不能安排职工休年休假的，经职工本人同意，可以不安排职工休年休假。对职工应休未休的年休假天数，单位应当按照该职工日工资收入的300%支付年休假工资报酬。

3. 最低工资保障有关规定

《劳动法》第四十八条规定：国家实行最低工资保障制度。最低工资的具体标准由省、自治区、直辖市人民政府规定，报国务院备案。用人单位支付劳动者的工资不得低于当地最低工资标准。

《最低工资规定》已于2003年12月30日经劳动和社会保障部第7次常务会议通过，自2004年3月1日起施行。《最低工资规定》主要内容如下：

最低工资是指劳动者在法定工作时间或依法签订的劳动合同约定的工作时间内提供了正常劳动的前提下，用人单位依法应支付的最低劳动报酬。本规定所称正常劳动，是指劳动者按依法签订的劳动合同约定，在法定工作时间或劳动合同约定的工作时间内从事的劳动。劳动者依法享受带薪年休假、探亲假、婚丧假、生育（产）假、节育手术假等国家规定的假期间，以及法定工作时间内依法参加社会活动期间，视为提供了正常劳动。用人单位应支付给劳动者的工资在剔除下列各项以后，不得低于当地最低工资标准：（一）延长工作时间工资；（二）中班、夜班、高温、低温、井下、有毒有害等特殊工作环境、条件下的津贴；（三）法律、法规和国家规定的劳动者福利待遇等。

最低工资保障制度适用于在中华人民共和国境内的企业、民办非企业单位、有雇工的个体工商户（以下统称用人单位）和与之形成劳动关系的劳动者。国家机关、事业单位、社会团体和与之建立劳动合同关系的劳动者，依照本规定执行。目前全国31个省、自治区、直辖市都已建立并实施了最低工资保障制度，正式公布了最低工资标准。最低工资保障制度的实施，对促进劳动力市场的发育，促进工资管理和工资支付的法制化，加强企业工资收入的宏观调控，制止部分企业过分压低职工工资，保护劳动者合法权益，发挥了积极作用。

确定和调整月最低工资标准，应参考当地就业者及其赡养人口的最低生活费用、城镇居民消费价格指数、职工个人缴纳的社会保险费和住房公积金、职工平均工资、经济发展水平、就业状况等因素。

确定和调整小时最低工资标准，应在颁布的月最低工资标准的基础上，考虑单位应缴纳的基本养老保险费和基本医疗保险费因素，同时还应适当考虑非全日制劳动者在工作稳定性、劳动条件和劳动强度、福利等方面与全日制就业人员之间的差异。

最低工资标准一般采取月最低工资标准和小时最低工资标准的形式。月最低工资标准适用于全日制就业劳动者，小时最低工资标准适用于非全日制就业劳动者。

最低工资标准发布实施后，如相关因素发生变化，应当适时调整。最低工资标准每两年至少调整一次。

小结

政策制定者普遍认为，薪酬政策属公司自治事务，应通过市场机制实现包括企业高管在内的人力资源价格。因此，企业的薪酬水平应主要由人力资源市场供求机制决定。政策制定者同时承认，员工在达成薪酬协议时通常处于弱势地位，应当借助法律，特别是最低工资保障法律，保障劳工权益。事实存在的股权分散以及董事会虚置现象已使高管自定薪酬成为一种普遍现象。为了防范公司高管道德风险和机会主义，应借助法律对公司高管薪酬决策进行有限干预。法律对企业薪酬的有限干预主要通过三种渠道实现：最低工资制度、企业高管高薪酬干预制度和薪酬的税收调节。国家法律的日益完善使薪酬管理变得有法可依，更加便于管理，使薪酬管理合法化。

思考题：

1. 简述最低工资标准和工资支付问题的法律规定。
2. 关于工资集体协商的法律规定有哪些？

案例分析：

NBA 的劳资纠纷

“篮球王国”美国职业篮球联赛（National Basketball Association，NBA）是公认的世界上技术水准最高、赢利最多的篮球联赛。NBA 的篮球明星们精彩绝伦的球技与 NBA 有史以来的种种辉煌一样令世人瞩目。然而，NBA 自身固有的弊端证明了它并非完全是做秀和挣钱的天堂，其中，NBA 的劳资纠纷更是令球星、老板们乃至全世界热爱 NBA 的球迷们头痛和揪心。

1998 年 3 月 23 日，一向困扰 NBA 的劳资纠纷问题再次浮出水面——29 支球队的老板 3 月底在德克萨斯州（Texas）达拉斯城（Dallas City），就关系 NBA 前途命运的工资制度问题投票，最后以 27 票赞成两票反对废止了原有的劳资协议。这无异于埋下了一颗“定时炸弹”，NBA 的劳资大战一触即发。

当时的劳资协议是 1995 年达成的，为期 6 年。但根据这次投票结果，今后 3 年将不再执行该协议，如果劳资双方在 6 月 30 日之前达成新的协议，一场新的冲突将自然化解，否则，6 月 30 日便是劳资纠纷这颗“定时炸弹”爆炸的最后时刻，1998 年秋天开始的新赛季将受到影响。自 20 世纪 80 年代中期以来，由于大卫 · 斯特恩（David Stem）出任 NBA 总裁后频出新招以及“飞人”乔丹（Michael Jordan）等巨星闪耀，NBA 在经营上可谓异军突起，令体育界其他同行刮目相看。然而 NBA 的老板们在这两年却为亏损而烦恼，NBA 副总裁鲁斯 · 格兰尼克（Russ Granik）说：“我可以非常肯定地告诉大家，至少 15 支以上球队在 1997 ~ 1998 赛季是赔钱的。”

格兰尼克同时指出，造成这种现象并非球队经营不善，因为仅电视转播每年就能为每支 NBA 球队带来 2300 万美元的收益，一些球队入不敷出的根本原因是大牌球星的工资无休止地膨胀。由于都想将超级球星留在阵中，各队就不惜巨资续签合同，致使年薪 100 万美元以上的球星越来越多。

根据统计，NBA 的年利润为 17.38 亿美元，而其中的 9.95 亿美元都用于支付球员工资，比例高达 57.2%。根据协议，只要球员工资的比例超过 51.8%，球队老板们就有权力中止劳资合同，要求重新谈判。

对于如何避免新一轮的劳资冲突，NBA 总裁斯特恩说：“我们现在看到的不是一个长期而健全的体制，它直接导致了工资持续上升、球队入不敷出以及门票只涨不跌。我们迫切需要一个好的体制。”斯特恩指出，问题的关键并不是要减少球员们的工资，而是要降低全部球员工资所占的比例，以保证球队能够盈利。

据NBA权威人士介绍，做到这一点的关键是尽快建立一个完善的新的工资制度，而最值得学习借鉴的便是美国职业橄榄球所采取的工资封顶制度。这一制度严密而科学，没有任何漏洞，既造就了不少高收入的优秀球星，也培养了一大批“中产阶级”球员。

可是，事实证明，工资封顶制度并不能从根本上解决NBA劳资纠纷的危机，球星们依然对自身的工资和利润的分成感到不满。那么，到底何种途径才能有效地协调劳资关系，新经济环境下的劳资关系又将如何呢？

思考：

1. NBA劳资纠纷围绕的重点是什么？
2. 试简要分析解决NBA劳资纠纷的方法。

参考文献

[1] 奚玉芹,金永红.企业薪酬与绩效管理体系设计[M].北京:机械工业出版社,2010.

[2] 刘昕.薪酬福利与管理[M].北京:对外经济贸易大学出版社,2009.

[3] 刘军胜.薪酬管理实物手册(第2版)[M].北京:机械工业出版社,2005.

[4] 盖勇等.薪酬管理[M].济南:山东人民出版社,2004.

[5] 王玺.最新企业薪酬体系[M].上海:中国纺织出版社,2004.

[6] 王凌峰.薪酬设计原则与策略[M].北京:中国时代经济出版社,2005.

[7] 冉斌.薪酬设计六部法[M].北京:中国经济出版社,2004.

[8] 姜定维.吹口哨的黄牛以薪酬留住人才[M].北京:京华出版社,2003.

[9] 付亚和等.绩效管理[M].上海:复旦大学出版社,2003.

[10] 王吉鹏.薪酬管理--战略性薪酬结构设计[M].北京:中国劳动社会保障出 2005.

[11] 王吉鹏.职位评估--解密职位相对价值[M].北京:中国劳动社会保障出版社,2005.

[12] 王吉鹏.绩效管理--激励员工的全面解决方案[M].北京:中国劳动社会保障出版社 2005.

[13] 文跃然.薪酬管理原理[M].上海:复旦大学出版社,2004.

[14] 孙宗虎等.岗位评价与薪酬体系设计实物[M].北京人民邮电出版社,2004

[13] 崔新建.美日合资企业创新泰罗制和科层制的经验[J].外国经济与管理,1995(2).

[15] 张海刚.人力资源和人才资源[M].北京:北京理工大学出版社,2003.

[16] 保罗,胡玉明译.平衡计分卡实用指南[M].北京:中国财政经济出版社,2003.

[17] 何永福,杨国安.人力资源策略管理[M].台北:三民书局,1995.

[18] 田发.合理节税--如何进行个人所得税纳税筹划[M].上海:上海财经大学出版社,2009.

[19] 李宝元.薪酬管理:原理·方法·实践[M].北京:清华大学出版社,北京交通大学出版社,2009.

[20] 樊勇.个人所得税制度与操作实务[M].北京:清华大学出版社,2009.

[21] 范林榜.薪酬战略与企业文化[J].企业管理,2007(4).

[22] 闻轩.调查显示--只有15%的员工认可公司的福利体系[J].中国劳动保障报,2008(3).

[23] 马鑫.西方管理理论中人性假设及对现代企业管理的启示[J].信阳农业高等专科学校学报,2011(1).

[24] 杜江涛,耿玉乾,庞振宇,姜翠玲.专业技术人员薪酬激励分配模式探讨[J].经济师,2010(5).

[25]赵昊鲁,杨峰,黄泰岩.团队薪雏商校工资管理新探索[J].中国教育报,2008(3).

[26] Ralston D, Yu K C. The Cosmopolitan Chinese Managers. Journal of International Management, 1 996, 2(2).

[27] Casco W F. Managing Human Resources. 4thed, McGraw – Hill, 1995.

[28] Gordon J R. Organizational Behavior. 5thed, Prentice Hall, 1992.

[29] Walker J W. Human Resource Strategy. McGraw · Hill, 1992.

[30] Miskolc G T, Newman J M. Compensation. Business Publications Inc, 1984.

[31] Baird L S, etc l. Performance Appraisal Sourcebook. HBD Press, 1982.

[32] Bearden H J. Performance Appraisal – assessing Human Behavior Ai Work. Kent Publishing co, 1986.

[33] Francesco A M. International Organizational Behavior. Prentice Haal, 1998.

[34] Ouchy W. Theory Z. Addison – Wesley Publishing co, 1981.

[35] Trompenaars F. Riding the Waves of Culture: Understanding Cultural Diversity in Business, 1993.